建投书店投资有限公司
More than books

Bitter Brew

The Rise and Fall of Anheuser-Busch and America's Kings of Beer

苦酿百威

—— 啤酒之王的百年风云

［美］威廉·克诺德斯德（William Knoedelseder）著

宋威娜 刘灿 译

国际文化出版公司
·北京·

图书在版编目（CIP）数据

苦酿百威：啤酒之王的百年风云／（美）威廉·克诺德斯德著；宋威娜，刘灿译．－－北京：国际文化出版公司，2017.1
ISBN 978-7-5125-0910-8

I.①苦… II.①威…②宋…③刘… III.①啤酒—酿酒工业—工业企业—经济史—美国 IV.①F471.268

中国版本图书馆 CIP 数据核字（2016）第 294899 号

BITTER BREW: The Rise and Fall of Anheuser-Busch and America's Kings of Beer
Copyright: © 2012 by William Knoedelseder
Published by arrangement with HarperBusiness, an imprint of HarperCollins Publishers.
Simplified Chinese edition copyright © 2017 by JIC Bookstore Investment Co., Ltd.
All rights reserved.

著作权合同登记号　01-2016-9132

苦酿百威——啤酒之王的百年风云

著　　者	[美] 威廉·克诺德斯德
译　　者	宋威娜　刘　灿
特约编辑	黄　艳　赵　芳
责任编辑	赵　辉
装帧设计	宋　涛
出版发行	国际文化出版公司
经　　销	北京联合天畅发行公司
印　　刷	北京中科印刷有限公司
开　　本	710 毫米 ×1000 毫米　　16 开 23.5 印张　　298 千字
版　　次	2017 年 1 月第 1 版 2017 年 1 月第 1 次印刷
书　　号	ISBN 978-7-5125-0910-8
定　　价	69.80 元

国际文化出版公司
北京朝阳区东土城路乙 9 号　　邮编：100013
总编室：(010) 64271551　　传真：(010) 64271578
销售热线：(010) 64271187　　传真：(010) 64271187-800
E-mail：icpc@95777.sina.net
http://www.sinoread.com
（图书如出现印装质量问题，请联系 010-83670231 进行调换）

阿道弗斯·布希，第一代"啤酒之王"。他从德国移民来到美国，并将一家濒临倒闭、产品口味糟糕的圣路易斯小酒厂打造成为世界上最成功的酿酒企业，并在此过程中积累了庞大的财富。（图源：密苏里州历史博物馆，圣路易斯）

拥有多年历史的安海斯－布希酿酒屋。位于圣路易斯市第九大街和佩斯特拉齐大街交汇处。在美国禁酒令被正式撤销的那个夜晚，曾有3.5万名民众聚集在此处，一同随时钟倒数。（图源：密苏里州历史博物馆，圣路易斯）

安海斯－布希酒厂工人在工厂门外合影。当时（19世纪90年代），安海斯－布希酒厂已经进入飞跃式成长阶段。工人们每天从清晨4点工作到晚上7点，每周工作7天。每周日，他们有3小时休息时间，以便去教堂做礼拜。他们的月薪在55美元至75美元之间。工厂在每天早晨6点、上午10点、下午4点为他们提供餐食，每位工人每天还能免费获得20杯啤酒的福利。（图源：密苏里州历史博物馆，圣路易斯）

格兰特农场主宅——"大房子"。这是一座拥有26个房间的法式文艺复兴风格别墅，由奥古斯特·A.布希在1910年建造，总造价达30万美元。这座宅邸所在的土地曾经归属于尤利西斯·辛普森·格兰特。这里宛如密苏里版本的赫斯特城堡，自18世纪初起它便被布希家族持有。（图源：布希家族）

阿道弗斯三世和老奥古斯特·A.布希在乘坐马车经过格兰特农场鹿苑时，停下来喂一头体型庞大健硕的雄鹿（约摄于1930年）。1934年，在父亲开枪自杀身亡后，阿道弗斯接管了公司。（图源：布希家族）

27岁的格西·布希，一颗冉冉升起的啤酒行业巨星，当时他尚在其兄阿道弗斯三世手下卖力工作。1946年，阿道弗斯三世患胃癌去世后，他接管了安海斯－布希，并将公司发展到他祖父阿道弗斯·布希从未企望的高度。（图源：密苏里州历史博物馆，圣路易斯）

老奥古斯特·A.布希（中）与他的两个儿子：阿道弗斯三世（左）和小奥古斯特（格西），三人共同包装好了禁酒令结束后公司生产的第一箱啤酒，也是运送给富兰克林·德拉诺·罗斯福总统的礼物。在父亲阿道弗斯·布希去世后，老奥古斯特·A接管了公司，并努力支撑过了禁酒令及大萧条的艰难岁月。（图源：密苏里州历史博物馆，圣路易斯）

1964年12月15日，格西和奥古斯特·布希三世高举啤酒杯庆祝安海斯－布希公司第1000万桶啤酒出厂。照片由《圣路易斯邮报》助理摄影师大卫·格里克拍摄。（图源：密苏里州历史博物馆，圣路易斯）

格西、特鲁迪和孩子们在格兰特农场主宅的大宴会厅中合影,照片拍摄于1970年代初。后排站立者从左至右依次为:阿道弗斯四世、格西、彼得。前排座位上从左至右依次为:安德鲁、特鲁迪、格特鲁德、克里斯蒂娜、比利,以及比阿特丽斯。(图源:布希家族)

特鲁迪与克里斯蒂娜——布希家族最小的孩子。1974年，她死于一场交通事故，自那年起，格兰特农场的幸福时光一去不复返。失去了这个被他称为"小蜜蜂"的小女孩后，格西再也没有顺利走出来，他与特鲁迪的婚姻自此起也走向破裂。（图源：布希家族）

80多岁的"老鹰格西"（圣路易斯红雀队球迷送给他的称号）在一场棒球决赛开赛前，乘坐他深爱的马车向观众和红雀队球迷挥手致意。（图源：《圣路易斯邮报》的大卫·格里克）

2008年春，奥古斯特·布希四世举起一瓶百威啤酒，庆祝禁酒令结束75周年纪念日。当时他终于得到了期待已久的CEO职位，但也迅速走上了下坡路。他是布希家族的最后一位"啤酒之王"。（图源：摄影师惠特尼·柯蒂斯）

"我们能够站在镁光灯下，备受瞩目，
并不是因为我们比别人都优秀，
而是因为我们经营着一家生产优秀产品的公司，
因为人们喜欢我们的产品。"

——比利·布希

目 录

布希家族图谱　　01
前言　　05

第 一 章　"啤酒回来了"　　01
第 二 章　家族领军者　　25
第 三 章　"第二名算什么东西！"　　33
第 四 章　"拯救红雀队的男人"　　44
第 五 章　神话般的啤酒帝国　　54
第 六 章　普鲁士中尉　　70
第 七 章　老人与孩子　　79
第 八 章　格西的最后一搏　　97
第 九 章　战队的选择　　113
第 十 章　卡米洛特城堡的倒塌　　125
第 十一 章　"我们的战火已经点燃"　　134
第 十二 章　老树新芽　　149
第 十三 章　"告诉我，我是一个蠢货"　　157
第 十四 章　危险警示　　168

第 十 五 章 "你知道我是谁么？" 179

第 十 六 章 "对此，我恐怕比你感觉还糟" 192

第 十 七 章 "嘿，老兄，你有25美分么？" 213

第 十 八 章 王子登场 222

第 十 九 章 "远远超越老虎伍兹" 240

第 二 十 章 "顶层的坏苹果" 259

第 二 十 一 章 最后一瞥 277

第 二 十 二 章 "他们不只跌落云端" 301

后记 320

注释 330

致谢 351

布希家族图谱

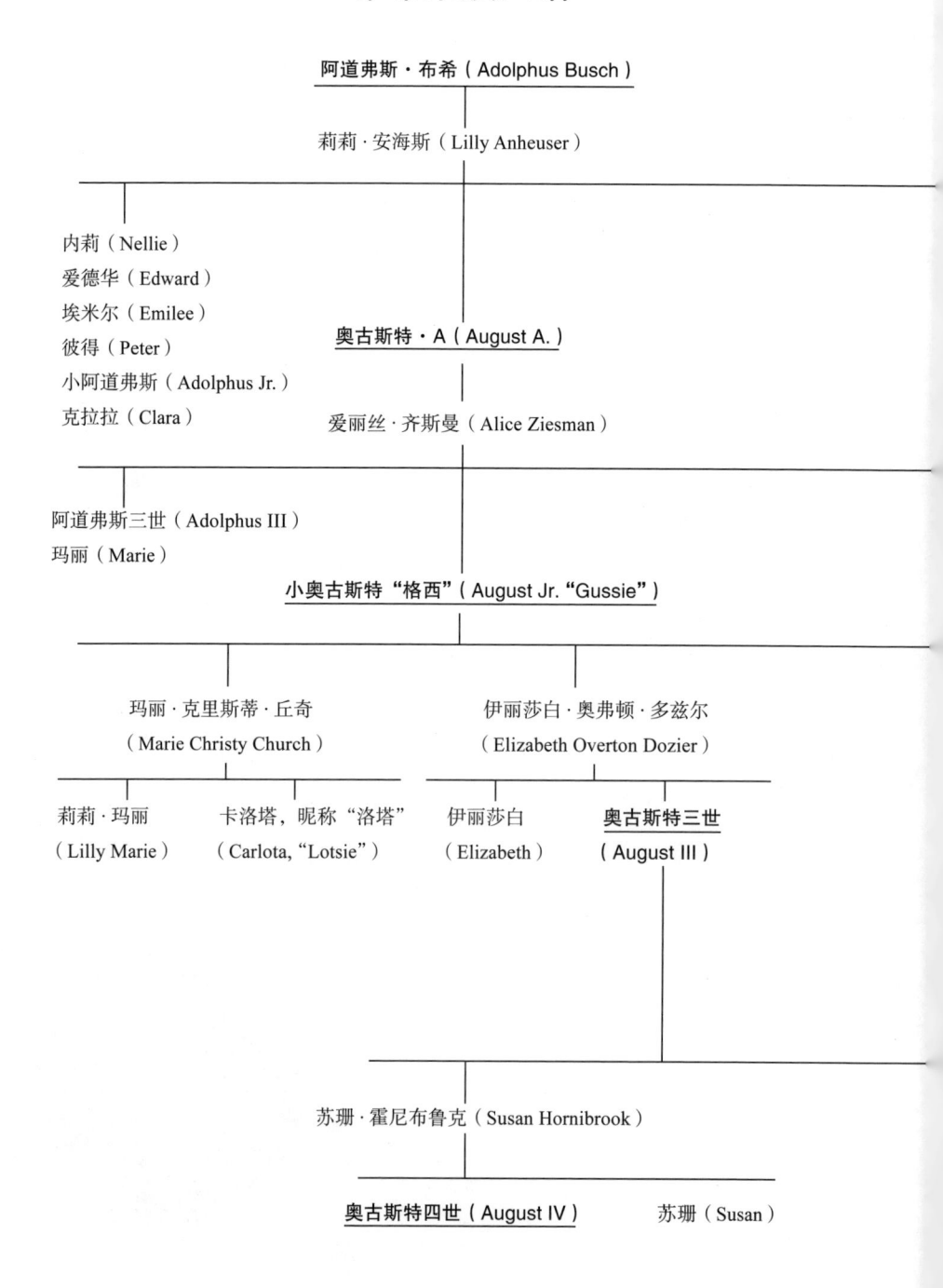

阿道弗斯·布希（Adolphus Busch）
｜
莉莉·安海斯（Lilly Anheuser）

- 内莉（Nellie）
- 爱德华（Edward）
- 埃米尔（Emilee）
- 彼得（Peter）
- 小阿道弗斯（Adolphus Jr.）
- 克拉拉（Clara）

奥古斯特·A（August A.）
｜
爱丽丝·齐斯曼（Alice Ziesman）

- 阿道弗斯三世（Adolphus III）
- 玛丽（Marie）

小奥古斯特"格西"（August Jr. "Gussie"）

玛丽·克里斯蒂·丘奇（Marie Christy Church）　　　伊丽莎白·奥弗顿·多兹尔（Elizabeth Overton Dozier）

- 莉莉·玛丽（Lilly Marie）
- 卡洛塔，昵称"洛塔"（Carlota, "Lotsie"）
- 伊丽莎白（Elizabeth）
- **奥古斯特三世（August III）**

苏珊·霍尼布鲁克（Susan Hornibrook）

奥古斯特四世（August IV）　　　苏珊（Susan）

埃德梅（Edmee）
亚历克西斯（Alexis）
玛莎（Martha）
安娜·路易斯（Anna Louis）
卡尔（Carl）
威廉敏娜（Wilhelmina）

爱丽丝（Alice）
克拉拉（Clara）

格特鲁德"特鲁迪"布霍茨（Gertrude "Trudy" Buholzer）

威廉"比利"（William "Billy"）　　阿道弗斯四世（Adolphus IV）
安德鲁（Andrew）　　　　　　　比阿特丽斯（Beatrice）
克里斯蒂娜（Christina）　　　　　彼得（Peter）
　　　　　　　　　　　　　　　格特鲁德（Gertude）

维吉尼亚·威利（Virginia Wiley）

斯蒂芬·奥古斯特（Steven August）　维吉尼亚·玛丽（Virginia Marie）

前言

"奥古斯特有些不适"[1]

2008年5月13日下午，在华盛顿国会山凯悦酒店的大会议厅内，数百名安海斯－布希（Anheuser-Busch）公司的经销商成排坐在很不舒适的椅子上，正焦急地等待着奥古斯特·布希四世——43岁的美国酿酒业第一品牌安海斯－布希股份有限公司的董事长兼CEO——的入场。

然而，这位"四世"（在业内，人们通常这样称呼他）已经迟到了20分钟，并且其公司也无人出面对此做出解释。

当时有1200位来自世界各地的啤酒业界人士，前来参加"第十八届美国啤酒批发商协会暨酿造商立法大会"，在座的经销商们亦在其中。本届大会为期3天，且与"禁酒令*"废止的75周年纪念日同期举行。所以安海斯－布希公司抓住这次机会，安排了与经销商们的单独会谈。自禁酒令解除后，美国就颁布了法令，由独立经营者担任啤酒厂和零售商之间的中间商，负责啤酒分销工作。

双方需要探讨的议题颇多。全球范围内啤酒的销量都在下滑，这个

---

* 1920年1月2日，禁止酿造和发售酒类的《沃尔斯特法令》（禁酒令）在美国正式生效。这项法令规定，凡制造、售卖甚至运输酒精含量超过0.5%以上的饮料皆属违法。1933年，国会颁布宪法第二十修正案废止了禁酒令。

行业也已进入了快速合并的阶段，这威胁到 A-B[*] 百年来的霸主地位。过去几年间，位于美国密尔沃基市的米勒啤酒公司（Miller Brewing）与伦敦的南非啤酒公司（South African Breweries）合并，成立了 SAB 米勒（SABMiller）；加拿大的摩森啤酒（Molson）牵手总部在美国科罗拉多州的库尔斯酒业（Adolph Coors），成立了摩森康胜（Molson Coors）；比利时的英特布鲁（Interbrew SA）与巴西美洲饮料集团（AmBev）联姻，组成英博（InBev），正是后者将 A-B 从全球啤酒之王的宝座上拉了下来。A-B 虽然依旧是全球利润最高的啤酒公司，占据着全球利润最丰厚的市场——美国市场的半壁江山，但在总规模上，却跌至第二位。雪上加霜的是，在过去的近 5 年内，或者说在奥古斯特四世负责酿造部门的这段时间里，A-B 股票的业绩也乏善可陈，所以如今流言四起，说气势汹汹的英博正觊觎 A-B，将其视为下一个收购目标。前一周，在芝加哥的一场经销商会谈中，布希否定了这一传言，声称"据我所知绝无此事"，随即引发了与会者的起立鼓掌和欢呼。

布希四世实际上是布希家族企业的第六代传人，自布希高祖父^{**}阿道弗斯在南北战争期间创立了这家位于圣路易斯的啤酒厂起，管理权由父亲传承给长子的习惯一直保留至今。除了布希四世的叔祖父阿道弗斯三世，他的前几位先辈不仅在公司经营上业绩卓越，也在美国商业历史上声名永驻。历经五代人的努力，布希家族将密西西比河畔一家生产劣质啤酒的小酒厂打造成为如今的企业巨头，现如今他们的啤酒年生产量为 1 亿桶。他们经营的公司经历了两次世界大战、禁酒令和美国经济大萧条，打造了自主的拉格^{***}（Lager）啤酒百威，使之一跃成为全球销量最好

---

* 安海斯－布希（Anheuser-Busch）公司的简称。
** 即曾祖父的父亲。
*** 一种底部发酵啤酒，酿造时啤酒酵母在发酵罐底部发挥作用，酿造温度在 10℃以下，须低温保存。

的啤酒，并在奥古斯特·A.布希三世这代成立了安海斯－布希公司——"世界级啤酒企业"。

凭借他们的啤酒，由移民阶层发家致富的布希家族品尝到了美国承诺给移民者的所有好处——无法估量的财富、可与总统结交的政治权力，以及堪与任何王公贵族生活相匹敌的奢华享乐。然而，在布希家族的奋斗史中，心碎、丑闻、悲剧和早亡，却也占据了相当大的篇幅，但他们都一一承受过来了。其他由德国移民白手起家建立、并以家族姓氏命名的啤酒企业——喜立滋（Schlitz）、米勒（Miller）、帕布斯特（Pabst）、布拉茨（Blatz）、舍费尔（Schaefer）、库尔斯（Coors）、伦普（Lemp）、斯特罗（Stroh）、哈姆（Hamm），以及格里赛迪克（Griesedieck），虽将美国变成了一个热爱啤酒的国度，但最后他们却都消失了，他们的家族企业被如英博（InBev）这样毫无品牌灵魂的外国企业巨头吞并。20世纪下半叶，在禁酒令实施后，能够兴旺发展，艰难奋斗，乃至于绝望中依然在市场上挣扎求生存的啤酒巨头中，只有安海斯－布希保持住了独立运营的公司地位，并依旧由创始家族管理。

所以，当观众们在凯悦酒店等待奥古斯特·安海斯·布希四世登台演讲时，他肩负的东西是很多的。他的登场恰逢公司前景未卜之时，衔接着荣耀的往昔和惊险的未来。他的眼界将决定诸多啤酒经销商家庭的命运，以及成千上万雇员和供应商家庭的命运。

当观众们等了30分钟后，布希四世信任的"副官"之一，负责市场业务的副总经理大卫·皮科克突然在讲台上现身，为布希的延误向观众致歉。他模糊地解释说公司的飞机在机场降落时遇到了问题，并保证"奥古斯特很快就会抵达"。随后他又说，布希"因为鼻炎发作正在吃药"。对于这种闪烁其词，观众群中传来一片质疑的"啊？……"无须推论，很快就可以看出皮科克明显只是在拖延时间。

10分钟又过去了，在公司内部被称为"随从"的管理团队环绕下，布希终于从舞台左侧进入了房间。他的皮肤是古铜色的，发型被精心打理过，穿着他标志性的领口敞开的白衬衫、休闲长裤和牛仔靴。他一步跨到麦克风前，几乎毫不理会观众的状态，立即开始了他的演说。布希对他的公开演讲从不精心准备，众所周知，他经常脱稿，没有重点，靠他英俊的相貌和个人魅力取胜。很多时候，他在提词器显示演讲内容前甚至从未看过讲稿。有一次，在佛罗里达博卡拉顿的美国啤酒协会进行演讲时，他本应该说："当我们的先辈抵达这片海岸时，他们最先做的事情之一就是建立（erect）一间啤酒屋。"结果他脱口而出的却是："当我们的先辈抵达这片海岸时，他们勃起（erections）了。"他大笑着摆脱了这个弗洛伊德式的口误（"我刚才真的说了那样的话？"），很多观众也随他一同笑了起来，只有同样坐在讲台后面、他身旁的妻子，27岁的凯特，尴尬地把额头靠在了桌子上。

然而这一天注定与笑声无关。从一开始，一切就显得不太正常。在布希讲述下滑的经济形势对啤酒销售的影响时，他吐字不清，含糊其辞，不知所云。起初，一些观众以为他的提词器出了问题，不过，大家不久就意识到，布希四世应该是遭受了某种沉重打击，这打击既不是来自纵饮的A-B酒水，也不是来自服用的某种神奇抗鼻炎药物，那是一种被重锤击倒的状态。布希没有注意场内四起的低语声和观众们关切的表情，继续含糊不清地自说自话了几分钟，使这场演讲变得像陈旧、卡涩的老式留声机一样恼人。庆幸的是，最终大卫·皮科克走到台上，对着麦克风说："很明显，奥古斯特现在有些不适。"随后，他扶着布希的胳膊，把他带离了讲台。布希默默地随皮科克走下讲台，在他的身影消失前，还跟跄了一下。

会议就这样结束了，但观众们没有离开座位，愕然地沉浸在这场"盛大的胡闹"的余波中。但这与布希以往的作风相比，只是九牛一毛。

从大学时代起，布希"派对狂"的名声就已远扬在外。在一场类似查帕奎迪克岛事件*的事故中，一位22岁鸡尾酒吧女招待的尸体在路旁的水沟中被发现，现场旁边是布希的座驾雪佛兰科尔维特，车身整个翻了过来。事发当时布希自己离开了现场，但几小时后，他对前来调查的警察说，他不记得发生了什么，也不记得是谁开的车。他的父亲把他从那一场风波以及随后几年发生的种种事件中救了出来。A-B 的安保人员更是无数次替他收拾了各种残局，它们远甚于奥古斯特三世当年制造的麻烦。某种意义上说，"坏小子"说的就是布希四世。他是布希家族的一员，对这个家族的人而言，纵酒、飙车、流连于脂粉堆，以及玩弄枪支是男性成员的成长必修课。他的父亲，以及他的祖父，声名显赫的啤酒大亨小奥古斯特·A.（"格西"）布希，在青年时期都是著名的麻烦制造者。

但是发生在凯悦酒店的这一幕与前几次事件不同，它超出了一个可被谅解的范畴。布希四世此前的几场花边闹剧只被人们视为个人行为不检点。但这件事发生在他的工作中，发生在一位领导着年利润190亿美元的500强上市企业的CEO身上，曝光在整个啤酒行业面前。这是令凯悦酒店的参会观众们真正震惊的地方。其实在公司内部，关于布希四世能否胜任CEO的质疑就从未停止，当奥古斯特三世劝说董事会成员相信布希四世的能力时，人们认为老布希在管理层和董事会里，都已经安插了忠诚可靠的人为布希四世保驾护航，以免导致像今天这样的局面发生。然而，国王的军队和国王的忠臣都无力挽救王朝的倾覆。很显

---

* 查帕奎迪克岛（Chappaquiddick）位于美国马萨诸塞州。1969年7月18日，国会议员爱德华·肯尼迪（Edward Kennedy）在此处参加聚会，午夜时分驾车与28岁的玛丽·乔·科佩奇离开，车驶过一座窄桥时落入水中，事故发生后爱德华·肯尼迪离开现场，玛丽溺水身亡。事后爱德华·肯尼迪声称曾试图挽救玛丽，然而舆论认为他在说谎。这一事件影响了爱德华·肯尼迪的政治生涯，间接导致他在后来的总统竞选中落败。

然，布希家族的啤酒车已经脱离了轨道。

布希四世的行为很快从凯悦大会议厅传到酒店的酒吧里，继而随着电梯上传到会客室。几分钟后，这件事成为本届NBWA*会议的热谈。消息迅速通过手机传到A-B位于圣路易斯市布希园1号的总部，公司上下将其视作一场灾难性的公关危机。

随后发生的事情其实更糟。布希四世长期被遮掩和忽略的个人问题，如今暴露在全世界的目光下。三周半后的6月11日，仅有4年历史、总部位于比利时、现由3位巴西亿万富豪管理的英博（InBev）公司，"极不受欢迎地"主动出价465亿美元收购了安海斯－布希公司。一切尘埃落定，这场并购成为历史上金额最大的企业并购案，但美国人却失去了一家他们心爱的公司，同时1000多位圣路易斯的A-B雇员也失去了工作。

布希四世和他的父亲，与其他高管一样，在这场并购中收获颇丰，两人将约5亿美元收入囊中。但他们原本就如履薄冰的关系也就此彻底破裂，从此二人再未与对方说话。

生平第一次摆脱了家族的期望和公司的治理责任后，布希四世很快就一蹶不振。根据他的朋友和家庭成员的描述，以及庭审记录的记载，2010年2月，当警察找上门时，这位美国最后的"啤酒之王"正蜷缩在他的别墅里，用毒品抵抗自己的痛苦，沉浸在妄想和幻觉中，房子里堆放着数百支重型枪械，其中包括几挺50mm口径机枪。

"那场面简直就是《疤面煞星》**的最后一幕。"布希家族的一位成员感叹道，然后他不自觉地模仿起阿尔帕西诺饰演的毒枭托尼·蒙塔纳***——"来吧，向我的小朋友问好"。

---

* 美国啤酒批发商协会（The National Beer Wholesalers Association）的简称。
** 1983年拍摄的美国电影，由阿尔帕西诺主演，影片讲述了发生在古巴难民潮时期的一个黑帮故事。
*** 《疤面煞星》的男主人公。

第一章 "啤酒回来了"

　　1933年4月7日薄暮时分，人群开始在酒厂的大门前汇集起来[1]，渐渐地，城南河畔百老汇大街和佩斯特拉齐街的交汇处也开始人头攒动。当哥特式酿酒屋上的大钟响起午夜零点的钟声时，街上大约已经有3.5万人，他们肩并着肩，蔓延了几个街区，兴奋嘈杂地交谈、期盼着：美国长达13年的禁酒期终于接近尾声。

　　"幸福的日子再次来临，头上的天空变得清澈明朗，"人群纷乱地大声唱道，"让我们再唱一首庆祝的歌曲吧。"

　　城中也随处可见小范围上演的此般场景。在第九大街和松树街的库姆兄弟咖啡馆里，顾客们高唱起欧文·柏林那支哀悼禁酒者的歌曲《不远的将来》——"我是如此干渴……"——而此时在"德国之家"酒店中，数百位宾客也唱起一支古老的德国祝酒歌："Was Wilst du Haben?"（你想喝点什么？）

　　在这家啤酒巨头的工厂铁门内[2]，300辆卡车在装运码头前整装待发，另有1200辆在街上等待接替它们的位置。在工厂中，机器轰鸣声此起彼伏，昭示着这只沉睡的巨兽已从冬眠中彻底苏醒。源源不绝的百威酒瓶，贴着著名的红白商标，在传送带上如行云流水般前进，直到被整齐地装进木制板条箱，箱外骄傲醒目地印着一行字："密苏里州，圣路易斯市，安海斯－布希公司资产"。

在装瓶车间里[3]，公司董事长奥古斯特·A.布希和他的两个儿子——阿道弗斯三世、小奥古斯特在摄影记者们面前摆好姿势，三人一同打包好送给富兰克林·D.罗斯福*总统的礼物——一个盛有24瓶啤酒的板条箱。罗斯福总统于当年11月就任，他向美国民众承诺实施"新政"计划，其中包括废除禁止在美国酿造和销售酒精类饮料的"宪法第十八修正案"**。

然而，禁酒令真正被解除却是在8个月之后，因这项法令的废止还须经过宪法修订，同时必须被美国48个州中的至少36个州批准同意（3/4认同率）。但罗斯福总统在进行竞选承诺时就已经赢得了饮酒民众之心。3月4日，在罗斯福总统当选9天后，他就敦促国会立即对所谓的《沃尔斯特法令》进行修改，这项法令规定公开销售的饮料所含酒精量不得超过0.05%，总统要求将限额提高到3.2%。"我深切感到当时实施这一举动意义非凡。"他说。众议院和参议院很快通过了他的提案，并将4月8日定为恢复啤酒销售的日子。

其实从罗斯福总统参选时起，布希一家就已经开始为这一天进行准备了。他们花费700万美元重修工厂车间，进行现代化改造，采购生产设备和啤酒酿造所需的原料，其中最有名的是价格不菲的波西米亚啤酒花。布希家族认为，这种酒花对维持百威啤酒的口感至关重要。在美国向其国民关闭饮酒的欢乐之门以前，百威曾是销量第一的啤酒品牌。

---

* 即富兰克林·德拉诺·罗斯福（Franklin D. Roosevelt），1932年当选美国第32任总统，并连任四届。在1930年代的经济大萧条期间，罗斯福推行新政，提供失业救济，促进经济复苏，并成立众多机构来改革经济和银行体系，从经济危机的深渊中挽救了美国。——译者注，下同

** 又称《沃尔斯特法令》，即禁酒令。

百威公司现在迫切希望恢复自己"啤酒之王"的地位[4]，管理层授权公司负责人小奥古斯特，购买几匹克莱兹代尔马*用作广告宣传。格西（小奥古斯特的小名）后来用2.1万美元从堪萨斯的牲畜饲养场买来16匹骏马，每匹重达2000磅。他还找来2辆百威公司从前使用的木制马车，百威当年曾使用总数达800辆的马队进行啤酒运输，在马匹的管理上严格遵循格西已故祖父、公司创始人阿道弗斯·布希的要求。那时阿道弗斯·布希每周都会巡视马队，他站在可以纵览全局的地方，身旁是儿子奥古斯特，车夫们像参加阅兵仪式一样，赶着马车从他们面前经过，状态和仪容最好的马车可以赢得25美元奖金。

格西将两辆马车秘密锁在了公司著名的圆形马厩里。他想用这件凝聚了公司历史和父亲年轻时代回忆的礼物，带给父亲一个惊喜。格西还找到了马车夫比利·威尔士，在禁酒令颁布前，比利是百威公司最优秀的"8匹马车"车夫。后来因为不能忍受没有马的日子，比利前往芝加哥的牲畜饲养场工作。

一切准备妥当后，格西和哥哥阿道弗斯三世将父亲叫出了办公室，并告诉他，他们想要给他看一辆新车。三个人穿过街道，走向马厩，这时马厩的正门突然敞开，第一辆装备齐整的克莱兹代尔马车映入眼帘，每匹马都长着白色马腿、白色鬃毛和白色脸鼻。马鬃和马尾上系着白缎带，它们拉着亮红色、黄铜镶边的马车昂首踏步前进，驾车的正是比利·威尔士。见到这一幕，老人哑然失声，默默地流下了泪水。

而现在，真正的盛大时刻终于到来了[5]。一支铜管乐队在百威酒厂门外演奏起乐曲，人群盯着百威啤酒屋的大钟一同倒数。午夜零点的钟声一响，工厂车间里就出现了尖锐的哨鸣声，随即引发了沸腾的欢庆活

---

* 即Clydesdale，是一种重型挽马，生长在苏格兰克莱德（Clyde）河流域的拉纳克（Lanarkshire）郡。这种马身材高大，外形优美，毛色多为栗色、深棕色或黑色，脸部和腿部为白色。

动，车辆尽情鸣笛，铃声开始在城市里此起彼伏，不绝于耳。12:00，啤酒车开出大门，驶向街道。一队警车一路鸣笛，护送第一辆酒车驶抵圣路易斯机场。一箱百威啤酒被送上一架福特三引擎飞机（Ford Trimotor plane），它将被运往华盛顿，送给罗斯福总统；另一箱啤酒被装运到一架飞往新泽西州纽瓦克市的飞机上，将被送给纽约州前任州长艾尔·史密斯。后者是老奥古斯特*的英雄，因为在1928年，他在与赫伯特·胡佛**竞选总统期间，一直抵制禁酒令的颁发。六匹克莱兹代尔马此前已被运往纽瓦克，在那里待命，它们将运送这份神圣的礼物走完最后一程。

在安海斯-布希的车场里，新雇来的工人将多箱瓶装啤酒搬到130辆货运车上，公司的亮红色卡车车队从城中穿梭驶过，将这第一批啤酒运往杰佛逊、梅费尔、伦诺克斯等城市，以及查斯公园广场酒店，那里许多富有的顾客正翘首企盼啤酒的到来。在装瓶车间的大厅里，格西·布希来到由CBS***安排摆放的麦克风前，后者在三个"啤酒之城"——圣路易斯、芝加哥、密尔沃基都安排了面向全国的广播宣传。格西年迈体弱的父亲也在家中听着广播，这是格西第一次面向全美公开演讲：

> 4月17日终于来临了[6]，这是一个真正值得感恩的时刻，是美国人民重获自由的时刻，我们要感谢使这一切成为可能的罗斯福总统，感谢他的智慧、远见和勇气，我们还要感谢对这一切给予支持和配合的国会。我们的心中曾回荡着一首歌："幸福时光再次降临"，如今歌声得以再次响起，因为混沌、焦虑的时期终于结束，一束亮光，如海上灯塔般指引着我们向美好的生活航行。摆脱了曾经似乎遥遥无期的无所事事后，快乐并满怀感激的人们将再次返回工作岗位。

---

* 此处指奥古斯特·A，即格西的父亲。
** 美国第31任总统，1929—1933年在任。
*** 哥伦比亚广播公司（Columbia Broadcasting System）的简称。

很明显,格西是在对着绝非出自个人手笔的讲稿照本宣科,他又讲了两分多钟,将国家经济的未来与酿酒业联系起来。"装运着美国农场谷物、酒瓶、酒箱和各种装备的货车将再次出现在我们的生活中,从大萧条中复苏的煤炭和钢铁行业将为我们带来燃料和生产物资,其他产业也会陆续振兴和发展,为工业、农业和交通部门的复苏增添动力。"当酿酒商与政治家携手合作起来时,"一个崭新而光辉的时代将冉冉升起,它也将带给我们所有人更多幸福和安全感"。

最后,他以一句多年后被新闻记者爱德华·R. 默罗引用而出名气了的话作结,"晚安,祝各位好运"。随后他走到VIP嘉宾们的餐桌前,大声宣布:"现在大家又能喝到啤酒了!"

确实如此。在接下来的8小时里,美国的几个啤酒之城陷入了前所未有的饮酒狂欢,其盛况甚至超过了1918年一战停火时的庆祝场景。在克鲁姆兄弟咖啡馆里[7],一位本地政客拉里·麦克丹尼尔将他滚圆的肚子贴着吧台,举起一杯十美分的"黄金液体",冲着欢庆的人群喊道:"各位,这是民主牌啤酒!"在凌晨2:30[8],4位显然过于热爱民主的饮酒者试图抢劫一辆安海斯-布希的运酒车,但被警察制止了。到早餐时[9],安海斯-布希从车间里运出了近3588桶啤酒,如果说圣路易斯是一个巨大而盛满啤酒的酒杯,那么它的居民已将其中所有的酒水喝光,一滴不剩。

在各个酿酒城镇里,情况也如出一辙。人们对啤酒的需求远远超过了可供应的数量,这使得格西·布希不得不向顾客们进行公开请求。"我们希望大家控制一下对啤酒的渴望,"他说道,"我认为现在的总体需求不会少于500万箱啤酒,我们太平洋沿岸分部接到7.4万箱啤酒的订单,西雅图的一位先生甚至要求我们立即给他用火车运去75车啤酒。""现在我们啤酒的供应很难迎合如此庞大的需求量,因为啤酒的酿造必须经过充分发酵。整个过程需要3个多月的时间,即使在当前的盛况下,我们也不能缩减这个过程。"他补充道。其实在接下来的几十年里,这样的场景还会多次上演。

4月8日的早上,上千人在纽约观看克莱兹代尔马队昂首穿过荷兰隧道,走过曼哈顿大街、第五大道,停步在帝国大厦楼前,艾尔·史密斯在那里等待着,手中拿着直播用的无线电麦克风。在华盛顿,白宫已经被各地啤酒商送来的货物堆满,然而几天后,当安海斯－布希那些长着白色鬃毛、穿着"白色毛靴"的栗色骏马拉着送给总统的礼物,高头阔步地走过宾夕法尼亚大街时,还是享尽了无限的风头。

第二天,克莱兹代尔马成为百威公司报纸大版面宣传的主角,画面里还有一直被视为美国男性英雄气概代表的农夫、工人、猎人和运动员。"啤酒回来了!"[10]广告宣传语写道,紧扣格西前一晚广播演讲的主题——爱国情怀和击碎大萧条的信念。

> 啤酒回来了,仅此而已么?不,老伙计式的碰杯友谊也回归了,将老式欢庆的亲切感融入现代化的美国生活。社会交往和美好的生活体验再次回到人们的生活中,融杂着往昔的回忆和情怀。美国开始以更好的心态期盼自己的未来。

当然,没人比布希一家感觉更好,因为在这场经济复苏中,没有人比他们获得——或者说重新获得——更多。在禁酒令开始前,啤酒对于布希家族,等同于石油之于洛克菲勒、钢铁之于卡内基。这个家族崛起兴旺的故事,远比美国镀金时代(Gilded Age)*那些著名强盗大亨**

---

* 指美国南北战争结束后1870—1898年的这段时期,工业的成长与移民潮是这一时期的主要特征。
** 洛克菲勒、卡内基等企业家在这一时期凭借买低卖高的手段,赚取大量财富,形成行业垄断地位,所以他们被称为"强盗大亨"(Robber Baron)。

的故事精彩。

阿道弗斯·布希出生在德国卡斯泰尔市一个殷实的酒商家庭，他是家里22个孩子中的第21个。1857年，在德国移民大潮中，18岁的阿道弗斯来到了美国。在此前的10年间，100多万德国人已经迁居到美国，用一位历史学家的话说，这是一场"条顿人（德国人）的移民大潮"[11]。与爱尔兰移民不同的是，德国移民大多不是由于贫穷和生活无助才疯狂投奔美国的贫苦人，相反，大多数迁往美国的德国人是在"1848年德国革命"*失败后希望寻求社会和经济自由的中产阶级。他们带着大笔财富来到美国，深入内陆定居。众多德国移民定居在密西西比河谷地带，即被称为"德国三角"的辛辛那提、密尔沃基和圣路易斯一带。

阿道弗斯在新奥尔良登岸，沿密西西比河一路旅行，最终来到了圣路易斯市。1833年，该市的德国移民人数只有16家，而在阿道弗斯来到此处的时候，城里的16.1万名市民中，竟有1/4是德国移民了。1857年，一位主编在《共和报》上撰文描述了他的德国同乡对圣路易斯带来的转变："一场突如其来又完全出乎预料的移民大潮[12]席卷而来，转瞬间，我们发现整个城市里满是酿酒厂、啤酒屋、香肠店、阿波罗花园、星期日音乐会、瑞士奶酪和荷兰鲱鱼。我们在搭乘公交车、买马裤的时候，甚至有必要学一些德语，还有，在星期日音乐会上，喝啤酒成了一种必要的风俗。"

圣路易斯当时甚至已经有了一份德语报纸《密西西比联合报》（*Mississippi Hansel-Zietung*）[13]。这份报纸翔实地报道了城内30—40家酿酒厂的营业情况，这些酒厂每年生产超过6万桶的啤酒，相当于1800

---

* 指1848年在德意志邦联地区发生的一系列旨在挑战君主的抗议和起义的总称，期间成立了由资产阶级自由派领导的新政府，但革命最终失败。

万杯"5 美分"啤酒，并且所有啤酒都在当地销售。

阿道弗斯最初在一艘内河轮渡上做了两年船员[14]。1859 年，他的父亲去世后，他用自己获得的遗产创办了一家酿酒原料供应公司，取名瓦腾伯格－布希啤酒公司（Wattenberg, Busch & Company）。他最早的顾客中有一位富有的、名叫艾伯哈特·安海斯的肥皂商人，后者刚刚用 9 万美元替一家叫作巴伐利亚啤酒厂的企业还清了拖欠贷款，并趁机收购了这家酒厂，当时安海斯正在考虑如何让酒厂运作起来。

1861 年 3 月 7 日[15]，在亚伯拉罕·林肯总统宣誓就任 3 天后，阿道弗斯在圣路易斯的圣灵德国福音派路德教会里，迎娶了安海斯的女儿莉莉。想来当时安海斯的啤酒不太可能被用在婚礼庆典上[16]，因为它的口感实在太糟，酒馆的老板们甚至已经习惯了顾客们常常对它们不屑地吐口水。安海斯勉强支撑着完成了每年 4000 桶的销量，但还是很快就欠了他的女婿一大笔债。1865 年，南北战争结束，阿道弗斯也结束了 4 个月的同盟军*军旅生涯，他转而开始为岳父工作。到 1873 年，艾伯哈特·安海斯啤酒公司（E. Anheuser & Co. Brewery）的啤酒年产量已达 2.7 万桶，并且利润可观。为了奖励阿道弗斯，艾伯哈特在 1879 年让他成为了公司合伙人[17]，将公司更名安海斯－布希啤酒公司，同时，他允许阿道弗斯购买公司的少部分股票，这样阿道弗斯的股份从 238 股增加到了 480 股。1880 年，艾伯哈特去世，他将遗产分给了他的 5 个子女，莉莉获得了 116 股，加上阿道弗斯自己持有的 238 股，使得阿道弗斯成为公司最大的股东，也成为了自己命运的主宰者。

身为自己公司的总裁，阿道弗斯最先做的事情之一就通过一位好友、当地的酒店店主卡尔·康拉德购买到一种特殊的啤酒酿造方法。这种酿酒法来自捷克一个叫作巴德维斯（Budweis）的村庄，是由僧侣们

---

* 指美国南北战争时期的北方军队。

发明的方法。这种沁爽、清淡的拉格（Lager）被当地人称作 Budweiser（百威）。阿道弗斯从康拉德那里获得了酒方，并保留了酒的名字。持有这个具备竞争力的产品后，阿道弗斯准备在啤酒行业里叱咤风云了。

在美国，阿道弗斯是第一个使用巴氏法灭菌的酿酒商，这使他的百威啤酒可以瓶装售卖，并且拥有更长的保质期。他在铁路沿线建造了一系列储存啤酒的冰屋，成了第一个将啤酒售往其他地区的酒商。这些冰屋后来演化成一个全国的冷链网络，阿道弗斯也是第一个使用人工制冷法的酒商，他先是将其用在百威的生产车间，后来还用到运送啤酒的250个铁路车厢上，它们将百威销往全国各地。作为一个垂直整合（当时还没有这个名词）的支持者，阿道弗斯购买了铁路车厢制造公司的股份，还购买了酒瓶生产企业的股份，因为每年百威啤酒所需的酒瓶数量可谓惊人。随后他又在伊利诺伊河畔购买了两座煤矿，并修建了一条连接煤矿和酒厂的铁路。

随后，阿道弗斯又把自己的掌控领域延伸到供应链的其他终端，他入股了无数家酒馆，经常付钱为新酒店的老板办理酒类销售执照、许可证，甚至租金，并向酒馆提供促销的灯具和酒具，上述举动其实都是为了获得一纸协议：要求这些酒馆只能销售安海斯 - 布希公司的饮品。

而此时其他的酿酒商却正在竞相购买自己的沙龙，在其中穷奢极欲，与他们的合伙人一起沉溺于女色和赌博，并收买当地的警察和政客，以获得种种利益。这些堕落的行径原本可能侵蚀并毁掉整个酿酒业，幸而在那之前，阿道弗斯·布希就已经打造出了第一个全国性的啤酒品牌。

当然，那时的美国人口也助了阿道弗斯一臂之力[18]。1820—1870年，750万移民的到来使美国人口增长了一倍多，其中 2/3 的移民来自嗜好饮酒的德国和爱尔兰。阿道弗斯看到了人口在圣路易斯的德国移民邻区卡龙德莱特和索莱德，以及被称为凯利区（Kerry Patch）的爱尔兰移民聚集区迅速增长。他自行推断，啤酒会发展成美国的国民饮料。所以他从公司利润中拿出一部分，继续提高产能。果然[19]，1870年至1900年间，美国的人均啤酒消费量增长至原来的4倍，从每年4加仑*升至每年16加仑，安海斯－布希公司一举成为美国最大的饮品生产商，在世纪之交的时候，啤酒年生产量超过100万桶。

阿道弗斯成功地将啤酒变为一座财富的金山，供自己和其庞大的家族尽情享受（莉莉生了13个孩子，其中9个活到成年）。他的年收入将近200万美元，而那个年代并没有个人所得税，他在圣路易斯、纽约的库伯斯顿、加利福尼亚的帕萨迪纳都建造了庞大、奢华的府宅，在德国巴德施瓦尔巴赫的莱茵河畔，也有他的豪宅。他管帕萨迪纳的别墅[20]叫"常春藤墙"，但在今天这个地方通常被公众叫作"布希花园"。其中有35英亩绵延的植物，种植它们花费了50万美元，需要50个园丁打理。这座豪宅也让他同时代的大亨安德鲁·卡内基和J. P. 摩根妒火中烧，很快，他们两人也在附近建造了自己的别墅，形成了帕萨迪纳著名的"百万富豪宅邸阵营"。

阿道弗斯乘坐私人火车车厢穿梭于他在美国的各个府邸之间，并毫不谦逊地将其命名为"阿道弗斯号"，车厢的外观装饰也极度奢华，配得上"车轮上的宫殿"这个绰号。他还建造了自己的铁路支线，使列车可以直通布希家族的主要宅邸——布希庄园1号。这座宅子位于一座大型花园的中央地带，花园是在酒厂的宅地上建造起来的，里面四处可见池塘和喷泉。阿道弗斯的做事风格永远宏大而夸张[21]，一些人会觉得他过分炫耀或俗气不堪。确实，圣路易斯那些法国裔、有贵族血统的银行家鄙视他那铺张的炫富方式，甚至为他的风格专门造了个形容词——"Buschy"（布希式的）。但阿道弗斯却不怎么理会他们的评论，他不需

---

* 美制容积单位，1加仑＝3.7854118升。

要银行的钱，因为他自己打理公司的财务。他也不需要他们的社会认同，因为他的朋友都是西奥多·罗斯福总统和威廉·霍华德·塔夫脱总统这样的大人物，后者把他称为"阿道弗斯王子"。

在大多数圣路易斯人眼里，阿道弗斯更像是一个富有的国王，他那奢侈的私人火车呼啸驶过时，很多人会瞠目结舌地喊："快看啊！"他是靠天赋获得了今天的一切。他永远穿着欧洲最新式样的西装，灰色的头发、卷曲的胡子是他的标志；他那刻意留长的山羊胡每天都由私人理发师修剪；他用低沉雄浑的德式口音向路人打招呼，见到向他跑来的孩子们时，他会习惯性地掏出几枚银币，当然，孩子们一见他在街上出现，就会立即向他跑来。他给民众带来的影响除了敬畏，别无其他。在人们眼里，他是权力和优势的化身，是美国梦的实现者。在他和莉莉庆祝50周年结婚纪念日时[22]，1.3万多人在圣路易斯大体育场里参加了为他们举办的庆典。实际上夫妇二人当时正待在1400英里之外的帕萨迪纳府邸里，但当天免费无限量供应的啤酒弥补了这一点。在几小时内，人们一共饮光了4万瓶啤酒。

尽管他的作风如此老派，阿道弗斯却对自己的新祖国充满热爱，并似乎对与美国精神象征以及历史神话有关的一切事物都非常热衷。比如，1896年，他在圣路易斯的一个沙龙里看到墙上有一幅描绘"小巨角河战役（Battle of Little Bighorn）"*的画作，随后他以这幅画为主题展开了一系列精彩的广告宣传。这幅引人注目的帆布油画名为《卡斯特**的最后一战》[23]，长宽分别为16英尺和9英尺，是本地艺术家卡西利·亚当

---

* 指1876年6月25日发生在蒙大拿州小比格霍河附近的一场战役，交战双方是美军和北美势力最庞大的苏族印第安人，最终印第安人获胜。
** 美国骑兵中校，领导美国第1骑兵师第7骑兵团在小巨角河之战中与印第安人展开殊死搏斗，最后阵亡。

斯的作品，卡西利本人是国父约翰·亚当斯总统*的后代。画面中的卡斯特将军挥舞着军刀，长发在风中扬起，带领他的部下与苏族和夏安族印第安勇士展开殊死搏斗。这家沙龙当时已经濒临倒闭，而阿道弗斯也是主要债权人之一，所以他出价 3.5 万美元，将这幅画连同沙龙一起买了下来。他请另一位画家参照卡西利的画临摹了一幅更小的画，要求画家在画面里增加更多鲜血和牛群。此后他将 15 万幅平版印刷的画作送到酒馆、餐厅、酒店，以及所有其他售卖百威啤酒的场所。这些画上既没有酒瓶，也没有公司的任何饮品，画框下端只有一行字，那就是传奇的"安海斯－布希啤酒公司"的全名。

在一系列精彩迭出的广告宣传后，阿道弗斯成功地让美国历史上的一段故事家喻户晓，也令这幅画和百威啤酒成为了美国流行文化的一部分。这次广告宣传空前成功，以至于 50 年后，也是在这幅画被销售了近百万幅后，当密苏里一家小镇酒馆的墙上挂起一幅仿品时，仍吸引了无数人前来围观。1945 年，堪萨斯历史协会发表的文章写道："我们完全可以说，在所有描述美国历史的画作中，《卡斯特的最后一战》是被大多数美国底层民众和少部分艺术评论家看过最多的一幅画。"除此之外，还有近百万个底层的酒吧客成了百威啤酒的粉丝，而阿道弗斯善于营销的基因也成为了公司 DNA 的一部分。

阿道弗斯在职业生涯中唯一的失败，就是没能及时制止禁酒大潮的兴起，在他人生的最后几年里，这件事让他损失惨重。他花了大笔资金，将啤酒——确切地说是百威啤酒——宣传成一种"现代化的饮品"，与令人脾气暴躁的威士忌刚好相反。在禁酒令颁布前的广告推广中，百威还打出了"百威令人心旷神怡"这样的标语。他煞费苦心，将百威打造成一种温馨健康的饮品，和那些烈酒划开界限。他甚至在帕萨迪纳别

---

* 美国第二任总统。

墅召开酒会，邀请 7000 位美国医学协会的会员参加。他责骂抵制饮酒的运动是对个人权利的攻击。在百威的一份大版面报纸广告中，阿道弗斯心中的英雄——德国首相奥托·冯·俾斯麦的一段话被引述：

> 像所有德国人一样，俾斯麦首相将个人自由视作维系生命的空气，它是人的天赋权利，应该不惜一切代价去维护。对数百万遵纪守法的德裔美国人而言，如果法律去规定人"不得吃什么，不得喝什么"，未免是太过古怪的专横行为。德国人深知，我们父辈所喝的低度酒饮和啤酒中没有恶魔。真正的恶魔只存在于借着酒精行凶施暴的人心中。

但很快阿道弗斯就成了主张禁酒派的反面典型，因为他们发现，阿道弗斯和其他的几位主要酿酒商持有或者掌控着这个国家大部分的沙龙，而威士忌等被他们视作引人堕落的烈酒，在那里被销售的最多。当时同样抵制饮酒、杰出的编年史家巴伦·戈登将阿道弗斯比作"邪恶生活的鼓吹者"[24]。

阿道弗斯则直接把抵制禁酒运动的事拿到威廉·麦金利总统面前去说。在一次政治聚会中，他被引荐给麦金利总统，随后，他慷慨激昂地发表了一场 30 分钟的演说，旨在说明如果禁止销售这种"低度且令人快乐"的饮品，将带来怎样的灾难。他认为，85%—90% 的民众需要啤酒。

"总统阁下，我所说的这种需要是人性使然，"[25] 阿道弗斯说道，接着他提高了音量，"相信我，如果禁酒分子最终成功，这个国家的人民会转而求助于毒品和致幻药物，那才会令整个国家陷入真正不健康的泥潭。"

1910 年 6 月 10 日 [26]，在阿道弗斯和莉莉准备从纽约出发，前往德国进行他们一年一度的夏日旅行前，他对记者说，"如果人们任由局面发展下去",禁酒令会"毁掉整个世界"。

在有生之年,阿道弗斯见到了啤酒在美国的鼎盛时期。1911年,美国超越德国成为世界排名第一的啤酒生产国,年生产量接近6300万桶。其中160万桶啤酒来自圣路易斯的安海斯－布希公司。1912年,美国人口调查局将酿造业定为美国的第十七大产业。

而在有生之年,阿道弗斯没有见到他最担心的噩梦成为现实[27]。1913年10月10日,他和好友卡尔·康拉德在莉莉别墅旁的森林里打了一天猎后,他病倒了,几天后就去世了。他的遗体被他最心爱的"威廉皇储号"汽船运回了纽约,随后由一列特制的有5节车厢的火车运回了圣路易斯的家中,其中包括"阿道弗斯号"车厢。

在他的府邸中,3万民众在葬礼前观仰了他的遗体——其中5000多名是酿酒工人。还有近10万人,站在灵车驶往墓地的道路两侧,送他走完最后一程。根据当时的报道,他死于心脏病。很多年后,据披露,他的心脏问题可能是由肝硬化导致的。

阿道弗斯留下了近6000万美元的遗产。他的股份被平均分给在世的7个子女,除长子老奥古斯特·安海斯·布希外,其他每人都拿到38份股份,而奥古斯特因为和母亲莉莉一起作为遗产的托管人,在此之外又得到3份。除了从她父亲艾伯哈特·安海斯那继承的116份股份外,阿道弗斯的妻子莉莉还托管了其他4个子女的遗产:被阿道弗斯称作挥霍无度的内莉、嫁给德国人的克拉拉和威廉敏娜,以及在出生前遭遇事故造成残疾的卡尔——在他出生前,莉莉得知她父亲去世的消息,从楼梯上摔了下来。

A-B的每股原始价为500美元[28],每年会衍生大额的股息,通常每股股息为3000—5000美元,到1913年,这个数字已经上升到8000美元。据说阿道弗斯曾用6万美元从一位安海斯家族成员那买回了一份股份,而且圣路易斯的任何一家银行都愿为A-B的一份股份提供2.5万美元的借款。

在家族中被称为奥古斯特·A的老奥古斯特,继承了父亲公司董事长的职位,那时公司资产和设备的总估价达4000万美元。但他同时也碰上了随后出现的一系列严峻事件,它们差点让他父亲毕生的心血毁于一旦。

在19世纪最后的10年里,美国反沙龙联盟组织(Anti-Saloon League,简称ASL)成为了禁酒运动的主要倡导机构,他们在美国的各大州间依次进行抵制饮酒的宣传活动。但是到了1913年12月,ASL开始改变了活动的侧重点。当时他们号召5000位禁酒支持者在华盛顿举行了游行,队伍高唱着"前进吧,基督徒战士们"穿过宾夕法尼亚大街,到达国会大厦门口,随后向两位"干渴"的国会议员递交了请求宪法修改条例、要求在全国范围内禁止饮酒的提案。而当时ASL的领袖,一位名叫帕里·贝克的卫理公会牧师还组织了一场获得雄厚财力支持的"公开宣传"演说。在这场活动中,酒类饮料,特别是德国移民酿造的酒,被刻意丑化。贝克说这些德国人"像贪吃鬼和猪一样,只会穷奢极恶地吃喝"。联盟的其他活动者们则说这些汉斯(德国人的谑称)像穴居的原始人一样,对美国的文明生活造成了威胁。

使形势更糟的是,在1914年6月,即在阿道弗斯去世8个月后,奥匈帝国皇储斐迪南大公遇刺,第一次世界大战爆发。当时布希一家正在德国的莉莉别墅度夏,得知这个消息,奥古斯特·A带着妻子和孩子迅速回到了美国。但他的母亲莉莉依然陪两个出嫁的女儿留在了德国。在1917年美国参战前,反德意识就已经漫布美国,因为德国是在战争中第一个使用芥子毒气的国家,一艘德国潜艇还击沉了英国"卢西塔尼亚号"客轮,1959名乘客中有1200名在这次事故中死亡,其中包括128名美国人。

无人不知布希家族与德国的渊源[29],以及他们对德皇威廉二世的长期拥护。奥古斯特·A担心这会牵连到他的家族和百威公司,所以竭尽所能做了一切能够表明自己爱国之心的事情。他给红十字会写了一张 10 万美元的支票；他向人们宣布，自己购买了 150 万美元的自由公债*；他主动向政府提出，希望通过他父亲创立的布希-苏尔寿兄弟柴油机公司帮助国家生产潜艇引擎；他修改了百威的商标图案，除去了其中两只鹰的形象，以免人们由此联想到奥地利的国徽；他在西装的翻领上别起一枚带有美国国旗图案的纽扣；他取消德语在酿酒厂里作为通用语言的地位，让人们将公司和工厂里俾斯麦首相的半身像及有关画作全都摘下。

尽管有上述煞费心力的努力[30]，百威的销售额还是从 1913 年的 180 万美元跌至 1917 年的 120 万美元。莉莉·布希一直待在德国以及她的两个女婿全部参与了一战的事实，令她的儿子和啤酒公司都陷入巨大的尴尬境地。1918 年，莉莉终于返回了美国，理由却是当时的总统伍德罗·威尔逊下令建立外国资产托管办公室，将生活在敌国的美国人的资产全部扣押。当莉莉在佛罗里达的基韦斯特入关时[31]，这位年迈的 75 岁老夫人被扣留了 40 小时之久，经受了最严格的搜查，甚至包括"对阴道和子宫的详细检查"，她的律师认为，莉莉遭遇的对待是"一种空前绝后的残酷行为，连最贫穷的妓女和女窃贼都不至于遭遇此事"。

莉莉的财产也被暂时没收，因为美国参议院司法委员会要对安海斯-布希和其他德裔居民掌控的酿酒企业展开调查，基于微弱的理由怀疑他们可能在资金上资助德国购买参战装备。布希家族和公司最终被证明是清白的，并得到了美国司法部部长的亲自道歉。一战停战协议签署后，威尔逊总统也立即下令将莉莉的资产归还本人。然而对奥古斯特·A 来说，接踵而至的麻烦才刚刚拉开帷幕。

1917 年 12 月 8 日，国会通过了"宪法第十八修正案"，在全国范围内禁止酒精饮料的销售，经各州审核批准后，修正案将于一年后生效。

---

* 指美国政府在第一次世界大战时发行的旨在支援战争的战时公债。

然而，1918年9月16日，鉴于当时有半数美国士兵正在法国战场作战，威尔逊总统下令禁止生产啤酒，以保证作战口粮的供给。但这个禁令是短命的，因为1918年11月11日停战协议的签订而结束。然而，两个月后的1919年1月16日，内布拉斯加州议会成为第36个批准第十八修正案的地方立法机构。酿酒商们呼喊不平，他们说如果进行公投，美国人民一定会反对禁酒令出台。在此后血雨腥风、沉溺享乐的20年代里，黑帮头子艾尔·卡彭及其团伙在非法酿酒领域的光辉业绩倒是佐证了这一点。奥古斯特·A愤怒地指责禁酒令是在"用法律权威取代人的美德"[32]。他预测在现实中法令终将失败，还发誓无论在怎样的局面下，他都要将公司继续经营下去，直到一切都过去。

与此同时，安海斯－布希公司也在竭力说服公众反对禁酒令，通过宣传册和广告大力宣传公司的产品是有益于社会生活的。广告宣传语这样写道："像啤酒这种温和的酒饮能够带给人温暖愉快的感觉[33]，有助于个人的进步；而恶意阻止它的存在，是对道德人性的毁灭"，"像百威这样纯正的啤酒，是对国家良好氛围的最大助力，它是一种能让身体和精神都安适如饴的平民饮品"。

公司的另一份宣传册上，还引述了独立宣言签署人之一、费城本杰明·拉什博士的话，声称发酵饮料"总体而言是无害的，并能对健康和人生带来良好的影响"[34]。宣传册还引用了有关"五月花号"*的记载，显示是啤酒导致清教徒们在普利茅斯登陆，而没有前往原定目的地弗吉尼亚，"我们现在已经无法再向前探索或思考了，因为我们的食物，尤其是啤酒，已经消耗殆尽"。如果说这份记录不够翔实，由乔治·史密斯翻译的一份19世纪发掘的、现藏于大英博物馆的泥版文书甚至证明啤

---

* 一艘英国轮船，1620年9月6日，该船载着包括成年男女及儿童在内的102名清教徒由英国普利茅斯出发，驶达北美。在船上，众人签署了《五月花》号公约，抵达美国后，这批清教徒建立了普利茅斯殖民地。

酒是诺亚方舟中贮藏的物品之一，"我将啤酒、白兰地、油和葡萄酒注满那大陶罐"。

1920年1月18日，禁酒令的官方生效时间来临了——奥古斯特·A把两个儿子叫到办公室里。如今他们都已是成年的小伙子了——阿道弗斯三世29岁，格西21岁，如果他们不愿再去工作，他们的身家也足以保障他们无须从事任何工作。"你们可以选择不去蹚这趟浑水，然后离开，"[35] 他们的父亲说，"但在我看来，禁酒令不失为一种挑战，而我们也应该对雇员负责，让公司继续维持下去。"

当时公司有6500位雇员，每年工资支出超过200万美元，这样的挑战甚至连老阿道弗斯都会感到气馁。奥古斯特·A应对难关的能力自然也会遭到质疑。在青年时期，他对家族生意没有多少兴趣，19岁时还宣布自己真正的梦想是当一名牛仔。他甚至给自己买了一身牛仔装扮和一把六发式左轮手枪，不顾他父亲的恼火，去蒙大拿的一个农场里体验了半年生活。但这位浪子最后还是回到了圣路易斯，并服从了阿道弗斯那从底层做起的严格培养计划。他从酿酒工的学徒做起，一步一步上升，他父亲坚定地关注着他的表现，还天女散花般地写来各种信件，时而指导，时而敦促，时而批评，时而表扬，有的信长达20多页。父亲经常这样鼓励他："我们全家的福祉和快乐 [36] 全部并只能悬系在酿酒生意的成功上；它所带来的收益足以使我们在任何时代都生活幸福。"

奥古斯特·A比他父亲性格温和，容易害羞，说话语气轻缓，不喜抛头露面，他的生活脾性更像一位乡绅，而不是呼风唤雨的行业巨头。他也不像父亲那样喜欢旅行。他在距酒厂8.5英里的一块281英亩的空地上，建了一座造价30万美元的文艺复兴风格的法式城堡，这座宅邸也轻而易举地成为密苏里州最宏伟的住宅。这座城堡里最有名的就是那价值25万美元的马厩 [37]，它被用来安放被奥古斯特视作珍宝的马匹；一座私人动物园，里面有取名泰茜的、被奥古斯特吹捧为"世界上最小"的象；一个 175 英亩的"鹿苑"，其中有硕大的池塘和清澈流动的溪泉，野牛、羚羊、麋鹿，以及来自日本、西伯利亚、印度、欧洲、加拿大、弗吉尼亚等地的鹿群在此栖居。鹿苑——或者为王室和贵族提供的狩猎园，起源于中世纪的欧洲，18、19 世纪时期，德国的上流社会对此颇为崇尚。奥古斯特·A 对他的欧洲狍鹿群格外骄傲，它们很像他小时候所见的、父亲去世几天前在德国打猎时捕获的那些鹿。

奥古斯特购买的这块土地与美国历史颇有渊源[38]。它的前主人陆军上校弗雷德里克·登特在 1821 年购买了这块土地，并取名为白沙湾。登特的一个儿子在西点军校与尤利西斯·辛普森·格兰特*同住一寝，格兰特到杰斐逊兵营任职后，他成了那里的常客，并开始追求格兰特的女儿茱莉亚。在 1848 年，两个年轻人结婚了，自那时起的 30 年里，他们经常住在白沙湾。南北战争爆发前夕，格兰特让登特的奴隶帮忙在此处建起一座两层的小木屋，他把这座手工建造的小屋取名为"陋室木宅"。即便在白宫工作的岁月里，格兰特依然从远处维护着这间木屋，并希望退休后到此居住。但一场财政骗局令他破产，只能将木屋和他的很多内战奖章抵押给铁路大亨威廉·范德比尔特。在格兰特患了喉癌即将去世之际，范德比尔特主动提出免去他的债务，但他拒绝了。

奥古斯特·A 在 1903 年买下这块土地，那时它已被公众惯称为"格兰特农场"（Grant's Farm）。4 年后，他又买回格兰特的木屋，那时它早已被拆掉并转卖他人。奥古斯特·A 命人在宅邸南端重建了小屋，还从附近一家倒闭的兵工厂里买来 2563 支步枪枪管，圈围起来作为小屋的栅栏。

格兰特农场也成为奥古斯特·A 西部牛仔梦的最后庇护所。在那里，他得以远离酒厂里周而复始的噪音和气味，把自己的闲杂时光用来狩猎、饲养牲畜和娇宠 5 个孩子。

---

* 美国第 18 任总统，也是美国历史上第一位从西点军校毕业的军人总统。

其实近几年来，他的 3 个兄弟（爱德华、彼得、小阿道弗斯）接连离世，另一位又是完全的残疾人，奥古斯特·A 管理公司的重担愈发沉重不堪。父亲去世后，48 岁的他接管了公司，在酿酒艺术和技能方面，他的学识和经验已完全符合所有人的期望。不幸的是，在他上任 4 年后，因为法律的限制，美国的酿酒业已进入被迫消失的境地。

1919 年 1 月，父子三人在父亲的办公室里讨论他们迷离的未来时，阿道弗斯三世和格西都同意与父亲携手为继续经营这家公司而奋斗，尽管两人也不知道该如何去做。最后，多元化经营帮助他们取得了胜利。在随后的 13 年里，安海斯－布希靠经营酿酒生意的相关产品维系了生存，其中包括火车车厢、卡车车身、冷柜、冰激凌、一种模仿百威啤酒的非酒精类饮料、一种叫作 Bevo 的麦芽汁、麦芽糖浆和面包酵母。后面两个打着百威名头的产品取得了极大成功，并非因为它们恰巧是民间偷偷兴起的自酿酒贸易的重要原料。格西多年后也承认："最后我们却成了美利坚私酿行业的最大供应库房[39]。"

1919—1921 年，安海斯－布希公司分别损失了 250 万美元、160 万美元[40]，以及 130 万美元的收入。公司再次盈利前，奥古斯特·A 曾被迫向家族成员和银行借款 650 万美元，并卖掉了格兰特农场里的大部分动物，包括他最心爱的泰茜[41]——她被玲玲兄弟－巴纳姆及贝利马戏团买走。他最后一次见到泰茜，是在马戏团来圣路易斯表演时。据他的孙子多尔夫·奥特维所说，当泰茜带领一队大象走进马戏场时，奥古斯特·A 从座位上突然站起，并喊出了她的名字。听到他的呼唤，泰茜立即抬起了头，离开了队伍，在马戏场里径直小跑到奥古斯特所在的第三排座位下方，默默流下了泪水。表演结束后，他希望把泰茜买回来，但被马戏团拒绝了。

禁酒令使圣路易斯的就业遭遇严冬，4 万多名酿酒从业者失去工作，许多家酒厂倒闭。大萧条时期，该城的失业率曾高达 30%——其中 80%

的失业者是黑人，但即使在那时，奥古斯特·A 依然维持着安海斯－布希公司的运营，2000 名工人依然可以拿到薪水。为此，他的雇员和整座城市都衷心爱戴他。

奥古斯特·A 始终未停止对禁酒令的抗争。在整整 13 年间，他始终不遗余力地主张啤酒永远不应该被禁售，因为与蒸馏酒*不同（他从不喝它们），啤酒不会令人意乱神迷。相反，它是一种"有益健康的"、"温和地让精神振奋"的饮品。他曾无比严肃地对记者说："我始终坚信通过生产纯正、清淡的啤酒，我们为国家的节欲运动做出了贡献。"1921 年 5 月，国会委员会考虑提议允许啤酒可以在"出于医疗用途"时出售。他给委员会成员写信，指责这种提议荒唐透顶，并称自己代表了"绝大多数民众的心声，他们需要的是晚餐时的盛酒桶，而不是医药处方的价码"。他敦促委员会将提案扩大到全范围的法律许可，"啤酒是所有人的啤酒，不是那少数人的啤酒"。

他还向两位总统——沃伦·甘梅利尔·哈定**和卡尔文·柯立芝***——不停写信抱怨禁酒令的不公和伪善。1922 年 6 月[42]，他告知哈定总统，他通过内幕消息了解到，运输委员会声称自己获得了总统许可，能够在美国游轮上出售所有酒精类饮品，包括啤酒、红酒和烈酒。在某艘游轮上，"美国"就建起了 5 个沙龙。他还将信的复印件寄送给了所有国会成员和华盛顿新闻界，引起轩然大波。美国司法部部长迅速声明，所有美国轮渡上都不得出售酒精类饮品，外国轮渡也不得将含酒精的货物带入美国。

奥古斯特向柯立芝总统寄去了一份书一般厚的控诉信[43]，同时附

---

* 指乙醇浓度高于原发酵产物的各种酒精饮料，如白兰地、威士忌、朗姆酒和中国的白酒等，俗称烈酒。
** 美国第 29 任总统，1921 年当选，1923 年因心脏病突发，于任内病逝。
*** 美国第 30 任总统，柯立芝的任期（1923—1927）正值美国经济高速增长的年代，即所谓"咆哮的二十年代"（Roaring Twenties）。

带了其他几样东西。"最近我们国家的报纸上出现了好几篇禁酒委员会会长罗伊·A.海恩斯的独家文章。很明显这些文章是在收集官方信息的基础上写出的，此间花费的大额经费都来自纳税人交的税。这些文章以1500美元的价格卖给某报社，作为对官方授权的收费。就目前了解的情况看，禁酒委员会通过出售这些文章将大笔金钱揽入囊中。"

1930年夏天，他印制了一本名为《致全美人民的公开信》的宣传册，这也成为他最有力的一次出击[44]。宣传册中说，使啤酒产业再次合法化，可以令国家经济久病逢春。因为这会令120万美国人重新获得酿酒行业的岗位，为农民、矿工、铁路工人增加收入，为政府每年节省用于执行禁酒令的5000万美元开支，并增加近5亿美元的税收。他将册子寄给了每一位参议院和国会议员，并在国家级杂志上整版刊登册子的内容。时任纽约州州长的富兰克林·罗斯福，也在重视其主张的政治家之列。凭借对取缔禁酒令的承诺，以及前共和党人奥古斯特·A的支援，罗斯福在1932年的总统大选中击败了对手赫伯特·胡佛。在他就任9天后，他即向国会建议尽快批准啤酒的重新出售，并说道："当时我深感实施这一举动意义非凡。"国会很快颁布一条法令，允许酒精含量不超过3.2%的啤酒可以公开销售。

1933年2月20日，国会颁布了"宪法第二十一修正案"，取消了"宪法第十八修正案"（禁酒令）。8个月后，即12月5日，犹他州成为第36个批准通过修正案的地区。禁酒令自此寿终正寝，而安海斯－布希公司获得了盎然的新生。

从一定意义上讲[45]，禁酒令其实成就了A-B公司，因为它的对手在这段时期消亡殆尽。圣路易斯联盟啤酒厂（Union Brewery）的老板奥托·施蒂费尔在1920年饮弹自尽；生产著名品牌福斯塔夫啤酒（Falstaff）的威廉·J.伦普酿酒公司（William J. Lemp Brewing Company）于1922年倒闭，并被国际鞋业公司以58.8万美元的价格收购，比公司在禁酒时期前市值的 1/10 还要低。几个月后，这家公司的总裁小威廉·J. 伦普向自己的心脏连开两枪，自杀身亡。从全国范围看，1914 年尚在营业的 1300 多家酿酒企业中，只有 164 家坚持到了禁酒令取缔之后，而其中能与 A-B 在市场上竞争的企业寥寥无几。

但禁酒时期的结束并未使 A-B 的艰难时运完结。最初的稍许复苏过后，百威的销量下滑严重；美国消费者当时已经习惯饮用掺入姜汁汽水和甜味剂的私酿酒。结果是百威此前的顾客如今抱怨它喝起来有苦味。一些销售人员开始建议更改酿酒配方，增加啤酒的甜度。奥古斯特·A 根本听不进去这样的话，他宣称："只要我还在公司董事长的位置上一天，其他人就不能对百威的口感和酿造过程指手画脚！"他认为消费者最终会回头，百威也能够获得重生。他还提前预言，"有人会建议如果我们以更快的速度生产更多啤酒，我们会赚到更多利润，但我们永远不会那么做"。他说道，并重复他父亲的坚持：百威的酿造必须至少经过两个半月的时间，否则那就不是百威。

他的预料最终成真，顾客们回心转意了，但这带给他的欢乐微不足道。那时，一切已经太晚了，一战的接踵打击、禁酒令和大萧条彻底损耗了他的健康。68 岁时，他的身体开始迅速衰退，心脏病、痛风、幽闭恐惧症折磨着他，水肿令他的双腿肿胀，痛苦不堪。1934 年 2 月 13 日清晨，在经受了一整夜的痛苦和哭喊后，他请求说："我无法再这样活下去了，请为我做些什么。"他走进自己的卧室，写下一张字条——"再见了，我挚爱的母亲和可爱的孩子们"。他从床畔抽屉中取出一支珍珠手柄的 32 mm 口径手枪，向自己的前胸开了一枪。子弹没有打到他的心脏，他躺在床上痛苦地挣扎了 15 分钟，妻子和房中的其他家人目睹了他的死去。

在他的遗嘱中，奥古斯特·A 要求他的葬礼务必用"最从简的形式举行"[47]，大家遵守了他的遗愿，至少在布希家族的标准中，葬礼是简朴的。1万多民众前往格兰特农场宅邸的客厅中向他的棺木致敬，圣路易斯交响乐团为葬礼演奏了乐曲，2000多人在屋外聆听。他被埋葬在附近的一座小山上的公墓中，那里绿草如茵，他的墓地被一圈松林环绕，他亲自选择了这个地点，因为"从这里我可以看到自己的家，我希望死后在这里长眠"。墓碑上的墓石也和他父亲的大有区别，他的父亲安葬在一个哥特式陵墓中，该陵墓的设计延续了典型的"布希式"风格，用粉色花岗岩和大理石筑造，总造价达25万美元，其外观饰有奇形怪兽，刻的碑文也毫不谦逊地引用了尤利乌斯·恺撒的名言——"Veni, Vidi, Vici"（我来，我见，我征服）。与之形成鲜明对比的是，奥古斯特·A的陵墓是由普通的红色密苏里花岗岩砌成的，碑文极其简略，只有一个词："Busch"（布希）。

奥古斯特·A的房产[48]估值为340万美元，从任何角度看，在当年这都是一笔巨资，但在阿道弗斯留下的财产中，它只是九牛一毛。2.3899万份安海斯-布希股份才是真正的财富核心，奥古斯特其实属于少数股东。在他去世之际，公司的净发股票数为18万，其中4000股被公司两位创始人——阿道弗斯及其岳父艾伯哈特·安海斯——的后裔持有。奥古斯特·A保留了对16.7万股的控股权，在去世前，他建立了一支信托基金，将控股权转移给了两个儿子——阿道弗斯三世和格西。他还将自己心爱的贝洛农场留给两个"男孩子"共同所有，那是一块1500英亩的野鸭狩猎地，通常被家里人称为"射击场"。作为长子的阿道弗斯三世继承了父亲的职位，成为公司董事长，而格西只能屈居高级副总裁兼总经理的位置。

然而，没有哪个了解格西的人会怀疑他有朝一日会得到一切，那时，这家公司、这个家族，以及整个酿酒行业将彻底不同。

第二章　家族领军者

小奥古斯特·A. 布希（"格西"）第一次出现在公众视野内，是在1918年4月27日，即他与玛丽·克里斯蒂·丘奇成婚的那天。这场婚礼体现了家族包办婚姻的全部特征，是古老阶层与（相对）现代财富的联结。格西时年19岁，玛丽22岁[1]。她美丽精致、文雅得体[2]，是位于宾夕法尼亚的布林茅尔学院——青年女子精修学校*培养出的典型。她的家族血统可以追溯到"路易斯与克拉克远征"**的领队威廉·克拉克中尉、皮货商雷内·奥古斯特·舒托，以及法国皮货大亨皮埃尔·拉克利德，后者在1764年参与了圣路易斯城的创建，那是在阿道弗斯·布希登船前往美国谋生前将近一个世纪的事情，整座圣路易斯城的历史恐怕都没有她的家族血脉高贵悠久。这对年轻人在一场青年会慈善晚宴上初遇，格西在跳舞的人群中瞥见了这位姑娘，一见钟情，随即向她主动介绍了自己。

---

*　即 finishing school，起源于19世纪的欧洲，是为已受普通教育的青年女子做进入社交界准备的私立学校，办学宗旨是把年轻女性培养成举止高贵优雅的名媛淑女，必修课包括法语、宴客礼仪、跳舞、音乐和戏剧，一些学校还开设绘画、网球、骑马、滑雪等课程。

**　即 Lewis and Clark expedition（1804—1806），是美国国内首次横跨大陆西岸至太平洋沿岸的往返考察活动。领队为美国陆军上尉梅里韦瑟·路易斯和二等中尉威廉·克拉克。

没人会用"得体"或"有教养"这样的字眼形容格西。他如同放养的野兽一般在格兰特农场中长大，他父亲对他不管不顾，甚至允许他不愿上学时就可以不去，从四年级起，这就成了常态。"我从未在任何学校毕业过。"数年后格西还不无骄傲地宣称。在男孩时期，他像老鼠一样四处游荡，在家中自学骑马驾车，十几岁时，还获得过赛马冠军，学会了驾驭马车。他粗劣直率，桀骜不驯，是一个有挥霍欲望的年轻人，并且声名在外，嗜好饮酒、打架滋事，亲近各种年龄、社会地位的女人，无论她们是单身抑或已婚。他吹嘘自己在上小学时，就曾偷偷在夜里溜出家门，去妓院消遣。他的一位堂兄[3]还曾在格兰特农场中撞见他在卧室里热烈缠绵地拥抱另一位堂兄的妻子。

格西与玛丽的婚礼在玛丽孀居的母亲家中举行，但报纸对这场婚礼的报道聚焦在它的奢华层次上——新郎送给新娘的那只镶满钻石的白金手镯、格西祖母莉莉送给新婚夫妇的1万美元支票、前往欧洲的蜜月旅行，以及格西父亲送给他的一栋灰色别墅，这座宅邸位于城中最繁华摩登的林德尔大街上，一小队手工艺人为其进行了全新装饰。

布希一家一直不被圣路易斯上流社会接纳，他们鄙视这家人的底层出身，认为纵然他们拥有庞大的财富，也不过是"酿啤酒的"。被"刻薄"的圣路易斯乡间会馆拒之门外后，格西的父亲奥古斯特·A在圣路易斯城南建造了自己的周末社交会馆，最初是建起一间名为"日落酒店"的精致旅馆，在1918年又增设了高尔夫培训课程和泳池，这样"日落乡间会馆"就诞生了。符合典型布希式作风的是，日落会馆是圣路易斯第一家允许男性赤裸上身游泳的社交会馆。

奥古斯特·A还创办了自己的猎狐俱乐部——策马纵缰猎狐俱乐部（the Bridlespur Hunt），每周在亨特利村旁的森林和牧场中举行两场全副武装的捕猎活动，那里是一片坐落着许多别墅的乡野，也是布希家族的领土。格西的姐姐克拉拉和她的丈夫珀西·奥特维在那里有一座住宅，哥哥阿道弗斯三世、堂兄阿达尔伯特·冯·康塔德，以及格西伯祖母克拉拉和她德国丈夫之子巴伦·保罗·库尔特·冯·康塔德也都在此拥有宅邸。布希、奥特维、康塔德这几家人都参加打猎，但格西的表现最杰出。那时他才二十五六岁的年纪，身材精干结实，身穿粉色的传统狩猎夹克和白色马裤，头戴黑色天鹅绒礼帽，脚蹬及膝英式马靴。身为俱乐部的猎狐领队，他总是风驰电掣地冲在队伍最前端，无人质疑，他就是布希家族中的领军人物。

在同玛丽的这段婚姻里，两人生养了两个女儿——1923年出生的莉莉和1927年出生的卡洛塔，但这并未让格西戒除沉溺脂粉堆的习惯。1930年1月，玛丽患肺炎去世，当时他已同社交圈里一位名叫伊丽莎白·奥弗顿·多兹尔的已婚女士开启了风流恋情。据众人所述，他拥有青春美貌的妻子的离世（终年33岁），令格西彻底崩溃，却也没有让他和伊丽莎白断掉关系。3年后，他迎娶了伊丽莎白，舆论一片质疑和反对。一篇报道说，新娘"不久前刚刚离婚"[4]，而"婚礼是在纽约一家旅馆举行的，只有少数几人出席"。同时忆述布希的第一次婚礼，是"宏大的社会活动"。

格西的第二段婚姻并没有带来多少家庭温暖[5]：伊丽莎白带着她与前夫所生的三个孩子住进了宅邸，但格西的小女儿卡洛塔（"洛塔"）无法接受她，伊丽莎白登堂入室后，这个6岁的小女孩立即离家出走，试图引起父亲的关注。伊丽莎白有哮喘症，不能靠近马，这也使她远离了格西一生中最热爱的活动。两人的关系从一开始就暗藏危机，随后几年，伊拉莎白又染上了酗酒的习惯，药不离身。数十年后，卡洛塔回忆她的继母时说："她大部分时间待在床上。"所幸格西还有一家公司可以凝聚他的注意力，如今他将自己追逐女人的热情，全部投入在公司经营上。

在禁酒时期，格西被分配的是烦琐扰人的日常运营监管工作，不负责管理垂死挣扎的酿酒厂。阿道弗斯三世则专注于打理公司亏损的利润,以及管理酵母、麦芽和玉米产品部门。时局一转变,两人角色的重要性也发生了翻转。原本是二号人物的格西,如今掌握了大权。对外,他依然服从于哥哥董事长的地位,而在内心里,他已经下定决心去执掌一切,谁反对他,他就与谁反目成仇。

他面临的任务是艰巨的。取缔禁酒令的代价之一,是国会和总统为酿酒业制定了新的规章,那些曾令他祖父阿道弗斯功成名就的销售手段如今不再合法了。罗斯福总统建立了"联邦酒精管控委员会",为公平竞争制定新规则,其中之一就是禁止酿酒商持有零售行业的任何股份。如今他们只能将酒直接卖给独立经销商,随后再由后者售卖给酒馆和餐厅。这种所谓的三层体系使格西必须在全国建立起数百家经销商的覆盖网络,对他们进行啤酒销售培训,并向他们支付佣金。

令运营成本雪上加霜的是,国会将啤酒的联邦货物税由两美元/加仑上调至 5 美元/加仑。格西深知,在一个刚刚复苏的经济体中,不可能通过提高产品价格来弥补成本的上升。他同样拒绝偷工减料,或缩短百威所需的 45 天酿造期。好的一面是啤酒的需求量依然超过产量,但这也意味着他必须大幅投资生产装备,扩大生产力,否则百威的市场份额就会被国内的两大竞争对手帕布斯特和喜立滋夺走。其结果是,虽然百威维持了行业王者的地位,在 1934—1935 年间产出 100 多万桶啤酒,但公司的酿造部门却依然亏损,不得不由他哥哥经管的酵母业务和政府对取缔公司在酒馆和餐厅中股份的补偿金来填补。

1936 年 2 月,格西被推选为酿酒工业公司(Brewing Industry Inc.)总裁,这是一家新成立的企业,自称是可以"引领全美酿酒商的组织"。他新官上任的第一次作为是发布了一份行业前沿报告,其中指出,自 1933 年 4 月以来,美国的酿酒商共缴纳了 8 亿美元的联邦级、州级和市级税赋,支出两亿美元的劳动薪资,并花费 1.5 亿美元向农户采购谷物和其他用于酿酒的农产品。

"报告指出，5万多名工会会员被酿酒企业直接雇用，"格西引述报告的内容继续说道，"这个行业产出的商品被1.5万名批发商分销，他们每人雇用2—4名雇员；商品继而被17.5万名零售商卖给消费者，他们每人至少有一名雇员；种植行业所需的农作物，最少需要6.5万块100英亩见方的土地，所以说，这个自造自营产品的行业，一共为65万人提供了就业机会，并向他们支付了超出平均工资的薪酬。"

这份报告照本宣科地延续了他父亲在1930年制作的那本宣传册——《致全美人民公开信》——的精髓，将恢复啤酒合法化说成治愈经济萧条的良药。的确，经济学家如今把1933年3月，也就是国会投票通过啤酒销售合法化的月份，视作大萧条结束的时间。在接下来的3年里，经济茁壮复苏，啤酒销量迅猛增长，使失业率从25%降至14%。但在1937年，经济却再次陷入低迷，失业率又反弹至19%。据经济学家们总结，"1937年大萧条"的原因归于以下几个如今听来比较熟悉的因素——罗斯福政府试图通过缩减政府开支降低财政赤字，向富裕阶层增加税收，并收紧了联邦储备。整个国家都在担忧经济再次陷入大萧条时期的泥沼。

在那个公司利益大于一切的时代[6]，安海斯-布希公司的作为颇不寻常。公司宣布，他们将把1938年报纸杂志宣传的全部精力，投注在平缓经济恐惧、帮助人们恢复对政府治理危机能力的信任上。一份由A-B发送给雇员和整个行业的声明显示，这场宣传的宗旨是"将美国推销给美国人民"，"我们的挑战远比出售啤酒重大，远比赚取利润有意义"。

广告宣传中既没有百威的产品，也没有对其品质的赞扬文字。相反，其中尽是会让罗纳德·里根*脸红的爱国告白。"美国的每一次日出，

---

* 即Ronald Wilson Reagan（1911—2004），美国第40任总统，也是一名伟大的演说家。在踏入政坛前，里根曾担任过运动广播员、救生员、报社专栏作家、电影演员、电视节目演员和励志讲师。

都为那些怀有信念的人、那些永远不失勇气与渴望的人带去希望，正是这样的品质使我们成为世界上最令人羡慕的国度。"还有一段广告语这样说道："信念让我们的先辈横渡那凶险激荡的大西洋，让这里成为如今世界上最雄厚富庶的土地。现在，信念也会帮助美国再次扬帆起航。"

唯一提及百威的字句出现在广告的标签行："用心生活，使每一分钟都如黄金般炫目……饮用百威，它的每一滴都如黄金般可贵。"

毫无疑问，广告背后另有目的——格西和阿道弗斯三世发现，有自信的在职者比惶然的失业者更爱喝啤酒。但广告宣传并未以反讽的方式开展。格西深信在为公共利益服务的同时，公司也必将获益，而声誉就是最好的销售员。这与公司创始初期，他的祖父阿道弗斯对他的新合伙人及岳父艾伯哈特·安海斯讲的话如出一辙，他们的生意不仅仅是酿啤酒。"结交朋友才是我们的生意。"阿道弗斯说。格西也将其视之为自己的箴言，没有哪天不重复一遍。多年以来，他总结出，在爱国主义和公共利益上下功夫百利无害。"如果我们在为公众利益做事情的同时，也能为公司带来营收，我们就这么做。因为这就是——也的确是——绝好的生意[7]。"他说道。

上述努力的结果是，安海斯-布希公司在1938年取得了可喜的成绩，卖出200多万桶啤酒，比禁酒令实施前的最高销量多了40万桶。当时整个行业的增长率为26%，而A-B的销量增长了173%。近20年来，酿造部门首次扭亏为盈。

上述成就极大地提升了格西在圣路易斯的公众形象。人们不再把他看作啤酒巨头的花花公子。如今他是真诚善良的行业领袖，有祖父阿道弗斯的风骨。他独断自信、放浪不羁地玩弄财富，因此也是当地报纸的主要素材来源，他们总是兴致勃勃地关注他那些"课外活动"。他驾驶自己的豪车皮尔斯－箭头*以 70 英里的时速在城市道路上疾驰，被警察逮捕，还购买了一辆 11 吨重、33 英尺长的私人公交车，在其中建造了厨房、浴室和 8 个床铺。他把这辆车称为自己的"陆地快艇"，这一灵感借鉴于他的好兄弟，在影片中饰演牛仔的汤姆·麦克斯，后者曾对自己的旅行马车进行改装，在其中增加了睡铺。在一次前往纽约的旅行中，当车行驶到第五大道时，格西竟自娱自乐地在车里洗起了澡。他满身涂满泡沫，想到自己可能是第一个在第五大道做这件事的人，狂放地大笑不止。《圣路易斯环球民主报》的一位记者曾见识到格西从亚利桑那州的旅行中归来，带着"12 匹牧牛马、2 个牛仔和 1 位牛仔女郎"，准备在圣路易斯的春季马展中举办一场套牛表演。为了给自己亲自表演的节目做练习，格西"模仿西部农场里的样式"，在贝洛农场建造了一个精致的畜栏。当他看着自己雇来的牛仔小伙进行套牛表演时，夸耀说，那匹叫"小阳春"的小马是他花 1000 美元买来的，并且是"现在全国最好的套牛马"。据报纸报道，"他就像得到新玩具的孩子一样"。

在禁酒令刚取缔的那段时间里，格西过着美满的日子。他的日常生活由一位贴身男仆、一位私人理发师，以及一名司机照管打理。裁缝们到他的办公室为他量体裁衣，制作工作和体育活动时所需的服装。他的家庭雇员包括一名管家、两位厨师、几个女仆和奶妈，以及一名洗衣女工和一名园丁。就算他不是国王，也堪比即将加冕的王子。对他而言，如今生活中唯一所缺的，就是一位男性继承人。在过去 19 年的两段婚姻里，他成为 3 个女儿的父亲——最小的伊丽莎白出生于 1935 年，女孩们的出生，带给他的失望一次大过一次。他爱他的女儿们，娇宠她们，尤其是洛塔，她勇敢活泼，自由奔放，令他想起自己当年的样子。

---

* 即 Pierce-Arrow，是 1901—1938 年间的美国古典豪华车品牌，在 1929 年时最为流行。当时美国的国会议员、富豪、演艺明星都以拥有一辆皮尔斯－箭头车为豪。

但他需要一位男性继承人来延续家族姓氏和家族产业，这是祖先定下的规矩，而祖父和父亲一直在他心中。他崇拜奥古斯特·A，总是把他称为"我亲爱的好爸爸"，更对祖父充满敬爱，"爷爷会带我们去打猎[8]，让我们抽烟，喝些威士忌，"他回忆说，"同他在一起时，我觉得自己是个大人，他有点石成金的魔力。"

格西也希望在自己的儿子面前树立大男人的形象——教他骑马、打猎和经营酒厂，鼓励他怀有祖辈已经实现的黄金美国梦。

1937年6月16日，他的愿望终于实现了。伊丽莎白诞下了奥古斯特·安海斯·布希三世。格西似乎想向世界宣誓，公司的未来接班人已经出生，在孩子还没有喝母乳前，先让他尝了几滴百威啤酒。

奥古斯特三世的出生，印证了那句名言："要小心自己许下的愿望。"格西的长子将把公司发展到他未曾梦想企及的高度，却也在这一过程中背叛了他，令他永远无法释怀。

第三章 "第二名算什么东西！"

二战爆发后，因为担忧反德浪潮和禁酒运动会再次摧垮他们的产业，美国的酿酒商们都开始处心积虑地彰显爱国之心。他们将工厂车间局部改装，用来制造军事上需要的零件和装备。大举进行宣传，说服自己的雇员购买战争债券，还开展了一系列如今令人忍俊不禁的广告活动，将他们的商品说成是促进战争胜利的武器——声称通过喝啤酒就能战胜敌人。

酿酒业人士都希望阻止政府像在一战时期那样对谷物施行配额制，他们派游说者前往华盛顿，劝说法律制定者们，啤酒不仅对美国经济至关紧要，在鼓舞军队和民众的士气方面，同样不可或缺。美国酿酒行业基金会引用了阿道弗斯·布希在禁酒令实施前发行的宣传册中的一页，配合广告宣传，将啤酒推广为"美国的温和饮品"。啤酒行业协会还与政府合作，制作了"啤酒归属感"系列杂志广告，其中的宣传语说道："精神意志就汇聚在许多小小的事物中。"在一幅典型诺曼·洛克威尔*风格的广告画中，一位大学生模样的年轻男孩躺在车厢中的床铺上，正在

---

* 即 Norman Rockwell（1894—1978），美国20世纪早期的著名画家及插画家。

阅读家乡朋友写来的信，广告语写道："一杯清爽醇美的啤酒……一片宁静的悠然时光。在这样的艰难时代中，它同样可以振奋我们的精神。"安海斯-布希公司还有这样一句广告语："每一滴都会帮助一个人重新振作。"

而酿酒商们为战争带来的贡献，毫无疑问，当然就是啤酒——他们与政府签定采购合同，将上百万瓶装和灌装啤酒装上货轮，运送到世界各地的军事基地。"每四瓶喜立滋中就有一瓶销往海外。"在战争期间最值得怀念的广告中，喜立滋这样骄傲地宣扬道。在其广告画面中，一艘火炮林立的战舰正乘风破浪航行，似乎在追逐一艘德国U形潜艇。当时国内的三大啤酒巨头——安海斯-布希、帕布斯特和喜立滋——承包了军队需要的大部分啤酒，因为小的地方酒厂没有能力承担政府采购所需的庞大生产力和强大的分销能力。

除了向美军的各大军事据点供应几十万瓶翠绿罐装的百威啤酒外[1]，A-B还为海军生产弹药升降机，并与陆军航空队合作，发动公司雇员购买战争债券，用来采购B-17轰炸机。A-B的员工的确购买了足够多的债券——总额高达90万美元——用于为政府采购的两辆"飞行堡垒"买单。公司的名气也因此愈发显赫，军队甚至给他们起了两个绰号——"百威小姐"、"大亨布希"。

当政府建议国内的大型货物发件商暂时停止在西海岸输送商品，以保障火车有充足空间向军队运送物资时，只有安海斯-布希公司同意了。这是一个机智而漂亮的举动，撤出该区域后，公司即刻向客户们公开宣告"从此我们的优质啤酒将在太平洋沿岸生产了"，这便令那些留在密尔沃基的酒商相形见绌。

在个人的爱国表演方面，格西·布希也远超各大对手。在日军偷袭珍珠港的6个月后，时年43岁、已经有4个孩子的格西参军了。当然，他没有报名参与战斗，而是接受了美国陆军军械部的一个陆军少校职位，工作地点在华盛顿。这是他的好友、密苏里州参议员哈里·S. 杜鲁门*为他安排的。这显然是一个轻松的职务，但也需要格西暂时离开公司，远离男仆和管家的照顾，服从军队管理体制中的规则，这对他而言实属不易。他身穿精美的手缝制服前往五角大楼就任，据说他在任期间表现相当优异，6 个月后，被晋升为陆军中校；半年后，即 1944 年 11 月，又被提升为上校。最后，他因表现杰出被授予功绩勋章**，作战部长亲自为他戴上勋章，在此后的人生中，这枚奖章一直别在他的西装衣领上。就算他得到的是与作战真正相关的紫心勋章***或十字勋章****，怕也不会这般兴奋。

出乎酿酒商们的担忧，反德情绪没有影响美国消费者对啤酒的兴致，战争反而成就了啤酒生意。二战期间，美国的人均啤酒消费量[2]增长了 50%。1944 年，安海斯－布希产出 370 万桶啤酒，比阿道弗斯的鼎盛时期还多出 200 万桶。

但圣路易斯的百威酒厂却不太平静[3]。那年夏天，格西接到一位心腹雇员的电话，得知一批啤酒因发酵过度，味道变糟，但他的哥哥阿道弗斯三世却坚持要将它们装瓶运走。他当即要求阿道弗斯取消指令，并下令把这些价值百万美元的劣质啤酒，全部倒进排水沟。阿道弗斯也雷霆暴怒，威胁说自己要辞去董事长的职位，但董事会的其他成员劝住了他。不过，从此他再也没有忘记弟弟的所作所为。

---

* 即 Harry S.Truman（1884—1972），美国第 33 任总统。
** 即 Legion of Merit Medal，由美国国会于 1942 年 7 月 20 日决定设立。这种勋章主要授予在美国武装部队或盟军中服役期间功绩卓著的人员。
*** 即 Purple Heart，于 1782 年 8 月 7 日由乔治·华盛顿将军设立，当时叫军功章，专门授予在作战中负伤的军人，也可授予阵亡者的最近亲属。尽管这枚勋章在今天的美国勋章中级别不高，但它标志着勇敢无畏和自我牺牲精神，在美国人心中享有崇高地位。
**** 即 Silver Cross，全称为服役优异十字勋章，授予那些以任何身份在陆军中服役时、在同美国的敌人斗争中、在同外部敌对势力发生冲突的军事行动中，或者在国外服役时参加了友军与敌军的武装冲突（美国为非参战国时）中表现优异，但不能获得荣誉勋章的人员。

1945 年 6 月，格西回到了圣路易斯[4]，但没有住进林德尔大街的宅邸。在华盛顿的那段日子里，他又衍生出一些风流韵事，这令他和伊丽莎白彻底疏远了。他带着 18 岁的女儿洛塔住进了格兰特农场中一间取名为 Bauernhof*的公寓，这是一栋精致的 U 形中世纪德式住宅，有 6 间卧室。他的父亲建造这座房子，是为了豢养他心爱的牛马，以及装放汽车、马车和农场杂具。自 1934 年他父亲自杀以来，格兰特农场的主宅就一直无人居住，但在圣诞节和感恩节时，会被用来举办家庭和公司聚会。格西的母亲爱丽丝住在几百码远的一栋二层住宅中，那是一栋殖民地时代风格的房子，通常被家人称为"小房子"。丈夫去世后，人们为她建造了这栋房子，也许只有在与三层高、拥有 34 个房间和 14 个浴室的格兰特主宅相比时，它才算是"小房子"。

格西的归来让当地媒体猜测他可能会参与市长竞选，但他迅速否认了这些质询，同时又迅速接受了"布希少校"这个称呼。他享受着人们的恭维，却不为所动。他的目光专注在酒厂里，但眼前的景象却让他无法开心。

从很多方面看，公司的业绩比以往任何时候都好。美国人比任何时候喝的啤酒都多；战争期间，啤酒的总产量翻了一倍，从战场归来的美国大兵首次在工作期间也可以喝啤酒，安海斯-布希、帕布斯特和喜立滋取代了许多地方酒厂，雄踞市场主要份额。虽然利润直线上涨，但圣路易斯酒厂的产能却难以应付庞大的订单。

据格西观察，问题在于[5]，在他哥哥的领导下，安海斯-布希自世纪之交以来第一次跌到第二名的位置，而帕布斯特则成了行业老大。帕布斯特是 A-B 多年来的劲敌。格西祖父阿道弗斯与弗雷德里克·帕布斯

---

* 德语，意为农场、农舍。

特"船长"*也你争我夺地斗了几十年，部分原因无非是帕布斯特也是靠迎娶酒厂主女儿起家的。1894年，在芝加哥的一场"美国最佳啤酒"评选中，帕布斯特拉格拔得头筹，被授予蓝缎带奖。阿道弗斯亲自追着其中一名评委到了欧洲，要求更改比赛结果，让第二名的百威获得冠军，但失败了。在随后的6年间，获得蓝缎带光环的帕布斯特啤酒销量一直超过百威。

和他祖父一样，格西无法忍受被打败的痛苦，在赛马、打牌和经营生意上皆是如此。A-B跌下行业王者的宝座后，他经常嘀咕说"做第二名没什么意义"，但是听上去更像是隐忍的咒骂。熟悉他的人都怀疑是某位记者把他的原话进行了处理，否则当时那种言辞无法登上报纸，他实际上说的应该是"第二名算什么东西！"。

而对于奥古斯特二号人物的身份，命运也对它出手进行了更改。1946年8月，在住院8天后，在病了一段时间后，阿道弗斯三世死于胃癌引发的心脏衰竭，终年55岁。6天后，在一场专门举办的董事会上，格西被任命为公司董事长。对于这次职位的更迭，在场的各位可谓喜忧参半。阿道弗斯不是一位特别有活力和远见的领导，他酗酒的问题也困扰着家族成员和董事们，他们担心像在处理变质啤酒事件时那样，这有时会影响他的判断力。但总体而言，人们把他看作一位平和、有能力、对公司尽职尽责的绅士。而格西则喜怒无常，傲慢自大，脾气暴躁，独断专行，固执倔强，缺乏耐心，并容易树敌。不过，他同时又颇具个人魅力，幽默风趣，富于感染力，还可能是有史以来最出色的啤酒销售员。他祖父在经营沙龙方面都没有显露出他这般的决心和热情——大步走进房间，伸出双手，洪钟般的声音穿透人群——"我叫格西·布希，我想给您买一杯百威啤酒"。

---

* 和阿道弗斯一样，帕布斯特也在内湖汽船上工作过，并曾担任过船长。

格西登上安海斯-布希公司执掌者的宝座后[6]，下定决心要将祖父和父亲的公司带回到行业第一的位置。他下达的第一个指令是增加产能，以满足订单需求，计划花费5000万美元改装升级位于佩斯特拉齐大街的工厂，并支出3400万美元在新泽西州的纽瓦克市建造新工厂。一些董事会成员担心建造新工厂的成本过高，建议用相对较低的成本购买既有工厂，之后再进行改造，喜立滋和帕布斯特在纽约已经开始这样做了。但A-B尽管很早就采取了股份公司体制，有股东和董事会，却同真正的现代公司大相径庭。从任何意义上讲，它都是一个家族企业。董事会成员有15名，全部为男性，其中7人都是阿道弗斯·布希的后裔或他们的配偶；两人是艾比哈特·安海斯的孙子，其余的成员则全是格西的亲信。一位当地作家形容这个董事会就像"鲁道夫·菲尔默*轻歌剧中的精彩片段，阿道弗斯们、奥古斯特们、艾伯哈特们，以及阿达尔贝特们你争我夺，誓把彼此赶下公司舞台……整个公司弥漫着瓦格纳**音乐里那种慷慨澎湃的斗争精神[7]"。

家族成员掌握着公司70%的股票，其中大部分被格西持有。除自己的股份外，在父亲当年的委托下，他还有权代理母亲的股份行使投票，所以没有什么能阻碍他行使权力。就算上述优势都失效，他的脾气也会帮他心想事成。每当他发现有人阻止他做什么时，就会立即翻脸暴怒："谁说我不能？看我的！"

格西的扩张计划最终得到了董事会的批准，包括建设新工厂的计划，但是让公司回到行业之巅的位置，却花费了超出他预期的时间。虽然百威的销量大幅上升，但喜立滋在1947年一跃成为行业第一，而安海斯-布希则跌至第四的位置。在随后的6年里，格西使出浑身解数要

---

* 即Charles Rudolf Friml（1879—1972），捷克作曲家和钢琴家。
** 即Wilhelm Richard Wagner（1813—1883），德国作曲家，著名的古典音乐大师和后浪漫主义歌剧浪潮的引领者。

建投书局
JIC BOOKS

JIC 书咖号

拾贰象岛 island

将喜立滋从第一的位置拉下来，就像半个世纪以前阿道弗斯对帕布斯特做的那样，把个人恩怨牵扯到商业竞争中。他对与喜立滋较量的痴迷同他的个性有关——在他的一生中，敌人是不可或缺的角色；是他们激起了他的斗志，令他追求卓越。但他也意识到，战争打破了酿酒业原有的格局，这一行业的未来将取决于如今的三大啤酒巨头，恰如当时的世界政治格局。

1949年夏，格西从公司业务中抽身，和他的好兄弟、A-B首席法律顾问托尼·布福德一道前往欧洲度假。在巴黎待了几天后，两人去慕尼黑探望了格西的姑姑威廉敏娜（阿道弗斯的小女儿），随后他们坐车前往瑞士卢塞恩。一天中午，两人来到一家名为瑞士房子的餐厅用餐，格西突然被餐厅里一位名叫格特鲁德·布霍茨的女服务生迷住了，她身材高挑，金发碧眼。午餐用了一半，他向餐厅店主问道："该死，那个漂亮妞是谁？"

"那是我女儿[8]，"威利·布霍茨回答说，"你为什么问这个？"

格西结结巴巴地回答说，他们来城里是为了买雪纳瑞狗，他想把它们带回美国的农场里，不知这姑娘是否知道去哪可以买到这些狗。两个美国人付账后离开了，但第二天又来到了餐厅。这次，格西正式询问威廉·霍布茨自己能否与他女儿见一面。"特鲁迪"那时22岁，她已经习惯了男顾客与她打情骂俏，她有足以倾倒任何人的美貌，活泼大方，受过教育，会讲法语、德语、意大利语和英语。她父亲说如果她不想见这些美国人，可以不去。但她说自己很愿意带他们去见一些养狗的人。与她相处一天后，格西向她求爱了，不顾自己比她大27岁，并且是已婚的身份。

他的举动没有把特鲁迪吓倒，反而让她感到有趣和好奇。当时她已经与一位叫汉斯的男人订了婚，他38岁，在琉森湖畔有一幢房子。"我父母对汉斯特别着迷。"后来她回忆道。然而，她还是同意了格西的求爱，当喝到烂醉的格西邀请她去美国看望他时，她的父母也默许了。

格西给她买了越洋船票，在纽约接她下船，接着他们在广场酒店待了一个星期。他带她去买"纽约的鞋子"，乘马车浏览中央公园，还去看了当时最热门的百老汇演出——玛丽·马丁主演的《南太平洋》。结束了在纽约的游览后，他们坐上了前往圣路易斯的火车私人车厢，车厢中有为他们专门服务的厨师和侍者。抵达圣路易斯后，特鲁迪走下火车，当即被眼前的景象震惊了。这座城市如此丑陋，满是烟雾和煤灰，与她那湖泊绿树掩映的故乡相去甚远。街上为数不少的黑人也让她紧张，在瑞士，她很少见到他们。格西把她带到了贝洛农场，并让她在圣路易斯逗留期间一直住在那里，对她来说，这个坐落在湖边、四处可见野生动物的农场才更像家乡。

对百威酒厂的第一次造访，让特鲁迪彻底爱上了格西。"从那一刻起我完全爱上了他，他对待自己的方式，以及胸有成竹、坚定地指挥每个人做事的样子，在我看来非常性感。"60多年后，83岁的特鲁迪坐在贝洛农场的餐厅中微笑着忆起往事，"我陷入了爱河，欲火焚身。他是第一个和我做爱的男人，在那之前我没有过性经历。"

特鲁迪返回瑞士后马上告诉家人——她爱上了这位富有的美国啤酒大亨，他希望她搬到美国与他一起生活。在瑞士的那段时间里，格西给她寄去无数封情书，几年后，她发现信其实是格西多年的秘书朵拉·斯科菲尔德写的。"她文笔非常优美，并且很了解他；那是很棒的信。"

1950年春天，格西把特鲁迪又带回了圣路易斯，这次她住在了格兰特农场。格西在那里为长辈们举行了一次晚宴，为参加一战战友团聚活动的哈里·杜鲁门总统接风。在杜鲁门还是堪萨斯城里一位冉冉升起的政治新星时，格西和他就结下了友谊[9]。随着杜鲁门的名声日益显赫——1944年担任罗斯福的副手，1945年罗斯福去世后，接替他担任了美国总统——格西开始热衷于讲一个故事：当年他在华盛顿联合车站送杜鲁门搭火车回堪萨斯，曾不得不借给他 25 美分去买车票。在 1948 年杜鲁门参加总统连任竞选时，格西从腰包中掏出的金钱自然比那要多。

在格兰特农场里[10]，格西站在正门处迎接他的老朋友们，特鲁迪在晚宴时也和女仆们一起招待客人，在 Bauernhof 的庭院里，1000 多名宾客坐在有顶棚的餐桌旁用餐，布希家的各种收藏物件散落在他们四周——其中有古董马车、铁路车厢、带篷四轮马车、锄头犁具、轻便型四轮马车、婴儿车、俄国雪橇和德式狩猎马车。

晚宴后，格西和杜鲁门像两个淘气的男孩一样，爬到一辆格西心爱的马车——警觉号的车顶，随后让四匹皮毛黑亮的骏马带领他们，驾车闲聊着进了鹿苑，总统的特勤人员跟在他们后面。他们在那待了半个多小时，不难猜测，两人应该是用格西的银制烧瓶烈酒消磨了这段时光。

在随后的一年半里，特鲁迪越来越频繁地出现在格西身边，她陪同他出席 A-B 在国内的各项活动，跟他一起去佛罗里达和欧洲度假，而他也一直努力从婚姻的枷锁中解脱出来[11]。1948 年，他在当地报刊上发表了一份声明，拒绝偿付伊丽莎白的私人债务。"请诸位知悉，我已赠予我的妻子小奥古斯特·A. 布希女士数量可观的基金，以维持她的正常生活。自此我对布希女士的任何债务，以及她代表我们的两个孩子形成的任何债务均无偿付义务。"

1951 年 8 月 7 日，在与伊丽莎白分居 6 年后，他终于向法院提出了离婚申请[12]。他引述了她的一些"侮辱性言论"，并称她向他施以了"最激烈的暴躁和愤恨"，并曾多次告诉他她根本不爱他。在随后的 6 个月里，布希夫妇在法庭和报刊上大显身手，他们用最具污蔑性的言语攻击彼此，闹得无人不知，造成他们分裂的原因是她酗酒的恶习和他拈花惹草的毛病。他的律师质问"1940 年她向园丁支付了多少薪水"[13]，以及"她在购买威士忌、红酒和杜松子酒上花了多少钱"，而她的律师则要求检查他的书和笔记，因为"如果不这么做，我们怎么知道布希先生在其他女人身上有多少花销"。然而，法官却没有批准检查格西财务记录的要求，称那"与本案无关"[14]，密苏里州最高法院同意了他的判决。几周后[15]，伊丽莎白得到了被媒体吹捧为"密苏里州有史以来金额最庞大的"离婚补偿。其中包括一笔高达45万美元的赡养费、一份48万美元的财产协议书，规定几年后向她支付这笔款项，以及林德尔大街的住宅，估价为10万美元。她还获得了两个孩子，即伊丽莎白和奥古斯特三世的抚养权。

格西前往华盛顿任职时，奥古斯特只有5岁。在焦虑多病的母亲抚养下长大，他成了一名喜怒无常的孤僻少年，学习成绩平平，也没有多少朋友。他父母婚姻破裂并互相指责的丑行暴露在公众面前后，奥古斯特的个人表演也开始了。他的一个知名的反常举动[16]发生在1949年的万圣节前夜，两个邻居女孩指控说，在她们去他房前玩"不给糖就捣乱"的游戏时，他拿起一支枪向她们射击。女孩们说当她们按响林德尔大街布希住宅的门铃后，一大篮鸡蛋、番茄和矿泉水从二楼窗户扔了下来，所以她们也跑回家拿鸡蛋，要报以颜色。但当她们回到这里时，奥古斯特站在二层房间的窗前，拿着一支来复枪开始朝她们射击。女孩们受了些轻伤，随后两名警察前往布希宅邸调查。但他们从奥古斯特那里得到的故事版本却是，当时"一大群"女孩突然袭击了房子，管家去开门时，一个鸡蛋突然飞了进来，溅落在起居室里。他承认自己拿枪站在窗前，警告女孩们离开，却坚称枪根本没有完全上膛，就算他想朝她们开枪，也根本不可能实现。

奥古斯特的说辞无法令警察们信服，但他的母亲和管家坚决维护他，并带他们到了二楼，让他们看到，那支放在床上的枪正如奥古斯特所说的没有完全上膛。虽然后来奥古斯特没有被指控，这位少年在第二天却上了报纸头条："因在万圣节滋事，奥古斯特·A.布希三世被警官盘问。"显然，如果他不姓布希，这样的新闻恐怕不至于被报道。

在奥古斯特的成长阶段中，父亲格西在他现实和精神世界中的缺席，最终对整个家庭和公司都造成了严峻的后果。几年后[17]，当与一位同僚谈起做格西·布希的长子是什么感觉时，奥古斯特伤感地回忆起自己小时候在格兰特农场里发生的一起事故：当时他穿着已故叔父阿道弗斯的旧皮套裤，开着农场中的一辆拖拉机胡乱兜风，结果车子失控，冲进了湖里，并开始下沉，奥古斯特只能站在车座上。突然他听见父亲在叫他，以为自己要得救了。结果，格西只是对他嚷道："奥古斯特，该死！你穿着你叔叔的皮套裤在那做什么？"

第四章 "拯救红雀队的男人"

1952年3月22日，在格西与伊丽莎白离婚后，格西与特鲁迪结婚了。婚礼在格西那座位于阿肯色州温泉城大华酒店内的小别墅里举行，由阿肯色州最高法院的一位法官主持。这场婚礼也堪称一场家族盛会：埃伯哈德·安海斯牵着新娘走向新郎，A-B副总裁、格西的表兄阿德尔伯特·（"埃迪"·）冯·康塔德担任伴郎，格西在第一段婚姻中所生的两个女儿莉莉与洛塔做特鲁迪的伴娘。

有关这场婚礼的报道也被精心策划。婚礼前一天，格西的公关先生阿尔·弗雷斯曼向当地报社透露，奥古斯特三世"预计会参加婚礼"。但是他没有，他的姐姐伊丽莎白也没有出席。在婚礼后的自助早餐招待会上，喜剧家乔·E.路易斯令人惊喜地突然出现，为大家带来了表演，因为他"刚巧在城里"。随后新婚夫妇登上格西的私人巴士，前往佛罗里达度了两周的蜜月假期[1]。

在报刊媒体看来，这场婚礼和布希先生的其他婚礼一样，暗含压抑，乃至不祥的氛围，他们用了与格西前两次婚礼报道同样多的辞藻来进一步描述这种感觉。在面向上流社会的报纸中，特鲁迪的名字甚至没有出现在新闻标题中，比如，一篇报道的标题是"小奥古斯特·A.布希迎娶了瑞士姑娘"[2]（时年25岁）。

许多人在一开始确实低估了特鲁迪·霍布茨，与她结婚后来被证明是格西一生之中最正确的决定之一，同样正确的事情是，不到一年后，格西买下了圣路易斯红雀棒球队，正是这两个"收获"界定了他此后的人生。

买下红雀队并不是他本人的主意。1953年2月，当地的一些商人和几位A-B董事会成员向他透露了有关红雀队的消息，其中包括阿尔·弗雷斯曼，他已经迅速成为了格西最信任的心腹之一。这些人告诉格西，红雀队老板弗雷德·萨伊格在同人商谈将棒球队卖到密尔沃基去，那里有一组投资人向他出价400万美元。萨伊格遇到了财务困难，并因逃税被判处15个月的监禁。他不得不卖出球队，但更希望球队能够留在圣路易斯，可惜他没有找到当地的买家。如果格西对此感兴趣，他也许可以用低于密尔沃基投资人出价的数目把球队卖给A-B。

格西对棒球和红雀队都不屑一顾。作为一个"崇尚运动的人"，他喜好的是打猎、钓鱼、骑马和驾车这类绅士运动。他从不关注职业体育，那是属于普通大众的运动。当然，他知道圣路易斯人热爱他们的"小红鸟"——球队的外场手斯坦·穆林，他被称为有史以来最伟大的棒球手之一。百威酒厂的工人把斯坦尊称为"斯坦大神"或"斯坦希"，那是他的波兰裔父亲为他取的小名。

圣路易斯红雀队其实是美国职业棒球大联盟中最出色的球队之一，在过去的27年里，获得过9次国家联盟冠军和6次世界大赛冠军。虽然与纽约洋基队的19个国家联盟冠军，以及15个世界大赛冠军头衔略有差距，但红雀队的粉丝基础远比洋基队深厚。在地理位置上，红雀队是离美国西部和南部最远的球队。在1952年如果你来自肯塔基、堪萨斯、阿肯色、俄克拉何马、内布拉斯加、得克萨斯或者其他十几个南部和西部大州，你很可能支持的就是红雀队。他们还是毫无疑问地获得了

"美国国民球队"这一称号，这也令球队比赛的广播和电视转播费用水涨船高。当时球队比赛的转播权被同样位于圣路易斯的格里塞迪克兄弟酿酒厂持有[3]，他们生产的福斯塔夫是圣路易斯销量第一的啤酒，这也是挫伤格西的一件事。正是这一点让格西毫不迟疑地下了决心，因为他深信电子媒体对推动啤酒销量的潜力。1950年，安海斯-布希冠名了一档叫作《肯·穆雷百威秀》的电视节目，成为第一个赞助电视节目的酒业公司。这档每周六晚播出、时长1小时的综艺节目在CBS的51个地区电视台播出，在节目中观众们经常看到主持人和嘉宾啜饮着赞助商的啤酒。此后，百威在这51个市场的登记销量比其他城市高出了一倍。

耳中传来的一切都令格西欣喜。通过这样一个举动，他就可以一举打败帕布斯特和喜立滋的老家——拥有专业棒球队的密尔沃基市，从格里塞迪克兄弟手里夺得红雀队的赛事转播权，并把红雀队的主场——体育人球场（Sportsman's Park）变成一座巨大的露天酒馆。可想而知，在圣路易斯闷热的炎夏里观看2小时或3小时的球赛，3万观众一定需要百威啤酒来给他们的激情降温。最绝妙的是，恰如阿尔·弗雷斯曼所料，买下红雀队会替安海斯-布希在公众眼中树立起一种亲民爱城的形象，同时，格西会被视作"拯救圣路易斯红雀队的男人"。

这场交易就这样达成了[4]，格西付给萨伊格250万美元，还替他承担了125万美元的债务。他说服A-B董事会同意他的计划，包括由他自己担任球队主席。在巡视了一次体育人球场后，格西决定拿出80万美元买下它，并再用40万美元修复破损设施和重新装修，对此，董事会也默许了。

外界对此事的反应果然如阿尔·弗雷斯曼所料，《圣路易斯环球民主报》赫然打出了头版标题——"布希挽救了圣路易斯的红雀们！"

1953年3月10日[5]，A-B迎来了有史以来出席人数最多的一场股东大会，共100名股东到会（此前的会议只有21人出席），他们以99%

的发行股投票率通过了这场收购提案。在一间贴满近期媒体报道的会议室里，格西向大家描绘了球队的巨大公共宣传效应。"红雀队的发展将为公司的前景带来不可估量的好处，"他说道，"这是安海斯－布希公司有史以来所做的最佳决定。"在随后的新闻发布会上，他讲话的重点却移到了这一举动对圣路易斯城的益处上来，并抛出一句显然是由阿尔·弗雷斯曼为他设计的话，足以让在座的记者都无法质疑他对棒球的热爱之心：

"我本人一直热爱着棒球，"格西说道，"但遗憾的是近年来我实在太忙了，无法亲自去球场看比赛。"

一切都在令人振奋的氛围中进行，但是当格西出人预料地宣布他要将体育人球场改名为百威球场时，举座一片哗然。外界的质疑声不久也屡屡传来，人们说棒球这项伟大的体育运动已被庸俗化和商业化了。棒球联盟干事福特·弗里克亲自打电话告知格西，联盟无法接受他用一种酒精饮品的名字去命名棒球场。阿尔·弗雷斯曼承担了说服格西改变主意的艰巨任务。他建议体育场可以用更为合适的名字命名，并机智地指出，1920年代的口香糖巨头箭牌的老板小威廉·瑞格理马买下芝加哥小熊棒球队后，把球队体育场更名为瑞格理体育场，而不是果汁口香糖*体育场。格西当即醒悟，承认自己确实犯了个错误，体育人球场随后被改称为布希体育场，以纪念他的祖父、父亲和哥哥。

格西时光须臾，马上开始证明自己是一个亲力亲为的老板。股东大会结束三天后，他突然现身红雀队位于佛罗里达州圣彼得斯堡市的春季集训营。他的私人巴士在前方领路，他本人和一些密友、公司高管分别坐在后面的凯迪拉克车队里。那景象，据《圣路易斯邮报》撰稿人杰

---

* 即 Juice Fruit，是箭牌口香糖旗下的一个品牌，其商品名中文通译为"黄箭"。

克·赖斯所言,"就像 P. G. 伍德豪斯*所写的《莱茵河行军》"[6]。他大步流星地踏进红雀队在阿尔·朗体育场的总部,挥着双手,慷慨激昂地宣告:"我是格西·布希,你们的新老板。"他头戴红雀队的棒球帽[7],身上那件白色法兰绒的队服,被他随随便便地披在灰色西裤里,随后他和斯坦·穆林及球队经理艾迪·桑基站在击球网前合影,很笨拙地拿着一支球棒,看上去像是平生第一次拿起这样东西,脸上挂着尴尬凝滞的微笑。一位体育记者这样记述了这场荒诞剧:"在场地上做了 6 次正面接球,他只击到了少数几个,然后结束了这一天。"

与队员们见面时[8],格西惊讶地发现整个队伍中居然全是白人选手。"我们的黑人队员在哪里?"他询问桑基和教练们。他们告诉他队里根本没有黑人队员。"如果连一位黑人选手都没有,这还算作是伟大的美国运动么?"格西愤愤不平地回复众人,"该死,我们卖啤酒时可没管过谁黑谁白!"实际上,安海斯-布希比其他酿酒公司向黑人出售的啤酒要多。格西忧虑的是,鉴于当时杰基·罗宾森和威利·梅斯这样出色的黑人球星已广为人知,如果 A-B 收购了一支全部由白人球员组成的棒球队,会引发黑人顾客的抵触情绪。在道义上他也认为这是不合情理的。他要求桑基和球队管理层马上招募一些黑人球员[9]。他们很快就招进了一位黑人——垒手汤姆·阿尔斯通。不过,当格西获知阿尔斯通实际上比他报给格西的年龄大了两岁时,当即要求球队把购买费中的两万美元还给他,因为这种欺骗,他实际上损失了阿尔斯通两年的职业生涯。球队经理桑基似乎已经很快适应了他的新老板,他对记者说:"格西喜欢我[10],我们一起玩拉米牌,我拿他付的薪水,他不愿搭理我时,我就走开。"

如果红雀队以为格西对他们的兴趣会随着新鲜感的消失而褪色[11],

---

* 即 Pelham Grenville Wodehouse(1881—1975),英国幽默小说家。

那么当他们得知，格西将坐在价值 30 万美元的私人车厢里"一路伴随红雀队"时，就会明白自己误解了他。车厢将附挂在队员们乘坐的火车后方，与队员们一路同行。这节专门定制的车厢有 86 英尺长，其中有 4 间卧室、3 个会议室、1 间餐厅、1 个厨房、2 个卫生间、1 间休息室，以及可容纳两人的卧铺隔间；还内置了自己的通信系统，包括双路广播、几部电话和一台电视。车厢外部由不锈钢制成，内壁镶嵌着橡木板，一端高调地印上了安海斯－布希的标志"A & Eagle"，另一端则是圣路易斯红雀队的队徽，这显然是典型的布希风格与格西个人奢华个性的融合。公司的一位发言人赶紧出面澄清："这节车厢将在全国运营管理的差旅中使用，有时我们的工作行程可能与红雀队的行程重叠。"

然而 A-B 对红雀队的收购却使得科罗拉多州参议员爱德温·C. 乔纳森大为恼火。他甚至为此事开启了一段单枪匹马的控诉历程，声称格西辱没了棒球这项运动，令它和"冷血无情的商业和利欲熏心的啤酒生意混为一谈"[12]。他建议立法机构"用反垄断法规范私人啤酒或饮料企业购买棒球俱乐部的行为"（美国联邦法院当时刚刚规定，棒球俱乐部的经营不在《克莱顿－谢尔曼反垄断法》的管辖范畴内）。

在阿尔·弗雷斯曼的鼓舞下，圣路易斯的政府官员们也站在了格西一边。雷蒙德·塔克市长向乔纳森议员发送电报，盛赞格西"是一位为圣路易斯做出卓越贡献的企业领导"[13]，并称"圣路易斯的市民不相信红雀队的背后尽是商业目的"。商会会长也向乔纳森发了一份内容大同小异的电报："请您悉知，这家有 100 年历史的企业和它的领导者通过自身的经营、市民精神和为城市所做的贡献，已赢得了极为深厚的信誉。"

而百折不挠的乔纳森则又去游说北达科他州共和党参议员、参议院司法委员会主席威廉·兰格，要求专门为他的提案召开下属委员会听证会。乔纳森指责格西购买红雀队的目的是"为了粗俗豪放地炫耀通过啤酒生意获得的财富和奢靡"[14]，并警告众人这一举动将威胁到棒球存在的意义，因为它会迫使其他的酒业公司去收购大联盟球队，以增强商业竞争优势。"如果那一切成为现实，体育竞赛的真谛将不复存在，而是成为商业巨头之间较量的筹码。垄断将不仅在啤酒业里存在，还将渗透到棒球世界中去。"

职业棒球大联盟主席沃伦·贾尔斯则反驳说，格西对于圣路易斯红雀队的收购，实际上"稳定了全国棒球联盟的局势，也稳定了棒球运动本身"[15]。

乔纳森的动机[16]当天也被报刊大为质疑，据报道，他本人同时也是西部棒球联盟甲级联赛的主席，因此惧怕安海斯-布希公司将红雀队推广到小型职业棒球联盟所在城市的计划，会影响观众在自己联盟比赛中的出席率。报刊还透露，乔纳森的女婿是丹佛熊甲级赛队的老板，而在他的董事会成员中，科罗拉多啤酒大亨阿道弗·库尔斯三世*竟也赫然在列。

乔纳森却说他的所作所为仅仅针对"圣路易斯的这场收购"，并将其称作"一场不道德的交易"，"会对美国的年轻一代造成不良影响"。当媒体指责他为何偏偏苛责安海斯-布希，而忘了纽约洋基队多年来也是被酒业大亨雅各布·鲁珀特**持有，而且没有受到不良影响时，他回复道："鲁珀特上校一直把酒业生意和棒球平衡得很好。他通过啤酒赚到的钱一分也没有花在棒球上。"

所以毋庸置疑，格西成了第一位被参议院听证会传讯的啤酒商人。在整个过程中，他大部分时间把怒火压在心头，坚称买下红雀队的初衷是为本城做些贡献，绝无商业企图。"在棒球兴起以前，或者说在有组织的棒球赛事出现在美国人民生活中以前，安海斯-布希就已经是啤酒

---

* 即 Adolph Coors III，库尔斯啤酒公司总裁。
** 即 Jacob Ruppert，一位美国酿酒商、国民卫队上校和国会议员。

行业的佼佼者了。"他说道,"任何其他人如果想买下红雀队,也不曾受限,而我仅仅要求让球队留在圣路易斯。"乔纳森质问,在此过程中他赚取了多少收益,格西斩钉截铁地回答:"我们购买球队的资金刚好全部用在了对他们的投资上!"在面向附属委员会的其他成员发言时,格西讲道:"先生们,据我所知,我们收购红雀队,在当时是,现在也依然是唯一能够让他们留在圣路易斯的方式。"稍许停顿后,他补充说,"没有红雀队的圣路易斯就不再是圣路易斯。"

从公共关系维护的角度看,格西确实抓住了关键点。附属委员会中的伊利诺伊州参议员埃弗雷特·德克森和密苏里州参议员斯图尔特·赛明顿坚决反对乔纳森的立法提案,并盛赞了格西和他的"荣耀家族"。

当天进入尾声时,参议员乔纳森终于准备放手了,他对记者说:"够了[17],我准备放弃这件事。"尽管所有证据都反驳了他的主张,他依然认为自己占了上风,"这场听证会已经完成了它的使命,那就是提醒世人,私人企业控股俱乐部可能会对棒球运动造成威胁"。

这一切的结局连阿尔·弗雷斯曼都不曾预见:圣路易斯留住了自己深爱的职业球队;百威收获了潜力巨大的市场宣传噱头;而圣路易斯最有声望的家族还赢得了亲民的光环。《圣路易斯邮报》撰稿人杰克·赖斯写道:"100多年来,布希家族在人们眼中一直是富有并遥不可及的,如今通过棒球,他们终于走下云端,与普通人站在了一起。"

对格西本人来说,这段插曲给他的形象带来了巨大的扭转:在众人眼中,他不再是脾气暴躁、嗜好打猎、沉溺女色的百万富豪,而是圣路易斯城仁慈的领袖,是亲切的人民之子。圣路易斯的城市自豪感也空前高涨。美洲有妈妈苹果派,而圣路易斯有百威和棒球、格西和红雀队,愉快的时光再次翩然而至。

但并非所有人都看好此事,箭牌口香糖和芝加哥小熊队的老板 P. K. 瑞格理援引自己公司的经历,对此不屑一顾地说:"奥古斯特·布希和他的啤酒公司[18]现在觉得红雀队将成为他们最棒的广告代理人。不过一旦俱乐部的形势不尽如人意，他们就会如坐针毡了。"

瑞格理显然大错特错了，红雀队在1953年表现平平，只获得了国家联赛季军，而恰在当年，安海斯-布希把它扳回到了行业冠军的位置，出售啤酒总量达670万桶，超出第二名喜立滋150万桶。1954年，红雀队又滑落到第六名的位次，而A-B啤酒在那年的销量依然比喜立滋高出40万桶。接下来的40年，印证了安海斯-布希对红雀队的收购，是美国商界历史上市场宣传的一段传奇。

买下红雀队的另一桩意外之喜，是它让格西一夜之间成为了美国家喻户晓的名人。"当我的角色只是啤酒公司老板时，没有多少人给我写信[19]，"格西说，"而自从我成为红雀队的老板后，却收到了成千上万封来信。"

体育记者们也蜂拥而至[20]，孜孜不倦地聆听他关于棒球、马和女人的辛辣言论。虽说他讲话中的半数内容根本无法登上报刊，他们也毫不在意；他极少令人失望，并常常令人瞠目结舌。据《圣路易斯邮报》的杰克·赖斯观察，"他的言谈和思想永远如出一辙，他所说的就是他所想和所求的，并会尽力去得到它们。他那坦率不羁的个性和对动机的直言不讳，会令很多习惯商业或社会隐晦感的人非常不安"。比如，某天格西向一位记者谈起了一位即将退休的老员工。在对这位员工的表现大加赞扬后，他突然话风一转："当然，那一切跟他的妻子无关，她是有史以来最可恶的婊子[21]。"

1955年夏天，他成了国家级杂志的热门人物。《妇女家庭》杂志称他为"美国10位最富有的人之一"。《生活》杂志则为他做了9页的图文报道，由大师玛格丽特·伯克-怀特担任摄影师，报道的主题为"伟大的布希家族"，在其中，格西被描述成一位"盛大而多姿多彩家族的掌门人"，他们家族"生存的方式为美国人带来了值得回忆与怀念的蓬勃活力和无限可能"。最后,《时代》杂志也让他成为了封面人物,并赠予他"啤酒大亨"的名号,将他奉为美国商业世界的楷模人物,"56岁的格西·布希(身高5英尺10英寸,体重164磅[*]),一头灰发,身体如橡木桶一样结实,他为我们践行了世间最基本的原则:'努力工作——并热爱它'"。

《生活》杂志和《时代》杂志都只用了一句简略的话提及了特鲁迪,词眼都一模一样——"他优雅漂亮的第三任妻子"。在那个男性本位主义占上风的年代,他们自然会忽视特鲁迪,其实她绝不仅仅是人们表面看到的样子。在1950年代,世界政要人物和好莱坞名人开始光顾格西的城堡,是特鲁迪负责迎接他们,照顾他们的起居,安排娱乐活动,让他们尽可能舒适如意。似乎这是她命中注定的角色:如果说格西是亚瑟王[**],那么她就是他的桂妮维亚[***]。随后几年里如果没有她,格西的卡米洛特城堡[****]也不会存在。

---

[*] 身高约为178厘米,根据英制单位,1英尺=30.48厘米,1英寸=2.54厘米。体重约为182斤,根据英制单位,1磅=0.9斤。
[**] 即King Arthur,传说中古不列颠富有传奇色彩的国王,多次率领圆桌骑士击败外敌入侵,他的故事主要来源于凯尔特神话传说和中世纪的一些文献。
[***] 即Guinevere,传说中亚瑟王的王后。
[****] 即Camelot,亚瑟王的王宫。

第五章　神话般的啤酒帝国

在婚后的前两年，格西和特鲁迪一直住在距离格兰特农场主宅 0.25 英里的 Bauernhof 宅邸里。Bauernhof（在德语里意为"农庄"）参照中世纪德国传统"堡垒"式的农庄建造而成，其中包括家人的生活区、动物笼舍和农具存放库房，一堵防护墙将它与外界隔离开来。

当然，这座农庄是一位美国百万富豪的农庄[1]，它有 5 间为仆人和农场雇工准备的住房，以及一栋家人居住的拥有 6 间卧室的二层"小楼"。格西的父亲奥古斯特·A 让建筑师为马厩和挤奶棚设计了一套自动供水系统，每隔半小时为动物们供水一次，水温由管理马厩的人控制。农庄的建造形式模仿了中世纪巴伐利亚的城堡城市罗腾堡，整个建筑是引人注目的 U 形设计，内中是一片木栏围起的广阔庭院，四围被白色岩石和木板筑成的外墙环绕。农庄东南有一个拱形入口，屋顶线上装饰着白鹳巢雕塑*，那是古老的幸运图腾。

幸运之神也仿佛格外眷顾两人[2]，在 Bauernhof 里生活的那段时

---

* 白鹳被德法等国的一些地区视作吉祥鸟类。人们认为谁家屋顶上有白鹳筑巢，就一定能得到丰饶和幸运。

间，特鲁迪生了两个孩子——1953 年 7 月阿道弗斯四世出生，不到一年后，即 1954 年 7 月，比阿特丽斯也出生了，她出生后不久，在格西母亲爱丽丝的催促下，他们搬进了被布希一家称作"大房子"的格兰特农场主宅，年近 90 的爱丽丝则依然住在附近那座拥有 6 个房间的"小房子"里。做出这次搬家的决定对格西而言实属不易，想到管理这样一座巨宅的花销，他非常焦虑不安。据报道，他是圣路易斯收入最高的公司高管，个人年收入超过 20 万美元。但他却不得不向母亲借款 60 万美元，以支付给前妻的离婚补偿费，他还不时抱怨自己手头现金紧缺，因为他的财富都冻结在公司股票里了。对此他甚至向女儿洛塔寻求了建议，洛塔那时也住在 Bauernhof 里，帮他打理房子的开销，直到 1948 年结婚后才搬走。"我应该给特鲁迪多少钱去管理大房子？"他问道，"每个月 1000 美元足够么？"她的回答却是："你在开玩笑吧。"

而大房子已不是格西父母在那居住时的光彩模样了[3]。一层的房间都需要新的窗帘、地毯和家具。起居室和餐厅的奥松布地毯上次被更换，已是 20 年前的事了，当时就花费了几十万美元。楼上孩子们的房间如今也空置着，厨房也已是废旧了的。

"好了，你现在可以添置东西了，"格西对特鲁迪说，"但是一定要尽可能节省些，因为我负担不起太多。"

特鲁迪却把他的话抛在了脑后，像后来的杰奎琳·肯尼迪*装修白宫那样装饰起这座宅子。"我一直不停地买啊买，"后来她回忆说，"我们选到一些最美的地毯，拉默特家具商店的人亲自送到房子里来，而他（格西）需要付的钱多到让人吃惊！"

格西是在大房子里长大的，他熟悉这里的每一个隐秘角落和历史故

---

* 即 Jacqueline Kennedy（1929—1994），美国第 35 任总统约翰·肯尼迪（John Kennedy）的妻子，因其优雅的外形、良好的教养和出色的外交能力，在美国人心中享有较高声誉。

事。宅中最精妙的设计是通向二层的楼梯，旁边有 7 面盘旋镶嵌的蒂芙尼玻璃窗，上面描绘了一只站在树林里的威风凛凛的雄鹿。楼梯上方那华丽堂皇的天花板上设计有一些孔洞，这样管弦乐队在三层宴会厅里演奏的乐曲就可以弥漫到整座宅子中。而格西最喜爱的地方则是枪械室——那是起居室旁的一间休息室，里面的墙壁上挂着他父亲的战利品——打猎所获动物的头部标本，还有一个硕大的大理石壁炉，足可燃烧 5 英尺高的木料。他的另一个心爱场所是父亲的卧房，那里有巨大的窗子，可以提供观看鹿苑的最好视角，从那可以见到一条蜿蜒的小溪潺潺流在草场中间，动物们在那里吃草、饮水。有一次，为送给父亲一个惊喜，格西还曾牵着一匹新近得到的马悄悄走上楼梯，把它带到父亲的房间里。

格西不信仰宗教[4]，但鹿苑对他来说却是一个神圣的地方。只要天气适宜，工作也有空暇时间，他和特鲁迪都会骑马或开车去那里漫游，通常是在晚餐之后。一天傍晚，他们驾着格西的敞篷汽车进入了鹿苑，正在湖边散步，这时一个巨大的身影突然出现在了他们面前。特鲁迪认出那是艾克，一头她喂养过的英国马鹿*，在它还是小鹿的时候，它的妈妈抛弃了它，所以特鲁迪喂养照看了它。艾克跟在她身边过了几个月，长到足够大时就被放归到了鹿苑。如今它已是成年的雄鹿，那时节又是鹿群的发情期，各种迹象表明，它想向她求爱。它低垂着头，鹿角贴近地面，鼻息燃起怒火，向格西发起了进攻。他们赶紧跑回了车里，但是艾克挡在车前，用鹿角顶着前保险杠，把车向上举了起来。格西让特鲁迪把车棚合上，他迅速跑出车外，去卡车里抓起一把来复枪。当艾克再次向他冲来时，他朝它开了枪。艾克的身躯颤动了一下，但没有倒下，

---

* 马鹿又称欧洲马鹿、八叉鹿、红鹿、赤鹿，是一种大型鹿类，因为体形似骏马而得名，身体呈深褐色，背部及两侧有一些白色斑点。体长 180 厘米左右，肩高 110 — 130 厘米，成年雄性体重约 200 千克，雌性约 150 千克。

它转身跑走，消失在了黑暗里。第二天早上，格西再次来到鹿苑，发现艾克已在垂死挣扎。他帮它了结了痛苦。后来，它那雄伟健美的鹿头出现在了枪械室的墙上。

格西和特鲁迪搬进来后，大房子再次成了布希家族和百威公司的活动中心。没人像格西那样热爱派对，他命令大家和特鲁迪不停地组织各种活动，并让特鲁迪管理的 12 名家庭雇员协助他们。感恩节、圣尼古拉斯节、圣诞节、新年、复活节、家人的生日、团队派对和员工晚宴——这些节日宴会和活动似乎永无休止。只有一场活动除外。1954 年夏天，百威在圣路易斯的销量出现了下滑，格西决定为当地所有的分销商、零售商、酒吧主，以及任何与啤酒销售相关的人士办一场派对，地点就在 Bauernhof 的院子里。为招待 1.1 万名来宾，接连 11 个晚上，他和特鲁迪每晚要迎来送往 1000 人。"每当午夜来临，我的手指都肿胀不堪，无法动弹。"格西对《时代》杂志说。据《时代》杂志后来的报道，在这次马拉松式的大派对结束后，百威啤酒在圣路易斯的销量增长了 400%。

在一场为红雀队队员和他们的家属举办的派对上，一位球员的太太向格西建议说，他的木房子王国非常有"童话色彩"[5]，为何不考虑向公众开放呢，"因为孩子们一定喜欢这里"。格西为这个主意拍手称好。其实他已经在扩充他父亲的动物群了：如今他为他的私人动物园引入了更多异国鸟兽，其中包括热带鸟类、猴子、黑猩猩、美洲驼、骆驼、长角牛、北美山羊，甚至还有黑熊和灰熊。而被他视为掌上明珠的是一头只有 39 英寸高的幼象，他给它取名"泰茜二世"。此后他买进一辆有 54 个座位、72 英尺长的小火车，让它载着孩子们安全地沿路游览格兰特总统的小木屋、鹿苑、动物围场，以及面积达 51 英亩的克莱兹代尔马饲养场。这辆儿童小火车自然地被他命名为"百威专列"。最后，他又在 Bauernhof 的院中建起一间美食铺，在游览结束后，为孩子们提供热狗和苏打饮料，并向他们的父母供应啤酒和椒盐卷饼。和参观入场券一样，这些也是免费的。他拿私人资金支付了这些开销，让公司租借他的大部分地产，用所得的租金支付上述花费。

此后格兰特农场很快成为了圣路易斯最热门的旅游景点，许多孩子把它看作世界著名的圣路易斯动物园，因为那里的大多数动物自由自在地漫步着，会走到小火车旁嗅你的气味，或者咬你一口，这取决于它们的心情，但无论怎样，那都是绝妙的体验。对外开放的月份是每年5—8月，参观日从星期一持续到星期四。所有参观者必须提前预订，因为每个季节的游览机会在几天内就会被订满，因此学校也必须提前一年或两年把年度班级旅行定好。农场内的火车也被越来越多地预订。

虽然参观路线在设计时刻意避开了大房子，以维护布希一家的隐私。但格西却经常溜进 Bauernhof 的人群中来，与人们握手，亲吻小宝宝，带领他的泰茜二世、黑猩猩、蓝眼睛凤头鹦鹉柯齐狡黠地四处散步。他喜欢成为人群的中心、马戏团的头领。而且他也从未忘记与他交流的每一个人都可能成为百威的消费者。他没有，或者说根本无法把自己和公司彻底分开。在他的心中，他们就是一个整体——克莱兹代尔马、红雀队、格兰特农场，还有他的家庭，都是一个推动器上的组件，共同促进着安海斯-布希和百威的发达进步。"我的幸福来自我的生意[6]，"他曾对《圣路易斯邮报》相当直白地坦承道，"我吃饭时想着它，睡觉时想着它，连做梦时都不曾忘记它。当然，我的家庭，在我心里的位置仅仅稍次于我的生意。"

特鲁迪，或者说他的"桃德丝（Troodles）"，对此比任何人都心知肚明。从一开始，她就明白他需要她做什么，以及他从中能得到怎样的收获。除了管理家中雇员、安排格兰特农场和贝洛农场里那些绵绵不绝的娱乐活动外，她还时常陪伴他出差，通常在他认为她必须出现的时候，有时是因为他不想一个人出去，有时是由于他觉得她的女性魅力会为生意往来增添价值。比如，在他一年一度前往欧洲采购啤酒花的旅行中，她流利的德语和法语就起到了巨大作用，使格西得以顺利地同当地的种植者交流。特鲁迪不但分享了格西对马的热爱，她本人还成为了美国最出色的女骑手之一。这位当年在卢塞恩餐馆里帮父亲招呼客人的"瑞士姑娘"，如今已成长为管理美国最恢宏庄园的世界级女主人。她曾在舞会大厅里迷住了法兰克·辛纳屈*；照顾过醉倒在起居室的艾德·麦克马洪**，帮他一起拉下了窗帘遮掩；为醉酒而无法献唱的安迪·威廉姆斯***做掩护；给尤尔·伯连纳****安排深夜晚餐，并陪伴他聊天，当时他的《国王与我》在圣路易斯市剧院进行为期两周的上演，被安排住在小别墅里。她令格西非常骄傲，也让他看上去更好了。

格西对自己也非常骄傲[7]，他妻子生下阿道弗斯四世和比阿特丽斯后，在随后的 11 年里，又接连生了 5 个孩子——彼得、格特鲁德、比利、安德鲁，还有克里斯蒂娜。当他年长的女儿莉莉·玛丽和洛塔拿他的旺盛精力开玩笑，说他是"有魔力的男人"时，他更是喜不自禁。

平生里第一次[8]，在 50 岁中旬的时候，格西似乎终于安定下来了。在他不需要为啤酒生意出差时，总是每晚 7 点准时回到家中，陪特鲁迪和孩子们一道用餐。他和特鲁迪总是并肩坐在偌大的餐桌旁，有时他们用德语交谈，以免孩子们听懂他们的对话。在秋冬季节，当天色已晚时，孩子们都被要求出现在桌旁，洗漱好，穿上他们的睡衣，以准备好去睡觉。特鲁迪设计了包含三道菜的菜单，用餐时，他们拉铃叫一位厨房里的仆人送到餐桌旁。当然，格西也会把工作带回家里，不过是以笼

---

* 即 Frank Sinatra（1915—1998），美国著名男歌手和奥斯卡表演奖得主，被公认为 20 世纪最优秀的美国流行男歌手。
** 即 Ed McMahon (1923—2009)，美国著名喜剧家、演员、歌手和娱乐节目主持人。
*** 即 Andy Williams（1927—2012），美国歌坛声名显赫的大师，美国总统罗纳德·里根曾经赞美他的声音是美国"国宝"。
**** 即 Yul Brynner（1920—1985），出生于俄罗斯，是著名的光头影帝。1946 年起在百老汇登台，1951 年因音乐剧《国王与我》名声大噪，此剧奠定了他在舞台剧中的地位。

统合一的形式，全部与公司最近的胜利业绩或者新近的挑战有关。他不喜欢听人们把公司叫作"公司"，而是希望它被称为"我们的公司"，所以每次听见人说错时，他都要纠正他们。正如每次人们把公司的产品称为"啤酒"时，他都要斩钉截铁地更正："是百威啤酒！"所以当孩子们长到明事理的年纪时，他们会发现，他们自身只是比自己更为重要、更为宏大的事物中的一部分，它甚至比他们的家庭还要庞大，并意义深远。

"父亲教导我们认识到，生意和家族是一个整体。"50年后，比利·布希回忆道，"我们能够站在镁光灯下，备受瞩目，并不是因为我们比别人都优秀，而是因为我们经营着一家生产优秀产品的公司，因为人们喜欢我们的产品。"

格西从不参与照料孩子的琐事[9]，不管他们吃什么、喝什么或者去哪所学校上学，他把这些事情，以及给孩子们定规矩的任务，全部交给了特鲁迪。他也不愿用体罚的形式教训孩子，而这却是特鲁迪深信不疑的教育大法。"她会用手头现有的任何东西打你。"她的长子阿道弗斯四世笑嘻嘻地回忆说。她最喜欢的武器是一些树枝做成的"鞭子"，而且总像变魔术一样能够随时掏出它们。不过，每天晚上她也会挨个到孩子们的卧室里给他们读书，跟他们道晚安，为他们盖好被子。特鲁迪是一个虔诚的天主教徒，每到星期天她都会带着孩子们去做弥撒，有时去附近的圣母玛利亚圣恩堂，有时去她自己在农场里建的一座小教堂，她引用传说中狩猎之神的名字，给它取名为圣休伯特教堂，它的外观设计模仿了她瑞士家乡的那些山林木屋。圣母玛利亚圣恩堂的两位爱尔兰裔神父达根和奥莱利，对能够到她的私人教堂做弥撒，并将圣恩堂的影响覆盖到这家富可敌国的教民家中，感到极其荣幸。后来，他们实际上成了格兰特农场的私家牧师。作为终身的无神论者，格西从不参加星期日的宗教活动，不过每个周日的晚上，他都会和家人们一起坐在电视机前看《大淘金》*。

格西坚持要求孩子们每天早晨和晚上亲吻他,向他道早安和晚安,但却很少和他们进行亲密的交谈。大部分时候,他把他们视作一个整体、一支队伍,在晚餐时向他们传授自己的教诲和建议。"要坚持自己的立场,直到对方证明他们说的更对,"他有时会这样告诫孩子们,"当发现谁犯错的时候,你们永远可以指出他们的错误,把他们逼到角落里,但要记得为他们留一条后路。"不过,作为孩子们的父亲,他倒是经常会跟每个孩子单独强调:"无论你做的是对还是错,我会永远站在你的身后支持你,但我希望你所做的都是对的事情。"

同时,他还希望孩子们参与劳动。在格兰特农场里长大,你或许可以享受到舒适和优渥的生活,但这种生活过起来也不全然轻松。近300英亩的土地、100多只动物、往来的几千名游人,让这里成了一个永不能停止喧嚣的舞台。所以布希家的孩子们也被要求和家政人员们一起打理农场,在放学后和假期里,他们也要参与拔草、修围栏、喂养动物等劳动,以及在美食铺工作。四月一般是最累人的时节,从这时起就需要开始为每年一度的开园工作做准备了。"那就像是准备迎接一场盛大的节日,"作为在格兰特农场里出生的第五个孩子,比利回忆说,"为迎接游客的到来,一切都需要显得精致美观。"

说起分派任务,格西分配的差事很少有人能应付自如,他继承了他父亲严谨挑剔的个性,一切不合秩序和杂乱无章的事物都会令他们抓狂。据说阿道弗斯曾放弃收购一家颇具竞争力的酒厂,理由竟是酒厂车间后面的巷子过于肮脏杂乱。格西的子女开玩笑说,他"在两英里外就能看到一根折坏的树枝"。所以,和格西在一起,诸如随意散步和开车

---

* 即 Bonanza,是一部以维吉尼亚城为背景的美国电视剧,主要讲述主人公卡特赖特一家在内华达州太浩湖畔的庞德罗萨经营牧场、建立新生活的故事。

这样的事情都有可能演变为负担。

"你不会看到爸爸坐在哪里安静地读一本书,"比利说道,"他在家里时,总是走来走去,四处巡视,眼睛盯在一些细枝末节上。总有令他不满意的地方——园子里的草长得太高了,这里需要涂画一下,那个地方不够干净。他这样有时让我们非常沮丧,'够了,爸爸,这本来应该是一件有趣的事情啊!'"

格西对完美视觉的执着甚至蔓延到了在宅邸屋檐下筑巢生活的鸽子身上。他喜欢他自己特意挑选的那些纯白色的鸽子,但忍受不了不时从城外飞来的那些灰色、黑色和杂色的鸽子。所以他特意命人消灭来访的不速之鸽们。对此他忠诚的黑人男仆弗兰克·杰克逊打趣道:"我发现你只开枪打那些带颜色的鸽子。"

到了1950年代中期,纽瓦克和洛杉矶一些酒厂也开始奋起直追以达到它们的最大生产力。因此格西将每箱百威的零售价提高15美分,以补贴后来建造的酿造车间,成了一场失误性的灾难,导致1954年,喜立滋再次占据了行业第一的名次。不过他也努力为自己挽回了颜面,在年度股东大会上,他说道:"我们犯了公司有史以来最大的错误,作为董事长,我将承担全部责任[10]。"随后的一年里,他几乎一直待在私人车厢里四处出差,修复和分销商们的关系,让他们加入同喜立滋的战斗中来。

"那是公司啤酒销售的转折点。"后来他说道。为防止任何人觉得他所付出的努力是轻松的,他还炫耀说,一次在前往地方酒馆访问时,他曾被要求在8小时里喝下48杯啤酒。"后来我不得不喝几小口威士忌暖一暖胃,"他说,"那些真是让人身体发凉。"

1957年,在一场历史性的广告宣传过后,安海斯-布希重回行业王者的宝座。这场宣传使用的都是真实照片,没有使用广告图画,图片里出现的是实际生活中的人们,而不是特定人物。这次宣传还令百威首次获得了一个昵称:"有生活的地方,就有百威啤酒(Bud[*])"。

在纽瓦克和洛杉矶扩张势力后,格西又把视线投向了佛罗里达州,准备在那里继续扩大 A-B 的产能。1957 年,他开始在坦帕市建造新的工厂,不过这次他的关注点没有仅仅放在酒厂里。禁酒时期结束后,公司就开始将圣路易斯酒厂对外开放了。当然其他一些酒厂也面向游人开放,但 A-B 酒厂中建立的一切设施可谓都达到了黄金标准。历史悠久的百威啤酒屋是一栋双层建筑,天花板上悬挂着 19 世纪末期风格的枝形吊灯,墙板是深色木材制成的,酒屋里陈列着巴洛克风格的德国艺术作品,室外的克莱兹代尔马马厩也奢华别致,因此百威酒屋成了佩斯特拉齐大街上著名的旅游景观和附近所有初高中学生参观的场馆。整座酒屋色彩斑斓明丽,纤尘不染,它简直像迪士尼版式的透视画,而不是正在使用的制造工厂。这里给人的感觉是你几乎可以大胆地舔舐那地板,没准它尝起来都是甜的。对于年龄超过 21 岁的游人,在参观结束后,酒屋还提供免费啤酒以供品尝。

对于坦帕酒厂,格西希望它是圣路易斯酒厂和格兰特农场的结合体,他准备在这里养一些鸟类。他对漂亮的鸟儿一直特别着迷。除了他的凤头鹦鹉柯琪外,他还在格兰特农场中自己的办公室旁建造了一个大型的玻璃房鸟笼,在农场宅邸旁养着一些雀类和鸣鸟。没同董事会商量[11],他就自行下令在工厂旁边建起一座 15 英亩的园子。他借用父亲帕萨迪娜别墅的名字,给这里取名为布希花园。在这里,游人们可以停坐、休息,品尝免费的啤酒,欣赏热带植被的景致,陪伴他们的是一个鸟类的天堂,普通鹦鹉、金刚鹦鹉、犀鸟、凤头鹦鹉、火烈鸟等各色鸟类一应俱全。格西对打造这个园子投注了极高的热忱,他甚至和特鲁迪特意去迈阿密进行了大采购,带着好几笼色彩夺目的缤纷鸟儿乘火车归来。

---

[*] 即 Budweiser 的简写形式,英文意为萌芽、发芽。

1959年3月，布希花园对外开放了，它比公司的其他任何部分都更能彰显格西·布希的爱好。后来他把这里扩建到70英亩，并模仿非洲的坦桑尼亚塞伦盖蒂国家公园，在其中增建了一个野生动物自由公园，同时建起一个与之不太协调的主题餐厅，取名"瑞士老房子"，它原样复制了霍布茨家的餐厅，也就是格西和特鲁迪初次相遇的地方。为建造这间餐厅，他花了1300万美元，在一年的情人节，他把它作为礼物送给了特鲁迪。出于对动物园林的热爱，格西打造出了美国第二大的系列主题公园（仅次于迪士尼公园），共有10座运营的园林，为之工作的雇员达2.5万人，每年共接待2500万游客。"这些园子是老人魔法的一部分，和克莱兹代尔马一样，"早年间负责管理这些园林的丹尼·朗说道，"格西的魔法都是耗费巨资的。他的想法都是美好的，但是从不考虑控制成本，当然，这一切确实提高了啤酒销量。"

1958年5月，格西的母亲爱丽丝·齐斯曼在下午休息时安然去世，终年92岁，她已经被帕金森症折磨了一段时间。但格西对母亲的离世依然无法承受。虽然她的住宅距离大房子只有几百码远，他还是向孩子们隐瞒了祖母去世的消息。"我没法告诉他们，"他对特鲁迪说，"这对他们来说太残酷了。"实际上，这对他来说才是太残酷了。在他夸张享乐的性格背后，是一颗"永远无法应对悲伤和死亡的脆弱心灵"，特鲁迪后来回忆说。直到几周后，当5岁的阿道弗斯问起，为什么奶奶不再和他们一起吃晚饭时，他才吐露了实情。

在遗嘱中[12]，爱丽丝将格兰特农场留给了格西，并免去了此前借给他的60万美元离婚补偿费。不过格西的姐姐爱丽丝对此颇为不满，她也希望能够获得家族老宅的一部分所有权。格西哥哥阿道弗斯的继承人们此前已经怅然不快，因为格西把奥古斯特·A留下的贝洛别墅中属于阿道弗斯的那部分所有权也设法归为己有了。他的表兄、多年老友和伴郎阿德尔伯特·冯·康塔德对于格西免去他广告部负责人职位这件事也忿忿不平。"埃迪"*已经为 A-B 效力了 30 多年；他既是公司的管理者，又是董事会成员和大股东。布希家族和冯康塔德家族走得很近，家中的孩子们也都是朋友。然而即便如此，格西还是把埃迪赶出了他的啤酒王国。理由是格西把造成公司被喜立滋超越的过失归到了埃迪身上。对此，他只给出了一个令人发笑的证据，那就是埃迪偷窃了公司用于酿酒的谷物，用来喂养他的宠物孔雀。其实那些谷物本来不值多少钱，并且也是要被处理的。人们认为如果埃迪提出请求，格西也会把谷物送给他。不过问题就出在这里，格西说，埃迪并没有征询他的意见，而是"背着我做了这件事"。

或许家人们对他的背离和嫌隙会令格西感到难受，但从表面看来，似乎并非如此。在 1960 年代拉开帷幕之际，他已经是一个全方位成功的男人。他的 4 个酒厂运营良好，第五家即将在休斯顿建起。公司的啤酒产量、营收利润和股票分红接连再创佳绩。作为前总统杜鲁门和未来总统林登·约翰逊的亲密好友，格西在国家政治上也成了辅佐未来领袖的人物。在约翰·F. 肯尼迪参加总统竞选期间，他在筹款方面就彰显了呼风唤雨的实力。肯尼迪的竞选联络人，马萨诸塞州参议员蒂普·O. 奥尼尔后来回忆说："当时你只需告诉格西资金紧张了[13]，我们需要更多的钱。几天内，它们就会从天而降。在那个年代，格西筹款比任何人都要迅速和轻松。"

后来格西和特鲁迪乘坐阿道弗斯号前往华盛顿参加约翰·肯尼迪的总统就职仪式，他们还邀请了哈里·杜鲁门、他的妻子贝丝·杜鲁门，以及格西多年的好友托尼·布福德及其妻同行。但是当他们抵达后，格西发现晚宴座位的安排令他很不满意。他冲布福德嚷道："你在华盛顿不是有很多关系吗[14]，布福德，赶快给我们重新安排一下！"他指着总统

---

* 即阿德尔伯特的昵称。

和第一夫人所在的餐桌说："我要坐在那里。"布福德告诉他真的无法办到，格西的答复是："布福德，要么你把我安排到肯尼迪身边，要么我把你送回杰佛逊市，别忘了我是在那捡到你的。"布福德当即向他提出了辞职，后来他转而为福斯塔夫啤酒公司工作，为此，格西再也没有原谅他。

每年春天，格西和特鲁迪都会带着孩子们到佛罗里达去待一段时间，他在那里购置了一栋三层的住宅，坐落在圣彼得斯堡城外的"翻栏"（Pass-a-Grille）海滩旁。安海斯-布希的"舰队"在那里为他俯首待命——其中包括一艘取名"百威小姐"的84英尺长游艇、一艘取名"巴伐利亚小姐"的41英尺长的兰波维奇（Rybovich）深海渔船，以及一艘以百威商标"A & Eagle"命名的120英尺长的百万级游艇。特鲁迪和孩子们通常在这里待几周后就会回圣路易斯去。他们走后，格西的好友们便会来访圣彼得斯堡，在别墅里住上几周——其中包括圣路易斯红雀队的发言人哈里·卡里。一行人在这里钓鱼、饮酒、赌博，以及同女人们寻欢作乐。格西对于男性忠诚的定义是：不能够有情妇、不能与其他女人产生感情，但是偶尔发生的、没有特定归属且两厢情愿的寻欢作乐是可以的，因为那是非常自然的事情，如同雄性动物发情一样，是不可避免的生物本能。至于女性忠诚，当然了，那是另外一回事。

总而言之，格西所过的日子恐怕连路易十六都会倾慕不已。他触碰过的一切都成了金子，只有他的棒球队除外。

在A-B掌管红雀队的10年间，球队在冠军奖杯上颗粒无收。格西已经辞退了5名经理，并正打算辞退第6位，即约翰尼·基恩。他带领球队在1963年获得了亚军。63届球队在过去的20场比赛中取得了19场胜利，但是人们都知道格西对"第二名"的看法。1964年，圣路易斯市将迎来建城200周年纪念日，格西被市长任命为市民领袖委员会的会长，领导委员会组织为期一年的纪念和庆祝活动。市中心区河畔，一座可容纳5万人的新体育馆已经在建，它旁边是已基本落成的圣路易斯大拱门（Gateway Arch）。为建设新的布希体育场，格西在原定预算 2000 万美元的基础上，又追加了 500 万美元。但是董事会否决了他的计划，他们起初建议增投 100 万美元，随后又提议增投 200 万美元，最后，格西一记重拳砸在会议桌上，冲人们嚷道："够了，该死！我说就是 500 万，就这么定了！"董事会屈服了。

上述种种解释了为何格西把此时视作红雀队生死攸关的时刻：如果今年他们再不取得些成绩，有人就得走人。俱乐部总经理宾·迪瓦恩成为第一个撞在枪口上的人。在 6 月 15 日，球队落后领头羊费城的费城人队 11 场比赛，排名第七位。那天，迪瓦恩和球队经理基恩进行了一场颇具争议的转会交易，把球队的著名投球手欧尼·布罗里奥（在 1963 年被安打 18 次＋保送 9 次）卖给了芝加哥小熊队，换来了打击率为 0.251 的外场手卢·布洛克。在起初参加的 15 场比赛中，布洛克打出了 0.398 的成绩，并盗得了 9 个垒。但到了 8 月 16 日，红雀队依然落后费城人队 9.5 场比赛，这时格西把火发在了迪瓦恩身上，因为他是负责球队成员架构的人，该球队后来有 3 位名人堂球员：柯特·弗洛德、鲍勃·吉布森和布洛克。媒体听到的说法是格西当时已经与纽约巨人队的前经理里奥·杜罗切暗中接洽，希望由他担任红雀队的经理。这令基恩处境非常尴尬，并惹恼了一些球员。迪瓦恩被辞退了，一周后，红雀队还是落后费城人队 11 场比赛。格西对此心灰意冷，怒火难平，以致在他的私人坐席看球时，竟一脚把红雀队老巢的墙壁踢出一个洞来。

然而，在转瞬间，红雀队又为自己扭转了乾坤。那一届的大联盟赛事堪称史上最激烈疯狂的较量，红雀队在最后 29 场比赛中取得了 21 场胜利，连胜费城人队 3 场，使后者一连输掉了 10 场。在赛季最后一天，红雀队终于在圣路易斯主场捧得了大联盟冠军奖杯。整座城市因此疯狂了，自 1933 年 4 月 7 日的那个上午以来，人们再没有像现在这样恣意痛饮啤酒，释放激情，而这次啤酒也没有供不应求。

在世界系列赛事上，红雀队又在7场比赛中横扫纽约洋基队，夺取了胜利。此后第二天，依然为宾·迪瓦恩－里奥·杜罗切事件怅然不快的约翰尼·基恩宣布，自己将辞去红雀队经理一职，并即将开始担任纽约洋基队的球队经理。在体育记者、球员和球迷心中，迪瓦恩和基恩都是举足轻重的人物，因此格西发现，报刊媒体、广播和电视一致朝他开火，说他"毁了"自己当年苦心挽救的球队。似乎这样还不够，第二年，圣路易斯著名的《体育新闻》杂志还将宾·迪瓦恩封作棒球领域的"年度经理人"。

似乎相形之下管理酒厂就简单多了。12月第一周，人们通知格西，公司已经开始使用新电脑来测量啤酒产量，这意味着在随后的一周里，创纪录的第1000万桶啤酒将从佩斯特拉齐街工厂的生产管道中滚滚流出。格西对此喜出望外，命人严格留意啤酒产量到达此数额的时间点。12月15日，即星期二上午10:34，他被告知这一刻来临了。

那一天上午10:15，格西和一群公司高管走出了佩斯特拉齐街721号的办公楼，沿街行走进了百威酒厂。8匹克莱兹代尔马拉着一辆赤红色的马车在那里恭候着他们，马车上装满了啤酒箱。街道两旁站满了百威的雇员，格西带领他的御用军团走进工厂，一队铜管乐队为他们吹奏起乐曲。一行人穿过走廊，来到灌装车间。在那里，装满啤酒的酒桶被用橡皮塞封装起来，这一工序被称为"塞桶"。10:34一到，格西就接过一支银制的槌棒和一个橡皮塞，亲自将第1000万桶酒进行封装。随后乐队在前方打头阵，一行人走出了酒厂，格西爬上装满酒桶的马车，那纪念性的第1000万个酒桶就放在他座位旁边。"我们出发吧，请给我让路"，他拉紧缰绳，8匹高头骏马整齐划一地抬头并进。他驾驶马车沿街道行进，最后停在市政大楼前。圣路易斯市市长和其他市民领袖在那里等着迎接他。此时，阳光炽烈耀眼，工厂的哨声响起，百威的雇员们开始欢庆这一时刻。当格西从马车上站起致辞时，一些人甚至留下了眼泪。"今天是安海斯－布希公司历史上伟大的一天，"他讲道，"在这场盛大的活动中，我们的员工和顾客扮演了至关重要的角色。我们酿酒时使用了最好的原料和最卓越的机器设备，但若没有员工的衷心支持，我们无法实现今天的一切。对此，他们也同样有权感到骄傲与自豪。"

格西自然也有权感到骄傲。自从他在那个四月的晚上代表安海斯－布希向全美国人民发表致辞以来，31个春秋已悄然驶过，而他已经使父亲和祖父的梦想成真，并取得了更多辉煌成就。如今，在65岁的年纪，他当之无愧地成为了"啤酒之王"。

当一位记者问起他对未来的期望是什么时，他这样回答道："一个夺得世界冠军的球队，以及一个新的啤酒产量世界纪录，希望如此，希望如此。"

后来他确实得到了他期望的一切，甚至更多，然而在随后几年里，他也为之付出了惨痛的代价。但是，在这一天，沐浴在阳光下，站在马车上向他的员工们挥手致谢的格西，的确迎来了他一生中的巅峰时刻。

第六章　普鲁士中尉

作为格西·布希的长子和安海斯-布希啤酒帝国的未来继承人，按道理讲，奥古斯特三世在布希家族中本应该享有特殊的地位。然而实际上，他却是家族中的异类。

从一开始，奥古斯特就不喜欢特鲁迪。出于对他生母的忠诚，奥古斯特一直憎恨着父亲的新妻子。而她只比他大 10 岁，和他姐姐洛塔同岁，这令他愈发心生厌恶。但最困扰他的是特鲁迪独占了父亲的全部闲暇时光。在工作之余的时间里，格西总是喜欢同她待在一起。奥古斯特记得，1947 年他随格西和姐姐洛塔搬到 Bauernhof 一同生活时，一切都不是他想象的情形。他希望与父亲多一些相处的时光，希望自己能够更多地了解他。

父亲和儿子起初相处得非常融洽，格西那时会带他去酒厂，骄傲地向人们四处介绍自己的儿子，带他参加高管会议，并让酒厂工人们带他四处参观，了解啤酒是如何酿制的。每天晚餐后，格西会向他传授家族和公司中的那些传统和原则。格西还教他如何用枪，父子二人也经常去鹿苑打猎动物。奥古斯特最喜欢他们在贝洛农场里的那段时光，那里被家人们称为"射击场"，当然，它的主要功能也恰如其名。贝洛农场位于圣路易斯以西 30 英里的地方，临近 3 条大河——密西西比河、密苏里河和伊利诺伊河——的交汇处。农场里 1500 英亩的冲积平原和沼泽地刚好坐落在密西西比飞航路线中部——那是美国 2/3 的迁徙鸟类最喜欢的飞行路线，从而也使"射击场"成为了猎鸭爱好者的天堂。奥古斯特对此产生了生平最大的热爱，猎鸭成为了他的终生爱好。

不过奥古斯特却没有继承他父亲对马的热爱。他的姐姐洛塔回忆说，有一天，在格兰特农场里，十几岁的奥古斯特见到她牵引一匹马做了几次跨栏训练。她嘲笑他不懂骑术，然后他耸着肩膀不屑地回答说："随便哪个人都能骑马[1]。"

"那你也骑马来一次跨栏吧！"洛塔挑衅说。出乎她的意料，奥古斯特果真接受了挑战。不过，尝试过后他却对这项运动彻底心灰意冷了，"我没发现这件事有任何乐趣可言"。

特鲁迪一来，奥古斯特和格西之间的亲密关系就结束了。奥古斯特很快就搬回了林德尔大街公寓同他母亲一起生活，从此他再也没有和他父亲生活在同一屋檐下。特鲁迪一直留心着奥古斯特对她的憎恨。为照顾他的情绪，每到家庭聚会时，她都会邀请他参加。然而他却从未真正成为新家庭中的一员。随着特鲁迪的孩子们渐渐长大，他们倾向于认为同父异母的哥哥奥古斯特扮演的更像是一位叔叔的角色，一位每年只在重大家庭活动中才出现的亲戚，即便那时，他也很少与他们交流，总是默默地待在一旁，脸上露出不惹人厌但冷淡的微笑。谁也没有和他建立亲切的关系。比利·布希回忆起自己小时候与奥古斯特狭路相逢的经历："那天我和他玩接传球的游戏，他把球丢过来时打在了我身上，真的很疼。"

十几岁时，奥古斯特前往拉杜高中就读，这所学校的所在地是圣路易斯最富庶的城镇之一。在那里，他获得了一个讨厌的小名"奥吉（Augie）"。他朋友很少，并且和从前一样，经常缺席课程。他擅长运动，但从不参加团体活动；他头脑机敏，但课业成绩却很糟糕。在高中阶段，他最大的成就是考取了飞行员执照。"他特别渴望飞行，所以姐姐和我拿出自己的钱雇用了一个人教他。"洛塔说，"那时他十五六岁，这件事我们没有让爸爸知道，因为爸爸不喜欢飞行，他认为那是鸟儿的事情。"驾驶飞机后来成为了奥古斯特人生里的第二大爱好，他是一位谨慎、高明的驾驶员，但在开车时却成了另外一个人。

1954年11月21日[2]，参加完在格兰特农场中举办的一场派对后，17岁的奥古斯特驾车载着几位客人回家。车子在他手中失去了控制，"截断"了一个电话线杆，造成两名乘客受伤，其中包括特鲁迪的哥哥威廉·霍布茨，他的脚踝受了伤。一年后，奥古斯特又因以80英里的时速开车行驶在郊区公路上被开了罚单。他被指控疏忽驾驶并罚款35美元。和多年前的万圣节闹剧一样，这两起事故也被媒体大肆报道，令他对媒体越发反感和憎恶。

在他的毕业纪念册上，奥古斯特的同学们说他自己的野心是成为小酿酒商，他的对头就是年少的"福斯塔夫"。不过，当他的同学们说他"非常可能成功时"，实际上是对他天生优越的继承权的讽刺，而不是真的对他的才智、勤奋或天赋称赞有加，何况当时他的上述特质还没有显山露水。

1956年，他被图森市的亚利桑那大学录取，那是一所著名的派对院校。此时他已经长成为一位英俊的青年，身材清癯健美，蓝色的眼眸闪动着迷人的光彩，他那棕黑色的头发总是梳成中分的式样，打理得光亮整洁，纹丝不乱。他身高5英尺10英寸*，喜欢穿带鞋跟的靴子，这样看上去又高了两英寸。他拥有着可无尽挥霍的金钱，数辆可纵情疾驰的豪车，以及一个在所有酒吧、餐厅和夜店都可呼风唤雨的显赫姓氏，所以不费吹灰之力就可以吸引到无数漂亮女人。在那两年里，他时常和她们厮混在一起。

---

* 约为178厘米，根据英制单位，1英尺＝30.48厘米，1英寸＝2.54厘米。

大一学年结束后的夏天，奥古斯特开始在酒厂兼职。他加入了"六号酿酒商和麦芽商地方工会"，并按照家族的传统，从最底层的工作做起——从酿酒桶里铲出用过的山毛榉木屑和谷物壳，那是一项重体力工作，让人汗流浃背，并需要忍受糟糕的气味。幸运的是，他没有在那里工作多久。这段工作经历让他有资格在几年后对《财富》杂志说道："当你在那个地方工作过一阵子后，你才会成为一个真正的男人。"

1958 年 5 月 4 日，奥古斯特的母亲伊丽莎白·奥弗顿·布希突发脑溢血死亡。她终年 63 岁，并患有高血压。事情发生时，奥古斯特在学校里，得知消息后他迅速赶回了家中。"他坚持要看一眼她的遗体（在殡仪馆），尽管我一再请求他别那么做，"洛塔说，"那击碎了他的心。"当地的两家媒体几乎没有提到她的去世，格西和洛塔参加了在林德尔大街公寓中举行的私人悼念仪式和葬礼。多年后，洛塔忆起她的继母曾对她说过这样一段话："要永远走一条笔直的道路，不要落后他人一步。因为你一旦落后，就很难再追上他们。"

大三学年开始后，奥古斯特没有再回到学校。他加入了美国陆军预备役部队，从而避开了服兵役。他在密苏里州韦恩斯维尔的伦纳德伍德堡市接受了 6 个月的基础训练，那里距圣路易斯约 120 英里。此后他开启了一段王子般的生活，徜徉于欧洲的滑雪场、加勒比海滩和怀俄明州的度假牧场。当然，这也是布希家族的传统，他们放逐年轻的布希小资们去恣意过一段奢侈自由的日子，任他们的野性尽情燃烧，随后再让他们把心收在工作和家庭上。

多年后奥古斯特常向人抱怨说，自己在男童时期"根本没得到过父爱"[3]。然而，是格西帮他完成了从男孩向男人的成长。他送给他一份礼物——一座临近射击场的 200 英亩农场，并在其中为他建造了一座舒适的乡间别墅。奥古斯特借用一种欧洲森林香草的名字，给这里取名为车叶草农场。他把这里变成了自己的王国，在这里他能够避开讨厌的媒体，召开派对，享受北美洲最适宜的猎鸭活动，以及驾驶他的双引擎飞机冲上圣路易斯机场跑道，那里被称作"圣路易斯机场之魂"，距离密苏里小镇秋葵镇主路才几英里远。后来他把车叶草农场扩建到1000多英亩，在随后的50年间，这里一直是他的主要居住地。在那段时间里，圣路易斯之魂跑道也成了安海斯－布希的航班起跑场，助力它的全球扩张之梦展翅高飞。

1960年，奥古斯特重返校园，他被美国最古老的酿酒学院、位于芝加哥的西贝尔技术学院录取。传闻他离家前去学院就读，一年后带着酿酒师文凭回到了圣路易斯。而实际情况则是，他完成了一段为期12周的课程[4]，根本没有完全离家。每周二早上他驾驶飞机前往芝加哥参加课程学习，通常周四回到家里。

无论在学校就读的情况如何，在西贝尔学院的这段学习的确在某种程度上改变了奥古斯特。为奖励他，格西分给他销售经理的职务，负责公司的低价位品牌——布希－巴伐利亚的销售工作。他全身心投入这份工作中来，每周工作70个小时，逼自己拼命苦干，似乎想证明没有人——包括他父亲——能够像他这样了解啤酒和啤酒经营。

当时公司定价部门25岁的负责人丹尼·朗这样回忆起他对未来老板的第一印象时说："他不信任任何人[5]，他必须掌控全局，他毫无幽默感，他也不希望任何人成为他的朋友。"

朗是一位建筑工人的儿子，1953年高中毕业后，17岁的他便开始为安海斯－布希工作。当时他已经拿到了奎西学院的奖学金，但是因为他的家庭属于"贫穷的工人阶级"，连基本的在校生活费用也无法为他负担。对于像朗一样的年轻人来说，安海斯－布希公司可谓天赐福地。公司可能对他们进行终身聘用，提供合理的薪水、优渥的福利和广阔的晋升机会，因为公司有从内部选拔人才的传统。A-B甚至保留了德国酿酒厂传统的der Sternewirth风俗，即每天为所有雇员免费提供30分钟的

"啤酒休息时间"。在圣路易斯的工人阶层中,人们认为如果你有一份"在酒厂的工作",你就是有福气的人。

对此丹尼·朗深有体会。他从办公室勤杂工迅速升到了中层管理者的位置,这得益于他制定的完美的"简约定价流程",公司在全国范围内都采取了这种定价方式。布希-巴伐利亚的新经理也关注到了他。"奥古斯特让我做他的助手,"50 年后,朗回忆起当年的情形时讲道,"他对我说:'我不想要那种唯唯诺诺的人;我希望你能对我说出你的想法。'他告诉我他要出去转转,让我陪他一起去。"

朗马上发现奥古斯特对此绝不是说说而已。他果然开始叫自己陪他频繁出差,他们乘坐奥古斯特的私人飞机穿行在美国各地,拜访分销商们。通常,负责 A-B 市场业务的高管乔治·库奇和查理·奥尔伯特——前陆军突击兵团老兵和二战退役老兵,也会在工作之余打发时光一道随行。

"我只是个从南百老汇出来的穷小子,突然间我竟和一位布希家的老板和一队风驰电掣、酒量无边的高级人物混在了一起。他们会一整天扑在工作上,然后走进酒吧,'疯狂地纵情豪饮,疯狂地享受女色'。"

尽管奥古斯特不是一个容易受酒精左右的老板,但这一切对朗来说还是有些难以承受,他是虔诚的天主教徒和忠诚的丈夫。他很快发现,可以先参与这种狂欢一小段时间,然后趁他们不注意时悄悄溜回酒店,或者找个借口脱身。最后他想出了个折中的办法,既能辅佐他的老板,又无须离开圣路易斯。他逐渐负责起品牌经理需承担的一切行政事务工作,也就是家中和工作中那一切会令奥古斯特烦死的琐事。"所有放在他桌上的文件,我都要一一帮他阅读和整理要点。"

如此一来,朗得到了绝佳的学习机会,奥古斯特也可以更为自由地在美国各地往来游走,探索他未来要掌管的这个庞大啤酒帝国的所有现状和根底。据奥古斯特自己估计,在最初那些年,他 75% 的时间都在出差旅行，在那段时间里，他的风格逐渐被人们熟知，他像令人畏惧的军事教官一样，检查起问题来一丝不苟，随时会对人进行严酷的盘问，连最勇敢的人都会闻风丧胆。只要他的飞机一落地，当地的推销员和零售商们就会立即仓皇失措地整顿好一切，生怕出现任何闪失。因为大驾光临的这位可不是简单的品牌经理，而是百威帝国未来的国王。如果他在哪间酒吧、餐馆或便利店里发现一罐过期啤酒，那就是天大的灾难了。奥古斯特似乎很享受自己带给人们的惊恐不安。他认为这对管理非常有效，让人们胆战心惊，时刻绷紧神经，能够保持他们的竞争力。朗将他比作一位"普鲁士中尉"。他们两人是一个奇怪的组合：一位是从混乱粗劣的街区出来的敏感孩子，一位是生活在奢华郊区的未来啤酒巨头，然而他们却维持了长达 27 年之久的伙伴关系。

奥古斯特的花花公子岁月在 1963 年夏天正式终结，那时他 26 岁，被提拔为公司的市场副总裁，这是百威公司里举足轻重的一个职位，同时被选举为董事会成员，接替公司创始人艾伯哈特·安海斯之孙——已故的埃伯哈德·安海斯——的位置。几周后，他迎娶了苏珊·霍尼布鲁克，一位漂亮健美的金发美女，来自加利福尼亚布伦特伍德的一个显赫之家。他是在为工作出差期间结识她的。婚礼在贝弗利山庄的圣公会教堂举行，奥古斯特最好的朋友约翰·克雷担任了伴郎。婚礼前一天晚上，格西在贝弗利山庄的奇森餐厅为他们举行了晚宴[6]，那里也是好莱坞明星经常光顾流连的场所。为这场婚礼，圣路易斯的布希一家可谓使出了浑身解数，让贝弗利山的名流们永世难忘。在向弟弟和他的新娘致辞时，洛塔提醒苏珊，她"必须学会用枪"，话音刚落，两只蹒跚的野鸭就倒在了她的枪下，令在场的宾客惶然失措。不曾有人在宴会厅骑过马，但是布希家的晚宴上，出现了一头迷你可爱的西西里小驴*，它在酒

---

* 一种地中海小型驴，起源于西西里岛和撒丁岛地区。

店里四处跑动，以至于连当时在楼上办派对的杰基·格利森*也对它心爱不已，坚持要求让小驴也到他的客人中来。

婚礼结束后，新婚夫妇前往欧洲度蜜月，之后就开始在车叶草农场开始了他们的新生活。1964 年 6 月 15 日，苏珊生下了奥古斯特·安海斯·布希四世，并遵照家族传统，在小婴儿出生一天后，喂给他喝了一滴百威啤酒。两年后，两人迎来了第二个孩子苏珊的出世。作为一个已婚男人，奥古斯特把每年出差的频率减少到了大约 50%，他在公司里的职位也节节高升，1965 年，他开始担任公司副总裁和酒厂总经理。他父亲认为他在市场副总裁职位上的表现令人满意，因此批准了他的升迁。不过格西不想让外人理解成他已经同意儿子在不久的将来接管大任。"我不止一次而是上百次告诉过他，公司最高职位的人选要由董事会选举产生，"他对《商业周刊》说道，"在我的字典里，你的成败输赢全掌握在自己手中。"

当然，没人真正相信他的话。1967 年 4 月，奥古斯特接受了《圣路易斯邮报》的采访，后来这篇报道的标题是《奥古斯特·布希三世将带领安海斯-布希冲上云霄》。经格西的允许，阿尔·弗雷斯曼安排了这次访谈。若不是如此，弗雷斯曼不敢擅自做出这件事，尽管他全权掌管着 A-B 的整个公关传播事务。A-B 没有自己的公关部门，所有这方面的工作全部由弗雷斯曼的公司弗雷斯曼－希利亚德（Fleishman & Hilliard）打理。这家公司 75% 的业务分布在为 A-B 讲故事，以及向公众传达格西的思想和声音上。很显然，格西认为是时候让人们见一见他的继承人了。

这篇对于奥古斯特首场个人秀的报道是新闻业典型的"吹捧文"。文章旁边是这位 29 岁英俊王子的照片，"一位充满激情的年轻人……他

---

* 即 Jackie Gleason（1916—1987），美国著名的喜剧家、演员、作曲家和指挥家。

已经打好了从事啤酒行业的全部基础，并正在这个行业中孜孜不倦地学习着"。

报道还把奥古斯特赞扬为"既懂企业团队合作，又能够规避家族经营风险的高手"，并这样引述了他自己的观点，"对于像安海斯-布希这样的家族企业而言，家族成员既可能是宝贵的资产，亦可能是沉重的负债……在一个商业企业家庭中长大，与一群每天晚餐都要谈论业务的人生活在一起，向他们学习，学习他们的人格风范，的确会令你获得一些显著的优势"。

在文末，这篇报道留下了奥古斯特的一句话，如今看来着实意味深长："如果低级管理层中有害群之马，你会遇到一些麻烦，但如果问题出现在最高层，你将遭遇灭顶之灾。"

第七章　老人与孩子

在格西花甲之年的后期，一些老年病困扰着他，椎间盘的病痛尤其折磨他，使他不得不穿上束身衣，有时甚至需要拄双拐走路。不过他依然没有马上隐退的念头，这种想法或许也从未在他心中涌现，他为什么要这样呢？

自从他把公司带回行业王者的宝座后，公司的市场份额已经扩展了一倍，如今更是远远撇下了喜立滋和帕布斯特，并逐渐在美国市场独领风骚。可以说，百威如今的对手只剩下它自己了。

他的棒球队也捷报频传。1967年红雀队首次在布希纪念球场打完了整个赛季，本垒打之王罗杰·马利斯的加入更加助长了球队的威力，在那一年他们收获了全美棒球联盟冠军奖杯，决赛当天前往球场观看比赛的观众达到创纪录的209万人次。随后，他们在世界联赛上击败了波士顿红袜队。在比赛中，鲍勃·吉布森打了3次完投，击中26球，并且只丢了14球。跑垒手卢·布洛克更是盗得了该赛季创纪录的7个垒。

格西、特鲁迪[1]，以及他们庞大的亲友团乘坐公司的小船和私人飞机驾临波士顿观看了最后两场比赛。格西很恼火波士顿红袜队的老板汤姆·霍利没有为他准备欢迎晚宴（而他自己则在圣路易斯招待过霍利），所以他亲自在丽思卡尔顿酒店举办了宴会。红雀队在第 6 场比赛中以 4∶8 不敌对手而失利，在观看过这场比赛后，格西邀请马萨诸塞州州长约翰·沃尔普和他的妻子共赴晚宴，结果这场聚会在布希家典型的食物大战中收场。格西的大女儿莉莉，向她父亲扔去一个圆面包，结果投掷失误，竟打在沃尔普夫人身上。看到人们躲在餐桌下，躲闪炮弹般四处飞掷的食物，在场的一位侍者瞠目结舌地说道："我想请问，布希先生，如果您赢了比赛又该怎样庆贺呢？"

随后他得到了这个答案。红雀队后来在第 7 场比赛中以 7∶2 的比分取得了胜利，其中赛季最佳球员吉布森击中 10 球，包括一个本垒打，而布洛克单局成功盗垒两次。回到酒店后[2]，格西和特鲁迪的庆祝形式是从酒店的墙上拆下灭火器，用它们朝每个走出电梯的球队成员喷去（酒店给格西开了一张 5 万美元的账单，用以偿付设施损坏和清理的费用，最后格西从广告预算中支出了这笔花销）。随后布希军团在飞回圣路易斯的航班上一路欢笑庆贺，抵达目的地后，格西被圣路易斯当地媒体盛赞为红雀队历史上最伟大的灵魂人物。

1968 年，红雀队再次捧得联赛奖杯，这归功于鲍勃·吉布森的绝佳表现。他的自责分（ERA）只有 1.12（至今都是该纪录保持者），在比赛中发出 28 次完投，并击中 268 球。在一轮比赛中，他连胜了 15 局，其中 10 局都令对手一分未得。在六月和七月的比赛中，鲍勃·吉布森投出 96 球，参加了 2/3 局次的比赛，只获得两次投手责任失分。在世界联赛的揭幕战中，红雀队迎战底特律老虎队，吉布森也在这场比赛中达到个人职业生涯的鼎盛时刻。

在一直完封对手的情况下，吉布森在第九局将投球手三振出局。接球手蒂姆·麦克凯文站了起来，手中拿着球径直走过球场，用手指着计分板。

吉布森是典型的急脾气，被激怒的他冲麦克凯文大吼道："把那该死的球赶紧给我扔回来[3]，你听见没有？快点，快点，别耽误我们队比赛！"

但是麦克凯文依旧指着计分板，在座无虚席的布希球场里，观众们起立鼓掌，因为计分板上显示，红雀队的右投手刚刚将第15个击球手三振出局，打破了山迪·柯法斯长久保持的纪录。这一幕也成了格西的红雀队主场最值得怀念的场景。吉布森朝观众席挥舞球帽致谢，随后迅速跑回去继续比赛，并在比赛结束前，再次将另外两个投球手淘汰出局。

这位未来的名人堂球员随后又在第4局比赛中，帮助红雀队以3：1的比分优势在赛季中遥遥领先。然而尽管在第5场比赛中，红雀队胜利拿下前7局比赛，距第二个世界冠军头衔只差两局之遥，他们却突然由盛转衰，输掉了这场比赛。因此在第7场比赛中，已经疲惫不堪的吉布森不得不再次上场。在击中两球后，他跑动缓慢，没有成功回到本垒。在6局比赛中，他打出一次完封，但在第7局失掉两球，从而证明吉普森终究也属于人类。正当吉普森本人和红雀队球迷目瞪口呆地盯着这一失误时，老虎队的吉姆·诺斯拉普向中场投来一个吉布森式的高速快球，在场地中央，多届金手套得主柯特·弗洛德也出现了罕见的失误，球径直从他头顶飞过，吉布森坚持打完了比赛，但红雀队以1：4的比分不敌老虎队，输掉了比赛。

这是一场艰辛苦涩的比赛，但是它丝毫没有降低圣路易斯人投注在球队及其光芒四射的老板身上的热情。圣路易斯的体育记者极尽所能地宣扬"一个崭新的体育王朝的诞生"，并盛赞格西是一位仁慈善良的棒球天才。无巧不成书，在1968年，A-B生产出1850万桶啤酒，同样创下了啤酒行业的新纪录。

红雀队的胜利风头把格西的注意力从公司的日常运营中分离了出来，同时，他也逐渐在民间工作和慈善事业上投入更多精力。当然，他所做的每件事看起来都是为了推销布希家的商业品牌。比如，作为圣路易斯大学 150 周年校庆筹款活动的主席，他个人负担了占总筹款数额 2/3 的捐款，而这场庆祝活动的总筹款额达 325 万美元，用来在校园中部建立新的学生活动大楼。因此，他还被学校邀请作为荣誉嘉宾参加 1967 年布希纪念中心的落成典礼。尽管格西当天非常享受这种殊荣，但他辩解道，自己的这项作为是为了获得"更好的生意"，因为这可以在迅速增长的新啤酒消费阶层——婴儿潮时期出生的高校学生中获得好感。美国的整个商业体系的运转何尝不是私人企业们在公益活动的圣洁光环下，受一己私利的驱动来进行的？

至少在格西个人看来的确如此，并且没有人像他这样娴熟运用这一原则，他能够将最奢侈的个人享乐支出包装成堂而皇之的公司开销。他曾向一家报刊这样为他的心爱玩具、百万级游轮 A & Eagle 进行辩解："你们看见这家伙[4]，或许会感叹：'它是否太豪华了？'当然，它的确如此，但是它所带来的商业价值也是惊人的。就在一周前，我们获得了一位重量级酵母业务客户，如果没有这艘游艇，我们恐怕不会赢得这位客户。"格西也的确经常用 A & Egale 和另一艘稍小的（51 英尺长）来波维奇运动渔船——"百威小姐"载着客户和亲友们前往佛罗里达群岛、巴哈马群岛，以及墨西哥的科苏梅尔岛游玩，并享受"穷奢极欲"的狂欢旅程。当然，如果你公司的经营箴言是"结交朋友才是我们的生意"，许多过分行径自然会被谅解。

从某种意义上讲，正是常规工作之外的上述特权和荣华支撑格西一直工作到远超退休年龄的年纪。虽说他一直被称为红雀队的"老板"，实际上球队归属于公司，如同私人单节有轨车和配有司机的车辆。他饱受赞誉的慈善捐款也是出自 A-B 公司的账户，而不是他自己的腰包。酒厂偿付了所有花在派对、游艇、海滩别墅、女人上的费用，以及格兰特农场的大部分开销，其中包括饲养克莱兹代尔马和凤头鹦鹉柯基的费用。一旦退休，格西就只能自己负担这堪比王公贵族的奢侈生活，他才不打算那样做呢。

在接近70岁的时候，格西渐渐减少了工作量，遵循了佩斯特拉齐街上银行的办公时间，通常每天上午10:30—11:00到公司，下午2:30或3:00离开，所有工作日都是如此。这反而令奥古斯特三世感到舒服，因为他愈发感到自己同父亲在公司的治理理念上背道而驰。父子两人的行事风格大相径庭。格西是个机会主义者，办事雷厉风行，但是除了维持住美国啤酒行业第一品牌的位置，以及不做任何令祖父和父亲遗留的家业受损的事情，没有什么长远的计划和战略意识。而奥古斯特则是一位谨慎强迫症患者，做每件事前都要精细盘算。一位布希家的老朋友这样评价他："我从没见他做过任何冲动的事情[5]。"

奥古斯特希望改组公司的架构，令它更加现代化。在他看来，公司已经太过老套了。比如，高管的办公室至今还被安排在酒厂旁边的一所百年校舍里。阿道弗斯和奥古斯特一世的孩子们都在这里上过学，格西的办公室就是他曾经的教室。

奥古斯特并非鄙视传统。他崇敬祖父和曾祖父，甚至把他们的书信分开摆放在自己办公桌的抽屉中，并常常拿出来拜读，以获得鼓舞和指引。他同样对父亲的成就充满敬意，但他认为格西已经不再胜任管理公司的重任，父亲事无巨细亲手抓的作风已经成为公司治理的阻碍。如果格西不在时，作为酒厂总经理的奥古斯特下达了某些命令，在格西回到公司后，往往会立即推翻或暗中取缔这些要求。奥古斯特坚信，公司应该采用更加合理、更为专业的方式管理。

在酒厂内外，奥古斯特被称作"三世"、"老三"或者"小奥古斯特"。然而在公司办公楼的第三层，也就是格西和他多年来的亲信副手理查德·麦耶运筹大权的地方，他被叫作"那孩子"，不过那不是一种爱称。"他们都是格西的小子们，"丹尼·朗说道，"每当奥古斯特和迪克

（麦耶）意见相左、争执不休时，格西都站在迪克这边。"作为公司的常务副总裁，麦耶是管理层中的二号人物，令他火冒三丈的是，奥古斯特对此不以为然。顺从和谦卑这两个词可不在奥古斯特的字典内，他在父亲管理团队其他成员面前，极力证明自己堪当掌管大权的重任，并期望越早得到它越好。在他们看来，他是个冷漠、傲慢且令人讨厌的人。

为制衡格西的党羽，奥古斯特雇用了一批年轻的管理精英，并让他们站在格西的对立面。他从美国最好的商业院校——哈佛、斯坦福、哥伦比亚，以及宾夕法尼亚大学沃顿商学院招来了这些年轻人。他亲自乘机飞到各所学校，面试刚毕业或即将毕业的MBA学员。

沃顿商学院让他收获颇丰。在那里，奥古斯特听到了经济学博士、IBM分析服务总监罗伯特·S.温伯格关于企业的演讲，这令他大彻大悟。

"他亲自来纽约拜访我[6]，请我去市内最昂贵的餐厅用餐。"温伯格后来回忆道，"他对我说：'我想给你一个职务。'但我告诉他我对此毫无兴趣。他又说道：'我很失望，但我还是希望你能够再考虑一下。'"

温伯格考虑了几周，最终还是认为自己不愿前往圣路易斯为一家啤酒公司工作。因此，他写信给奥古斯特，要求一份数额极高的薪资，并认定奥古斯特不会同意。6个月后，奥古斯特却出人意料地打来了电话："我们成交。"他任命温伯格为公司的副总裁，主要负责企业策划。

在沃顿商学院，奥古斯特还遇到一位名叫拉塞尔·阿柯夫的教授，他是沃顿商学院管理与行为科学院的院长。"管理科学是时下炙手可热的研究领域，"温伯格说，"阿柯夫是一个有智慧的家伙，也是一位绝佳的销售人员，他从奥古斯特身上看到了愿意迎接机遇，以及从别样视角看待复杂问题的特质。"

奥古斯特则觉得阿柯夫是一位父亲般的人物，拥有令他钦慕的智慧和学识。两人迅速形成了导师—学徒关系。奥古斯特尤其认同阿柯夫在公司治理领域的"预测式管理"理论。与侧重传统、忽略变动的被动式管理不同，也有别于对变动迅速做出反应的反应式管理，阿柯夫的预测管理方式是通过研究和分析的方法去预测变化的发生，并提前做好准备。奥古斯特认为，这正是 A-B 公司所需要的。但由于阿柯夫不愿从学术领域跳到啤酒生意中来，奥古斯特选择为他的研究院投注资金，向学校每年支付 20 万—30 万美元，资助阿柯夫的学生们用计算机建模的形式分析公司的广告、市场和供应链现状。"必须进行大量的分析，才能看出我们是在做新的东西，还是在用新瓶装旧酒。"温伯格解释道。

格西和迪克·麦耶对用计算机辅助策划的想法嗤之以鼻，不过他们还是决定让奥古斯特去折腾一番，只要他的小小计划不会造成太大的资金损失或出什么岔子。

"格西对我们做的事情毫无兴趣，"温伯格说道，"我感觉起初我几乎是在愚弄他。确实，我认为他的态度有种任你自生自灭的意味。"

如果格西听到温伯格的演讲，或许就会对他有所关注了。在加入 A-B 公司 6 个月后，温伯格在芝加哥的美国超级市场学会发表了一场题为"规划的哲学"的演讲："在传统意义上，成为更具智慧的公司是一个循序渐进的过程[7]。你必须等一个层级的管理层死掉，才能迎来更高水平的管理层出现。但是，现在有更快实现这种更迭的方法。"

公司企划部门最早的项目之一，是进行公司生产力与产品需求的对比分析。研究结果的模型显示，公司应建立更多新工厂，并严格规划它们的区域位置，以降低物流成本。格西虽然是美国第一个在公司所在地以外城市开设工厂的酒商，但经过 1950 年代在纽瓦克、洛杉矶和坦帕的快速扩张后，他变得谨慎了。如今建造一家新工厂需要 1 亿美元的资金。他担心业务扩张太快，会消耗过多的资源。先前的那些工厂大部分是靠公司收益来维持运营的。他可不愿向银行贷一大笔款；他的父亲和祖父一直避免这种行为。不过迪克·麦耶和董事会却一致支持企划部的模型，格西最后还是勉为其难地同意建造 3 家新工厂，它们将分别位于休斯顿、俄亥俄州的哥伦布，以及佛罗里达州的杰克逊维尔。当然，一旦他签署批准这些计划，人们自然会认为这就是他的主张。在哥伦布工厂的动工典礼上，他跳上由8匹克莱兹代尔马拉动的犁具，首当其冲地开工动土。

但奥古斯特呼吁进一步扩大公司规模。1969年5月，他在查斯公园广场酒店里，面向金融分析师们发表了一场关于公司规划的新锐演讲，他预测A-B公司当年将售出2100万桶啤酒，然而公司却"因为有限的生产力遇到了效率方面的问题"——啤酒厂目前依然供不应求。对此，他建议的解决之道是建立更多工厂，一家设立在新罕布什尔州的梅里马克镇，另一家设立在弗吉尼亚州的威廉斯堡市。格西也应允了。

两周后[8]，即5月27日，A-B公司的7家在营工厂因卡车司机工会罢工而全部停产。罢工活动最初发生在休斯顿，相对和平地持续了4周，与此同时，公司管理团队一直在与工会进行协商解决，包括调整雇员的合同周期。公司考虑将卡车司机工会雇员的合同周期延长为3年，如同他们与喜立滋在朗维尤和得克萨斯的工厂签署的合同。然而工会只同意签署为期1年的合同。经父亲和迪克·麦耶的同意，奥古斯特作为公司的主力进行了协商。身为卡车司机工会分支机构——圣路易斯酿酒商与麦芽制造商6号工会的成员，奥古斯特认为父亲为维护劳工秩序所做出的让步太多了。因此这次他想手腕强硬一些，也许应该让人们知道他们现在面对的是一位新老板了。他所不知的是，格西在他背后搞了一些小动作，甚至对6号工会的一位领导说，自己的儿子过分强硬了。"格西只是希望每个人都爱他，"丹尼·朗说道，"奥古斯特所要求的一切都是正确的，我们需要这些来成长，格西对此心知肚明，并支持他。"

结果休斯顿的罢工活动蔓延到了全国范围内的所有工厂，因为公司——或者说奥古斯特个人——在罢工问题尚未解决前，派了非工会人员来监管生产线,让他们督促工人进行酵母发酵,并声称由于酵母发酵需要几周时间,如不这样做,罢工平息后,一旦工厂迅速全面投产,会出现供应缺口。被激怒的工会从制冷部门和供电部门撤走了所有人手,这令成千上万桶已经生产出来的啤酒面临变质的风险。随后,工会为证明自己的威力,一夜之间派出大批示威者赶赴 A-B 公司各地的工厂。仅佩斯特拉齐街工厂外就汇集了 1500 人。6 号工会酿造产业经理罗伯特·路易斯在那里指责奥古斯特"缺乏人类最基本的相互理解能力"。在致新闻记者的声明中,路易斯控诉奥古斯特在休斯顿和杰克逊维尔工厂施行了带有侮辱性和不当用工的政策:"领班们像监视犯人一样看管着工人,就连去厕所也要向他们请示。"他说道,医务室甚至曾拒绝为几位被腐蚀性溶液灼伤的工人进行治疗。"公司如今的政策与从前有天壤之别,如果小布希的做法无人制止,这家伟大的企业将土崩瓦解。他对这场罢工活动应承担全部责任。"

路易斯还指责奥古斯特直接造成了 3 位公司高层经理的离职——休斯顿工厂和纽瓦克工厂的两位劳工关系经理,以及公司的市场业务副总裁哈罗德·沃格尔(沃格尔后来解释说自己未向奥古斯特汇报就辞去了职务,因为"他把恐惧弄得无所不在,还自以为那就是尊重")。

参加罢工示威的人数逐渐增长到 2000 名,为了阻止工厂的另外 21 家同业工会人员参与其中,公司只能求助于警务部门,共有 50 辆警车和携带防爆枪和警棍的警察被派驻到工厂外,保护整个工厂和其中的"非工会主管们"。奥古斯特和他的企划团队躲在三层镶嵌深色玻璃窗的会议室里,把那里作为调度室。他们从那里扒开窗帘,偷偷监视酿酒屋外数个工会领导来来往往的动向。他们听到了所有咒骂奥古斯特的话语,半数人真希望听到外面有人喊:"把小布希交出来,我们就放其他人走!"

看到圣路易斯的近 5000 名雇员被关在工厂门外,全国还有 3 万多名工人无事可做，格西和迪克·麦耶迅速出面平息了局面，他们采取的方式在奥古斯特看来过于仁慈。怒火中烧的奥古斯特冲进格西的办公室，丢给他一封辞职信。格西瞥了它一眼，说道："我再给你一次机会[9]，因为你是布希家的一员，但如果你再捅出这么大的娄子，我保证你的辞职信将在5分钟内出现在《圣路易斯邮报》上。"罗伯特·路易斯后来幸灾乐祸地向记者夸口说，他亲眼看见格西告诉奥古斯特："你必须和鲍勃·路易斯*搞好关系，否则就别指望有朝一日坐上CEO的位子。"看到"那孩子"出了这样一件咎由自取的滑铁卢事件，公司三层格西的那些小子们也感到心中畅快不已。

从动乱中惊魂平定的奥古斯特感到父亲严重挫伤了自己，并愈发坚信格西的管理，或者说他在管理中的缺席，会折损公司的未来。令他担忧的还有，1969年6月，菲利普·莫里斯烟草公司宣布他们将收购米勒啤酒公司53%的股份，对这笔大交易他父亲竟毫不在意。米勒啤酒从未对他们造成威胁。这家在全国排名第8位的啤酒公司只占据美国市场4%的份额，与A-B 16%的市场份额相比不值一提。但菲利普·莫里斯是一家市值高达11.4亿美元的公司，它的块头比A-B要大，其在电视广告界进行品牌推广的实力也颇为惊人。万宝路就相当于是他们的百威。奥古斯特和鲍勃·路易斯都认为A-B应制定一些策略，以应对未来与米勒的竞争。而格西则只关心与老对手喜立滋的斗争。

1969年，奥古斯特在家庭中也遇到了麻烦：他与苏珊的婚姻出现了裂痕。后来两人都说这归咎于奥古斯特的工作，以及由此引发的他在家庭生活中长久的缺席。对苏珊而言，告别贝弗利山庄那喧哗丰富的社交生活，来到四围空旷的车叶草农场离群索居，令她"感到窒息"。她在那里没有什么朋友，奥古斯特一旦离家，她就感到极其孤独。最后，奥

---

* 即罗伯特·路易斯，鲍勃是罗伯特的昵称。

古斯特在拉杜镇为他们购置了一套房子，但此后他依旧频繁出差，并且只要有空，就去车叶草农场度周末。"在我们婚后的第五年，我意识到一切都无法扭转了，"几年后苏珊对当地的一位小报记者说道，"我们又试着缓和了一年，但是没有任何成效[10]。"

据一位与这对夫妇相熟的公司前高管说，奥古斯特不仅在苏珊的生活中是缺席的，在情感方面他也同样如此。"她是个典型的美国姑娘[11]，热情并富有感染力，她一进入屋子，整个氛围就会很好，但是他总是一泼冷水浇灭所有快乐。他只把她当作自己的一件财产，和对待我们一样。"

两人婚姻的问题首次曝光在公众面前[12]，是由于1968年5月9日的一起事故。据报刊报道，苏珊在与一位"朋友"共度那晚后，于午夜11:30左右驾车回家。她行驶到距布希家宅几个街区远的拉杜公路某段时，车子失去了控制，冲下公路，撞断了几棵小树，最后扎在泥水坑中。她因面部擦伤而在当地医院接受治疗，随后就离开了，没有接到罚单或受到指控。

不久之后，A-B公司社交圈子里开始流言四起，说苏珊和哈利·凯里之间发生了风流韵事。这是一段令人惊愕并耐人寻味的故事，人们都对此津津乐道。除了两人年龄相差颇大（苏珊29岁，而凯里时年51岁），并都是已婚身份外，凯里还是红雀队多年来的发言人和她公公的密友。他和苏珊的关系简直有悖伦理纲常。二人却也毫不避讳[13]，竟公然到圣路易斯唯一的四星级餐厅——托尼家族餐厅——用晚餐，那里距布希体育场仅有几个街区远。两人堂而皇之地在众人面前出现，并举止亲密，这令餐厅老板文斯·博马里托不得不低声告诉侍者们别盯着他们看。但人们很难不注目于他们。一个满面红光、长着漫画人物式脸庞的体育播报员和奥古斯特·布希三世迷人精致的妻子打情骂俏，这绝不是圣路易斯工薪阶层能想象到的场景，更不会让他们轻易遗忘。

（苏珊至今仍否认两人存在情侣关系。"我们只是朋友[14]，绝没有男女之情。"在接受《圣路易斯邮报》单独访问时她说道。凯里也否认两人的关系，只不过没有苏珊那样坚决，也曾暗示过他们似乎发生过什么，并承认，人们认为自己居然能够吸引她，这令他感到受宠若惊。）

奥古斯特搬离了拉杜镇住宅，在圣路易斯大教堂对面的林德尔大街上购置了一所住宅，但在同事面前，他对自己的婚姻状况守口如瓶。他内心感觉很糟，但表面上完全没有流露出来，甚至对丹尼·朗也只字不提。在他和苏珊刚刚分居的那几个月里，他要求丹尼·朗每天到菜斯（Chase）的牛排餐厅陪他用午夜晚餐。两人在那年晚些时候离了婚[15]，一切办理得飞快、干净而平静。报纸只用简单的一句话提及了此事，只说他们将共同行使子女监护权，并商定不产生任何赡养费（尽管苏珊后来透露，奥古斯特一直帮她"维持着原有的生活水准"）。奥古斯特设法分开了两个孩子——奥古斯特四世和苏珊，让他们像当年的自己一样，遭受父母婚姻长期不合和陷入混乱泥潭的尴尬痛苦。

格西庆幸这场离婚没有成为公开的丑闻，但是他必须想想如何处理哈利。他们不仅是志趣相投的好友，都喜好饮酒、女人和拉米牌，也是生意伙伴，凯里在球队和公司都拥有职位，两人的利益休戚相关。格西也无法在道德上指责哈利，他自己就多次上演过类似事件。何况凯里在红雀队球迷心中地位极高，并且全国人民都熟悉他那著名的解说词——"哇呜！那应该是，那可能是，那就是——本垒打！"在公众看来，凯里和格西一样，也是红雀队和百威家族的一员，他的重要性甚至不亚于格西。从格西买下球队之前开始，25 年来他一直代表着球队的声音。1968 年世界职业棒球大赛结束几周后，一天晚上凯里穿越马路时被一辆车撞到，双腿被撞断，肩膀和肺部都受了伤，差点死去，当时公众对他投注了巨大的同情与关注。格西派公司专机接他到 A-B 设在圣彼得斯堡海滨的别墅疗养，为他提供了长达数月的全天候专人护理和康复治疗。

毫无疑问，格西是爱哈利的，无论他对他的家庭造成了怎样的麻烦。1969年春季到来的时候，他需要凯里坐在红雀队的解说台上。此时原本循规蹈矩的职业棒球世界里也刮起了新风，标志着迟到将近10年的1960年代真正的到来。球员们开始蓄起络腮胡和连鬓胡子；毛球帽下掩盖着他们纷乱的长发。除此之外，职业棒球大联盟球员工会及其主席马文·米勒与各个球队产生了分歧。因为与各球队在提升球员退休津贴一事上僵持不下，米勒在当年1月，组织球员发起了历史上第一次对春季集训的抵制运动。不过400名球员还是前往集训营报到了，联盟因此不得不做出让步，并自行支付更多养老金。3周后，春季集训终于拉开了帷幕。

这一切让格西如坐针毡。3月24日，即距他70岁生日5天时，他和红雀队执行副总裁迪克·麦耶突如其来地出现在了红雀队位于圣彼得斯堡的春季训练营中，并要求同队员召开一场会谈。会议在阿尔·朗体育场的俱乐部会所中举行，球员们惊讶地发现竟然有记者在场，他们是阿尔·弗雷斯曼邀请来的。

"我来这里不是要给你们上一课[16]，"格西对球员们说，"但作为俱乐部主席，我有权与你们进行一场男人间直截了当的交谈。"随后他的说辞却非常像在上课。他犀利地指出球队支付的60.7万美元薪酬是"棒球史上最为可观的待遇"，他认为站在联盟一边的球员贪婪、粗鲁，是被惯坏的孩子，并且不知感激。"我从不排斥商谈——我们也必须通过沟通才能合作——但是你们对我提出的是无理要求，对球迷们也实在过分……我不是建议你们不可以有自己的商业经理，甚至媒体经纪人。那是你们的权利……但是太多球迷在抱怨说，我们的球员脑子里对钱的渴望大过比赛本身。人们告诉我们，许多球员现在拒绝为球迷签名，把希望与他们合影的孩子推开……一旦媒体不再对你们感兴趣，一旦孩子们不再想要你们的签名，我们的忧患就来了。"

这一次他没有发脾气，也没有砸桌子或大声叫嚷，但是在这段散漫的演讲中，他几次说出了颇为伤人的话语，其中一句对球员们的角色进行了贬低："几百人每天都在为你们 18 个人工作，只为一场持续两小时的体育运动卖命。"

"这不是激励士气的演说，"结尾时他讲道，"我也不是在斥责你们。我只是试着告诉大家，棒球现在正处在历史上形势非常严峻的时期。"

演讲后他让大家进行提问，但球员们没有提出任何问题，记者们倒是开始向球员发问，好奇他们将如何看待老板对他们的评价。"这恰好又证明了我们的俱乐部采取的是顶级的管理制度[17]，"二垒手达尔·马克斯维尔说道，"我打赌你不会再见到哪家俱乐部，主席和副主席可以亲自到球员中来，花这么多时间与他们交流，以最适宜的形式告诉他们分数意味着什么，并维护了团队的和谐。"队长柯特·弗洛德的回答就不那么充满恭维了。"通过这场会谈一切变得清晰明了。"他说道。随后微酸地挖苦了格西，他补充说，他本人也非常认同"不要忘记谁是真正付你薪水和养老金的人，实际上，就是球迷们"。

其实弗洛德内心怒火中烧；他认为格西主要指责的就是他本人，因为他们在休赛期合同问题上出现了分歧。1968 年，弗洛德奉献了 0.301 的击打率，获得了个人职业生涯中的第 6 个金手套奖，并被《体育画报》杂志评为"棒球界最佳中外场手"。格西为他涨薪 5000 美元，让他的年薪从 7.25 万美元涨到 7.75 万美元。弗洛德对此颇为不满，他向格西要价 9 万美元，他的原话是"不是 7.75 万美元，也不是 89999 美元"。他认为格西是在对他在世界职业棒球大赛中频繁出错的行为进行惩罚。

格西最终同意了他索要的 9 万美元薪酬，但是弗洛德的言论令他非常不快，他认为这个年轻人不懂得什么是尊敬。他的感受是有道理的。从这个年轻人 1957 年进队以来，格西一手把他培养成为了冠军选手，在球队经理和教练不认可他的时候，格西坚决站在他这边，并要求他们把他放在首发阵容中。他还是第一次为一个球员付出这么多。弗洛德对此浑然不知。在他加入球队后不久，餐厅老板朱利叶斯·"比基"·格朗格尼便向迪克·麦耶抱怨起这个小伙子。格朗格尼与斯坦·穆希在圣路斯合开了一家非常受欢迎的牛排店——"斯坦·穆西-比基餐厅"。

当年这个20岁的年轻人带着自己的约会对象来到了这家餐厅，希望庆贺自己与球队成功签约。格朗格尼拒绝为他服务，并向红雀队办公室控诉弗洛德是一个"幼稚无理的黑鬼"[18]，竟然能产生这种想法。格西和麦耶没有理会格朗格尼的种族偏见，反而很关注弗洛德对此事的反应。年轻人对此事却只字未提——既没有向红雀队管理层提及，也没有跟队友，包括穆西说起这事，最重要的是，在媒体面前他也守口如瓶。他闭上嘴，一心专注在打球上。这令格西非常敬佩，这种敬意维持了11年之久，直到弗洛德对自己的薪酬提出了要求。

弗洛德不是俱乐部中唯一认为格西在春季训练营的演讲过于自命不凡和刻薄的老队员。但是记者们显然没有挑拣这些负面意见[19]，而是尽职地展现了此事光明的一面，正如阿尔·弗雷斯曼向他的委托人保证的那样，第二天在《圣路易斯环球民主报》的头条标题中赫然写道："红雀队的成员备受鼓舞，为布希鼓掌。""不得不说，布希先生的演讲是伟大的、充满思考的，是其他棒球俱乐部高管早就应该讲的。"《圣路易斯环球民主报》体育专栏作家鲍勃·伯恩斯这样写道，并称赞格西是"一位杰出的管理者"，"道出了球迷们的心声"。

然而人们发现，1969年的红雀队已不再是1968年时的状态。球队整个赛季中最高的分数出现在开赛那天。当天哈利·凯里胜利回归了布希体育场，起初拄着双拐蹒跚地走进场地，随后竟迅雷不及掩耳地扔出了双拐，笔直精神地走到球场中，仿佛被从天而降的魔幻闪电击中一样。人群瞬间沸腾了。

那天之后，红雀队一直在走下坡路，接连输掉前5场比赛，最终在东部大区联赛中只取得了惨淡的第4名。对此，格西做出了果断、严酷的反应。10月7日一早，柯特·弗洛德接到红雀队办公室一位基层管理者打来的电话，告知自己已被卖给费城的费城人队。第二天，A-B公司宣布，他们将不再与哈利·凯里续签发言人合约。上述举动推翻了格西心系红雀队球迷的赞美，因为球迷显然更希望凯里和弗洛德留在球队中。

两人都没有安安静静地离开。10月9日，在一场就此事召开的记者会上，凯里在喝光一罐16盎司*的喜立滋后，醉醺醺地出现在会场，他告知众人，自己是被公司的市场部门通知解聘的。"那真是一团胡扯，"他说道，"没有像我一样优秀的啤酒推销员。不，我相信他们让我走的真正原因是，有人相信了关于我和小布希妻子的流言蜚语。"

弗洛德对于格西竟如此对待自己感到震惊。多年来，他和格西，以及特鲁迪的关系都很好，或者说他自认为如此。他为格西绘制的油画肖像挂在A & Eagle游轮的特等客舱里，画中的格西戴着那顶令他得意洋洋的船长帽。他为布希家7个孩子绘制的画作也被挂在格兰特农场大房子中显著的位置（红雀队经理雷德·施恩迪斯特也拥有一幅弗洛德为其绘制的肖像画，被他挂在自己卧房的壁炉上方）。和哈利·凯里一样，弗洛德曾以为自己也是伟大的红雀队—百威公司—布希家族的一员。实际上，他们确实如此，但同时他们在那天结束前，也只是格西的雇员。在他看来，是这个原因令一切走了样。

然而弗洛德没让这一切轻易平息。他拒绝加入费城的费城人队，并向棒球联盟理事鲍伊·库恩致信，挑战格西的权威。信的开篇部分就是

---

* 英美重量单位，1盎司≈28.3495克≈0.5670两。

他个人的解放宣言：

> 尊敬的库恩先生：
> 　　作为一名为职业运动联盟拼搏了 12 年的球员，我不认为我是某人的一件财产，可以不经自主同意，就被随意买卖。

随后，他向联邦法院递交了索要 400 万美元赔偿金的联邦诉讼，以期让职业运动联盟所谓的保留条款被宣布违宪*。格西的名字没有出现在诉讼书中，然而弗洛德还是设法让他的前老板感到了难堪。在一次电视采访中，当 ABC 电视台体育节目主持人霍华德·科赛尔问他："一个年薪 9 万美元的人，从一个球队被转会到另一家球队，这有什么问题么？你拿到的可不是打发奴隶的薪水。"对此，弗洛德的回答对于棒球运动和美国雇用制度而言都掷地有声并令人难以忘怀："一个收入丰厚的奴隶依旧是奴隶。"

没有任何报道提及格西对此做何反应[20]，尽管对他而言，这显然是一种无法原谅的诽谤。不过一些事情还是证明了 1969 年这场闹剧给他的精神上造成了重创。那一年秋天，在贝洛农场里，16 岁的阿道弗斯·布希四世一天夜里被一些声响吵醒，他发现父亲情绪慌乱地来到了自己的房间。"他眼里噙着泪水，"阿道弗斯后来回忆道，"他说他做了一场噩梦，不知道接下来会发生什么。有些事情令他质疑自己是应该留在 CEO 的位置上，还是隐退算了。"阿道弗斯起床与格西交谈了一阵，但是他的父亲一直说不清楚当晚究竟做了怎样的梦，让他如此惊惧不安。

---

* 尽管弗洛德一路告到了美国最高法院，他还是输掉了诉讼。然而，他的行动却迫使职业运动联盟取缔了保留条款，转而支持自由转会。由此令球员的薪酬节节高升——这正是格西害怕的事情。

"这让我也感到非常惊慌,因为爸爸一直是坚强的人,对自己非常自信,"阿道弗斯说,"我从没见他这样过——眼中满含泪水,脆弱不堪,充满疑虑。"

第八章　格西的最后一搏

受罢工影响，安海斯－布希1969年的啤酒产量远未达到奥古斯特预估的2100万桶。不过，尽管停产了5周，公司还是生产出创纪录的1870万桶啤酒。10个月后，奥古斯特在佩斯特拉齐大街的灌装车间里，眉开眼笑地目睹父亲为当年的第2000万桶啤酒进行了封装。

格西在致股东的年度信件中骄傲地指出，公司用118年的时间才创下了年度1000万桶啤酒的产量，却仅仅用了6年就让这个数字翻了一倍多。尽管在表面上他没有对之进行评价，但这场惊人的增长正是得益于奥古斯特和公司企划部门的"预测管理"理念。若没有休斯顿、哥伦比亚和杰克逊维尔的几家工厂，A-B公司不可能实现这个数字。如果当年全面生产，啤酒总产量可高达2230万桶，虽然实际数量较少，但相较1969年仍增长了19%。

1970年，啤酒行业的整体行情也十分美好[1]。美国的酿酒商们总共生产出1.22亿桶啤酒，人均啤酒消费量突破18.7加仑，这是自禁酒令颁布前到当时为止最高的人均消费纪录。而据美国啤酒批发商协会统计，50%的啤酒产自美国的5大啤酒公司——百威、喜立滋、帕布斯特、库尔斯和舍费尔，这进一步证明了这一行业的未来将由几大巨头争斗的战况来决定。地方的小酒厂和各区的啤酒公司接连倒闭衰亡，因为他们无法与几大酒商的全国经销网络和雄厚的广告预算抗衡。禁酒令结束后在营的 700 多家啤酒企业中，只有 157 家活了下来。两年之后，这个数字减少到 65 家。

在总产量上，A-B 渐渐把排在第二位的喜立滋甩在了后面[2]，但一些业界专家也注意到，喜立滋在生产力和盈利率方面也逐渐与 A-B 缩小了差距。喜立滋同样在建造新工厂，并且他们工厂的面积是 A-B 工厂的两倍，每年可生产 400 万桶啤酒，超越 A-B 200 万桶的年产量。喜立滋在自己的新工厂中采用了一种自命为"激发式分批发酵"的酿酒方法。他们在传统的酿酒原料——大麦芽、谷物和啤酒花中掺入人造碳化物，减少了酿造啤酒所需的时间。喜立滋起初给这一程序取名"加速"分批发酵，听上去比"激发式"顺耳一些。无论它被称为什么，这种工序将喜立滋原本 25 天的酿酒期缩短到 15 天，与之相比，A-B 的啤酒则须用 40 天才能酿造出来。

与此同时，喜立滋还悄悄降低了原料成本，用玉米糖浆取代部分大麦芽，用价格较低的酒花提取物和酒花颗粒代替新鲜的啤酒花。通过上述改革，喜立滋啤酒的生产成本远远低于百威。

在喜立滋推行上述系列改革的人[3]是它的 CEO 兼董事会主席小罗伯特·A. 伊莱因，他也是一个庞大酒业帝国的子孙，同样来自德裔家族，他们家族的历史故事几乎和布希家族的传奇一样光辉多彩。伊莱因家族公司的创始人是奥古斯特·克鲁格，他于 1848 年从德国巴伐利亚来到美国谋生，在密尔沃基市创办了一家以自己名字命名的酒厂。克鲁格于 1856 年去世，没有留下子嗣，他的遗孀安娜·玛丽（·伊莱因）后来嫁给了酒厂的会计约瑟夫·喜立滋，他把酒厂的名字改成了自己的姓氏，一直经营到 1875 年遇船难去世，喜立滋也没有子女，因此酒厂被他最近的亲属——安娜的侄子阿尔弗雷德、奥古斯特、查尔斯，以及爱德华·伊莱因继承。

到了 1970 年代，伊莱因一家已经成为美国最富有的家族之一。家族成员把持着喜立滋 82% 的股份，并在公司 17 人的董事会中占据了 14 个名额。奥古斯特的孙子罗伯特·伊莱因[4]掌管公司已经有 10 年之久，在那些年里，他和格西成为了很好的朋友。"鲍比"和妻子洛里常常来贝洛农场度周末，与格西、特鲁迪一起打猎野鸭。两人的儿子杰米和阿道弗斯四世也结成了兄弟般的友谊。男孩们甚至在丹佛大学参加了同一家兄弟会（菲普-卡帕-西格玛兄弟会的男孩们觉得他俩死后一定会到一个啤酒天堂中去）。所以尽管喜立滋和安海斯-布希一直是商场上的老对手，有时两家之间也会火药味十足，但基本上这种竞争还是在友好和互敬的基调上展开的。但如今的形势发生了变化。

格西变得愈发乖张和喜怒无常。他愤怒的焦点越发集中在奥古斯特的企划部，或者说那些"MBA 们"身上，在高管办公楼里，人们如今开始这样称呼他们。提出问题是 MBA 团队工作的一部分，但是他们的一些问题真让格西火冒三丈。我们有必要再使用克莱兹代尔马么？百威发酵过程中使用的山毛榉木屑真的有助于提高啤酒的风味吗？普通的啤酒消费者会如此在乎口感么？

"老人开始把'那个部门'视为一个威胁，"丹尼·朗说道，"他不希望对公司进行架构调整，或者推行现代化改造，那会令奥古斯特更加如鱼得水，而让他自己如坐针毡。温伯格希望给他呈现一些电脑推演的模型，但他不屑一顾。他认为奥古斯特不是想让他难堪，就是想把他挤走。"

不出所料，格西开始行动了。在公司一年一度的圣路易斯销售大会召开前一周，"我被迪克·麦耶叫到他的办公室里，他告诉我，公司不再需要我的服务了，"温伯格回忆说，"奥古斯特认为自己有义务陪我回家，向妻子说出自己被解雇这件事。"

同时，格西还当着奥古斯特的面，告诉丹尼·朗："下楼吧，撤销你那该死的部门[5]。"为此，父子二人在格西的办公室里爆发了激烈的争吵。此后奥古斯特走进了丹尼·朗的办公室，走到窗前，目光凝滞地盯着窗外。他说，父亲刚刚要求他自己也马上递交辞职信，随后转过头看着目瞪口呆的朗，眼中满是泪水。

当天夜里，朗和奥古斯特最好的朋友约翰·克雷驱车来到车叶草农场。他们请求奥古斯特暂时放弃改组公司的想法，并与他父亲和解。他们对他说，目前还不是做这件事的最佳时机，格西的权力依然非常强大。他们需要想出另一个方法，静候其他机会。

奥古斯特接受了他们的建议。他没有向父亲递交辞呈，而是写了一封感人至深的家书，强调了父子亲情和他对父亲的忠诚。如此一来，他终于保住了自己的职位，也让大部分"MBA们"留在了公司。只有少数几个能力较差的职员被解聘了，而温伯格只能以顾问的形式继续为奥古斯特出谋划策。温伯格的牺牲似乎终于平息了格西的心绪，在接受《福布斯》杂志的采访时，他炫耀自己"最近挫伤了一位计算机专家的锐气"，并"解雇了这位年薪百万的雇员"。

"如果你对我说你要用电脑来维持公司的运营[6]，我只能告诉你那不可能，"他说道，"啤酒是与人打交道的生意。"

据杂志报道，当被问起，奥古斯特是否将继承他的职位时，格西的回答是："那也未必。我当然希望他可以。我表达得很明确，我最希望我死后他接管公司。但是他也必须成长起来，才能承担起这份工作。"

格西的意思再明朗不过了：他希望自己一直掌持缰绳，直到死在车夫的位置上为止。

随后格西又勉为其难地赞扬了自己的孩子："他是一个胸怀大志并头脑聪明的小伙子，他工作非常非常勤奋。"

然而格西的手腕还没有施展完毕。《福布斯》杂志访问结束几天后，他在圣路易斯召开的安海斯-布希年度股东大会上宣布，他已向董事会推举54岁的迪克·麦耶担任公司总裁。他表示自己将继续担任董事会主席，哦，当然，他同时还推举奥古斯特接管麦耶此前的职务——执行副总裁。

这段宣言无疑成为了舆论热议的讽刺剧[7]。公众一片哗然，因为这是A-B历史上第一次由非家族成员担任总裁。金融媒体聚焦在这件事上，称格西"教育他冷漠固执的儿子理解什么是真正的谦卑"。关于麦耶将取代奥古斯特掌管大权的猜议也纷至沓来。

奥古斯特坚忍地承受了这一切。即便他内心感到受创，也没有在外人面前流露出丝毫情绪；他继续投入酒厂的工作中，似乎一切都没发生过一样。不过，他让丹尼·朗暗中开始研究董事会的组织架构和选举形式，以及如何在现代公司体制下对其进行管理。因为两人为之奋斗的A-B公司体制与这种模式大相径庭。

不久之后，格西出现在了公司在酒厂旁建造的第三座主题公园的开园典礼上[8]。休斯顿的布希花园造价达1200万美元，面积为40英亩，是一所亚洲野生动物主题公园。其中设有猴岛、大象饲养场、鹿园、孟加拉虎神殿、犀牛栖息地、一座宠物动物园，以及一个可供鸟类自由飞翔的大型鸟笼，游客可以在此观赏100多种异国鸟类。公园里还有一条取名"东方快车"的18世纪末期风格的小型铁路，以及一艘可穿梭在"锡兰河道"上的篷船。此外，这里还突兀地出现了一个"冰穴"，北极熊、企鹅和海狮等寒带动物也在这儿凑起了热闹。很显然，格西为打造这座公园花了大手笔，根本无法克制自己。公司估算，在开园的第一年，休斯顿工厂支出70万—80万美元来支付游客成本（每位成人2.25美元，每位儿童1.25美元）。

1971年11月，奥古斯特在公众面前公然表示了与父亲的决裂，他以共和党人的身份，正式出席了在格林布尔乡间俱乐部举行的筹款晚宴，这场活动的报名费高达 500 美元。他宣称自己是共和党的拥护者，因为"我关注这个国家未来十年的成就。我支持那种领一天报酬做一天工作的理念，我们已经忽视了它的意义。而这正是早就这个伟大国度的理念，不是么？"

当一位无礼的记者问道，他的父亲是否知道他此刻在哪里时，奥古斯特微笑着回答道："我们的公司里盛行一种理念：每个人都有权直言不讳地表达自己的观点。"

自禁酒时期以来，格西的立场从未改变，他一直是富兰克林和民主党的骨灰级拥护者。"我这人从不忘恩负义。"他常常这样说。他和前总统林登·约翰逊相熟且往来甚密，约翰逊不止一次登上过他的游艇。1968 年，他还在格兰特农场里款待过约翰逊的副手、副总统休伯特·汉弗莱，那年他与理查德·尼克松进行了总统竞选的角逐。只有一个民主党人令他反感，那就是鲍比·肯尼迪*。他对鲍比的憎恶起源于一次会面，那是 1960 年代早期的事情，当时鲍比担任他的好兄弟约翰逊的司法部部长。格西在朋友和家人面前这样讲起这段故事，那天他被叫到司法部部长办公室，进屋后，"那个无理的小子"[9]竟然没有从座位上站起来向他问好，他倚着椅子仰头坐着，脚还放在办公桌上。格西认为这是对他极大的不敬，并一直难以忘记此事。当鲍比在 1968 年 6 月遇刺身亡后，格西冷冷地抛出一句："那是他应得的结局。"

因此，当格西在 1972 年宣布自己将支持一位民主党人士参加总统竞选时，引发了轩然大波。"我仔细回顾了有关尼克松总统和乔治·麦戈文议员的竞选报道，"他说道，"我认为，就各方面综合考虑，尼克松总统的连任会对这个国家及其未来更为有利。"而令格西成为民主党拥护

---

* 即罗伯特·肯尼迪（Robert Kennedy, 1925—1968），第 35 任美国总统约翰·肯尼迪的弟弟，曾担任美国司法部部长，于 1968 年参与总统竞选时遇刺身亡。

者的则是尼克松的财政部部长、前得克萨斯州州长约翰·康纳利，他是格西的老朋友，也是一位民主党人，约翰·肯尼迪在得克萨斯州遇刺去世那天，他也坐在敞篷车上随行，并中枪受伤。

几周前，麦戈文把密苏里参议员汤姆·伊格尔顿踢出自己总统竞选阵营这件事，也成了格西突然站在尼克松一边的导火索。对布希一家来说，伊格尔顿如同家人一般。他的父亲马克是圣路易斯的一位杰出律师，也是格西多年来非常信任的人，格西与伊丽莎白闹离婚纠纷时，正是他担任了格西的辩护人。伊格尔顿从哈佛法学院毕业后的第一份工作，便是在A-B公司担任法律总顾问助理，自那时起，格西便慷慨地支持着他的政治生涯。在民主党全国大会举行的最后一天，麦戈文给了他一张加入自己阵营的船票。18天后，却让他走人，因为他发现这位首任议员曾通过电击治疗来医治抑郁症。

无人知晓格西在支持尼克松连任的工作中获得多少乐趣；当时他已不得不在自己的帝国里四处应对战斗，其中某些战况令他非常尴尬。

第一个与他作对的是红雀队的投球手斯蒂芬·卡尔顿。1971年，卡尔顿赢了20场比赛，因而他在1972年向格西要求涨薪1万美元，格西没有同意。当年二月，卡尔顿没有前往红雀队训练营参加春季集训，格西下令把他卖到费城人队去。"这个狗娘养的必须滚蛋，无论他有多出色。"格西大声骂道。

两周后，红雀队的35位球员一致投票同意参与另外9支球队的抵抗活动，他们要求职业棒球大联盟球员工会发起罢工，逼迫球队老板们提高球员的养老金。格西迅速挑明了自己的立场。"如果他们愿意罢工，就请自便，"他对记者说，"我对这一切已经厌倦了（指着自己的眉毛说）。这些人会毁了棒球的未来。我坚决不会向他们屈服，你们可以把我的原话写在报道里。"

《圣路易邮报》不只引述了他的原话，还撰写了一篇讽刺意味浓郁的打油诗《布希大人与棒球队》：

在今天的桑兹维尔
一切变得严酷不堪
球员们索要更多薪水
但他们可别想为所欲为
布希大人发出怨言
说他对此已经厌烦
而真正了解他的人们知晓
他这次谈的可不是啤酒

"多些钱！"愤怒的球员们嚷道，
他们的声音回荡在空中——"多些钱！"
但格西轻蔑的表情让他们知晓
他此刻正怒火中烧
他的脸庞变得铁青，似有冷风呼啸

他们发现他肌肉紧绷
因而了解，布希大人
不会再给他们添银增金

哦，在这片被神祝福的热土上
太阳依旧明晃照耀
乐队在某处弹奏乐曲
在某处，人们心儿轻松畅快
在某处，人们欢歌笑语

在某处，孩子们嬉戏喧闹

然而桑兹维尔没有这些画面

布希大人阻断了这里的欢乐嬉笑

在一场棒球历史上首次出现的为期 11 天的罢工过后，双方终于达成了一致意见。但当这个赛季进入状态后，格西依然在发泄他的怒火。他指责球员们不知感恩，缺乏忠诚并背叛了他。让他们乘坐小型飞机出行，让他们合住在酒店房间，甚至过火地取消了每年在主场比赛期间送给每位球员的免费啤酒。阿尔·弗雷斯曼这次也无法在国家各大媒体前一手遮天了。《新闻周刊》杂志的一篇文章将格西比作一个狭隘、睚眦必报的暴君，这一切似乎都是"故意施行的打击报复"[10]。

"其结果是，球队的士气一落千丈，红雀队俱乐部内部的紧张氛围蔓延到了球场上。"杂志报道说。文中还提及了几位匿名球员对他们老板的指责。其中一位这样说道："在其他城市，开赛以后，罢工事件就被人们忘在脑后了。但在圣路易斯却并非如此。布希一直在谈论这件事，我们走进球场后，观众竟开始发出嘘声——这让我们非常受伤。"

果然，红雀队在那个赛季只取得了第四名的成绩，并且在账户上损失了 60 万美元。而斯蒂芬·卡尔顿在费城人队的第一个赛季，则获得了 27 场胜利（包括 15 场连续的胜利），打出 30 个完投、8 个完封、310 个三振出局，ERA 点数达 1.97。此外，他还被评委一致推选为当季国家职棒联盟赛扬奖*得主。如上种种，都让格西显得像只一败涂地的落汤鸡。

更糟的事情接踵而至[11]。在圣诞到来的 4 天以前，安海斯－布希公司宣布，休斯顿布希花园——格西的宝贝——破产，而且公司还不得不

---

* 即 Cy Young Award，是美国职业棒球大联盟每年颁给投球手的奖项，每个赛季只有一位投球手会获此殊荣。

从第 4 季度的收入中抽出 400 万美元来抵偿债务，消息一出，公司股票迅速跌落了 7 个点。一周后，格西向公众宣告，布希花园将被关停，并自此作为"促销场地"使用。休斯顿当地报纸《贝城太阳报》对此事，以及由此引发的数百人失业进行了报道，称其为"一场灾难"。丹尼·朗被派往休斯顿处理停业事件，当他到达公园后，发现入口的标牌都已被人开枪击穿。

在四月的公司年度股东大会上，格西、迪克·麦耶和奥古斯特试图用公司 1972 年 2650 万桶的啤酒产量及连续 16 年蝉联啤酒业销量冠军的业绩平复人心。然而，公司日减的利润、下跌的股价，以及来自喜立滋的竞争威胁让他们陷入尴尬的境地。三人解释说公司如今承受着双重压力，一方面来自酿酒"天然原料"——啤酒花、大麦和稻米——价格的飞速上涨；另一方面来自尼克松总统的"经济稳定计划"——一种通过控制工资水平和物价来抑制通胀的经济措施，导致公司无法把成本的上涨向消费端传递。他们还辩解说，如今喜立滋在报刊媒体上的风头略胜一等，无非是由于这家密尔沃基酿酒公司选用的都是廉价、非天然的酿酒原料。

奥古斯特向众人宣告："我们绝不会以降低产品质量为代价来获得收益，我们不会为了眼前的利益而牺牲公司长远的发展。"此话到了格西嘴里又平添一份个人色彩："只要我还掌管这家公司，我就不会让啤酒的质量变差。"他从骨子里认为在成本上走捷径和在原料上做手脚会毁掉酿酒生意，他的朋友鲍比·伊莱因在酿酒原料上做文章的做法其实是在玩火自焚，迟早会毁了喜立滋。

应对喜立滋的挑战也成了安海斯-布希公司 1973 年"休斯顿年度销售大会"的潜在主题。A-B 公司极尽心力地准备这场年度盛会，以提振士气。数万名批发商、销售商、市场经理，以及他们的妻子从美国各地飞往此处，享受数天的纵欲狂欢，与 A-B 的铜管乐队和好莱坞的名流大佬比肩交流。在这里，一切都要极尽奢华。在 1973 年的大会上，除了当红的主持人艾德·麦克马洪，流行音乐组合卡朋特乐队和爵士大师托尼·班尼特也被邀请到场。

"我们在方方面面都受到了那些想挑战我们王者地位之人的威胁。"格西在一部电影短片的开幕仪式上讲道。在这部影片中，麦克马洪以喜剧表演的形式饰演一位喜立滋酒厂老板。在充满滑稽暗讽的画面里，人们看到一位流浪汉从海滨码头走进酿酒车间，从肩上放下他的麻布袋子，开始往酿酒桶里倒破布片。"这会令它非同凡响。"麦克马洪扮演的酒厂老板在一旁说道。休斯顿音乐大厅中的在场观众随即爆发了哄堂大笑，因为这句话恰好是喜立滋最著名的广告语。

在此后的广告宣传中，A-B 也把矛头对准了喜立滋，公司副总裁乔治·库奇在休斯顿大会上公布了这次广告宣传的布局：用整版报纸广告普及酿酒工序的基础知识；用一支电视广告赞美天然酿酒原料的优良之处；再用一支电视广告赞美 A-B 的大型酿酒发酵罐（大于喜立滋的酒罐），"百威啤酒皆是慢慢酿造而成，也只有百威才是如此"；除此以外，广告中还重复出现一行标语："用对的酿造方法，才会得到卓尔不群的啤酒。"

库奇是坐在一张舞台中央的桌子上发表讲话，不像其他演讲者那样站在讲台上。当天早些时候，这位身宽体胖、饮酒无度的高管抱怨说自己很不舒服，向奥古斯特申请自己是否可以坐着发表演讲。演讲进行到中途，库奇突然不出声了。他的头低垂下来，下巴挨到胸脯上，一动不动。过了几分钟，人们才发现他出了状况。舞台的幕帘即刻被放下，但观众们，包括他的妻子，都能看到医护人员一窝蜂地对他实施抢救。直播还在继续，库奇就被紧急送往医院，医生诊断他是急性心脏病发作。几天后，他去世了。

这只是这个多事之年的第一桩变故[12]。在 1973 年的前 10 个月，美国经济遭受了恶性循环的通货膨胀和华尔街熊市的双重打击。啤酒的批发价格增幅达 17%，但 A-B 引以为豪的"天然原料"——大麦、啤酒花和稻米——的价格却攀升了34%。而此时公司的股价也骤然跌落，每股价格从55美元跌至28美元。喜立滋的股价虽然也出现了下滑，但没有A-B这样严重，它的每股价格依然维持在40美元以上。

随后发生的事情更令形势雪上加霜。10月17日，石油输出国组织（OPEC）开始制裁美国及其西欧盟友，因为他们在第四次中东战争[*]期间支持了以色列。一夜之间，OPEC将售往西欧的原油每桶单价提高了70%，并对美国施行了石油禁运。

此事引发的后果是灾难性的。由于美国的石油储备本已接近枯竭，尼克松总统号召公众自发节约能源，请住户将家用恒温器[**]的温度调低到华氏65度[***]，并要求公司企业压缩工作时长。总统还要求加油站向每位顾客出售的油量不得高于10加仑，并且在星期天停业。加州还实行了单双号购油制度，人们须根据自己车牌号的后两位数字确定可加油的日期。全国的每座加油站外都盘踞着汽车长龙，在一些地方加一次油需要等待近两个小时。

OPEC在1974年1月结束了对美国的石油禁运，但却把每桶原油价格调高了3倍。汽油价格也随之水涨船高地翻了4倍，从每加仑25美分变为每加仑1美元多。道琼斯平均价格指数在1973—1974年间暴跌45%。而A-B的股价也跌到了21美元。美国和西欧的许多经济体陷入了严重的衰退。

然而经济危机[13]并没有削减美国人民对啤酒的热情。A-B在1973年又创下了2890万桶啤酒的销售纪录，较1972年增加370万桶，增幅

---

* 又称赎罪日战争、斋月战争、十月战争，发生于1973年10月6日至10月26日。起因是埃及与叙利亚分别攻击了6年前被以色列占领的西奈半岛和戈兰高地。战争的结果是叙利亚战败，埃及以双方停火和谈。

** 恒温器是直接或间接控制一个或多个热源和冷源来维持设定温度的装置，在欧美家庭中较为常见。

*** 约为18.3摄氏度。

达 12.7%。只是销量如今不再代表一切了。据金融媒体报道，A-B 的利润下滑了 1100 万美元，相比之下喜立滋是这两大啤酒巨头中盈利更高的那家。据《福布斯》杂志报道，喜立滋在股权方面的收益率为 21%，而 A-B 只有 13%。"今年（1974 年）是对喜立滋更为有力的一年，而布希家族则是连续第三年利润下跌……在啤酒行业中，当年的亚军如今已成了冠军。"

喜立滋很快成为了华尔街在酿酒业中的新宠[14]，它的股票交易额超过了 A-B，58 岁的 CEO 鲍比·伊莱因站出来夸耀说，这一切得益于他的成本节约措施，"我们现在是势头更猛的公司"。这话令格西火冒三丈，阿尔·弗雷斯曼于是联系《商业周刊》安排了对他的专访。《商业周刊》让格西作为当期的封面人物，并撰写了一篇长文讲述 A-B "为维护行业头把交椅付出的努力"。杂志引述了一位匿名的 A-B 公司高管对格西的抱怨，这位高管认为，正是格西对传统理念的执着削弱了公司的竞争力。"我们酿酒所需的劳动量是喜立滋的 5 倍。我们要进口啤酒花并对它们进行储存，并且需要体积更大的发酵设备。"拉塞尔·阿柯夫也表示："我可以把生产成本削减 50%，但考虑到啤酒的质量，这根本不可行。"甚至连曾经对格西满口称赞的《福布斯》杂志，如今也不再看好他了。在一篇文章里，《福布斯》称格西"步调太慢"，与现代理念绝缘，文末，还好为人师地抛出这样一句话："想到他对传统理念的执着自豪和对自己产品的自豪，我们无法不去同情格西·布希。然而，鉴于经营公司这件事须考虑股东权益和长远的健全发展，我们便有道理问一问，布希先生是否有必要关注一下金钱的问题。格西·布希先生的骄傲能转化为经济收益么？"

来自格西的回答是一声响亮而掷地有声的"不"。只要他还在位，谁也别想对百威的酿制过程动手脚，而只要他还有一口气在，就要继续掌管这家公司。正如一位 A-B 的批发商所言，"老人就算要踏进坟墓，也要先一把火把酒厂烧掉带走"。

　　当然，由于格西拒绝压缩酿造成本[15]，其他方面的开支就必须被削减了。他已经下令公司不再派直升机供奥古斯特往返公司与车叶草农场使用。在一场管理层会议上，他还要求所有高管停止使用公司派给他们的车辆。这本来就不是一个讨喜的主意，当格西表示这一指令的要求对象并不包括他本人时，迪克·麦耶发火了。他指骂格西："你这狗娘养的！你自己继续享受你那四五辆车和两个司机，而作为公司总裁，我连车都不配有么？这真是一派胡言！"发泄完毕后，他便起身离开了会议室。

　　高管们的用车特权最终没有被取缔[16]，只是公司把原来的那些油老虎车辆——包括接送布希家孩子们的重型旅行车——全部换成了低油耗的车辆。然而几周后，格西和迪克·麦耶又起了争端。起因是格西要求公司从中高管理层中解雇100多人。麦耶认为格西的想法极其任性并毫无道理，因此拒绝了。格西告诉他，你要么同意这个主意，要么就走人。出乎所有人意料，麦耶竟选择了后者，或许只有格西和奥古斯特对他的做法不会感到惊讶。一些高管认为，解聘管理层只是格西的一个激将法，其目的就是逼麦耶离开，把总裁的位置让给奥古斯特。在对酿酒工艺的坚持上，奥古斯特坚决维护了父亲的立场，父子二人自温伯格动乱以来也相处良好。麦耶提出辞职的当天，奥古斯特的任命通知也被公布了。此后不到10天内，奥古斯特企划部中的数位"MBA小子"被任命为公司副总裁，这令《圣路易斯邮报》打出了这样的头版标语："安海斯-布希王朝迎来了新的统治者"。丹尼·朗被提拔为公司的执行副总裁和酿酒厂总经理，也因此成为了奥古斯特的首席副手。

　　从表面看，奥古斯特似乎是大获全胜，然而他心里非常清醒，并未被这种虚浮的胜利冲昏头脑。他很清楚谁才是执掌帝国缰绳的人，而那个人也绝不会轻易放手。尽管他的父亲已经75岁，他自己登上王位的日子至少还要等一些年头。然而，命运之神却再次出手，加速了布希王朝的更迭进程。

1974年12月6日这天，圣路易斯冷风萧瑟，阴雨连绵。在格兰特农场的大房子里，人们正忙碌地筹备着每年一度的圣·尼古拉斯节派对。圣·尼古拉斯是古时帮助儿童的圣人，也是今天圣诞老人的原型。这是布希家族每年都要庆祝的节日，通常奥古斯特也会出席派对。特鲁迪非常看重圣·尼古拉斯节，总是尽心尽力地进行筹备。当天的气氛亮点是一位装扮成圣·尼古拉斯的人会到房子里来，他背着一包水果、干果和各种礼物，把它们倒在地板上，分给孩子们。圣·尼古拉斯从包里取出的最后一样东西是用树枝做成的鞭子。他会很严肃地拿着鞭子，告诉孩子们这一年他们都做了哪些淘气的事和好的事情。扮演圣·尼古拉斯的通常是特鲁迪的哥哥威利，大一点的孩子必须保守秘密，不能让小孩子们知道真相。

当天下午4:00[17]，在距格兰特农场几英里远的244号公路上，一辆拖挂车偏离了道路，滑过草坪，冲进了反方向的车道，它撞上了一辆轿车，车身随即变了形，随后又迎头撞上一辆大众厢式轿车，车里坐着布希家最小的两个孩子——11岁的安德鲁和8岁的克里斯蒂娜。他们当时正乘坐这辆车从学校回家。这个50英尺长的庞然大物像罐头刀一样切开了大众车的金属外壳，切断了在布希家工作时间最久的司机——内森·梅斯的双腿。安德鲁·布希被从前车窗甩了出去，身上多处受伤。克里斯蒂娜坐在梅斯身后，她的头部和腹部都受了致命重伤。目击者称这个小女孩能活着被送到医院，是因为刚巧有5个护士乘车经过现场，她们在救护车到达前一直护理着克里斯蒂娜和安德鲁。

15岁的比利·布希在学校里等待内森开车接他回家。到了下午5:00，车还没有来，他打电话到家里，才得知车出了事故，其他人会马上来接他。他被直接送往圣约翰慈善医院，到那里后，他发现家里很多人已经在等候室里了。

"我记得自己当时一直在想,这不是真的,这不是真的!"比利回忆起当时的场景,"克里斯蒂娜在 ICU 里,妈妈对我说有一大堆管子绕在她的周围,她无法自己呼吸。其他人告诉我,安德鲁没有大碍,但内森去世了。这让我非常痛苦,因为我和他关系很好。我曾认为克里斯蒂娜最终也会没事的,因为爸爸不会让她死去。他会找来最好的医生救治她。"

但当天最令比利震惊的是他父亲对这场悲剧的态度,格西蜷缩在一把椅子里,一直啜泣着,根本无法为任何事情负责。"我从未见过爸爸变成那样,"他说道,"那一幕让我们感到他的整个世界都被抽空了。"

格西非常宠爱他的第 11 个孩子"蒂娜",她是在他 67 岁时出生的。小女孩和她妈妈一样,也是金发碧眼。他总是说,她就是那"最后一个莫西干人"。他管她叫他的小蜜蜂,任她在晚餐时爬到他的腿上,摘下他的假牙,然后带着它跑开。在家庭派对上,他总和她一起跳舞。布希家族最老和最小的两个成员一起欢乐舞蹈,见到这场景,人们总会驻足观望。

如今两个人都已破碎,再难痊愈。"医生对我们说,如果取下呼吸机,克里斯蒂娜很可能会死去,但如若不然,她也只能成为植物人了。"阿道弗斯四世回忆说,"但妈妈和爸爸又坚持了 11 天,看是否会有转机出现。他们四处找专家,期待有人会说:'还有一线生机。'"

然而现实否定了这种憧憬。12 月 17 日,呼吸机最终被取下,布希家族最小的孩子去世了,她爸爸生命的一大部分随同她一起埋葬,他从此再未复原。

"我很理解爸爸为何感觉那么糟,"比利说,"但我认为他能恢复过来。然而,从那时起,我们这个曾经幸福无比、一切如意的家庭却开始崩塌了。"

第九章　战队的选择

在克里斯蒂娜死后的几周里,格西一直不停地哭泣着,用酒精麻痹他的痛苦,但是这反而令他更加消沉,也让孩子们更加不安。

特鲁迪在天主教堂中平复了悲伤,在克里斯蒂娜住进ICU的11天里,圣母玛利亚圣恩堂的牧师和圣约翰医院的修女们一直守护在她的病房外,安慰着她的家人。约翰·卡柏里主教还亲自前往格兰特农场主持了克里斯蒂娜的葬礼[*]。

以往每逢圣诞节,格兰特农场里总是歌舞升平地不停举办派对,55位客人被邀请前来参加节日活动,大房子、小房子,以及Bauernhof农庄里满是欢庆的人们。而如今这里一片冷寂,只有格西的抽泣声穿透近乎凝滞的空气。

"妈妈相信克里斯蒂娜已经成了一位天使,她们最终会在天堂相见,这种信念支撑她熬了过来,"比利·布希说,"但是爸爸没有这种信仰。"

"我还有6个孩子,因此我没有倒下,"多年后,特鲁迪回忆说,"我不能一味陷在自己的悲伤中,不去管他们。而且我一直认为悲伤和糟糕

---

[*] 为表示对圣约翰的感谢,格西向每间病房都捐赠了一台彩色电视机。——作者注

的事情也是生活的必然成分。我比格西更善于应对这样的事情,他根本无法面对任何悲伤。"

"他自己现在就像孩子一样,所以在这件事上他也无法帮她,"阿道弗斯说道,"他只是她的另一个需要呵护的孩子。"

后来格西再次出现在公司时,他整个人松散凌乱,惶然不安,并具有攻击性。同人们交谈时,他的心在别处;一些不经思考、莫名其妙的话从他嘴里脱口而出。比如,在一场为讨论扩大产能而召开的管理层会议上,他竟一板一眼地说:"我们没必要再开一间酒厂;我们只需不停地提高价格,直到人们不想买我们的啤酒为止。"

"奥古斯特认为爸爸已经失去了理智,"阿道弗斯说道,"克里斯蒂娜的死加剧了他的衰老,我们感到他的症状很像老年痴呆的前兆。"

一天,格西把22岁的阿道弗斯带到了公司的另一场会议上。他搂着阿道弗斯的肩膀,对包括奥古斯特在内的高管们说:"我想向诸位介绍我的儿子。他将接替我的位子,他会超过我的。"

"这样的事情后来又上演过很多次,"丹尼·朗说道,"奥古斯特不为所动,因为他心里清楚那不是事实。家族中无人可以取代他。老人在酒厂没有实权,他只是在煽风点火,让奥古斯特在人前丢脸或感到难堪。"

格西的每况愈下使奥古斯特增加了召开车叶草农场紧急会议的次数。这些会议通常在周六早上秘密举行,已经持续了一年多,它们的目的是研究在后格西时代公司应如何进行重组和规划。参与者都是年轻高管团队中的核心人物——"MBA们",以及像丹尼·朗这样对奥古斯特忠心耿耿的下属。他们戏称自己是"黎明潜行团",因为奥古斯特把会议时间定在了清晨6:30,这意味着一行人清早6点就得上路,驱车30英里赶赴车叶草农场。没人敢在奥古斯特出席的会上迟到或显得疲惫不堪。所以他们周五晚上总是早早就寝。除此之外,这群年轻人每天要在酒厂工作12个小时,在礼拜日或任何假期里都随时会接到奥古斯特打来的电话，他会问长问短，询问他们专业领域的特定问题，并必须获得令自己满意的答案。尽管大家都憎恶奥古斯特对自己生活的干扰，却也对他能选择自己加入战队感到无比兴奋，他们将在未来扛起安海斯－布希王朝的大旗——在格西退休或寿终正寝后。

1975年年初，奥古斯特开始考虑起一个过去从不敢想的办法——那就是逼迫他的父亲退位。这将是一个引起狂风暴雨的抉择，确切地说，是仓促和不理智的。然而，他发现已经没有其他方法去碾碎父亲带来的阻碍了。

米勒啤酒成了这个主意的助推器。自从被菲利普·莫里斯在1971年全资收购以来，这家密尔沃基啤酒公司的市场份额和产量都已扩张了1倍，在总销量方面，从行业第七名攀升到第五名。米勒的CEO约翰·墨菲在香烟领域是一位市场高手，在他的领导下，公司重振了米勒的优质生活品牌名号，通过一系列电视广告宣传，米勒的定位从"啤酒中的香槟"转变为适宜工薪人群的饮料——"您有多少时间，我们就为您带来多少啤酒"。1975年1月，在推动米勒淡啤入市的过程中，米勒公司进一步展示了自己的营销实力。公司安排了一支精致的电视广告，邀请一些曾经的体育名将（包括纽约洋基队传奇球员怀特·福特和米奇·曼托）幽默地谈论这款啤酒的卓越口感，以及低热量的优点，配以经典的广告词——"它满足您对啤酒的全部期待，且不仅如此"。这支商业广告成为啤酒行业历史中最成功的新品入市广告，在当年年底，它帮助米勒一跃升到行业第四的位置。

奥古斯特不相信相比全成分的百威，美国人会更喜欢这种清淡的低卡啤酒。然而，他看出米勒的迅猛增长已经对A-B的行业王者地位构成了威胁。

"奥古斯特意识到我们和米勒已经陷入了战局，"丹尼·朗说道，"但格西却不这样看。"因此奥古斯特开始游说管理团队，站在公司的立场上，他的父亲是时候离开了。在随后的几个月里，他和每个人都单独进行了谈话，令他吃惊的是，他们居然都认可这一想法。就连格西最亲密的好友都对他的头脑状况及来自米勒的威胁感到担忧。

奥古斯特选择了五月的高管会议作为他的出手时刻。在前一天晚上，格西对这场突如其来的投票活动就产生了不祥之感，第二天，他让特鲁迪陪他一起来到了公司。当天，奥古斯特还请来一位医生，以防老人承受不住，心脏病发作。奥古斯特走进三层的董事会会议室，手中拿着一份演讲书和"黎明潜行团"全体成员签署的声明，其中明确陈述了如果奥古斯特不被任命为CEO，他们就集体辞职。奥古斯特原本确信自己会获得董事会成员的投票，但到了当天，他也担心一些董事在直面格西之际会临场变卦，而格西在进门的时候还是毫无疑问地认为自己还会像一直以来那样胜利。

然而，这一次董事会却没有继续支持格西。所有多年来一直对他唯命是从的董事这次全都投票反对了他，希望他退下CEO的宝座。不出所料，格西果然勃然大怒，青筋暴起，在场的一些人感叹他竟浑身燃烧起如此大的怒火，脑袋似乎都要爆炸。会议结束时，在格西办公室中等待的特鲁迪听见他在冲出门廊时冲某人大声怒吼，声音盖过了所有的嘈杂："该死的，我原来以为你还算是我的朋友！""他当时完全无法克制自己，不停地大吼大叫。"特鲁迪回忆说。

奥古斯特在会后径直走进丹尼·朗的办公室，只抛出了简单的三个字："成功了"。他立即又召集管理层的全体人员举行了会议。"公司发生了变化，"他对大家说，"董事会已选举我担任公司总裁，因为原总裁决定退休了。"（他总是把格西称为"总裁"，在其他人看来，这是出于尊重。但是朗怀疑这是因为管格西亲切地叫"爸爸"，让他感到很不舒服。）

当然，这种官方的说辞全是谎言。格西并未宣布任何决定。奥古斯特和董事会给他开出的条件是不可商谈的,而且考虑到他为公司奉献的50年岁月,这些条件也是残酷的:他依然可以保留董事会主席的头衔,但只能享有名誉权,在公司管理方面再无实权。他不可再免费使用公司的飞机、汽车、轮船、阿道弗斯号车厢,以及私人巴士。就连格兰特农场的运营工作——包括异国动物围场、鹿苑、Bauernhof农庄,以及克莱兹代尔马——都不再被列入他的管辖范畴。除了他自己持有的大房子和小房子,公司已经将其他地方都租用了。

为了让他安静地离开,他们还提出他仍然可以继续担任红雀队的主席,只要他同意上述条件,并公开表示自己是主动退出的。他有24小时进行考虑,如果届时仍不同意,这些条件将被撤销。

当晚,格西回到大房子时依然余怒未消,他咆哮着把全体家中成员都召集到枪械室里。特鲁迪把阿道弗斯拉到身旁说:"奥古斯特把你父亲踢出了公司,爸爸不再掌管公司了。""什么?"阿道弗斯震惊地问道。"我告诉你,我早就感觉那小杂种会做出这样的事情,暗地里搞突然袭击,他就是这种人。"特鲁迪对他说。

当格西向6个子女讲起他们同父异母哥哥的所作所为时,他自己的心情从难以置信和失望转变成了坚决的仇恨:"我自己的亲儿子怎么能这样对我?"……"那个一无是处的小混蛋,是我一路培养他,让他获得了今天的一切……我们要与他决战到底。"

格西所说的"我们",就是指在场的所有子女。他的立场很明确,所有的家庭成员此刻都必须做出抉择,要么留在他的阵营,要么投靠奥古斯特,如果他们选择了后者,对格西而言,他们就不复存在了,从此也别指望继承任何财产。

阿道弗斯此刻脑中一团乱麻。他即将从大学毕业,也是美国伟大的布希家族第一个大学毕业生。他原本计划一毕业就去公司工作,从最底层做起,期望有朝一日爬到管理层,最后接替奥古斯特,因为他比自己大 17 岁呢。对于这种憧憬，格西一直非常支持，他本人也想证明次子有权成为未来的公司执掌者。当时他已经填写了公司的入职申请表，但在进行入职体检时，被查出患有疝气，必须做完手术才能工作，手术被安排在两周后举行。

阿道弗斯知道自己不能忤逆父亲。过去几年里，他们两人越来越亲密。但他也清楚，如果他此时与奥古斯特作对，一旦奥古斯特胜出，他进入公司的梦想就很可能成为泡影了，奥古斯特绝不会让他如愿以偿。

"我们谁也别想不做出选择，"他说道，"你无法保持中立，爸爸不会允许，你的立场必须非黑即白。"

令格西无比失望的是，他在上两段婚姻中所生的3个女儿：洛塔、伊丽莎白和莉莉，都站在了奥古斯特一边，只是莉莉相对不太坚决而已。"爸爸真的需要退休了，他已经筋疲力尽，"洛塔说道，"董事会或许做了一件正确的事情，只是他们也许可以选择更好的方式。"

格西随即指使起阿道弗斯、彼得、比利和安德鲁来："你们4个男孩子必须和你们的哥哥谈谈，他欠家族一个解释。"

怀着"愤怒、悲伤和难以置信交杂的心情"，阿道弗斯给奥古斯特打了电话，安排两方在车叶草农场和贝洛农场相邻的栅栏旁举行会谈。"当时的氛围充满仇恨和敌意，这场谈话根本没法在任何一所房子里举行。"他说道。奥古斯特把他12岁的儿子奥古斯特四世也带来了，格西的6位男性继承人就这样隔栏相望，当面对质。

阿道弗斯负责了格西战队的主要发言。"你为什么这样对父亲？"他质问奥古斯特。

"我没有其他办法了，"奥古斯特回答说，"爸爸在衰退，董事会看到了，你也看到了，我们大家都看到了。"

"但为什么是现在，在克里斯蒂娜死后这么短的时间里？你又何必用那种方式刺激他，让他难堪？你就不能先跟他谈一谈么？"

"我们试过了，"奥古斯特说道，"人们去告诉他公司的形势，人们劝他退居幕后，颐养天年，但他根本听不进去。如果我按你说的去跟他谈这件事，他一定会跟我作对，他永远不会对我们屈服的。你是了解爸爸的，他只会把我赶出公司。"此话令阿道弗斯哑口无言，因为他心里清楚，格西是一定会那样做的。

此后的15分钟里，奥古斯特义正词严、慷慨激昂地为自己的行为进行了辩解，然而言语间没有任何情谊或抱歉，他只是重复地说，这样做其实是为公司好，也是为整个家族和父亲着想。在这场争辩进行的时候，奥古斯特四世退到55码以外的地方去了，似乎害怕靠近这场唇枪舌剑。奥古斯特几次回头看他，对他说："过来，儿子，我想让你听听这些。"但这孩子一直待在远处。

阿道弗斯不知道这场会见要达成什么目的，但他很清楚，它什么都没有实现。他从栅栏旁走开时，心里感到很沉重，因为他们很可能已经输掉了这场父亲指望靠他去打赢的战争。

这场令人错愕的变局倒是帮助格西心神回转，注意力完全集中起来。现在他眼前出现了一个敌人——他的儿子，而且他自己手中也并非没有底牌和能够帮他的朋友。他手中握着公司约15%的股份，并且还有通过他父亲建立的信托基金控制着另外15%的股份。而奥古斯特的股份只占约1%。所以不难想象格西会思量利用这种落差扳倒奥古斯特。董事会投票事件后，第一位来访格兰特农场的是格西的一位名叫路易斯·B. 苏斯曼的律师朋友，此人在政界颇有手腕。在同苏斯曼密谈后，格西默认了董事会开出的条件，以免此事传到公众耳中，影响公司的股价。与此同时，苏斯曼开始在暗中为格西的股份寻找买主。

5月8日，即星期四，安海斯-布希公司正式宣布"美国酿酒业伟大的老将军"将卸任公司总裁一职。阿尔·弗雷斯曼在自己撰写的新闻发布会稿件里，加入了一段格西自己的陈词："在为唯一的职位奋斗50

年后[1]，在为唯一的公司拼搏50年后，我决定辞去公司总裁的职务。这里对我而言不仅仅是一家公司或一份生意，这并不是一个轻松的决定。"

"实际上，我的一生中有三样挚爱。首先是我的妻子和家庭，其次是以我们引以为豪的家族姓氏命名的安海斯-布希公司，最后就是伟大的圣路易斯城。"（弗雷斯曼帮助格西更改了在前一次采访中的说辞，当时他说公司在他心中排名第一，家庭紧随其后。）

随后的新闻报道对此事皆无半点疑惑，而是充满了对格西的歌颂之词。所有报纸、杂志和电视媒体都全然相信了这个故事，以为格西为把奥古斯特三世推上舞台，完成了自己优雅而体面的退场。没有哪个报道把他的谢幕与近来的是是非非联系在一起，比如他女儿的去世、管理层人员的被辞退、迪克·麦耶的离职、公司疲软的销量和差强人意的股票业绩。他的日渐衰老，以及他与奥古斯特、董事会的紧张关系都丝毫未被提及。所有报道都没有表明格西保留的董事会主席头衔仅是名誉性的，令公众难免猜测，他手中还握有公司事务的最终决定权，尽管如今由奥古斯特管理日常运营。阿尔·弗雷斯曼和他的公关公司在此事上功不可没，因为奥古斯特的董事会谋反事件在此后的近15年里一直都只是公司内部的秘密。

格西心里虽然暗暗谋划着对奥古斯特的报复，但在表面上却完全没有流露出来。阿尔·弗雷斯曼后来设法让他被提名为一个公民委员会的主席，为圣路易斯会议中心的建设组织筹款。圣路易斯市市长将格西赞誉为"圣路易斯城的首席大使"，格西、特鲁迪和孩子们站在市政大厅门廊上的台阶上等待记者拍照，他们每个人都是盛装出场，就像要去参加复活节清早的教堂礼拜一样。"只要我还活着，我们的市民就可以完全信任我，我将在我力所能及之处尽可能让圣路易斯、密苏里州和美国成为最适宜人们居住、安家和经商的热土。"

格西随卢·苏斯曼飞往华盛顿特区，还带上了阿道弗斯。他们去见前国防部秘书克拉克·柯立福，此人同时还是杜鲁门总统、肯尼迪总统、乔纳森总统的顾问，并且是一个圣路易斯人。柯立福被公认为在国家资本领域最智慧、精明，并且正直的经纪人。苏斯曼希望格西听一听他的建议，然后再决定用哪种手段在董事会变局的余波中东山再起。

柯立福同意苏斯曼的建议，也认为格西不应该同奥古斯特在公众面前撕破脸。但他觉得，通过平静的协商，"我们或许可以帮你拿回一些失去的东西"[2]。同时，柯立福表示如果格西可以把他的股份卖给别人，或许会有推翻奥古斯特的胜算，何况这个潜在的买主苏斯曼已经替他找好，那就是雷诺烟草公司。雷诺烟草认为收购一家酿酒巨头企业的股份是颇具诱惑性的提议，因为这会令他们获得可与米勒啤酒母公司、老对手菲利普·莫里斯烟草抗衡的优势。迫不及待的雷诺烟草甚至派 CEO 保罗·施蒂希特亲自飞到圣路易斯，前往贝洛农场拜会格西。他向格西开出每股 34 美元的购买条件，而当时 A-B 的股价依然徘徊在 20 美元以下的水平。如果雷诺拿到格西那 30% 的股份，并以远高出交易价的金额进行收购，那么它几乎可以胜券在握地在 A-B 内部获得控制权，并可以把自己的人派驻到董事会中。就算那么做都无法让格西重掌大权，至少也能让奥古斯特永远跟公司说再见了，那样他只能自动离开，或者被董事会投票赶走。

当格西思忖着雷诺烟草的提议时，苏斯曼开始与 A-B 的人商谈起一些挽回他颜面的措施，其中包括允许他继续使用公司三层的办公室，允许他的全职私人秘书继续为他工作，以及为他保留公司派车和司机的特权。苏斯曼还告诉他，他甚至可能有办法让他从公司手里买回红雀队。这个主意令格西拍手称好，他甚至为这事专门召开了新闻发布会，还把惶然失措的阿道弗斯也带到了会场，他对大家宣布，如果这桩交易达成，这位 22 岁的年轻人将成为红雀队管理层中的一员。阿道弗斯心中暗暗祈祷最好谁都别向他提问，他绞尽脑汁也没想明白父亲为何要买回这支球队。数年来，他一直听格西抱怨着它，说球员联盟正在毁掉这项运动，让俱乐部没法盈利。在 A-B 持有红雀队的整整 22 年间，它创下的收益还不到 400 万美元。谁愿意做这样的买卖？把钱存进银行都比它好。

上述几桩大交易都没能成为现实。A-B 为红雀队做出的估价在 1100 万到 1300 万美元之间，格西便失去了购买它的兴趣，而是选择继续做球队主席。或许这样一来他得听命于奥古斯特，但至少这不会耗费他一分钱，而且还可以在春季集训和赛季期间继续享受私人车厢和私人巴士。并且经过几周的自我反省，他认定如果将自己的股份卖给雷诺烟草，是对祖父和父亲的背叛。"我认为他们绝不会同意那种做法。"他对特鲁迪说。因此奥古斯特浑然不知地躲过了一枪。接下来的 10 年里，雷诺烟草的事情都没有传到其他人的耳朵里。

不过虽然在公众面前表现安好，但私下里，格西一直憎恨着奥古斯特和董事会。他与所有他认为支持了奥古斯特的人都决裂了，包括女儿洛塔和伊丽莎白。"我试过劝他放下这件事，"特鲁迪说，"我对他说，你是时候退出了。你已经得到了期望的一切。你必须让这件事过去，向前走，继续生活。但失去了自己的王国，令他无法接受。他把内心的折磨全部宣泄在了周围的人身上，冲每个人大喊大叫。他就像一头受伤垂死的雄鹿。"

谁成想，格西人生里这一段最悲伤的篇幅[3]被另一桩事情终结了，这件事证明了他的英明和可贵。从 1975 年 9 月起，媒体开始揭露喜立滋从 17 个州的酒吧和商场中召回 50 多万箱啤酒，因为顾客们抱怨啤酒的口感特别奇怪。喜立滋 CEO 罗伯特·伊莱因试图遮蔽这件事的后果，对外宣称他们只召回了 3685 箱啤酒，原因是一位分销商上报啤酒口味发生了改变，很可能是因为一家啤酒罐公司提供的酒罐盖子有些问题，但是它们数量微乎其微。然而，喜立滋的实际麻烦远比这件事严重，这全归功于伊莱因的偷工减料。

在常规的酿酒流程里[4]，会产生一种特定的蛋白质，当啤酒冷却后，它会令啤酒上浮起一层雾状液体。在安海斯-布希稍长的酿酒过程中，这种蛋白质会自然沉降下去。但喜立滋的酿造过程较短，本应该加入一种人造硅胶来消除雾化反应。可是喜立滋酒厂的经理们担心美国食品药品监督管理局很快会要求酿酒企业在标签上列明成分，而使用这种"非天然"的酿酒成分，会让A-B抓住他们的把柄。所以他们开始在啤酒中使用另一种抑制雾化的添加剂Chill-Grade，这种成分可以在啤酒装罐之前被过滤出去，因此无须在成分列表中标明。

喜立滋的酿酒师们没有注意到，在酒瓶和听罐中，Chill-Garde会和通常使用的一种叫作海藻酸丙二醇酯的泡沫稳定剂起反应（但A-B没有采用），产生细微的白色片状物，浮在啤酒上方。啤酒在货架上放置的时间越长，这种片状物就越多，最终会凝结成像黏液一样的物体，或者用一位观察者的话形容它更为合适，那就是"鼻涕"。火急火燎的喜立滋希望赶快修复这个问题，密尔沃基的管理团队让酿酒师保留Chill-Garde，去掉海藻酸丙二醇酯，其结果正如一位分销商所言，酿出来的啤酒口味淡得像"苹果酒"一样。

喜立滋令人震惊的质量管控失误最终发展成公司秘密召回了1000多万瓶无法售卖的啤酒，存放回坦帕和孟菲斯市的工厂里，整个过程持续了数月之久。此事对喜立滋造成的打击是毁灭性的。它的销量下滑了40%，股价跌到5美元，品质啤酒的名声也一去不复返。此后几年之间，这个"令密尔沃基扬名四方的啤酒品牌"从市场上彻底消失了（1982年，喜立滋被底特律的斯特罗啤酒公司收购）。

罗伯特·伊莱因于1976年11月12日去世，此前几周，他被查出患上了一种罕见的白血病。格西拒绝前往密尔沃基参加他的葬礼，所以特鲁迪和阿道弗斯只能单独前往致哀。他们是乘商用飞机去的。

商业杂志《广告时代》用一篇撰文对这场悲伤的插曲进行了总结，

文章的矛头似乎对准了那些近期讽刺过格西在啤酒质量管控方面老派执着的人：

> 一场充分印证人类弱点的典型悲剧。喜立滋的故事深刻地警醒世人，对一家公司而言，无论它的工厂多么现代化，无论它的资产负债表做得多漂亮，无论它被华尔街的分析师们捧得多高，都无法取代人在管理中所起的作用。

如今我们联想到安海斯－布希帝国的结局，这段话似乎也是一种预兆。

第十章　卡米洛特城堡的倒塌

每到深夜，格兰特农场的大房子会成为一个气氛阴森的地方，整座宅邸在黑夜的映衬下倍显沉郁阴翳，令人毛骨悚然。这里方圆半英里内毫无人烟，静得只能听到风穿过树林的萧瑟呼啸和野兽的呼号哀鸣。

1976 年 2 月 8 日凌晨 1:00[1]，一声猝然的枪响震碎了宅邸的沉静。在格兰特农场，枪声不是罕见的声响，在这里人们常年捕猎动物。宅子里也到处都有武器。格西收藏了近 100 支来复枪和手枪，大部分被他放在了那间名符其实的枪械室里。

但这枪声来自房子内部。阿道弗斯四世被枪声惊醒，躺在床上的他还没完全清醒过来，正试着搞清楚到底发生了什么，这时弟弟彼得就冲进了他的房间。"快帮帮我，"彼得说，"发生了一件可怕的事。"

阿道弗斯随彼得穿过与两人房间相邻的浴室，走进了彼得的卧室。刚进房间，他就闻到一股火药味，一眼看到彼得最好的朋友大卫·林柯仰身躺在地板上，鼻子和嘴唇之间有一个小弹孔，血不停地从他的脸上流下来，地板上已经积了一摊血。这场景令阿道弗斯的头脑闪回到 9 年前，当时他眼睁睁亲见自己最好的朋友杰弗里·梅尔斯在自己眼前死去，他在格兰特农场的湖边从马上摔下来，头旁边也是这样一摊血。

阿道弗斯夺门而出，往宅子二层跑去，差点撞上了格西，他也听到了枪声，赶过来看"到底发生了什么鬼事情"。

"爸爸，别去那里。"阿道弗斯拦住格西说，他本能地想保护老人，怕他再亲历一场悲剧。格西推开了他，俯下身看那个年轻人是否还有脉搏，结果发现他已经没有了生命的迹象。"这是一场意外，"彼得说，"我没想朝他开枪，但是枪走了火。"那把 Colt 35.7 mm 口径左轮手枪此时就躺在地板上。格西记得这把枪是他的好友小罗伯特·巴斯克维茨送给彼得的高中毕业礼物。

如果此事发生在从前，格西或许还能立即控制好局面，摆平一切。然而，77 岁的他如今已经不再是从前的他了，他身旁只有两个吓慌了的男孩子，特鲁迪也回瑞士探亲了，所以他只是叫兄弟俩报了警，然后回到了自己的房间，瑟缩在床上哭了起来。彼得给警察打了电话，阿道弗斯把此事告知了格西的秘书玛格丽特·斯奈德，她随即联系了身在佛罗里达的卢·苏斯曼。几分钟后，警察和医务人员赶到了现场，不久后，斯奈德、苏斯曼公司的两位律师，以及阿尔·弗雷斯曼也赶来了。71 岁的弗雷斯曼当时已经从自己的公司退休，但还是被苏斯曼打电话叫醒，赶来处理此事。

大卫·林柯被连忙送到了医院，但彼得和阿道弗斯心知肚明，考虑到这把枪的威力和伤口的位置，他无疑已经死去了。当警察们在彼得房间里检查现场时，布希家的智囊团人员来到格西的卧室，听彼得泣不成声地描述起事发时的情形。

当天晚上，彼得和大卫两人在农场里四处游荡、看电视，然后打了一会牌，后来大卫觉得该休息了。布希家为他准备了一个睡袋，放在地板上。彼得向门厅走去，手里拿着那支枪，从壁橱里取出一只枕头。返还卧室后，他把枕头扔在了睡袋上，随后躺在自己床上摆弄起那支枪。就在那时，这只武器"莫名其妙地走了火"，彼得对大家说。

警察在蓝房间里问询彼得和阿道弗斯,那是二层走廊尽头的一间起居室。随后,兄弟二人被带到了警署,彼得向警官们进行正式陈述,并接受了测谎试验。凌晨 3:15,警察敲开了林柯家的门,那里距格兰特农场不足一英里,他们把这个可怕的消息告知了林柯的父母。与此同时,阿尔·弗雷斯曼正在格兰特农场正门前应对着记者们的提问,把彼得口中的故事版本向众人又重复了一遍。当一位记者问道,这个年轻人为何带着一支装着子弹的手枪在房子里四处转悠时,弗雷斯曼支吾着回答说,布希家的孩子都被要求学习使用枪支,用于狩猎和打靶练习。这席话说完,一位记者对他说:"我相信你自己也知道没人会信你的话吧。"

然而,彼得的故事也漏洞百出。他对律师和警察说的是,当枪走火的时候,大卫站在房间的另一边。但大卫脸上的弹药粉末则表明他是在近距离射程内被击中的,枪口离他只有几英寸远。另外,按彼得的说法,枪在走火前他并未给枪上膛。然而,郡枪支检查员却找不出原因说明这支枪如何在不上膛的情况下走火。在警署实验室中的测试表明,在不上膛的情况下,需要 11 磅的力量才能扣动扳机。上述种种都推翻了彼得站不住脚的自我辩护。

纵然如此,负责案件的警官却对记者说:"彼得非常配合我们的调查[2],我们相信他所讲的都是真话。"当天结束时,郡验尸官办公室的首席调查员将此事判定为一场意外,并对外宣称,他"并未发现明显的证据表明彼得的行为冲动无理,没有任何理由构成谋杀罪名"。

据调查员们所言,彼得对他们说自己当晚带着枪在房间里走动,是因为害怕遭遇绑架。"很明显,这位年轻人为保护财产在自己家里带枪走动是正常合理的行为,"首席调查员对记者们说,"虽然布希一家雇用了保安和相关人员,但他们总是担心自己会出事。"

这话如果用在彼得身上,听来或许像痴人说梦,或者更像为轻率的危险行为找寻的托词。不过，对绑架事件的担忧确实是布希家族一直以来难以驱散的梦魇。此事最早可追溯到大萧条时期，当时美国的绑架事件频频发生。1930年新年前夜，奥古斯特·A.布希11岁的外孙阿道弗斯·奥特维就曾被人持枪威胁，当时他正坐车赶往格兰特农场，前去与外祖父母共用新年晚餐。第二天早上，年幼的阿道弗斯被放走了，毫发无损，然而此事让奥古斯特·A惊魂难安，从此出行务必全副武装，让他的凯迪拉克豪车成了一座武器库。车前方放着一支手枪供司机防身，后排座椅后方也放了一支枪，他自己在西装口袋里揣着一支枪，他的帽子里还藏着一支双管大口径手枪。后来，他甚至买了60支32 mm口径的珍珠手柄警用左轮手枪，送给他的朋友和生意伙伴们防身。

不过，酒商们的确比较容易成为绑架案的袭击目标。1933年，马巴克帮绑架了哈姆酿酒公司的总裁小威廉·哈姆，当时他正从位于明尼苏达州圣保罗市的办公室离开。哈姆被劫持了4天，绑匪收到10万美元赎金后，把他放走了。一年后，小阿道夫·库尔斯，即库尔斯啤酒公司创始人之子及公司继承人，成为了一起绑架案的袭击对象，这场绑架策划索要赎金5万美元，但警察提前破获了这场阴谋。然而，他的儿子却没有如此幸运，1960年，时任库尔斯公司总裁的阿道夫·库尔斯三世在从科罗拉多州家中前往公司的路上被人开枪射杀，绑匪企图劫持他，却错杀了他，他死时只有44岁。

多年来，人们不断提醒格西应注意家人的安危，无数执法机构也警示过那些针对他孩子们的绑架威胁，彼得十几岁时，以及克里斯蒂娜出事前一周都曾遭遇过这种威胁。

如果说就连上述种种都无法令彼得胆战心惊，还有一个证据足以印证这家人对绑架的恐惧。在格兰特农场大房子的餐厅中，悬挂着一幅德国著名艺术家费迪南德·查尔斯·威玛的油画作品。这幅画作名为《绑架了丹尼尔·布恩女儿的印第安人》,以夸张的戏剧手法再现了美国历史上的一桩真实事件。无论有意抑或无心,在格兰特农场中,对绑架事件的惧怕每天从晚餐时分起就开始萦绕在布希一家心头。

令悲痛的林柯一家愤怒的是[3],在事件发生后12个多小时的时间里,布希家居然没有人打电话或登门通知他们,后来是彼得和阿道弗斯在家庭律师的陪同下前来告知他们的。"你为什么不马上通知我这件事,为什么连电话都没有打?"大卫的母亲质问彼得。"他们不让他那么做。"他的哥哥替他回答了这个问题。

事件发生当天凌晨一点,大卫的两个姐妹冲进了格兰特农场,想弄明白自己的兄弟到底经历了什么。一位仆人带她们来到了枪械室,让她们在那里等待格西,两个人被满屋子的枪支武器和动物头颅吓呆了。格西进屋后,根本没法正常地与她们交谈,他只是在不停哭泣,一遍又一遍重复地念叨:"这是一场可怕的悲剧。"

特鲁迪从瑞士回来时,这出悲剧已经成为了被媒体传播的丑闻。据报道,警察在彼得的房间还发现了另外三支枪——包括两支45 mm口径手枪和一支M16军用来复枪。此外,据说彼得习惯随意摆弄枪支,此前在用一支左轮手枪练习快速上膛时,他还曾打伤过自己的腿。

在接下来的几周里,郡检察官开始注意到彼得陈词中的那些漏洞。尽管枪击事件被判定为一场意外,但并未排除法律意义上的疏忽罪责。因此检察官要求调查员们重新询问包括彼得在内的所有证人。随后,他

---

* 1976年7月14日,杰米玛·布恩与她的两个朋友在肯塔基州布恩自治市市郊被一伙肖尼族印第安人绑架。她父亲带着一队人马一路追赶他们,3天后,女孩子们被救了出来。这幅画至今依然挂在格兰特农场宅邸的餐厅墙壁上,餐厅中还有威玛的另一幅作品《袭击移民列车事件》。亿万富豪菲利普·安舒茨最近向布希家族出价700万美元购买两幅画作。——作者注

将调查所得的结论递交给了大陪审团*。大陪审团的回复是一份针对彼得的起诉书，指控他因"疏忽并以不顾他人生命安危的形式使用枪支"而犯有过失杀人罪。

（当彼得的案件进入法律流程时[4]，格兰特农场又发生了一起枪击事件。10月8日，一个不知名的袭击者用一把22 mm口径来复枪朝克莱兹代尔马厩进行了射击，当夜夜空悬挂着一轮满月，所有马匹在夜色中清楚可见。4匹母马受了伤，其中有一匹取名佩吉·林代尔的马，它已经18岁了，第二天早晨，当马厩的工作人员来到这场屠杀的现场时，发现它已因失血过多而死。佩吉生育了14匹马驹，正孕育着第15匹，它是格西最欣赏喜爱的克莱兹代尔马之一。"它的死令我心碎。"格西说道。）

在林柯案的首次审理中，彼得被宣判无罪。然而，在宣判前一晚，他却被确认有罪。检察官拒绝为他进行无罪辩护，所以他只能自己碰运气了。"我真的非常抱歉，"他对法官说，"如今我意识到我当时确实把手放在扳机上了，否则手枪根本无法走火……我实在太大意了。"他被判处5年缓刑，在此期间他不得使用任何武器。

两周后，大卫·林柯的父母提起一项索赔金额达300万美元的非正常死亡诉讼，将彼得、格西、特鲁迪、安海斯-布希公司，以及手枪制造商Colt告上法庭**。当时，格西和特鲁迪也正因为离婚而起诉对方。

当时从任何一个方面讲，与格西生活在一起都已经变成一种折磨。林柯的死，以及随之而来的风波成为压垮特鲁迪的最后一根稻草。"爸爸整个人都变了，他失去了生命的光华与活力，"比利说道，"他整天哭

---

* 指由12—23人组成的陪审团，美国的联邦司法系统和一部分州的司法系统至今仍然保留大陪审团制度。其基本职能是审查起诉，别名"起诉陪审团"，刑事起诉只有经大陪审团审理才可通过。

** 案件最终实现了庭外和解。——作者注

个不停，这种软弱无力的样子令她抓狂。他们像猫和狗一样整天打架。"

"爸爸经常醉醺醺的，每当他喝醉，就会变得非常刻薄，不停地咒骂一切，"阿道弗斯说，"突然之间，他们之间27年的年龄差距变得像47年一般。"

"年龄不是我们之间最大的问题，"特鲁迪后来说道，"我更需要自由，我无法忍受与一个整天哭泣的男人生活在一起，况且他所悲痛的事情你根本无力解决。我想远离这一切。"

孩子们再次被迫做出选择。两个女孩，即比阿特丽斯和特鲁迪选择与她们的妈妈一起生活，而4个男孩则无一例外地选择了支持格西。"我为爸爸感到非常难过，"比利说道，"妈妈如今变得有些残忍，经常对他说一些伤人的话，他承受不住，只能哭泣。她对他真的非常冷酷。"

"你为什么把他逼成这样？"阿道弗斯质问自己的母亲，"你知道他已经历过多少磨难了。他已经77岁了，还能经受更多打击么？"

1977年9月，特鲁迪搬进了小房子，两人的离婚事宜依然在商谈中，他们期望能够和平解决。然而这场仅相隔数百码远的分居竟演变成一场风流韵事之战。格西通过卢·苏斯曼雇用的私人侦探得知，特鲁迪在前往欧洲探亲期间，与别人发生了浪漫关系。她此前从未有过外遇，这事竟发生在她50岁生日前夕。不久之前，她也刚刚发现了格西在佛罗里达游艇上的背叛行为。然而，格西的骄傲之心还是受到了损伤，他指示卢·苏斯曼要毫不手软地处理此事。

此后两人签署了离婚协议，声明他们25年的婚姻已经"无可挽回地破裂了"[5]。5天后，格西命人将特鲁迪赶出了小房子。在致她的信中，他写道："亲爱的特鲁迪，请在24小时内离开上述房产。""格兰特农场中的任何住处都不再供你使用，请仅带走你觉得有必要带走的个人衣物等物品。我将差人把你的衣物行李以妥当的形式送往你指定的地点。"

格西告诉她，她依然可以开那辆白色林肯，但"不得使用格兰特农场的任何其他车辆",也不得再使唤农场里的任何服务人员,包括孩子们多年来的保姆尤兰达。"自今日起,我已解除了尤兰达·格劳格纳的雇用合同。"格西写道,"我同时建议她搬离我们在 Bauernhof 农庄中为她提供的房间。"格西的做法是极其冷酷无情的。他对特鲁迪的所作所为正如奥古斯特和董事会对他的所作所为一样冷漠。

特鲁迪对格西的驱逐令进行了坚决抵抗[6],她一直住在小房子里,即便她的律师和格西的律师对此事展开了奋力拼杀,并闹上了法庭。然而,作为房产的主人,格西继续在其他方面折磨她,他安排安保人员站在宅子门前,每次她开车出门时,他们都要对她的车进行严格搜查,以免她"带走他的任何个人财产"。当特鲁迪的哥哥库尔特从瑞士来探望她时,保安居然把他拦在了门外。此事让特鲁迪勃然大怒,以至于她竟少见地向媒体倾诉了起来。"我认为是时候让这一切公之于众了,"她对《圣路易斯环球民主报》的一位记者说道,"我一直希望我们可以温和地解决婚姻问题,当我发现那不可行时,也希望能够和平地处理离婚案。我的哥哥从瑞士一路赶来探望我,他只打算在这里住 3 天……然而,直到我走到房门口前才惊恐地发现,他竟被拦在门外,不被允许进来见我。

"他是孩子们唯一的舅舅,也是孩子们唯一的亲戚了。我需要自己的家人来帮助我。这令我难以理解,对我来说,不让他进门的行为简直如魔鬼般冷漠无情。"

格西对她这场公开爆发的回应则是:"对此我无话可说。"

1978 年 2 月 28 日,两人的离婚案终于尘埃落定[7]。特鲁迪当天身穿一袭黑色裙装和及膝黑色筒靴出席了庭审,然而格西却没有到场。他刚刚接受了一次外科手术,正在家中疗养。根据离婚协议,特鲁迪获得了一笔数目未予公开的现金和股票,并且在她去世或再婚前,每月可获得一笔赡养费。协议还规定格西将为她提供一套新住宅和一支信托基金,这是根据两人的婚前协议履行的条款。

在从法院向外走的路上，特鲁迪优雅且微笑地对记者说："这并不是一场痛苦的离婚。我很高兴我在这段婚姻中获得了这么多优秀的孩子，而且我和我丈夫曾共同度过了许多美好而精彩的岁月。"

在当时，她的孩子们完全不能认同她这阳光和煦的言论。实际上，两人婚姻的破裂彻底令这个家庭坍塌瓦解。基于各自对父母的忠诚，他们的6个子女也从此分道扬镳，不再生活在一起：比阿特丽斯回大学继续读书；特鲁迪随母亲搬进了新家；彼得、比利和安德鲁依旧陪格西生活在大房子里；阿道弗斯则接管了贝洛农场。

"这里是我的避难所，"33年后，在贝洛农场充满乡下气息的厨房里，阿道弗斯坐在椅子上诉说起往事，"我无法忍受继续生活在格兰特农场。此外，更让我心碎的是，爸爸经常打来电话：'求求你，请陪我多待一些时间。'但每次见到他，我都会痛苦不堪。"

7年后，他才同母亲再次说话。"看到这一切在自己眼前破碎幻灭，是一件太过令人悲伤的事。"他说道。

第十一章 "我们的战火已经点燃"

1976年3月1日，奥古斯特遭遇了他上任以来的第一场真正的考验。公司同卡车司机兄弟会*装瓶工人的合同一夜之间失去了效力，黎明时分，来自杰克逊维尔、佛罗里达、哥伦比亚，以及俄亥俄州工厂的装瓶工聚集在佩斯特拉齐大街酒厂的大门外，开始了罢工示威。数小时后，卡车司机兄弟会令A-B的8间工厂陷入瘫痪，8000多名工人撤下了生产线。

这场罢工的导火索不是工资报酬，它的起因是工人们对工作和劳动仲裁流程的不满，另外卡车司机兄弟会要求公司给一个说法，一些A-B的啤酒灌装厂用自动化装置代替了人工，这一改革可能会影响工会人员的工作。奥古斯特意识到自己这次要独当一面地处理危机了。如今他的父亲不再垂帘听政，不再对他的决策吹毛求疵，也不再不断插手干预或暗中阻拦；如今公司年报首页印的是他的照片，致股东的信件上签署的

---

* 全称为国际卡车司机兄弟会（International Brotherhood of Teamsters），是一个代表全美在运输、货运和其他行业从业人员的国际组织。该组织由当地的工会、联合委员会、贸易部门和研讨会等组成。

是他的名字；报纸杂志也不能再称他为"小布希"了。终于，当年的孩子成了国王，现在的一切都要由他自己来掌控。

示威者们找上门时，奥古斯特其实早已做好了应对他们的准备。A-B为预防这场罢工的发生，提前进行了库存储备，现存啤酒可保证30天的供应量。此外，公司还寻找到一个出人意料的盟友。

酿酒商和麦芽制造者6号工会是佩斯特拉齐大街一带的第二大工会组织，在酒厂工作的4000位时薪工人中，有近1000位是6号工会的会员（当地的1490位装瓶工中，有1187位也是其会员）。工会会员们最近获得了一份新的三年期合同[1]，其中规定他们每小时薪酬将提高2.25美元。按他们的业务经理罗伯特·路易斯的话说，这堪称"酿酒行业历史上最优渥的待遇"。因此，6号工会的会员们也开始勉为其难地尊敬起他们的雇主来。

"我们的会员对因这事受到的牵连叫苦不迭[2]。"路易斯说道，他对总工会——芝加哥国际卡车司机兄弟会的管理层大为恼火，认为他们小题大做，因为一点小事就发动了这场罢工。除了帮助会员成功涨薪外，路易斯还与公司谈成了一项股权激励计划，他认为这是啤酒行业的一项"历史性创举"。"如今每位普通工人也将开始关注公司的收益和亏损，因为那将与他们自身的投资休戚相关。"路易斯说道。此时A-B已将股权激励合约引入33个工会的18个当中。卡车司机兄弟会的举动威胁到了"我们已经获得的一切"，他抱怨说。

路易斯将股权激励计划实现的关键点押在了奥古斯特身上，虽然他曾在1969年罢工期间公开指责过他，并曾向记者抱怨他"完全没有胜任自己职位的能力"。但在随后的几年里，他和奥古斯特听取了格西的建议，一直尝试着与对方友好相处，如今两人已像朋友般彼此相待。

多年以来，安海斯-布希公司与行业工会的关系总体而言是融洽的。在18世纪末期公司刚刚创建之时，酒厂工人大多为德裔移民，他们是圣路易斯城团结紧密的德裔社区中的重要组成人群，德裔移民也是圣城最主要的啤酒消费者。在那个年代，如果你惹怒你的工人，就会面临失去整个消费群体的危险，因此劳动纠纷总是会被迅速解决。比如在1881年6月[3]，由于管理层拒绝了缩短工时和提高薪资的要求，500名在佩斯特拉齐大街酒厂工作的工人发起了罢工游行。他们每天从清晨4点工作到晚间7点，每周工作7天，月薪为55—75美元。酒厂每天在10:00和16:00为他们提供免费午餐，并且每位工人每天可享用20罐免费啤酒。工人们要求将月薪提高5美元，并希望公司能够在每天早晨6点为他们提供早餐，以及在周日上午获得3小时的休息时间，以便去教堂做礼拜（显然，他们觉得啤酒福利至少是足够的）。在短暂的停工抗议后，他们果然如愿以偿。

然而今时不同往日。在装瓶工罢工进行到第23天时，A-B宣布公司将在非工会"监管人员"的帮助下，重新开启啤酒生产。在奥古斯特的命令下，圣路易斯酒厂让800位文职雇员、会计，以及其他员工投入啤酒生产中来，开始酿造和灌装百威、布希和米狮龙（Michelob）三款啤酒，并将马上进行装运。

奥古斯特心急如焚地希望保证对圣路易斯分销商们的啤酒供应，因为米勒啤酒借这场罢工趁虚而入，让自己的产品如潮水般涌入了这个城市，密尔沃基的某家卡车公司每天运进圣路易斯城的米勒啤酒就高达4万磅。

芝加哥国际卡车司机兄弟会[4]被奥古斯特的胆大妄为震惊了。协会首席协调员称，80多年来，他是第一个敢于在罢工期间启动啤酒生产的酒商。

"这简直像糟啤酒一样令人作呕[5]。"地方1187工会的业务经理阿特·巴霍斯特愤怒地说道。他指责百威逼迫文职人员，"包括打字员在内"来阻断这场罢工，如果他们不参加，就面临被裁的威胁。公司的一位发言人则回应说，公司的员工都非常愿意在日常工作之余赚点额外报酬，并且他们是每 12 小时进行轮岗工作。最后，全美近 3000 名百威的受薪雇员加入到这场酒厂保卫战中来。

当罢工者企图阻止酒厂把啤酒运给各处的分销商时，一些暴力事件也随之发生[6]。A-B 在圣路易斯的主要分销商洛尔分销站的大门被示威者炸开一个大洞，导致一名保安朝人群开了火。洛尔销售经理的妻子还接到了威胁电话，告知她："你丈夫在我们手里。"在圣路易斯郡的灰鹰分销站，一辆满载啤酒的卡车被推翻；一家酒类专卖店的玻璃被砸碎；20 多名罢工者因暴力滋事行为被警方逮捕。

阿特·巴霍斯特援引了一些陈词古调来捍卫罢工者的违法行为[7]，听来很像把 20 世纪前十年处理罢工事件的老旧方法照本宣科地搬来套用。"当一个人发现自己的工作岌岌可危，家人开始饿肚子时，他的行为是会超出常规的。发生在 A-B 的所有事件都是公司自己一手造成的，因为他们企图搞垮我们的工会，他们必须对此承担责任。"

尽管发生了上述种种事件，A-B 还是靠现有受薪雇员保证了 62% 的常规啤酒产量。这令罗伯特·路易斯对卡车司机协会的管理层大为恼火。"国际卡车司机协会让所有行业劳工团体今后面临的处境都发生了改变。"在接受《圣路易斯邮报》的长篇专访时他抱怨道。这篇报道在报纸的头版发布时采用了这样的标题："啤酒行业罢工或将在劳动关系领域引发广泛变革"。

"这场罢工证明工会无法再轻易左右企业管理了，"路易斯说道，"A-B 仿若无事般保证了啤酒的正常生产，也正因为这样，这次罢工事件会激励其他行业的企业管理层改变对劳工组织的态度。从这一点讲，我们认为这是一场失败的罢工。"

情况果真被他言中[8]。7 月 4 日，装瓶工人开始返回工厂，基本上完全接受了当年二月底那份引发他们罢工的合约。这场罢工持续了 95

天，是 A-B 历史上为期最长的工人罢工，导致公司市场份额下跌了 4 个百分点，预估净利润损失达 3000 万美元。然而奥古斯特则认为这是一场重要的胜利，对于公司如此，对他自己亦然。

"工会把我们推到了悬崖边上，"他说道，"他们希望在合同中写明他们有权对生产过程进行干预，并同意或否决任何变更，不顾我们是否可以做到。这样一来就是由他们进行生产管理，而不是我们了。这是他们向我发出的挑战，也是他们第一次在战场最前线与我交手。"

为感谢在罢工期间代替酿酒工和装瓶工完成生产的员工们[9]，奥古斯特向他们每人奖励了 1000 美元津贴，包括 22 股 A-B 股票和 356 美元现金。不难料想，这一做法惹恼了工会雇员，他们认为这不啻于当面打他们的脸。然而他们的情绪于事无补，几周后，奥古斯特向全体股东、管理人员和（非工会）行政人员发表了一封公开信，宣布公司将成立政治行动委员会，取名 AB-PAC*，委员会将"为你我提供有效和切实的方式来团结协作、筹集资金，以统筹划一的形式选举真正愿为这个行业着想，并能够切身支持行业发展的合格政治候选人"。

尽管他声称 AB-PAC 是非强制性和党派中立的，却也特意澄清委员会选举的"合格候选人"不应包括热爱工会的民主党人：

> 多年来，工会和其他利益维护组织在政治选举领域涉水颇深，他们支持特定的候选人，为他们提供雄厚的资金保障。相反，美国的企业在这一领域则重重受限，没有多少可施展的空间。其结果是，自由企业机制，这一我们深信这个国家和其人民未来福祉的根基，长久以来被不断侵蚀着。

---

* PAC 为政治行动委员会（Political Action Committee）的缩写。

工会把这封公开信视作一个警告，预示着 A-B 在未来会愈发对他们设防。公司的一位发言人连忙出面消除这种误解，称奥古斯特的声明与本次罢工毫无关联，提到工会时仅仅是说"对于他们在政治领域所做的贡献表示尊重"。

奥古斯特发现他与工人之间的纠葛是无法轻易了结了。这是一场"留下余伤的罢工"，他在公司的年度股东大会上对股东们说，"他们的情绪是可以理解的，毕竟这件事搞得双方剑拔弩张，如此一来，啤酒生产和工厂的运营就会出问题。所以，平复他们的情绪，让双方达成谅解是至关紧要的。"

他调动各方力量开启了与工人们的关系修复工程，在每间工厂都安排了一系列讨论会，邀请全薪雇员、小时工人，以及他们的配偶参会，请管理团队向他们介绍公司和酿酒行业的历史沿革，并详细解释 A-B 的财务和营销策略。他特派丹尼·朗去缓和局面，因为相较其他管理者，朗的工人阶层出身会更有利于矛盾的化解。"你曾是他们中的一员。"奥古斯特说道。

朗很快发现，工会雇员从未把自己视作公司的一员。在休斯顿举行的一场员工会议上，一些工会工人依然对罢工的处理方式心怀不满，他们集结在一起，站在礼堂后方，没有和非工会员工们坐在一起。这些人并未面露敌意，只是警惕而惴惴不安地站在那里。于是朗从讲台上走了下来，手中拿着麦克风，来到他们中间。

"告诉大家你们到底想要什么。"朗问道。

"被认可，被肯定。"一个装瓶工人回答。

"比如呢？给我举个例子。"

稍作停顿后，另一名装瓶工说："我们需要一个能玩垒球的地方。"

朗心里清楚他们是想找点小麻烦为难他，但他还是回头对工厂经理说："给他们一片场地。"后来，他向奥古斯特建议："我们必须让他们心甘情愿为我们工作，我们和他们需要一个共同的敌人。"

刚巧当时就出现了这样一个劲敌。自 1972 年起，米勒啤酒的年产量从 500 万桶攀升到 1800 万桶。仅过去一年，这家公司的啤酒产量就增加了 500 万桶，是啤酒行业历史上最大的年产增幅，米勒很有可能在来年爬到行业第二的位置，直追 A-B。在菲利普·莫里斯公司雄厚的财力支持下，米勒计划展开一项投资额达 10 亿美元的扩建方案，其中包括在北卡罗莱纳州建造一家年产能达 1000 万桶的巨型酒厂。据米勒公司称，到 1980 年，啤酒的年总产能将达到 4000 万桶。在丹尼·朗看来，"他们就像一辆风驰电掣、载满啤酒的列车一样，向我们迎面冲来"。

所以，他认为米勒刚好是 A-B 需要的外部矛盾对象。他们只需向公司的成员传递这样一个概念：威胁他们饭碗的并不是公司管理者，也不是领到额外薪水的同事，而是米勒啤酒公司。"我们不要再内斗了，我们应该与他们作战！"朗在员工会议上对大家说。

朗后来想到一个主意，让公司向圣路易斯工厂全体员工赠送印有"我要打败米勒"的 T 恤衫。这是一款白色 T 恤，上面印着醒目的红色字母，它很受员工们欢迎，甚至连其他工厂的员工也开始索要这件 T 恤。在被奥古斯特选为助手前，朗负责管理公司的标准化部门，在这里工作的是一群年轻的工效测定专家，他们研究制定一系列相应标准，以保证工厂能够更为高效地运营，并获得更大产能。而在当时，人们用怀疑的眼光看待这些人，认为他们不过是一群"管理工具"，他们的任务就是通过削减工作岗位来降低成本。而如今，在一个"以米勒为敌"的氛围中，大家开始对标准化部门另眼相看，认为他们其实也是团队的一员，与工厂的行业工程师们一起参与对抗米勒的战斗。

米勒的"敌人们"将全国的产能扩大了 20%，并且只用了最少的资金投入。自此奥古斯特将团队合作视为安海斯-布希新时代的关键词。在他父亲统治时期，公司总是被看作一个"家族"，而不是一个团队。

格西就像是一位独断专横的家长，他的至高理念就是"因为我说了算，该死的"——奥古斯特早已领教它所带来的种种弊端。因此团队合作成了他最崇尚的字眼，这种自内心深处涌起的团队精神，融化了他冷若冰霜的个性，令他几乎热泪盈眶。（心理学家或许会说这是因为他在孩童时期非常孤独，从未参与过任何团队运动。）

就在A-B管理层为罢工事件头痛的时期[10]，美国媒体却爱上了米勒啤酒。商业媒体被公司的惊人成长和充满欢乐氛围的电视广告吸引，并无一例外地被米勒的爱尔兰裔CEO约翰·墨菲的魅力所折服，米勒的公关部门盛赞他"成功地将米勒海雷夫（High Life）从香槟桶里拿到工薪层的午餐桌上，而且一滴都没有浪费"。墨菲本人也很享受站在聚光灯下的感觉，他还喜欢时不时抛出一些自己编的名言警句，例如，"每个爱尔兰人都渴望两件事：死后升往天堂和开一家酒厂"。他看起来十分热衷于嘲讽A-B这位挑剔的新老板，还向记者们展示了放在他办公室里的一个取名奥古斯特的扎针草人娃娃，以及办公桌下一张印着A-B商标的脚垫。"我们的目标很简单，"他对《新闻周刊》说，"就是争得第一。"他还暗示说自己心中对这个日子已经有了眉目，只是现在还不便说明。

记者们自然把墨菲的冷嘲热讽转告给了奥古斯特，他像上了钩的鱼一样，火冒三丈（也是值得铭记）地对《商业周刊》的一位记者说："告诉米勒放马过来，但要记得带上足够多的钱。"

奥古斯特一直没有真正认识到与米勒的斗争将有多艰难，直到他开始关注A-B的营销战略时，才恍然大悟。多年来，公司在市场领域所做的事情没有太多变化，那就是用自己的悠久品牌百威来对抗其他的悠久品牌（最初是帕布斯特，随后是喜立滋）+向市场传递一成不变的理念（天然成分、品质保障）+锁定熟悉的消费人群（广大男性啤酒消费者）。这一公式保证了A-B在过去整整20年间维持了行业之王的地位。

然而在格西时代过后，形势已大为不同。最近的研究表明，30%的啤酒消费者实际上消耗了 80% 的啤酒。他们中大部分是 21—34 岁的男性蓝领工人，但年轻的大学生也逐渐加入这一群体中来。与祖辈们不同的是，这些年轻人不再频繁聚集在酒吧里喝啤酒；他们在酒类专卖店和杂货店里买啤酒，然后带回家喝。他们一晚可以喝掉 1000 万提 6 罐装啤酒，通常是在观看电视体育节目时饮用。他们对啤酒的喜好因自身的种族而异。米勒淡啤的成功证明这些年轻人绝不是某一品牌的忠诚拥护者，他们会去尝试新款啤酒，即使是一种有娘娘腔意味的"低卡"啤酒。

这份研究让 A-B 继续推进的最佳市场战略显得愚蠢不堪：那就是依旧面向"男性重度消费者"进行市场推广，在全国性大型赛事举办期间播放品牌广告。因此奥古斯特召令所有销售主管在星期六上午到丹尼·朗的办公室开会。他希望了解百威目前都赞助了哪些体育比赛，以及还有哪些可以赞助。市场人员怯生生地告诉他[1]，所有世界主流赛事——世界职业棒球大赛、美国橄榄球超级杯大赛、周一橄榄球之夜、每周大学生橄榄球赛、NBA 季后赛、斯坦利杯职业棒球锦标赛、温布尔登网球公开赛、莫斯科夏季奥运会、印第安纳波利斯 500 英里赛车都已经被其他啤酒公司买断了，其中也包括米勒。A-B 市场部评估过这些比赛的赞助费用，认为它们太过昂贵，所以没有参与。

此席话令奥古斯特感到震惊和愤怒。他命令市场部人员马上给 A-B 在全美的 950 个分销商逐一打电话，请他们列出自己市场所在地的所有体育比赛，并标明哪些已经被人赞助，赞助者是谁，哪些还没有被赞助，当前赞助费为多少。他要求所有信息在一周内汇总到圣路易斯来。

这场疯狂调研的结果最终在弗吉尼亚州马格鲁德堡的品质酒店中发布，那里距威廉斯堡的布希花园仅几公里远。在酒店的宴会厅里，陈列着排成长方形的宴会桌，奥古斯特和丹尼·朗坐在宴会厅大门正对的主位，每个座位上都放有一张醒目的字牌，其上刻饰着一只从凌霄下冲、俯身捕捉猎物的鹰，以及一行标语："此刻我们需要有紧迫感"。每张字牌旁，还放着一顶棒球帽，帽沿上方印着"ASU"三个字母。球帽和这只引人瞩目的鹰都是朗的主意，它们让这场聚会有了一种战斗的氛围，让人们觉得自己即将赶赴某一战场。从某种意义上说，的确如此。

与会人员对照信息表单逐一浏览各个赛事的情况，广告机构达西-麦克马纳斯-麦西斯广告公司（D'Arcy, MacManus, Masius Advertising）派来的两个媒介采购员在宴会厅角落的一张桌子前负责向外拨打电话。"美国大学生篮球联赛已经被人拿下，那全国天主教篮球锦标赛呢？""多少钱可以买下？"奥古斯特会对每一个未被买下的体育比赛如此发问。如果价格合适，他就会喊道："买下它！""阿拉巴马橄榄球？买下它！圣母诺特丹篮球？买下它！"就这样，从最微不足道的大学橄榄球赛到最不知名的另类赛事（水上划艇、热气球比赛、水球等），奥古斯特都全部买断，在这场为期 4 天的会议期间，他买下赞助权的赛事达几百个，最终发展到几千个。他期望让安海斯-布希的旗帜飘扬在美国各大赛事的赛场中，由此让百威成为一种深入人心的亲切国民品牌。就算只是一场两人三腿跳的套袋跑比赛，上帝啊，在终点线旁最好也有一张百威广告牌。此后，在一些主流赛事的冠名权出现空缺后，他期望 A-B 在各个赛事上都要与米勒一决高下，无论付出什么代价。为了达成这一目标，他把 1978 年的广告预算增加了一倍，提高到 1 亿美元，与米勒宣称的广告投入持平。"对我们双方而言都别无选择，因为我们的战火已经点燃。"奥古斯特说道。

与米勒和其他啤酒公司竞争赛事冠名权的重任，以及与主流体育俱乐部维护关系的职责，大部分落在了市场业务副总裁麦克·罗阿蒂的肩上。幸运的是，他似乎恰好正是此角色的最理想人选。他的人格魅力甚至超越了同样来自爱尔兰的约翰·墨菲。罗阿蒂就是 A-B 特派的司仪，是公司的非官方亲善大使。他的爱尔兰同乡丹尼·朗形容他是一位 shanachie，也就是盖尔语里的"讲故事的人"。他是一个充满了故事、笑话和奇闻趣事的宝藏，是那种每个人都希望他在晚餐时坐在自己身旁的家伙。"这人有一种仿佛能将人催眠的魔力。"一位记者曾这样说。

罗阿蒂凭借他的幽默才华，与同 A-B 合作的娱乐界名流和体育界名人一一相熟，轻而易举地与保罗·纽曼*、罗杰·马里斯**、鲍勃·霍普***这样的人物都成了朋友，鲍勃·霍普尤其和他走得很近。"他就是负责管理关系资产的人，"他的好友朗多年后笑呵呵地回忆说，"我自己一直忽略这些，奥古斯特则完全无法忍受与别人套近乎，然而麦克乐此不疲，而且他的确精于此道。"

然而，事实是米勒淡啤的风头令人吃惊而又确凿无疑地盖过了百威。在 1975—1976 年间，米勒推出了自己的新款"低卡"啤酒。奥古斯特和 A-B 的一些高管对淡啤的理念嗤之以鼻，坚称公司绝不会推出低卡啤酒与其竞争。"我们认为我们的啤酒不会令人发胖。"酿酒业务副总裁安德鲁·斯坦霍布说道，继而又复述了一遍公司的至理名言，称啤酒令人增重的主要原因或许是由于它刺激了人的食欲，但与酒水自身的卡路里含量无关。奥古斯特向管理团队打包票，说米勒一定会败下阵来。

结果是后来米勒淡啤却获得了极大的成功，在投入市场的第一个整年，就创下了 500 万桶的销量，这令 A-B 备感尴尬，颜面扫地。为应对局势，A-B 在 1977 年也推出了两款淡啤——百威天然淡啤（Natural Light）和米狮龙淡啤（Michelob Light）。不过由于管理层此前对低卡啤酒的冷嘲热讽，这一举动被视为疯狂获取最后一杯羹的可笑行为。

米勒向联邦贸易委员会（FTC）提请禁止百威天然淡啤的销售，滔滔不绝的说辞也不亚于对手[12]，他们抱怨百威这款新啤酒的名字对自己的淡啤商标造成了侵权，称自己对"淡啤"和"清啤"的品牌字眼享

---

* 即 Paul Newman（1925—2008），美国著名演员、赛车选手、慈善家。
** 即 Roger Eugene Maris（1934—1985），美国著名棒球运动员，纽约洋基队外场手。
*** 即 Bob Hope（1903—2003），美国著名喜剧演员。

有独家使用权。按米勒的说法，自己投资数百万美元打造的淡啤品牌被A-B占了便宜。

A-B立即还击，指责米勒在为Lowenbrau这一品牌进行广告宣传的时候有欺瞒行为。Lowenbrau在德语里是狮牌啤酒的意思。自1974年起，米勒开始进口有600年悠久历史的德国啤酒品牌——狮牌啤酒，希望借其与A-B的米狮龙竞争高端消费市场，并且也趁机打出一张传统牌。两年后，米勒开始在得州沃思堡市的工厂自行酿造狮牌啤酒，并继续以进口价格销售。得州狮牌啤酒与它的德国母版啤酒有些差异，它的成分中含有玉米糁和两种化学添加剂，这些成分在德国是违反酿酒法的，德国本土要求啤酒的酿造成分中只能含有水、酒花、大麦和酵母。

A-B的市场主管们嗅到一个极佳的机遇[13]，他们调动公司律师团队和弗雷斯曼-希拉德公司的公关力量，计划发动一场令米勒陷入尴尬境地的媒体推广活动，借此击垮竞争品牌狮牌啤酒，让米勒因FTC申诉自食其果。在对奥古斯特进行方案演示时，市场部详细解释了自己的计划：他们打算向每家合法媒体机构和A-B分销商都寄送一份米勒的指控书副本，并附上一份近90页的调查报告，其中详述了米勒借虚假广告和啤酒商标误导美国消费者相信自己购买的是一款"获得过6次国际金奖的德国进口啤酒"。若哪位记者质疑此事，他们就会寄给对方一箱6罐装得州狮牌啤酒，这样他们就不难发现，必须用放大镜才能看出商标和包装箱上的"得州"字样。总而言之，公司高官们相信这场战争必定会起到作用，狮牌啤酒的购买者们也会勃然大怒，因为他们是一群受过高等教育的富裕阶层人士，对于愚弄行为一定不会容忍，更不会轻易忘记。

奥古斯特对这个想法喜出望外。"那我们就给他们来一记重拳出击！"他对员工们说。随后他询问律师们："你们怎么看待我们向FTC发起的这份对米勒的控诉？"他们告诉他："完全无用，FTC不会理会他们的。"

然而，媒体对此事却不会无动于衷。A-B 天女散花般地向众多媒体寄送了数千包资料——"我感觉我们当时的邮费创下了世界纪录。"弗雷斯曼-希拉德公司的一位前员工说道。没多久，200 多篇针对此事的报道就出现在了各大报刊上，其中最犀利的一篇来自美联社，在这篇报道中，报社引用了狮牌啤酒慕尼黑总部一位高管的话，称公司对其美国合作伙伴的行为感到非常失望和尴尬。不到一年，狮牌啤酒彻底退出了美国市场。

随后，两大啤酒巨头又展开了法律诉讼拉锯战[14]，用相似的套路向彼此的软肋开火。米勒向美国酒精、烟草与火器管理局（ATF）指控 A-B 用虚假广告将米狮龙包装成低卡啤酒，称包括米勒淡啤在内的大部分淡啤卡路里含量只有 100 左右，是常规啤酒热量的 1/3。而米狮龙淡啤的卡路里含量达 134，仅比常规款米狮龙啤酒卡路里含量低 20%。除要求管理局禁止 A-B 继续将米狮龙淡啤作为"淡啤"品牌推广外，米勒的律师们还自作聪明地把矛头指向了 A-B 的酿酒工序："我们很清楚，安海斯-布希生产米狮龙淡啤的方式就是在常规米狮龙啤酒中掺入苏打水。尽管他们销售的是稀释的啤酒，但价格却丝毫未降。"

对此 A-B 法律团队诙谐地回应道："我们实难理解对于误导消费者的指控，因为罐装和瓶装米狮龙淡啤上都清晰地标明了：卡路里含量 134，较常规款米狮龙啤酒热量低 20%。"

米勒随后向 A-B 发起了疯狂总攻[15]，提请 FTC 禁止 A-B 再宣称自己的产品是"天然饮品"、经过"自然工序发酵"或所有成分"都是纯天然的"。米勒指责 A-B 每年在酿酒过程中使用了 80 万磅单宁酸，而他们引以为豪的山毛榉木发酵工艺就是将"经过化学处理的木料倒入发酵桶中"。"像 A-B 这样的酒业巨头和主流广告机构竟被允许通过广告宣传误导顾客，实属对广大消费者的侮辱和不敬。"

米勒这种幼稚园级别的指控，就像一个人站在家里的某个小孩面前，对其他孩子说他的妈妈是妓女一样。但米勒随后又锲而不舍地提交了一份由三位营养学家撰写的报告，其中指出，A-B在其广告宣传过程中确实进行了刻意误导，因为天然食品的定义是"在收割之后仅经过最少处理工序的食品，以及不包含化学添加剂的食品"，比如牛奶和洗过的水果。

A-B还击米勒，称他们的指控是"一场毫无事实依据的公然无理取闹[16]，是对我们酿酒工序的刻意诋毁"。并指出A-B在酿酒过程中使用的单宁酸是在许多食物中自然生成的物质，比如谷物、葡萄和茶叶。而且公司使用的山毛榉木屑也并未经过化学处理，只是在加入发酵桶前，用小苏打水冲洗过。

在最后一回合的交手中，A-B也发起了一次愚蠢的滑稽指控，他们向美国证监会控诉米勒海雷夫的商标有问题，因为这款啤酒的商标上依然写着"啤酒中的香槟"这句广告语，这显然是对消费者的误导，因为"这款啤酒并不具备香槟的任何品质"。尽管两家公司你死我活地向彼此投掷了无数份指控，FTC和ATF都没有对他们采取任何行动。

1978年，米勒收获了漂亮的销售业绩单，年销售量突破3130万桶，较上一年增加了700万桶，市场份额也攀升到19%。然而，这份成就背后的代价投入也是惊人的，据米勒年报显示，菲利普·莫里斯自1972年以来，投在酿酒业务上的资金高达40亿美元。

安海斯-布希蝉联了第21年的行业冠军头衔，年销量达4100万桶，市场份额也增长到24%。然而尽管在销量上超出米勒1000万桶，金融媒体则普遍认为，其实是米勒赢得了这场战争。

《福布斯》杂志也发表了一篇尖酸的文章，其旁边的配图是一只布满蜘蛛网的老式样百威酒瓶，"6年来[17]，墨菲的米勒终于全方位地战胜了圣路易斯的安海斯-布希"。文章将奥古斯特和他的管理团队描述为"自大"和"骄傲自满"的，称A-B只是打了一场典型的防守反击，挣扎着躲避米勒投来的枪林弹雨，而没有占据主动权。曾经嘲笑格西古板守旧的《福布斯》如今又嘲讽起奥古斯特对体育赛事的执念来，认为他的举动有些"应激过度"了。

了解奥古斯特的人都不难想象，当记者逼迫他承认自己"错失良机"时，他是怎样地坚决否认和嗤之以鼻。（尽管这篇文章最终的标题就是"我们错失了良机"。）

丹尼·朗也被迫做出了尴尬的辩解："我们一直没把米勒当回事，但如今我们不再小瞧他们了。"《福布斯》的文章称当他读到关于米勒和A-B对战的文字时，愤怒地大嚷起来："他们说米勒富于创新意识，他们的广告也具有开创性，他们的产品带来了新的市场版图，他们的市场份额在不断扩大。难道我们不也如此么？在过去的12个月里，我们推出了更多新产品，打出了更多新广告，在市场业务中投入了更多人力，并且比公司历史上任何一个时期都要卖命工作。"

（这篇文章发表后风波四起，奥古斯特向弗雷斯曼-希拉德公司下令："从今以后绝不能再与《福布斯》杂志打任何交道[18]。"此后8年，弗雷斯曼的公司都遵守了这项禁令，后来公司的一位推销员向《福布斯》提供了A-B的一些公开信息，结果被奥古斯特开除了。）

《新闻周刊》对奥古斯特和A-B的报道则相对公平，他们报道了奥古斯特应对敌人的竞争策略，并捕捉到了他言语间的志气。"米勒确实是一个劲敌[19]，"奥古斯特说道，"他们是市场高手，对此我们表示欣赏。"然后，他用冰冷的眼神盯着记者，一字一顿地说，"但我们依旧会是第一。"

第十二章　老树新芽

在被董事会扫地出门后的4年里，格西依然有规律地来公司上班。他三层的办公套间里，一切依然如故，墙壁上还悬挂着阿道弗斯和奥古斯特·A的巨幅画像，房中依然摆放着那张深色的折叠式桃花心木办公桌，在过去的70年间，他和他的父亲都曾在此悉心耕耘。他每次到达公司，一走出电梯，就会让所有人知晓他的存在，通常是通过吹响一个赛马号角般的电动喇叭，或者同样嘹亮地大喊："奥……古……斯……特！"不是把人们吓得魂飞魄散，就是让奥古斯特恨得咬牙切齿，对此他从未失手。

在外人面前，父子俩尽量友好客气[1]，奥古斯特在他的一些公开致辞中，还一反常态地歌颂起父亲的丰功伟绩，感谢他为公司所做的巨大贡献来。然而在内心深处，两个人都对彼此深怀怨恨。1974年，奥古斯特与维吉尼亚·威利结婚时，格西没有参加婚礼，在奥古斯特看来，他对自己的两个孙辈也漠不关心。与维吉尼亚结婚后，他们有了两个孩子，1975年，斯蒂芬·奥古斯特出生；1979年，女儿维吉尼亚·玛丽也来到了人世。当一位在A-B工作多年的高管建议奥古斯特"或许现在你应该和你父亲修复关系了"时，奥古斯特愤怒地瞪着他说："到今天为止那个人还不知道我孩子的名字。他见到这两个孩子时，完全不知道他们是谁。"还有一次，奥古斯特派人传信到格兰特农场，告诉格西，公司不准备批准他改造 Bauernhof 农庄的计划，结果格西突然暴怒，猛地抓起电话冲奥古斯特嚷道："你算是什么狗东西，什么时候轮到你对我指手画脚了！要是我再看见你，我会一枪打死你！"

对奥古斯特而言，幸运的是格西把大部分时间与精力投注在了对红雀队的管理上。对红雀队而言，不幸的是他在这里做的主要事情就是与人们斗争——包括马文·米勒、球员协会、其他联盟棒球俱乐部、职棒大联盟主席、联盟首席劳动关系协调员（他真想让他们都滚蛋）、棒球经纪人鲍伊·库恩（也包括这人在内），以及他自己的球员。

而红雀队的战绩也已大不如前，队员中只有卢·布洛克的表现还尚与 1960 年代的鼎盛水准相近。因此格西被迫让球队经理，自己多年的好友兼猎鸭伙伴雷德·施诺恩迪斯特离开了俱乐部。球迷们依然怨恨他卖出斯蒂芬·卡尔顿这件事，卡尔顿后来成为棒球史上最伟大的投手之一，在其职业生涯中共获得 4 届赛扬奖。球迷和圣路易斯的体育记者们认为，如果卡尔顿没走，红雀队在 1970 年代至少也能拿下 4 个分区冠军头衔。没有卡尔顿的红雀队自 1978 年赛季中旬起，就和纽约大都会队一同开始垫底，这是球队 50 年来表现最差的赛季。

格西又一次雷霆暴怒[2]，但这一次他没有带一队记者冲进更衣室，而是向球队管理团队发送了一份公开信，从这信的口吻来看，它更像是出自他的秘书玛格丽特·斯奈德之手，而不是来自某位公关人员。他痛斥球队的整个管理层，"连捡球童都不如"。

"该死！我快被你们气疯了！"格西说道，"我再告诉你们一次，我绝不会容忍你们向世界上最忠诚的球迷们奉上这种烂成绩，绝不容忍！我的意思是……希望你们听清楚了：老鹰、老板、格西——不管人们怎么叫我，总之你们让这个人很不开心！我已经厌倦听到各种借口了。你们不应该再向资质优异，却经常出现大脑短路般失误的球员发薪水……我自己在比赛中就没见着几次扑垒，对方的二垒手经过双杀后被踢到左外野，球员们形成人墙，防止……你们在挑战我的耐心……当年我向安海斯－布希公司建议收购红雀队的时候，可没想到25年后它会迎来历史上最糟的战绩。我想我已经把自己的意见讲得够清楚了，为了大家好，我恳请各位努努力，让局面扭转吧。"（结果事与愿违，红雀队在该赛季得了倒数第二，仅比垫底的纽约大都会队高了一个名次。）

而这次圣路易斯的体育记者们也没有一边倒地站在格西这边，歌颂他对球队的训诫指导。《圣路易斯环球民主报》专栏作家里奇·科斯特认为格西的所言所语是对球队的"恶意中伤"[3]，并在文章中搬出些许体育相对论来批判这位认为"当第二名就一文不值"的人。"红雀队的价值并不在于输赢，而是享受比赛"，"然而他们的老板是啤酒行业的老大，他的输赢观和体育比赛的本质背道而驰，在他看来，输掉比赛就等于彻底失败"。

格西出现在公司的时候，显然还没听到人们的风言风语，议论着百威啤酒——这个他祖父和父亲在103年前推向世间的品牌，安海斯－布希王朝的奠基石，布希家族子孙赖以生存的土壤，以及他生命的主要动力，正在走向衰亡。百威啤酒的销售业绩当时已乏善可陈，未来属于自然淡啤和米狮龙淡啤这样的新兴品牌。年轻一代对自己父辈喜好的啤酒不再热衷。百威战车已经走向迟暮。

最终是丹尼·朗从他手下的年轻销售员和市场经理那获知了上述议论。在啤酒行业里，通常如果某一品牌开始凋零，那么它的最终结局都是必死无疑。年轻的业务员们认为百威无疑也会步帕布斯特蓝带和喜立滋的后尘，所以公司应该把资金和市场资源都投注在新品牌上。

朗不同意他们的观点。诚然A-B的两款新推出的淡啤品牌在市场上销量可观，在投入市场第一年均获得了250万桶的销量，而百威的销量则滞留在每年 2200 万桶的水平。但百威依然是世界上销量第一的啤酒，朗怀疑问题出在市场策略上，而不是来自啤酒本身。据他观察，在美国只有少数几个品牌能享誉世界——可口可乐（Coca-Cola）、好时（Hershey）、李维斯（Levi's）和金宝汤（Campbell Soup）——他认为百威也可以成为其中的一员。因此，当一位业务员问道："我们该怎么处理百威呢？"他的答复是"我们给它注入新的生命"。

他的想法是通过印刷广告和电视广告向蓝领阶层消费者渗透品牌形象。除在体育赛事中进行宣传外，"百威的名字还必须出现在每辆公交巴士上"。朗对市场团队说，"虽然那里不是人们喝啤酒的地方，也不是可以买到啤酒的地方。但是百威的形象必须出现在人们的脑海中，必须处处萦绕在人们心里。最后，我们要让'来一杯百威'成为大众的普遍习惯，成为一种生活习俗。"

把这个任务交给了达西-麦克马纳斯-麦西斯公司，这是一家圣路易斯本地的广告公司，自 1915 年起就开始为百威服务了。达西可谓是伴随着 A-B 成长起来的，两家企业血脉相连，休戚相关。达西的 CEO 詹姆斯·布希·奥特维是奥古斯特的大表哥，并长期担任着 A-B 的董事。詹姆斯的父亲珀西·奥特维娶了格西的姐姐克拉拉，此前也曾担任达西的 CEO 和 A-B 董事。经过多年的努力，达西广告凭借为布希家族和 A-B 所做的工作，成为了享誉全美且最具创意的广告公司。在 1970 年大获全胜的广告宣传活动"唤起百威（唤醒一切）"就出自达西的手笔。近年来，詹姆斯又在说服董事会成员追随奥古斯特一事上出了不少力，可谓功不可没。

朗希望推出一场全新的百威宣传活动，主题是"向美国的工人阶层致敬"。他知道这样又会被人批评是搭上了别人的顺风车，因为米勒早已打出了工人阶层牌。但他认为米勒的想法虽然好，但啤酒品质实在不如百威。正如他常常在员工会议上所讲的，"我们不搞那些华而不实的东西。我们也从不争做行业的宠儿，我们只是持续地迎接挑战、战胜挑战"。达西广告接到的要求是，新的推广活动要像"唤醒百威"那场宣传一样"全面而深入"，也就是说它必须是一场传递百威品牌灵魂的活动，在后续几年中一直有持续影响，而不能只是一支短时期红火的电视广告。

奥古斯特之前一直没理会过品牌推广的事务，直到这次广告公司和市场部门的人向他和丹尼·朗演示了第一批方案图版，他才对此开始关注。他极力支持这次推广的构想，那就是在画面中展示各行各业人士在普通工作日的场景，在一天结束的时刻，他们都会犒赏自己一杯冰镇百威啤酒。从策划主题看，这确实是借用了米勒时光的概念（"若您有空闲时光，我们将为您奉上芳醇的美酒"），但奥古斯特在十几个广告语中选中了下面一条："百威，敬你付出的一切。"他认为这句广告语堪称完美：既引人关注，又简洁明了，在概念上也具备绵延内涵。

自那时起，他开始切实参与广告策划，告诉人们他希望在宣传中看到的元素，并强调一定要选择现实生活中的人，而不是演员来参演广告。因此，第一支广告在休斯顿的一家肉类加工厂里启动了拍摄，画面的主角就是正在工作的工厂工人。在此后的一系列广告中，选用的主角分别是建筑工人、卡车司机、屠夫、酒吧侍者，以及农夫。按照奥古斯特的意思，展示在广告中的百威全部是12盎司的瓶装式样，而不是现实中多次被人购买的罐装款。他认为经典的瓶装百威看起来更精美，并且更具备传统含义，况且他曾祖父当年打造的也是"瓶装啤酒之王"。他还相信瓶装百威可以给消费者带来更为优雅、细腻的口感和消费体验。为使宣传更加贴近蓝领消费者，他还特意邀请了一组工厂雇员观看达西广告的方案演示，并鼓励他们勇敢说出对方案的看法。

奥古斯特这种事无巨细的参与令达西广告的创意团队非常抓狂，然而通过这场协作，最后诞生的广告宣传却成为有史以来最有效和令人难忘的推广活动。"百威，敬你付出的一切"被公司沿用了10余年，加之配套的数十支电视广告，使其成为在美国最为深入人心的广告语之一，如同金宝汤的广告语"嗯，真美味"一样。

最重要的是，广告宣传推出后，立即刺激了百威的销量，在第一支广告播出后的18个月里，销量就增加了1000多万桶。

达西广告还负责了百威天然淡啤的推广工作，他们打出一系列纸媒和电视广告，专门和米勒淡啤针锋相对，用麦克·罗阿蒂的话说，目的就是"把他们赶出密尔沃基的大门"。在其中的一支纸媒广告中，画面一边是一罐百威天然淡啤，旁边的配文写着"酿造成分：水、稻米、啤酒花、大麦和酵母"，画面另一边则是一罐米勒淡啤，配文则是"酿造成分：水、玉米糖浆（葡萄糖）、啤酒花提取物、藻酸丙二醇酯、淀粉葡糖苷酶和焦亚硫酸钾"。

对于电视广告的策划，达西广告和罗阿蒂的市场团队想出一个点子，那就是借米勒自己的广告让对方出丑。在选角时，他们特意找来了米勒当年拍摄"卓越口感，超低热量"这则广告时聘请的那些体育名人。除棒球名将米奇·曼托外，他们还签下了迈阿密海豚橄榄球队的前中后卫尼克·布诺尼柯蒂、前重量级拳击赛冠军乔·弗雷泽、纽约洋基队前投手"鲶鱼"亨特，以及NBA的前明星球员沃尔特·弗雷泽。上述名将被安排参加一场系列专访，每人30秒钟，笑星主持人努姆·克鲁斯比负责采访"五位体育大师"为何放弃米勒淡啤而选择了百威天然淡啤（每位名将还签署了一份宣誓书，证明他们是在盲选的情况下，在米勒淡啤和百威天然淡啤中选择了后者）。

罗阿蒂在美国大学生篮球联赛（NCAA）决赛期间首次发布了这则广告，NCAA是一片商业广告竞相争夺的沃土，此前被米勒买断，如今被A-B以天价争下了广告投放权，此时A-B已赢得了1984年洛杉矶奥运会的赞助权，并在甲级棒球联赛的26支队伍中，获得了20支球队的赞助权。

菲利普·莫里斯公司的发言人指责 A-B 的这则"弃暗投明"式的广告是典型的卑鄙抄袭行为:"无论大家怎么看,百威在'敬你付出的一切'这场广告宣传中绝对窃取了'米勒时光'的主题概念。从任何角度讲,他们都违背了市场竞争的秩序。"

A-B 的胜利转圜让罗阿蒂喜不自禁。"体育名将是美国人心中的英雄,米勒很聪明,选择启用前体育明星们担任广告片主角,"他嬉皮笑脸地对一位记者说道,"但是这种点子不至于只能被米勒独家选用,难道说对于一个广告主题他们也享有特许经营权?估计没人能认同这种观点。"

1980 年 10 月,奥古斯特兑现了他在 1962 年对丹尼·朗许下的承诺,两个人果然一同高升,总裁助理的丹尼·朗被提拔为公司总裁。两个月后,A-B 如今的两位掌权人、格西、酒厂管理者,以及工人们再次聚集在灌装车间,按惯例共同见证了第 5000 万桶啤酒的诞生。

"这是非同寻常的一桶啤酒,"朗指着专门为这场仪式设计的镀金酒桶说道。"在安海斯-布希 128 年的成长历史中,这是最重要的一刻。"奥古斯特对众人说,之前他特意想尽办法请他父亲也出席了仪式。当奥古斯特用一把金槌将橡皮塞敲进那只充满纪念意义的百威酒桶时,老人脸上堆满了骄傲的笑容。奥古斯特试了 3 次才把橡皮塞敲进酒桶,啤酒泡沫溅了他一脸,他拿一块手帕擦了擦脸,诙谐地说:"世界上没有比用这个来洗澡更愉快的事了。"看起来衰弱苍老的格西没有致辞,但当人们唱起古老的德国祝酒歌《Ein Prosit》时,他也满怀激情地同大家一道唱了起来。

5000 万桶的产量意味着 A-B 在产能上已超出米勒近 1300 万桶,其市场份额也已增长到 27.8%。相反,米勒的营业利润跌了 20 个百分点,经过 5 年苟延残喘的奋斗,市场份额也仅仅上升了 0.03%,到达 20.7%。

这辆曾经风驰电掣的货车如今成了一只艰难腾挪的蜗牛。

奥古斯特早已不把与米勒的对抗放在心上。最近他终于完成了自己期待已久的公司重组,安海斯-布希母公司,即新的安海斯-布希集团股份有限公司被设置在特拉华州,原有的安海斯-布希股份有限公司作为集团全资子公司进行运营。这一全新的架构"会令安海斯-布希日益壮大的多元化经营模式更为清晰地发展下去",他说道。他的多元化计划和祖父奥古斯特·A在禁酒时期的经营想法近乎如出一辙,那就是极力扩张A-B已经形成局面的一切业务,包括主题公园、度假场所、休闲活动、房地产、非酒精类饮料、零食,以及烘焙产品。与规模更大、业务更为多元化的菲利普·莫里斯公司对战后,奥古斯特清楚地意识到,仅仅力图去做最大的啤酒巨头,已经无法保证公司的持续发展和独立地位。在得力干将丹尼·朗和麦克·罗阿蒂的支持下,他认为如今他必须把全部精力投注在"多元化创新"方面了,他希望借此将公司壮大到他的祖辈从未企及的高度。

无独有偶,82岁的格西也宣布了自己的一个创举。1981年3月15日,在佛罗里达圣彼得斯堡市举办的一场私人派对上,他向40位客人宣布,自己最近已经秘密再婚。第四位布希夫人是一位64岁的寡居女士,也是A-B历史上第一位女性董事会成员,她就是格西16年来的私人秘书——玛格丽特·斯奈德。

第十三章 "告诉我，我是一个蠢货"

1981年初夏的一天，A-B酿酒业务副总裁兼首席酿酒师安迪·斯坦霍布[*]正与一组分销商代表召开每年数次的总部汇报会议。请A-B全国分销商代表每年来总部进行汇报的想法，是奥古斯特的主意，这确实是一个好点子，然而有时会议也会非常冗长乏味，比如正在进行的这场。

斯坦霍布发现奥古斯特对此也有同感，因为他已经离开了自己的座位，正在屋子后方来回踱步，似乎对这场汇报心不在焉，心里显然想着其他事情。突然间，奥古斯特走到了他身旁，俯下身小声说："我想让你设计一个酒方[1]，我们打算酿造一种新啤酒，名字叫百威淡啤（Budweiser Light）。"随后，又回到后边踱步沉思去了。

5年多来，看到米勒一直独霸淡啤市场的奥古斯特，如今终于下定决心让百威也在这个市场上与其一决高下，他已做好准备，打算利用百威的声誉和传统优势参与这场战斗。会议结束后，斯坦霍布走到奥古斯特踱步的位置，把一张手写的字条放在了他身旁的桌子上。

"这是什么？"奥古斯特问。

---

[*] 即安德鲁·斯坦霍布。

"就是你要的酒方。"

"你这么快就写好了?"

"是的,这不需要太多时间。"

"我什么时候可以喝到这种酒?"

"九月的第一天我就能把它拿给你。"

斯坦霍布知道自己接下来的几个月日子不好过了。尽管他负责设计酒方,但最终必须由奥古斯特来决定百威淡啤的口感。在奥古斯特还没有获得自己满意的口味前,他会让自己一直如坐针毡。

公司里的很多人一直很怕奥古斯特品酒。他实际上就是公司非官方的首席品酒师,9间工厂酿的酒他都要把关。"如果他尝到了自己不喜欢的口感,那么整个生产链条上的人都会被训斥。"一位在A-B工作多年的高级主管说道。

百威在每家酒厂中都设有一间品酒室,每天下午,5—7位酿酒和发芽*部门的工作人员,会随同品酒师和其下属到此品酒,并记录下各间酒厂中每种酒的口感。此外,这些人还须品鉴每款产品的不同特质,并检查各间酒厂在酿造同一款酒时是否存在偏差。他们的任务绝对是艰巨的,每年要保障1亿桶酒以品质如一的口感卖给消费者。

当然,出色的品酒师可以发现普通啤酒消费者无法察觉的口感差异。安迪·斯坦霍布的品酒团队在老酿酒屋的220房间工作,据说他们可以通过每瓶百威啤酒的水质差异,判断出它是在哪间工厂生产的。

奥古斯特被公认为公司最优秀的品酒师之一,尽管他还没达到登峰造极的地步。他能品出一杯啤酒是5天前酿成的,还是15天前酿好的。"很少有人能超越他的品酒能力。"A-B的一位前管理人员说道。丹尼·朗

---

* 发芽(malting)是酿酒过程的前期工序,发芽的过程包括大麦泡水、长芽、烘干、麦芽,即让大麦中的淀粉在成为麦芽的过程中糖化,从而有利于发酵的进行。

也认为:"他在这方面是一位天才,他规范了我们的酿酒标准。"

奥古斯特也严格执行着自己制定的标准。圣路易斯以外地区的酒厂经理们经常会遭遇突然从天而降的奥古斯特,只要他一驾到,他们就明白当天必定在品酒室有一场品酒表演了。通常他会召集近20个人,要求酒厂从冷藏室取来一批啤酒,比如纽瓦克工厂周二生产的百威啤酒,随后令每个人都啜饮几小口,并记录下相应的口感和问题。他会考量每个人的品鉴结果。如果谁没有关注到他自己记下的内容,那么就是出了差错。

奥古斯特走到哪里,品酒工作就得进行到哪里。比如,在出差期间,与分销商们召开了一整天漫长的会议后,他会让随行人员叫酒店从酒吧送来一些啤酒,并带着孩子气的热情要求大家:"咱们来尝啤酒吧!"酒被呈上,测验于是再次开启。假如他去的是百威并未在当地设厂的丹佛,那么他就会下令从休斯顿运来当天酿造的啤酒进行测验。

"他全心全意地热爱这件事,"公司的前销售业务副总裁麦克·布鲁克斯说道,"因为他的投入、敬业和视品质如生命的精神,公司里的其他人也意识到,产品的品质才是维持业务活力的法宝。"

身为一个独立的啤酒检验官,奥古斯特还对啤酒商标上的日期标识格外留意。这些标识不仅显示了啤酒的生产地点,还标明了生产日期,以及从生产线上撤下来的15分钟间隔。由于啤酒的质感随时间的推移会发生不小变化,A-B设置了一条严格的规定,要求任何超过105天的啤酒都必须从分销渠道和零售货架上撤下来进行销毁。若是奥古斯特发现哪个地方有过期啤酒在销,当地的分销商可就要遭殃了。

"谁都知道说不定哪天奥古斯特就会突然打来电话,告诉自己他发现自己销售地的啤酒有些问题,并必须马上来处理这事。"布鲁克斯说道。

安迪·斯坦霍布还记得在某年的一个星期六早晨,他在家中接到了奥古斯特打来的电话，当时距圣诞节只有几天时间了。

"昨晚我在圣路易斯喝到了一些相当糟糕的啤酒，"奥古斯特对他说，"所以我现在希望你到农场来，在来的路上请你在4个不同地点停一下，并在每处都买一箱6罐装百威，我们一起来品尝它们。"

斯坦霍布于是狼狈地带着几箱啤酒驱车30英里赶到了车叶草农场，但是他和奥古斯特却都没品尝出这些酒有何异常。"但是那天晚上我喝的啤酒绝对不是这样的。"奥古斯特说道。这时斯坦霍布开始朝酒柜下方盛啤酒的冷柜中看去。他取出了两瓶俄亥俄州哥伦市酒厂生产的百威。"给我看看。"奥古斯特说，他拿起酒瓶，开始检查商标上的日期标识，结果惊恐地发现，这些酒竟是4个月前生产的。他转身对在厨房中忙碌的妻子说道："金妮，这些过期啤酒是从哪里来的？"她却连头都没有抬地回答他："亲爱的，你知道我从来不碰你那些啤酒。"

奥古斯特意识到他自己现在也犯了错误，任由家里啤酒的保存期超过了规定时限。"你一定认为我是一个蠢货吧。"他对斯坦霍布说。

"不，我没有。"

"不，你一定是这么想的。我希望你能告诉我，我是一个蠢货。"

"不，我绝不会那样做的。"

"你要不说我是一个蠢货，今天就别想离开这里。"

斯坦霍布意识到奥古斯特说的是真的，这是他的一种笨拙的道歉方式，因为他让自己在周末假期里浪费了整整3个小时来到这里。所以他屈服了，"好吧，你是一个蠢货"。

"太好了。"奥古斯特大笑着说。

斯坦霍布和他的酿酒团队在酿酒屋后面的一间小酿酒坊里，开始了百威淡啤的研制工作。他们的任务是酿造出一款爽口、浓郁的啤酒，让人体会到一种有冲击力的口感，迅速产生，并迅速消失，不留余味。这种酒的酿造成分只能包含水、稻米、大麦、啤酒花和酵母。换言之，它与百威的配料近乎完全相同，但包含的热量却要比百威低 60%，所以研制的难度就在于此。

若想酿造一款低卡啤酒，就需要将糖化过程中产生的糖分降低，由此也会令发酵过程中产生的酒精量减少。大多数啤酒消费者根本没有意识到卡路里含量和酒精含量之间的关联。斯坦霍布估计，以天然方式酿造的百威淡啤，酒精含量最高应该在 3% 的水平，而米勒淡啤的酒精含量则是 3.2%，他们是在化学添加剂的帮助下实现了这一含量。尽管这种差距微乎其微，却也可能让百威陷入竞争劣势，因为"低酒精含量"对大学生们而言绝不会是受欢迎的特质。

由于酒精会令啤酒花和大麦的味道更为丰厚，如果在酿造过程中减少酒精含量，那么啤酒的口感也会降分。和 A-B 的各级人员一样，奥古斯特认为米勒淡啤的口感过于单薄。因此斯坦霍布在为百威淡啤设计的酒方中，增加了啤酒花的用量，以保证啤酒口感。而与能营造甜味的大麦芽相反，啤酒花会产生苦味。这种相对的苦味，或者说"啤酒花味"，在酿酒领域也有公认的限制标准，那就是"国际苦味指数（International Bitterness Unit，IBU）"。IBU 指数越高，酒的口感越苦。当时，大部分欧洲啤酒的 IBU 在 20—45。百威啤酒的 IBU 是 15，而对于百威淡啤，斯坦霍布将 IBU 提高到了 17，这是一个潜在的问题，因为奥古斯特不喜欢偏苦的口感。事实上，只要他每次品尝出百威的苦味略微提高，发现酒花的含量增加了，就会抱怨自己的前额部位有一种眩晕感，用他自己的话说，那是一种"上头的感觉"。*

很多经常陪奥古斯特品酒的员工见识过他的"上头"经历。每到这时，他的脸色总是变得绯红，随后眯起眼睛，紧蹙双眉，用食指和拇指

---

* 奥古斯特最后发现不是啤酒花导致他头痛，而是一些破碎的次等稻米引起的。——作者注

不停揉搓自己的额头。然而，同样有这种经历的只有丹尼·朗。"或许因为是他教我品酒的。"朗说道。据他描述，这种感受是一种盘踞在眉毛和额头之间的头痛感。不过，朗也只体会过一两次这种感觉。并且大部分随同奥古斯特品酒的人认为那是他自己的幻想。每次看到他的表演，他们都会在背后挤眉弄眼，然后嬉笑着说："是的，老板，我们也有您说的上头感觉，就像宿醉一样。"

经过一个月的修改调整，斯坦霍布和他的团队终于向品酒团奉上了第一杯百威淡啤样品。220房间的品酒师们认为它还需要些许完善，但是已经基本接近要求了。

"总的来说，它是很棒的。"奥古斯特说，"干得好，小伙子们。这款酒的口感非常清爽，味道非常棒，并且不会在口中留下余味。"随后，他又问起一个斯坦霍布早已预料到的问题，"不过它有些苦，IBU是多少？"

"17。"斯坦霍布只能坦白。

"为什么这么高？"奥古斯特问他。

"我想让酒的口感更醇厚些。"

这一次奥古斯特没有抱怨自己有上头的感觉，或许是因为没有其他人抱怨说酒的口味偏苦，他也并未让斯坦霍布降低酒花用量。不过在随后的几周里，他用其他方式开始向他施压。麦克·罗阿蒂告诉斯坦霍布，奥古斯特说自己有些担心IBU的数值。"他不喜欢那么高的IBU。"罗阿蒂告诉斯坦霍布。奥古斯特把酒的一些样品送到了沃顿商学院，请拉塞尔·阿柯夫教授的团队协助调研。他们在当地的一间酒馆进行了测试。直到阿柯夫教授的一位助手带着调研结果来到圣路易斯时，斯坦霍布才得知了此事。这位书呆子气的年轻人把研究结果带到了奥古斯特办公室旁的一间会议室里，在黑板上展示了这场调研的方法，那就是请费城一间酒馆的常客们品尝样品，其结果是大家发现这款酒"太苦了"。

斯坦霍布被这场在他看来纯属糊弄人的调研气坏了，他气呼呼地问那个年轻人:"你自己喝过这种啤酒了么?"

"没有,"小伙子回答道,随后又补充了一句,"我从不喝啤酒。"

"你们调查团队里的人喝过它么?"年轻人摇了摇头。

斯坦霍布于是满身怒火地转向奥古斯特:"就算我们修改配方,也不能只按你的口味偏好去修改,在这件事上请让我们自己说了算!"

这一次奥古斯特依然没有要求他减少啤酒花的含量。但几周后,他把斯坦霍布叫到了220房间,在那里他也已经无数次品尝过这款啤酒。"我就是不喜欢它,"他说道,"如果我们无法把它卖出去,董事会是会开除我的,我会成为第一个被踢走的人。"

斯坦霍布打死都不能相信董事会会开除奥古斯特,不过他也看出,自己的老板确实非常担忧。毕竟,他把几亿美元和公司的名声都压在了这款啤酒上。对他而言,百威淡啤不仅仅是一个用更新潮的包装占据零售店货架,击垮竞争品牌的新品牌。对他而言,百威是他曾祖父最伟大的成就,是他的家族赖以生存和维系的根基。跟百威这个名字相关的一切都不曾失败,他绝不希望这个牌子在自己的手中被搞砸。

几个月以来的压力令斯坦霍布崩溃了。"奥古斯特,我们这些人都是想一心一意完成工作的好人,并且我们认为这款啤酒已经很好了。"他说道,"如果你确实不认可它,那么就请告诉我们应该怎样做,然后请让我们安安静静地完成工作。"

"我不能那么做。"奥古斯特坚决地说,那语气就像是历史大局不允许他那样做一样。此外,斯坦霍布这反常的爆发也令他吃惊,"你就不怕我开除你吗?"斯坦霍布看着他说:"不怕,因为彼得·斯特罗(底特律斯特罗啤酒公司 CEO)[*]告诉我,只要我愿意,他们的大门随时向我敞开。"

---

[*] 斯特罗刚拿下喜立滋这个品牌。——作者注

这一席话却也再次印证了奥古斯特内心的想法。他希望打造的是一支精英团队，让自己可以倾听他们的意见，相信他们的判断。这次他的团队告诉他，百威淡啤的口感已经很棒了。他应该信任他们，还是费城那些常年在酒吧里厮混的人？

等斯坦霍布回过神来，他听见奥古斯特告诉自己："我希望在洛杉矶生产这款啤酒，我将在新年第一天飞到那里，品尝从生产线上下来的，并已完成商业包装的第一批酒。"

在百威淡啤准备登上舞台之际，丹尼·朗和麦克·罗阿蒂早已建起一张市场巨网，它将在定制化媒体策略的帮助下，连接起1000多个跨区域市场（与分销商网络近乎同步）。这是我们行业历史上"第一场兼具定量和定性特质的市场计划"，朗说道，他将其称作"整体市场策略（Total Marketing）"，以纪念1974年获得世界杯冠军的荷兰队，那一年荷兰队正是凭借传奇教练里努斯·米歇尔斯制定的整体型（全攻全守）战术（Total Football）取得了冠军殊荣。这一战术将包括守门员在内的全体球员整齐划一地调动起来，共同参与进攻和防守，共同参与同对手的战斗。通过实施朗的整体市场策略，公司发现达拉斯的啤酒消费者不仅与波士顿的啤酒消费者不同，也有别于圣安东尼奥、埃尔帕索和休斯顿的啤酒消费者。同时，根据消费者特质，拉丁裔人群又进一步被划分为三类：波多黎各裔、墨西哥裔和古巴裔。这种区域市场细分模式不仅立足于国家和城市的差异，还顾及了相邻社区，以及各个酒吧消费人群的偏好。在此基础上，市场部门为每个细分区域都制订了特定的市场计划，最终制订出近1万个面向全国各区域的市场推广方案。

不过所有喜欢喝啤酒的人倒是都有一个共同的爱好，那就是观看体育节目。为此丹尼·朗在市场部门中专门设立了一个体育部，麦克·罗阿蒂聘请了一位年轻主管负责所有主流赛事。这个从零开始的新部门，逐一拿下了所有主流赛事球队的赞助权，包括职棒大联盟全体球队、28

支国家橄榄球联盟（NFL）队伍中的 23 支队伍、24 支 NBA 球队中的 23 支队伍、14 支国家冰球联盟（NHL）球队中的 13 支队伍，此外，他们还帮助公司获得了 300 支院校球队的赞助权。在大多数情况下，A-B 都在赞助权的竞争中把米勒踢下了舞台（别忘了奥古斯特曾警告过米勒要带上满满的钱袋与他较量）。比如，在同橄榄球队华盛顿红人队签署的合约中，A-B 要求在两队球门区的出口位置都显示自己的品牌标识，这样每次播放到触地得分、额外得分，以及射门得分的画面时，电视观众们都能看到百威的形象。在比赛期间插入的商业广告中，品牌形象再次被深化，因为大多数插播广告中有安海斯－布希公司品牌的身影。

1982 年 3 月，百威淡啤正式投放市场，同时，公司推出了一场投资达数百万美元的市场活动对其进行支持。这场盛大推广活动的宣传语是"展现最好的你"，它的主角是一匹名叫男爵的克莱兹代尔马。在第一支电视广告中，男爵出生在格兰特农场，并在那里长大。在广告画面中，它迈着轻快的步子，在太平洋沿岸的海滨上慢跑着，此时出现了旁白的声音："传承经典……酝酿荣耀……百威淡啤，续写百威家族传奇。"这是一种有力的隐喻——百威的这个新品牌正如这匹健硕的骏马，它在阳光下自由舒展着矫健的身姿，正朝牧场某处的同伴们奔去，迎接它的将是崭新而璀璨的未来。

随后的系列广告以当季的体育赛事为主题，橄榄球赛、棒球赛、曲棍球赛，以及滑雪比赛。在每支广告中，男爵都会在末尾出现，在充满季节感的景色中慢跑着。这些广告几乎覆盖到了所有的体育节目。

百威淡啤的推出也令两大啤酒巨头争霸的局势发生了扭转。A-B 和米勒在此后的 10 年间依然你争我夺，不过却再无人将米勒与行业之王的字眼联系在一起了。这家始终未能让自己市场份额超越 22% 的密尔沃基公司，没过多久就失去了与 A-B 抗衡的资格。

安海斯－布希用近 40 亿美元的销售额为自己的 1982 年写下了完满

的句号，公司市场份额攀升到32%，并获得了行业范围内最高的单位利润——3.59美元/桶。公司旗下10家工厂的产能利用率高达98%，每股股价涨到了60美元。

"安海斯-布希公司在啤酒行业清晰的进化历程[2]如同教科书一般具有启发意义。"《商业周刊》评论道。奥古斯特不想因此骄傲自满，却也难掩欣喜之情，脱口而出了一句非常滑稽的话："我们为保持谦卑，一直付出了很多努力。"同时他还大胆预测，到1980年代末期，A-B将获得40%的市场份额。对手彼得·库尔斯也认为这一目标是"合理并可能实现的"。实际上库尔斯的原话是"手中握着这么多钱，还有什么是安海斯-布希无法办到的？"

现实确实被他一语言中。1982年9月，历经10余年的低迷状态后，圣路易斯红雀队终于再次捧得了大联盟冠军，他们83岁的主席对此功不可没。格西对球队最大的贡献，就是在1980年聘请怀特·赫尔佐格担任了球队经理，在随后的两年里又大力支持了怀特对球队的改革。1982年2月，怀特为球队引进了后来成为名人堂球员的"飞毛腿"游击手奥奇·史密斯。在怀特的培养下，史密斯的球风深受观众喜爱，这种主要以速度而非力量取胜的球风后来被称为"怀特球"。红雀队在1982赛季只打出67个全垒打，是大联盟中全垒打数最少的球队，然而他们却完成了200次盗垒。格西和怀特也成了知心好友，两人对彼此都深怀敬意，并且都有一种粗粝的幽默感。据说当格西为感谢怀特带领球队捧得奖杯，向他献上一份终生合约时，怀特幽默地说："是你的一生，还是我的一生？"

格西受邀投出了1982年赛季的第一枚纪念球。一张报道照片记录下了这一刻，令圣路易斯人心目中"老鹰格西"的身影定格在历史瞬间里。格西已不似当年那般意气风发、雄姿矫健，如今的他已经垂老衰弱，他身穿红雀队的全套经典队服，头戴红色的斯泰森毡帽，红衬衫外罩着球队运动衫，领口系着蝶形领结，脚蹬一双牛仔靴，不过他的身影在这些装扮中显得有些渺小，它们简直要把他湮没。然而，他心中的激情却丝毫不减，依然热衷于成为人群的焦点。因此在某场比赛开场前，他乘坐8匹克莱兹代尔马拉着的红色啤酒车绕球场巡行时，人群依旧向从前那样起立欢腾了。尽管如今他不再自己驾车，观众们也无法见到那个帮他固定在座位上，让他显得像埃尔·西德*一样的撑架。

　　从当时的照片来看，奥古斯特三世脸上洋溢着无限的骄傲与感动。一年前，他曾公开威胁球队自己要把它转卖出去，但如今他和人群一同庆贺它的胜利。矫健的小马驹拜倒在了他这匹老马身旁。

　　红雀队在布希体育场赢得了他们的第九座冠军奖杯，当天场馆内座无虚席。时间之神似乎让人们穿梭回了1968年，整座圣路易斯城都沉浸在疯狂的庆祝中，幸福的时光又一次翩然来临。

　　1982年赛季在历史上被称为"啤酒大战"，因为红雀队战胜的对手——更合理地说——其实应该是那家密尔沃基啤酒公司。

---

* 即 El Cid，中世纪西班牙卡斯蒂利亚王国的一位贵族和军事领袖。1962年，意大利、美国和英国根据他的故事拍摄了影片《万世英雄》。

第十四章　危险警示

1983 年 11 月 13 日凌晨 1 点刚过，米歇尔·弗雷德里克犯了她此生最大的错误：她上了一辆由奥古斯特·布希四世驾驶的轿车。

米歇尔是一位 22 岁的女孩，在图森市的"坏男孩"酒吧做女招待，这间酒吧距亚利桑那州大学不远，是一个兄弟会学生们常年厮混的据点。米歇尔 1980 年毕业于撒玛利亚高中，她是一位出身贫寒的姑娘，更确切地说，是一个城市游民[1]。她同母亲、弟弟和继父常年居无定所地租住在撒玛利亚和里奥里科沙漠高地一带的社区里，那片住宅分布在图森市和诺加利斯市之间的 19 号公路两侧。

虽说米歇尔的社会和经济地位如此平凡，她的性格、活力和美貌却为她加了分。"她是学校里最受欢迎的姑娘。"她在里奥里科的一位前邻居说道，"她能钓到她感兴趣的任何男人。"她总是"不停更新"身边的约会对象，她喜欢比自己年纪大一些的男人，最好开着豪车，或者至少是装饰花哨的皮卡。她长着一双棕色的眼眸，金发飘逸，身材健美。"她可以去做模特的，"一位同学说道，"她真的特别漂亮，是你能见到的最美的姑娘，所以布希注意到了她。"

19 岁的奥古斯特四世是"坏男孩"酒吧的常客。在亚利桑那大学就读的第二年，他表面上入读了工程专业，但实际上他的学业水平还停留在大一新生的层次，或者说，他也继承了他父亲那种对学业漫不经心的态度。不过在光顾酒吧这件事上，他却十分专注和敬业。在校园附近的酒吧里，布希这个姓氏甚至远比他父亲那个时代显赫，这归功于A-B频繁在大学校园，尤其是亚利桑那大学这种派对大学里进行品牌推广。每逢周末，"坏男孩"酒吧里总是人头攒动，由于这里只能容纳250人，一些晚来者只能在门外等待，直到有人离开酒吧才能去。然而奥古斯特四世从来无须等待，门口的侍者一见到他的身影，就会赶紧请他和陪在他身旁的人进去。

他总是对外彰显自己显赫的身世，从不介意展示自己和家族之间的关联，经常豪迈地点上无数杯百威和百威淡啤，他炫耀的方式从不会让其他人感到厌恶。毕竟为酒吧提供的酒水买单的总是他，人们预期他这样做——因为这么做可以推动家族生意的发展。他样貌英俊，性格温和，总体而言，是一个害羞的孩子。在成长过程中他意识到作为布希家族的子嗣，你无须付出什么，人们就会自动凑到你身边来。他的座驾是一辆流畅华美的1984款克尔维特，时速可达145英里，因此也轻而易举地成了亚利桑那州大学里一道惹人注目的风景，让他无论走到哪里，都会遇到一群追随者。他的随从们普遍认为，在被宠坏的有钱孩子里，他并不算是那种令人难以忍受的混蛋。

11月12日那天是星期六，奥古斯特四世在"坏男孩"酒吧消磨了下午的部分时光，当天晚上又光顾了威尔莫特附近坦基维德公路旁的维罗拉夜店，它在当地也颇有名气。米歇尔和她室友黛博拉·哈罗德在稍晚一些的时候也来到了这里。当然，米歇尔是在"坏男孩"酒吧里认识奥古斯特四世的，不过两人在维罗拉才真正擦出火花。派对散场之后，他们和一群人聚在停车场里，讨论到谁家去把派对继续进行下去。米歇尔的弟弟亚伦当时也在场，他的约会对象陪在他身边。米歇尔和亚伦的年纪只差一岁，总是一同出入各种社交圈子，有时候也会一起带上约会对象。"姐弟两人关系很好。"他们的一位朋友说道。当派对的地点选好后，米歇尔走进了奥古斯特四世的克尔维特，并让黛博拉·哈罗德开车跟在他们后面。据证人所说，奥古斯特四世当天喝掉 7 杯伏特加考林斯鸡尾酒，米歇尔也喝了两杯白俄罗斯。哈罗德努力想跟上克尔维特，但奥古斯特开车的速度可谓风驰电掣，一瞬间就把旁边的好几辆车甩在了身后，她根本没法追上他。米歇尔就这样消失在了夜色中。

星期日上午 8:30[2]，皮马郡警署接到一个报案电话，报案者称在东河路（East River Road）附近发现一起交通事故，伤者不明。东河路是一条蜿蜒起伏的公路，沿图森北部的瑞力多河盘旋而下。副警长罗恩·本森当时负责一个专门处理伤亡车祸事件的部门。抵达事故现场后，他看到一辆黑色的克尔维特侧身朝地地停在距公路 50 英尺的地方。车身旁边 20 英尺的位置躺着一个年轻的女人。她的身躯已经冰冷，这意味着她在几个小时前就已经死去了。本森还注意到，一些空的百威淡啤酒罐散落在车旁。他在年轻女人的衣袋中发现了一支抽了一半的大麻烟卷，以及一本过期驾照，上面显示她的名字是米歇尔·C.弗雷德里克。

本森对这个地点非常熟悉，这里是克雷夫特（Claycroft）西侧河路（River Road）上的一处蜿蜒地段，公路先是在这里俯冲进一处深谷，随后又在一段 S 形路段的中部陡峭地盘旋升起，当地的孩子们把这个路段称为"死亡弯道"。尽管这里设有黄色的警示牌和限速 25 英里/时的提示板，在柏油路面上依然经常可以见到一些粗心司机留下的急刹车痕迹。

然而，现场附近的路面上并没有新近的转弯刹车痕迹，由此本森副警长推断这辆克尔维特的司机在驶入弯道前根本没有减速，根据现场的情况看，车应该是腾空翻滚后跌落在了路面上，至少在空中翻转过一次。年轻女子应该是从可收合的车顶被甩出了车外，然后跌在路面上，车身从她身上翻过。她看起来很像是死于撞击损伤。

警察在车里发现一件男士运动衫，上面缝有一个标签——"专为奥古斯特·A. 布希四世定制"。此外，他们还找到一把 44 mm 大口径左轮手枪，以及一个钱包，其中有两本签发地为密苏里州的驾照，其中一本显示奥古斯特四世的年龄是 19 岁，在另一本上，他的年龄则是 23 岁。钱包中还有一张当地枪械俱乐部的会员卡，上面写有奥古斯特四世在图森市的住址。本森派两位副手前去探看那个地址，他们发现那里就是距事故地点 4 英里的一座市内宅邸，坐落在卡塔莉娜山脚，那里也是城中最富庶的住宅区。

两位警官来到房前敲门，他们听到房中传来音乐声，然而没有人来开门。又试过几次后，他们推了推门，发现门没有锁，于是两人走了进去。他们在房子里问是否有人在，这时从卧室里传来一声回复。在那里，他们发现奥古斯特四世仰面躺在床上，他一丝不挂，上半身都是已经干了的血迹，枕头上也血迹斑斑，房间地板上丢着几件沾了血的衣服，床脚处还有一把半自动式 AR-16 来复枪。警官还在厨房的餐桌上发现了一把上了膛的短管霰弹枪。

奥古斯特四世告诉警官们自己不记得昨晚发生了什么[3]。他说他只记得自己曾在驾车，然后感觉越来越疲倦，所以就下车在路边睡着了，当时大约是凌晨两点。他记不清自己是否被汽车撞过。两位警官实在不知他那迷蒙的双眼和昏沉的举止到底是因头部受伤导致，还是饮酒和吸毒造成的。他是否明白自己是在同警务人员讲话，是否意识到自己或许遇上了大麻烦？

在同本森联络后[4]，两位警官向奥古斯特四世宣读了他的米兰达权利*，并叫来救护车把他送到了图森市综合医院，在那里，他留下了血液

---

* 美国刑事诉讼中的米兰达权利（Miranda Rights）是指犯罪嫌疑人保持沉默的权利。通常警察在逮捕犯罪嫌疑人时会说："你有权保持沉默。如果你不保持沉默，那么你所说的一切都能够在法庭上用来作为控告你的证据。"

和尿液样本。在此期间，奥古斯特四世一直在回答问题。是的，他是啤酒之王布希家族的成员，是 A-B 董事会主席的长子。不，他不记得自己前天晚上喝了很多酒。他承认自己喝了几杯，但以他的酒量来讲，这点酒确实不是问题。因为按照家族习惯，他从很小的时候就开始饮酒了。同时，他声称事故发生时自己应该没在驾车，因为在他喝多的时候，通常都会叫一位朋友代他开车。至于米歇尔·弗雷德里克，他甚至不记得自己曾与她在一起过。

在急诊室接受检查的时候，医院发现他的头骨很可能骨折了，他也同意了接受相关治疗。他的伤势令他自己声称的失忆情况更为可信，但本森依然不能排除他的言行举止都是在演戏，或许他表面的无辜是由于他太过冷血，同车人的死去根本没有激起他内心的一丝同情或愧疚。他住宅中大量的枪支武器也让本森越发不安。即使在人人热衷摆弄枪支的亚利桑那州，在大学生公寓中发现短管霰弹枪也不是什么寻常之事。

从最初起，调查人员就认为米歇尔·弗雷德里克的死亡事故是一件，或者说极其可能是一件重案。如若奥古斯图四世确实是在饮酒和吸毒的状态下进行了疏忽驾驶，那么他将会被指控过失谋杀罪和肇事逃逸罪。他在医院里留下的血液和尿液样本将证明一切。尽管这些样本是在事故发生几小时后采集的，但从其中残留的酒精和毒品含量中也可以科学地推断出事故发生的时候他身体里酒精和毒品的含量。

第二天上午，这起事件已见诸圣路易斯的各大报刊。"布希家族继承人在亚利桑那遭遇车祸，而受伤年轻女子在事故中死去。"《圣路易斯邮报》的报道打出了这样的标题。《圣路易斯环球民主报》撰文的题目则是"布希家族继承人或将面临肇事致死指控"。奥古斯特三世对儿子陷入的麻烦所做的反应，恰如他的同僚和对手们所料——他立即挥掷大笔资金组建了一支强大的法律顾问团队，以便与皮马郡检察官办公室抗衡。布希家族的法律团队成员包括图森市的一家顶级律所；圣路易斯的杰出刑事案件律师诺曼·兰登，当年在大卫·林柯一案中，就是他担任了彼得的辩护律师；以及图森当地的两家调查公司。布希律师团的第一件作为就是把奥古斯特四世从图森市接了出来，他们对当地法律机构说，他需要回到圣路易斯接受私人医生治疗，并同家人一起过感恩节。对此皮马郡检察官无可奈何，因为奥古斯特四世尚没有被确认犯下任何罪行。律师们保证一旦检察官需要进一步从他这里搜寻证据，他们就会立即把他送回图森。

按照程序，本森副警长需要获得法官授予的搜查令才能检查本案的两件证物，也就是那辆残损的克尔维特和奥古斯特四世留在医院的血液和尿液样本。一个多星期后，搜查令才被批准，随后本森立即派副手前往医院取样本。令他惊愕的是，他的副手回来后告诉他："不好，头儿，有个坏消息，医院里没有那些样本。"奥古斯特的尿液样本不见了，血液样本则被离心分离，不能再拿来做测试了。医院里没人能解释为何会如此。

本森完全无法相信这一切。在他此前办理的案件中，医院从来没有丢失过证据样本，这是一个对立案调查潜在的毁灭性打击。如此一来，就无法用科学的证据证明奥古斯特在驾车时受到了酒精和毒品的影响，那么警署也只能发起一场证物不详的诉讼，并仅能靠证人的证词判断奥古斯特四世在事故发生时是否在驾驶那辆车。

本森和他的调查团队进行了50多次调查采访，访问对象包括奥古斯特四世的朋友、同学，以及"坏男孩"酒吧和维罗拉酒吧的员工与常客。奥古斯特在学校里的一位密友告诉警察们，奥古斯特从不让其他人开他的车，这与他在医院里对警察们的所言全然相悖。另一位同学在做证言记录时称，奥古斯特四世是一位众所周知的"瘾君子"，这就不难解释验尸官在米歇尔·弗雷德里克的鼻孔中发现了可卡因粉末。然而却没有人亲眼见到奥古斯特当晚吸食过可卡因，也没人记得他当天喝醉了。

本森副警长很快发现奥古斯特三世的私人调查团在跟踪他的全部行踪，有时他刚离开证人家，他的人马便随即出现。当调查人员仔细检视出事的克尔维特时，奥古斯特三世也买下了一辆一模一样的车，并把它运到了图森。他还雇用了一组专家，特意来到河路附近的事故地点，阻断了那个路段，并请一位司机以不同的车速在死亡弯道上行驶，花了当天的大部分时间对此进行了拍照和记录。据说这样做的目的是搜寻一切可以在法庭上扳倒控方的细节。"他们把自己要做的事情告知了我们，还邀请我们前去观看，"本森后来回忆说，"但当我们按他们通知的时间抵达后，却发现他们已经收工了。"

据《道路与轨道》杂志报道，奥古斯特四世的克尔维特配有性能优异的 Z51 悬架，使其道路适应能力堪与法拉利和兰博基尼媲美。本森本人持有自动化工程学位，他判断这辆车在驶入 S 型弯道前，时速至少是 55 英里，超过限定速度两倍多，否则不会翻下弯道。调查人员在驾驶席上方的遮阳板上发现了头发和血迹，如果检测显示它们属于奥古斯特四世，那就可以近乎板上钉钉地证实事故发生之际他在驾驶这辆车。本森向皮马郡高等法院发出申请，要求奥古斯特四世接受血液、毛发和唾液取样，并留下指纹和掌印。在上次成功地让奥古斯特四世离开图森后，布希法律团队这次又一路抗争到了亚利桑那州最高法院，不过后者还是在次年二月批准了皮马郡高等法院的取证要求。此时布希团队的律师们又声称他们当事人 3 个月前遭遇的头部损伤令他无法前往图森。图森法院指责他们这是在"故意阻碍取证"[5]，但他们还是同意派本森亲自前往圣路易斯取证，只要奥古斯特三世承担所有相关费用。

登上飞机后，本森发现自己的座位在头等舱，这也是他生平第一次在旅行中享受这般待遇。抵达圣路易斯后，A-B 公司的一位安保人员前往机场迎接了他，此人也曾担任过警官。本森被 A-B 派来的车直接送往圣约翰慈善医院，在抵达前，数十位配备耳机和通讯装备的安保人员沿路指挥这辆车通过交叉路口和交通路障。当到达医院时，本森发现这座建筑外也拦着警戒线，门口站着的安保人员比一路上遇见的还多。此后不久，奥古斯特三世恰逢其时地也来到了这里，他从一辆豪华轿车上走下，大阔步地走进了医院，门口接待他的人员仿佛是在迎接一位王公贵族，从某种意义上讲，他的确堪称如此。他本人是圣约翰医院董事会的成员，布希家族和安海斯－布希公司更是医院最慷慨的捐赠者之一。

"他的表情、步态和身姿中流露出一种优越的自信，"本森回忆道，"我认为他是在向我挑明在这里他才是说了算的人。"

其实在飞机上本森已经在头脑中预想过这种场景了。"我打算让他们意识到我来到这里，不是因为他们同意我来，而是由于我们允许他们这样做。我希望他们明白我才是掌控局势的人。我会表现得较为宽厚，而不是尊重。我代表的是受害人，除我之外，也没有人能为她主持公道了。"

"你不能与我们的当事人进行任何交谈；我们不希望你向他提出任何问题。"兰登律师在本森面前立即挑明了立场。本森当即被这话激怒了，"我有权询问我希望询问的任何问题，"他告诉兰登，"你的当事人可以选择回答或者保持沉默，但还轮不到任何人的辩护律师对我发号施令。"

尽管双方一见面就剑拔弩张，随后的取样工作却进行得比较顺利，血液、毛发、唾液的取样工作都依次完成。本森此前没有和奥古斯特四世交谈过。他发现他完全不像他的父亲，他沉默谦逊，对医院的工作人员也十分尊重。

此后一行人从医院径直赶往圣路易斯郡总警署进行指纹采集。奥古斯特三世在这一过程中又显示了他的王者地位。警署里穿着制服的警员和便装警探都恭敬地向他问好："真高兴见到您，布希先生。"然而，他们对本森就没有这般客气热情了："当天唯一一个被盘问身份的人就是我，一个调查嫌疑谋杀案件的警官。"本森说道。

回程时，在赶往机场的路上，本森心中五味杂陈，他在想这小小的皮马郡检察官办公室到底能否与庞大的对手抗衡？抛开证据不谈，他们有足以与奥古斯特·布希三世在法庭上斗争的资源么？他怀疑他们是没有的，这种想法令他感到不安，感到脆弱。那是一个阴冷多风的一天，路面上还有积雪的痕迹，布希家的安保人员在灰暗的夜色中把车停在了机场的停车场。"那场景就像是电影中的某个片段，"本森回忆说，"突然间我深深感到自己非常孤独，在离家数千英里之外的地方，无依无靠。通过他们的所作所为，实在不难料想，他们完全可以轻而易举地解决掉亚利桑那州一个身份平凡的副警长。"司机把返程机票递给了他，本森发现那是一张经济舱客票。

回到图森后，本森再次恢复了对调查的热情。连续4个周末，他常常待在河路附近，坐在自己车中观察出事地点，密切注意所有在凌晨1:00—2:00途经此处的车辆，并记下了它们的车牌号。他记录下了100多个车牌号，并查找到车辆的主人，逐一打电话询问11月12日当晚他们是否开车经过此地，并是否看到了这起事故。他那时总是想起玛丽·乔·科佩奇，1969年的一天深夜，在马萨诸塞州的查帕奎迪克岛，她乘坐了国会议员爱德华·肯尼迪驾驶的轿车，后来车从一辆桥上跌落，幸存的爱德华·肯尼迪却离开了事故现场。第二天早晨，警察在他那辆沉入水下的座驾中发现了玛丽的尸体。肯尼迪后来因肇事逃逸罪被判处两个月缓刑，然而在调查过程中，始终没有发现能够证实他疏忽驾驶的证据。

在对奥古斯特四世进行的调查中，皮马郡警署遇到了同样的难题。尽管本森从圣路易斯取来的血液和毛发等样本与他们在克尔维特轿车遮阳板上找到的样本一致，这也仅能证明在车辆倾翻之际，奥古斯特在开车，而不能说明他在此过程中神志不清。没有证人可以证明他是在醉酒和吸毒的状态下驾驶了车辆。在车辆附近发现的空啤酒罐上也未能采集到可用的指纹。全部现有证据仅能表明奥古斯特在通过那个当地法令严格规定要谨慎驾驶的弯道时,行驶速度太快了。

皮马郡检察官办公室推断陪审团很难给这种疏忽驾驶造成的死亡事件定以重罪。他们认为判处肇事逃逸罪的胜算应该较大,然而郡里要为此支付多少财政经费呢?布希家族的财力足以应对任何指控,何况这只是一项轻罪。

1984年7月3日,皮马郡法务部门公开宣布,他们将终止对于米歇尔·弗雷德里克死亡事故的调查,并且不会对奥古斯特四世发起任何指控。

"对此我感觉非常糟糕,"本森最近说道,"我的直觉告诉我这家伙当时喝醉了酒,导致了这姑娘的死亡,然而我拼尽全力也无法为她讨回公道,因为证据就那样凭空消失了。这一次正义没有站在我们这边,尽管我们尽了最大努力。"

在持续8个月的调查期间,圣路易斯报刊对此事的报道有一个显著的忽略。有关米歇尔·弗雷德里克生平的任何文字都没有见报,事故刚发生后,对于她的报道也只提及了她的年龄和职业。对圣路易斯读者而言,她只是一个"酒吧女招待",或者说"乘客",一个连照片都没有公布的人。奥古斯特四世的年鉴照片却在当地频繁见报,在照片中,他依然是一副无辜少年的表情,身穿运动外套和白色衬衫,脖子上系着领带。然而没有一家媒体刊登米歇尔的照片,尽管从她的高中年鉴中可以轻易找来她的照片。这种疏忽着实令人震惊,特别是考虑到当地媒体一向热衷报道涉及金发美女死亡事件的风流韵事。当时也全然没有来自米歇尔家人和朋友的悲伤言论,连"不想评论"这样的字眼都没有,仿佛根本没有人想去报道他们这家人。

信息的缺失或许与某种私下的解决方式有关。米歇尔家此前的邻居曾注意到她的家人竟添置了一辆保时捷,并且在家中建造了一个泳池,这些在他们居住的地区是极其少见的奢侈物件。在这场夺走自己女儿生命的事故发生 25 年之后，米歇尔的母亲格雷塔·马卡多依然不愿提及它，"因为对她而言，想起这件事依然无比悲痛"。

奥古斯特四世在此事过后没有再回到亚利桑那大学，这或许是一个明智的决定。因为这场事故造成了校园内外熟人对他的反感，许多人错误地认为，他在事故当时离开了现场，造成了米歇尔平白死去，而他的家人收买了法律机构。"我从那之后就再也没喝过百威啤酒。"米歇尔的一位高中好友最近说道。

布希家族从未在公开场合谈论过图森事件。不过几年以后，奥古斯特四世的母亲苏珊·布希倒是对这场悲剧抒发了一些柔情伤怀。"当时我真的非常崩溃[6]，想到小奥古斯特经受的那一切我简直要疯掉了。"在接受《圣路易斯邮报》的一位八卦专栏记者采访时，她说道。当被问起，她是否认为自己的儿子被"公正"地对待时，她斩钉截铁地说："不！因为对享有财富和名望的家族来说，从来就没有公正可言。"

第十五章 "你知道我是谁么？"

在把儿子从图森危机中解救出来后，奥古斯特三世又设法把"布希家族继承人"在圣路易斯稳妥地安置下来。

他把奥古斯特四世安排到圣路易斯大学就读[1]。布希家族数十年来的慷慨捐助让他在那里获得了诸多特权，比如，学校提供给奥古斯特四世一张可出入教师停车场的通行卡，这在一所停车艰难的市内校园里绝对是一种至高的优惠待遇。奥古斯特三世还用一辆崭新的保时捷弥补了儿子那辆撞毁的克尔维特，并在林德尔大街上为他购置了一套住宅，房子刚好同当年他与苏珊分居时居住的那套别墅临街相对。

我们无法知晓奥古斯特四世是否从图森事件中吸取到任何人生教训，不过以他回到圣路易斯后的行为来看，似乎并非如此，因为他又迅速混迹在了圣路易斯时尚奢华的中央西区。和他厮混在一起的通常是五六个富豪子弟。有人还给他们起了个绰号——"百万小子俱乐部"。他们一般在马里兰广场的卡尔佩珀酒吧开启夜生活，然后去市场街的哈里餐厅酒店继续消磨时光，最后再到市中心区雷克里德码头附近的大都市酒店结束当夜的活动。这群年轻人都拥有豪华跑车，家财万贯，且姓氏声名显赫。然而没有人的姓氏堪与布希匹敌，因此奥古斯特四世自然成了一行人中的老大，其他人甘愿做他的随从、他的保镖，甚至是他的先遣小卒。通常在他们抵达下一个游玩据点前，都会派一个人先去转告场馆老板："奥古斯特·布希四世要来这里了，我们需要一张八人桌，你们要提前准备好几桶冰镇百威；他不希望被任何人打扰，包括你在内。"

如此一来奥古斯特四世也就向在场的所有人宣告了自己的驾临，同时也提醒了所有人要对他敬而远之。如果有陌生人接近他们的桌位，他的随从就会站出来阻拦，除非他同意让那人过来。他的手下们为他点酒水，用他的信用卡买单，从人群中帮他猎寻漂亮姑娘，一旦他注意到某个女孩，他们就会请她过来，或者为他留下电话号码。

他们光顾过雷克里德码头的那些喧闹酒吧后，有时还会跨过风尚桥，前往伊利诺伊州的索盖特（Sauget）市继续消遣。

索盖特市的名字来源于自1920年代以来便掌管该市的法裔索盖特家族。这座城市简直就是一座现代版的戴德伍德*，它是一个方圆仅4英里的"工业村"，是一片道德败坏的不法之地。在索盖特，绝大多数夜店和脱衣舞俱乐部公开销售和使用毒品，在这里雇到一个妓女比买一块面包都容易。在索盖特的那些夜店里，奥古斯特四世和他的朋友们往往直接从桌子上吸食毒品。据他当年的一位同伴回忆，"这些家伙已经失去了控制。他们不屑于吸食小段长度的毒品，他们一般会吸进一英尺那么长的分量……有一次我曾看到奥古斯特四世吸进了同那边那张桌子一般长度的分量，我简直难以想象一个人的心脏怎能承受这么多毒品"。

1985年5月31日凌晨1:30，奥古斯特从索盖特驾车回家。他在市外的40号公路以75—80英里的时速向西一路狂飙，风驰电掣般掠过了舒托大街上那硕大的安海斯-布希"A & Eagle"霓虹灯，差点擦划上一

---

* 英文名为Deadwood，是美国西部南达科他州的一座城镇。在淘金大潮中，此地是一处重镇，商人和投机者、逃犯、赌棍、退役军人和劳工纷至此地，暴力和违法事件横行。

辆从波义耳大道入口处并入车道的轿车。这辆车上坐着两位便衣警官。"妈的！"[2]当他的搭档鲍勃·桑姆慌忙调整方向，以免撞上那辆飞驰的银色梅赛德斯轿车时，尼克·弗雷德里克森警官下意识地骂了一句。

弗雷德里克森和桑姆警官当晚刚刚结束了一项搜查任务，与他们搭档的还有另一组便衣警官汤姆·威利特和朱尼厄斯·兰斯威尔。在漫长而令人疲惫的一天结束后，他们本不想去追逐一辆超速行驶的车辆，何况那也不是他们的本职工作。然而这辆车窗贴成深黑色的梅赛德斯，却非常像小弗农·惠特洛克的一辆车，此人曾是一名联邦警察和保释代理人，后来却成为了一个顶级毒贩。缉毒部门数月以来一直在设法向他提起诉讼*，如今似乎是老天为警方安排了眼前这一良机。现在有了合法理由抓捕惠特洛克并检查他的车辆，两位缉毒警官决定追上这辆车。

刚刚驶过国王公路大街出口东侧后，奥古斯特四世放慢了速度，把车靠路肩停了下来。桑姆把那辆警察术语中的"隐蔽车型"——1976年别克特款轿车停在了梅赛德斯后面。两位胡子拉碴，穿着牛仔裤和T恤的警官朝梅赛德斯走去，然而当桑姆敲响司机位置的车窗时，奥古斯特突然发动了引擎，梅赛德斯咆哮着冲出了出口。桑姆连忙后退，以免被车撞到。两位警官跳回车里再次开始了追踪。可惜别克车的6缸发动机实在难以与梅赛德斯匹敌，没多久眼前那辆车就从他们视线中消失了。在那一区域巡视了几分钟后，他们决定放弃这件事，准备回家，并通过警务广播描述了这辆车的外观和最后出现地点。9分钟后，广播中传来一个声音："嘿，他在这，我们抓住他了。"原来威利特和兰斯威尔在回家途中听到了广播，于是返程帮忙搜寻。他们恰好在弗雷德里克森和桑姆跟丢的位置发现了那辆梅赛德斯，短暂地追逐了一会儿后，奥古斯特

---

* 便衣缉毒警探当年晚些时候在圣路易斯的一家牛排馆逮捕了惠特洛克。他因贩毒罪被判处24年监禁，然而三年后就出狱了。后来他成为了一名理发师。嘻哈巨星拉塞尔·西蒙斯妻子的吉莫拉·李·西蒙斯是他的女儿。——作者注

四世又一次停下了车。但像上次一样，当威利特靠近车窗时，梅赛德斯再次火速冲了出去，差一点撞到一位警官。

几分钟后，另一组缉毒警官也赶到该区域支援，而兰斯威尔和威利特当时已经以近85英里/时的速度在中央西区地段追赶那辆梅赛德斯。由于他们以为自己追踪的是某个在车中藏有赃物的毒品贩子，兰斯威尔把车努力贴近梅赛德斯，威利特把枪伸到右侧车窗外，朝梅赛德斯左车轮的方向开了一枪。当梅赛德斯因车胎被击中而最终停下来的时候，三组缉毒警官已经都到达了现场，他们把这辆车彻底包围，并阻断了它可能逃跑的方向。罗恩·克莱尔警官是第一个走近梅赛德斯的人。他拔出枪，猛地拉开车门，命令司机下车。当奥古斯特四世出现在众人眼前时，大家都意识到，自己犯了错误。因为他们见到的"嫌疑人"并非一个40多岁的花哨毒品贩子，而是一个穿着整洁得体的大学生。"你们这是要干什么？你们知道我是谁吗？"当警官给他戴上手铐时，奥古斯特质问道。

这个答案在警官们检查他的钱包时迅速明了。轿车仪表板上方储物柜中的一张卡片表明这辆梅赛德斯属于奥古斯特三世。6个警官面面相觑，不知所措，但他们心里清楚，自己现在遇到了大麻烦。

这场以开火实现终结的追捕事件已经通过警务广播报告了出去，无疑媒体会扫描到这个波段并捕捉到这件事。事件广播内容已经被录音，根本不可能再去遮掩。奥古斯特四世必须被带回警署总部进行审问，警官们必须出具一份追捕记录，他们别想逃开这一切，来自警方和媒体的双重夹击让他们陷入了进退维谷的尴尬境地。

在把奥古斯特四世送往警署的路上，弗雷德里克森和桑姆懊恼他们在第一次逼停梅赛德斯时，没能先查一下车牌照。如果他们知道这辆车属于谁，就会放奥古斯特四世一马，绝不会继续追查，而是回家睡觉了。当然，这种待遇普通人是绝不会遇到的。在车里，他们向眼噙泪花、浑身发抖的奥古斯特四世详细解释了在警署需要完成的事情。"你们最好别把我当有钱的小孩对待。"坐在后排的奥古斯特说道。

在一行人抵达警署前，有关这件事的消息早已传到了那里。三组缉毒警官的同事们用同情的目光看着他们，其中一位说出了众人的担忧："伙计，你们这次算是完了。"令人尴尬的事实是，缉毒部门里相当一部分警员从 A-B 和布希家族那里赚取过外快，后两者是圣路易斯警员的第二大雇主。不当班的警官通常为布希家族成员和 A-B 公司提供安保服务，并负责保卫他们的家宅和公司财产。威利特自己也曾在红雀队比赛期间负责过安保工作。A-B 公司里的安保雇员中有大量退休警务人员，另外 A-B 和布希家族为打赢各场官司而雇用的私人调查公司大多也是警务人员。

就算上述种种还不算构成了大麻烦，缉毒警官们当天上午押着奥古斯特四世走向警署总部时，还醍醐灌顶地想起，他们的头儿——警署署长有一个儿子也在 A-B 工作，供职于广告部门。正如《圣路易斯邮报》专栏作家比尔·麦克莱伦当时撰写的辛辣评论所言，"逮捕布希家族成员可不是在圣路易斯警署升职加薪的好路子"。

事实上把奥古斯特四世逮捕进警署这件事，让包括署长在内的诸多高层警官惴惴不安。当天上午，署长把好几位高层人员叫到了总部。他们这些人预感自己会被卷进一场旋涡之中，一面要遭受媒体的狂轰滥炸，因为后者将不遗余力地挖掘一切自己感兴趣的内容；一面又要与奥古斯特三世的权势和脾气抗衡，他们认为他会不惜一切代价保护自己这不争气的儿子。因此，警署要求全体人员对此事的消息要严格保密，在官方案件全面审核前，不能走漏任何风声。

警署第四层的缉毒部门办公室里，几位抓捕警官开始了问讯嫌疑人、整理逮捕报告，以及汇总证物的工作。其中的一样证物是一支 38 mm 口径左轮手枪，警官们在司机座椅后方的地板上发现了它。枪膛中有一枚子弹，车前地板上还零星散落着 5 枚子弹，这表明奥古斯特四世在逃窜期间曾尝试卸下枪中的子弹。警官们还把威利特击中的轮胎带了过来。媒体报道说他们"更换"了轮胎，原因是在发现奥古斯特四世的身份后，希望弥补过失。而实际上，他们是在上级警官的指示下取下轮胎作为证据的，目的是拿出其中那枚威利特射发的子弹。

奥古斯特四世没有被安排接受任何醉驾测验，如果只是个叫奥古斯特·史密斯的普通人，恐怕不会享受到这般优待。警官们允许他打了一通电话，不难料想他一定打给了自己的父亲，随后他就颓然地坐在警务室里了。为缓和一下气氛，罗恩·克莱尔警官开始跟他开起了玩笑："嘿，孩子，别担心了。这事一结束你就能回到格兰特农场，喝上几杯啤酒，然后坐着小火车玩了……我一直特别喜欢那辆小火车。"奥古斯特四世告诉他，自己从 12 岁起就再也没去过格兰特农场（大概就是他父亲把格西赶出董事会那年），随后又愁眉苦脸地补充了一句："如果你能帮我摆脱这场麻烦，我他妈就把那辆小火车送给你。"

奥古斯特四世在警署留下了指纹，被记录在案的有 3 项轻度不法行为、1 项三级（用车）攻击行为、1 项携带上膛枪支的罪名，以及 6 项违反交通法规罪（在面临停车牌子时 3 次未停车、1 次闯红灯，以及超速驾驶）。奥古斯特四世在警署待了不到两小时，在交付 8000 美元保释金后，他被释放了。前来警署接他的是 A-B 保安部门负责人、前圣路易斯警官加里·普林德维尔。他们前脚刚走出警署大门，布希家族请弗雷斯曼－希拉德公司发布的公告就公之于众了："由于本次逮捕事件情况特殊[3]，便衣警探驾驶未明示为警车的车辆，像追逐犯罪人员那样追逐当事人，我们正在评估此事。"

第二天清早《圣路易斯环球民主报》的报道标题或许会让奥古斯特三世颇感似曾相识："布希家族继承人因超速驾车被警方追踪逮捕。"他敏捷而果决地回应了此文。当圣路易斯警署还在恼火媒体拒绝将本应该公之于众的拘捕报告公布时，弗雷斯曼-希拉德公司已经发布了一份声明，把奥古斯特四世描述成警官粗率执法的牺牲品：

"当晚布希先生将车停在路边等待一位驾车而来的友人时[4]，两个没有任何警务标记的人走向他。这些衣冠不整、气味难闻的便衣警官向他走来时，他们的言行举止又颇有威胁他人生命安全的意味，面对此情此景，年轻的布希选择逃跑自然是一件可以理解的谨慎行为。"

据这份声明所述，警官们当时并未出示警徽，在追踪奥古斯特四世期间也没有打双闪或鸣笛警示。因此，"他们让这个吓坏了的年轻人感到自己处于相当危险的境地，为避免遭遇犯罪事件，他只能选择逃跑保命"。

这份声明显然出自诺曼·兰登之手，他也迅速地成为了奥古斯特三世的御用犯罪辩护律师。这份声明也立即让警署在媒体面前变成了防守的一方。

"我认为无论警官们穿着什么衣服或开着什么车，如果他真觉得他们不是警察，就应该直接开车到警署报案。"警署的一位部门发言人说道。

"如果某人用一辆轿车那样的物体向你冲去[5]，使你不得不马上闪在一边以免受伤，那叫作袭击。"警署缉毒部门的副警长说道。

"没人会天真地以为世界上没有卧底警察。"此话来自圣路易斯警务法官乔治·皮奇。

皮奇的办公室将负责对此案提起诉讼[6]。他指出尽管梅赛德斯上配有移动电话，奥古斯特四世却并未给警署打电话，报告自己被两个长相可疑的人追赶。皮奇还称自己打算请求法庭查看那部车载电话的通话记录，以了解在被追踪期间奥古斯特四世是否向其他人拨打了电话。他极力维护几位警官，称弗雷德里克森和桑姆属于"最出色的警官"。然而在与警署缉毒部门就事发当天的追捕事件进行交流时，他们却闹翻了。

警署3天后才把那份6页纸的追捕报告递交到他的办公室。"如果'奥古斯特四世'只是普通人，我们当天下午两点就能拿到报告……如果警察们严格履行职责，抓捕到一条大鱼，他们又为何给一位陆军中校的家中打去电话，同对方谈论此事？我实在无法在这件事中看到任何公平合理的成分。"

警方提供的追捕报告显示，警官们曾出示过警徽，在追踪奥古斯特四世期间也一直进行了鸣笛警告，并打着双闪警示灯。"我们相信警官们所说的，"皮奇说道，"他们是值得尊敬的人，发生追捕事件或许是由于奥古斯特四世驾车的速度实在太快。如果'布希一家'不同意这些说法，我们就与他们在法庭当堂对质。"

然而皮奇虽抒发了如此多豪言壮志，在实际办案过程中却未十分卖力。他否定了非法携带枪支的指控，由于"当事人并未将枪带在身上，枪也并不在他触手可及之处"。他还决定不去调取那部电话的通讯记录，因为他发现奥古斯特三世竟然也是电话公司AT&T的董事会成员，所以就不打算白耗精力了。最后，他还派出了属下经验最少的律师来处理这个案件，据尼克·弗雷德里克森警官所说，"那是一位从未实际代理过轻罪案件的轻罪律师"。

警官们真希望皮奇对这个案子撒手不管，然而他们知道他绝不会那么做的。彼得·布希因误杀大卫·林柯被判缓刑，米歇尔·弗雷德里克死后，奥古斯特四世依然逍遥法外，这两件事的风波刚过，如果这一次官方不严肃处理此案，公众很可能会认定布希家族每次都能成功收买警方，让自己洗脱麻烦。警务法官只能提起诉讼，按照流程也必须这样去做。警官们也痛楚地意识到，自己将不得不站在法庭证人席上为此案陈词，为了警局团队而牺牲自己。

诺曼·兰登本人是在圣路易斯警务部门开启律师生涯的，他被公认为圣路易斯最优秀的刑事案件辩护律师，没有哪位律师像他这般谙熟警事流程。由于检方提起的诉讼近乎完全立足于警方的追捕报告——也就是当天上午几位警官的口述记录,兰登在辩护期间便把矛头对准了他们,几个警察粗率的工作行为把他年轻的当事人吓得魂飞魄散,误以为自己要被绑架或者被谋杀。他请陪审员站在奥古斯特四世的角度想一想,并设想一下自己的儿女当晚如若遭遇同样情形,是否也会被警方逮捕。

在为期3天的庭审期间,出庭作证的主要是几位警官。兰登在他们的证词中百般挑拣漏洞,试图找出与追捕报告以及事件报道相悖的地方。

"你声称自己受到了攻击,"他质问弗雷德里克森警官,"然而你当时为何不通过警务广播说明此事?"

"我的确没有向其他警员报告此事,因为我不希望他们对本案采取超出应有举动的过激应对。"弗雷德里克森回答说。

汤姆·威力特在出庭作证时称,在追踪接近尾声的时候,他的搭档朱尼厄斯·兰斯威尔把车齐头并进地逼近了梅赛德斯,他从右侧车窗探出头,出示了他的警徽并大声对梅赛德斯司机说:"警察!"然而,奥古斯特的车却突然向他们冲来,导致他们不得不马上转向以避免被撞。当兰登问起他为何不在广播中报告此事时,威力特回答说:"因为我担心自己人的安危。我对我们所处的地点感到不安,只希望让那辆车停下。"

在整个庭审期间,奥古斯特一直坐在法庭后排,他的妻子维吉尼亚和奥古斯特四世的母亲苏珊也来到了法庭。他的表情一直是怒火中烧的样子。他一会儿瞪着检控官,一会儿瞪着做庭审记录的记者,更多时候是瞪着检方的出庭警官们。他的脸不时涨得通红,人们能看到他脸上和脖子上青筋暴起。如果他的怒火让两只耳朵里冒出烟来,尼克·弗雷德里克森都不会感到惊讶。在短暂的庭歇期间,人们看到他和自己的法律团队,以及儿子站在走廊,口中滔滔不绝地挥斥方遒,就像是在向一行人传达命令，就像一位将军部署自己的阵营一样。当记者问他有什么感想时，他凶狠地瞪了对方一眼。在整个过程中，他只露出过一次微笑，那就是当诺曼·兰登问起控方证人——一位当地酒吧的女招待，奥古斯特四世最喜欢的饮品是什么时，她回答说："百威淡啤。"

此后兰登请出了自己一方最重要的证人吉姆·斯普瑞克。斯普瑞克称自己是奥古斯特四世的好友，当晚两人计划分别驱车前往德尔玛大街4915号的"吉米的卡巴莱餐厅"，他看到奥古斯特四世那辆梅赛德斯在40号公路路边被迫停车，却没有看到警示灯，也没有听到警报鸣笛。

斯普瑞克自高中起就认识奥古斯特四世了[7]，他也是他酒吧随从团中最忠实的成员，差不多每次都是由他前往奥古斯特将要光临的酒吧提前通报。认识斯普瑞克的人都知道没有什么是他不能为奥古斯特四世做的。几位缉毒警官也认出他就是当晚他们在德尔玛大街逮捕奥古斯特四世时，走过来的那个年轻人，当时斯普瑞克曾质问警官们为何逮捕自己的朋友。警察们怀疑如果他真的像证词所说的那样，刚好开车经过40号公路上的停车地点，为什么他当时并未靠边停车并走向警方。在之后长达15分钟的追逐中他在哪里？难道他也能够以同样快的速度一路跟随他们么？还是奥古斯特四世打电话叫他来的？由于没有车载电话的通话记录，这一切都不得而知。

警官们希望检方能够更加严格地盘问斯普瑞克，询问他奥古斯特四世第一次停车时是出于何种原因。一定是有什么事让他停了下来。如果不是由于警方的警报灯和鸣笛，那又是因为什么？三组便衣缉毒警官在追捕可疑的嫌疑人时难道会不展示自己的警徽、打出警报灯和鸣笛警告？这从逻辑上讲能行得通吗？

奥古斯特四世本人没有出庭为自己辩护[8]。在结尾陈词期间，检方的年轻律师称奥古斯特四世是一个"自行其道的年轻人"，并请求法官严格处理此案，以"给类似案件一个警告，让此类行为不能再被轻易容忍"。而在诺曼·兰登的最后陈词中，他对陪审员们说："诸位在这个法庭上所见所听的都是谎言和伪证，是来自警方的自我掩护。"

陪审团花了不到两个小时就判定了当事人无罪。一位陪审员告诉记者，自己被兰登所提议的、站在奥古斯特四世的立场上看待此案打动了。"有时我们应该站在他人的鞋子里思考问题，尽管那双鞋可能会有些挤脚。"另一些陪审员则说，他们最终倾向于无罪判决，是因为在追捕期间的警务广播中，的确没有听到警笛的声响。

判决结果刚被宣读完，奥古斯特四世就连忙起身向每位陪审员握手致谢。"我非常、非常开心，"他对记者说，"正义终于得到了伸张。"他的父亲也向陪审团表示了谢意，然而在记者面前却只字无凭。几天后，他却向圣路易斯警署总部递交了一份申请，要求警方调查此案涉及的几位警官：

> 圣路易斯警务长官们应该对涉案的几位便衣警官进行严格的合规审查和管理，这几人使大部分其他依法办事的圣路易斯警员们蒙受耻辱，在工作期间出现了非常有损职业规范的行为，并且在犬子案件的庭审期间，向法庭提供了虚假证词。

意识到只有自己可以为儿子聘请最好的律师，奥古斯特三世还悲天悯人地提出，自己为普通收入群体感到担忧，因为"换作中低收入群体遭遇此事，他们又如何与可以凌驾在民众权利之上、可以自行更改事件真相的警务部门抗辩呢？何况真相正是我们的整个法律体系赖以建立的根基。我提请贵署对此事进行深入调查，不仅出于对犬子安危的顾虑，更由于此事影响到了警方的公信力，暴露了警方的不当行为和态度，最重要的是，警官们的这些不当行为威胁到了这座城市每位普通民众的人身安全"。

警署发言人在回应此信时称，缉毒部门和警务法官都没有发现涉案警官当晚的行为和出庭证词有任何纰漏。"我们仔细检视过警官们的射击和追捕行踪，在整个过程中没有发现任何违反部门规章或行为失当之处，"内部事务长官说道，随后又加了一句，"如果他，布希先生，愿意来警署亲自进行'官方抱怨'，我们也非常愿意接待。"

抛开其他不谈，这场插曲至少证明了奥古斯特的权势还是有局限的。尽管他拥有庞大的财富和资源网络，也无法取缔警方的指控，无法避免一场公开的审理。或许正是这个原因，让他在看到警方在儿子的案件中出庭作证时，感到怒不可遏。毕竟他的家族和公司为获得私人安保服务，没少向圣路易斯警官们支付薪水，到头来真正需要他们的时候自己却什么好处也没有得到。

令布希家族更为惊讶的是，6位涉案警官的职业生涯此后并未受到任何影响，没有遭遇任何涉及调职、升迁或前途不保的事情。案件发生几年之后，缉毒部门还允许弗雷德里克森警官到A-B的股东晚宴上兼职负责安保工作。这份兼职也让他在当年年底收到了A-B公司寄出的圣诞节贺卡，卡片上装饰着克莱兹代尔马的浮雕图案，上面还有奥古斯特三世的亲笔签名。

在案件庭审结束4个月后，奥古斯特四世因驾驶保时捷跑车以65英里/时的时速在限速35英里/时的区域疾驰，被判处超速驾驶罪，并处以1年缓刑。在等待接受庭审期间，他收到了罚单，但在最终判决公布前，他的律师们却5次设法帮他躲开了交通法庭庭审。在所有交通罪责发生后，奥古斯特四世都没有被吊销驾照。

上述案件，连同图森事件[10]，令超速疾驰成为了奥古斯特此生难以抹去的形象阴影，在所有报纸杂志对他的报道中，都难免对此有所提及。不过在与唯一庭审过他的圣路易斯法官乔治·皮奇的较量中，他却笑到了最后。1993年，因擅长审理色情和嫖娼案件而获得声誉的乔治·皮奇，竟被发现挪用市政基金进行招妓服务，并被判处相关罪责。此事被公之于众之际，奥古斯特四世已经是 A-B 冉冉升起的新星，几乎可以确凿无疑地接替公司的执掌大权。他听闻消息后，向皮奇送去了一个真人大小的充气娃娃。

第十六章 "对此，我恐怕比你感觉还糟"

美国人对啤酒那永不餍足的热情到1980年代最终冷却了下来。尽管1981年人均啤酒消费量达到创纪录的23.8加仑，自此之后，啤酒销量却陷入了长期的平淡。

专家把这一现象归咎于人口的老龄化——那些婴儿潮时期出生的人已经步入了40多岁的中年时期，还有公众对酗酒行为的日益担忧。无论究竟是何原因，啤酒需求的下滑都令曾经风光无限的一些巨头企业遭遇了财务赤字，其中受影响最大的是帕布斯特，还有一些企业出现了产能过剩的问题，比如米勒。

奥古斯特三世早就预见到了这种增长滞缓的局面，他将其称为"增长缺口"。从1970年代末期开始，他就致力于弥补这一缺口了。他把公司的日常运营管理工作交给了两位得力的爱尔兰下属——丹尼·朗和麦克·罗阿蒂，自己则把注意力聚焦在扩大公司经营领域方面，以抵消啤酒销量滞缓带来的不良影响。1981年，A-B推出了鹰牌食品（Eagle Snacks），并通过自己的分销网络将容易引发口渴的咸味零食——花生、椒盐脆饼干、薯片——销售给酒吧、酒馆和便利店。如此一来，也令A-B一举成为了垃圾食品巨头菲多利公司（Frito-Lay）和皮兰特花生

（Planter's Peanuts）的竞争对手。

一年以后，奥古斯特又收购了美国第二大烘焙食品公司——总部位于达拉斯的坎贝尔－塔格特有限公司（Campbell Taggart, Inc.），这家公司主要生产冷藏甜甜圈和冷冻食品。这次扩张并未像表面看来那般盛大，因为 A-B 自己就是全美最大的烘焙酵母生产商和第二大玉米糖浆生产商。实际上，公司的计划是通过其现有的啤酒分销网络，将坎贝尔－塔格特公司的产品和鹰牌食品一同分销，同时借用分销商的储存仓库，将烘焙产品和啤酒一同出售。不过对外他们将其称作与分销商的联合协作，随后 A-B 将卡车派到了全国各地的零售店门外。

A-B 为收购坎贝尔－塔格特支付了 5.7 亿美元巨资，较该公司实际市值高出 20%。但奥古斯特认为这场收购会令 A-B 在食品行业占据重要的一席之地，成为他仰慕的零售食品巨头——宝洁（Procter & Gamble）、菲利普·莫里斯、纳贝斯克（Nabisco），以及通用食品（General Mills）的有力竞争对手。与其他烘焙食品一起销售的，还有一个取名为"格兰特农场"的面包品牌。

在创立面包品牌后，奥古斯特又把目光投向了红酒市场。他买下了一家名为酒窖大师（Master Cellars）的加利福尼亚酿酒公司，这家公司主要向酒吧和餐厅出售桶装葡萄酒，也称"小桶"或"含水龙头酒桶"葡萄酒。这场收购的目的依然是希望借 A-B 分销商网络出售商品。在 1970 年代早期，奥古斯特曾希望让公司拓展葡萄酒类经营业务；他甚至从公司企划部门调出一组人马，前往欧洲进行了长达 6 个月的合作伙伴搜寻工作。然而，当他们将一份详尽的市场方案呈现给董事会时，格西否定了它，所以事情就到此为止了。这一次，奥古斯特通过收购酒窖大师为公司创立了一个直接向他汇报的新的业务分支，他将其取名为安海斯－布希饮品集团。随后其旗下的新产品贝伯里香槟库勒（Baybry's

Champagne Coolers）*和杜威·斯蒂文森高端果汁酒（Dewey Stevens Premium Wine Coolers）迅速杀入市场，与加洛酒庄（Gallo Winery）旗下的著名品牌巴特莱斯－詹姆斯果汁酒（Bartles and Jaymes wine coolers）一决高下。

　　自那时起，瓶装水的市场也开始迈进了蓬勃增长的时代。1984年9月，A-B用90万美元收购了萨拉托加－斯普林斯矿泉水公司（Sarasota Springs Mineral Water），这家当时陷入经营危机的小公司拥有114年的悠久历史，位于纽约的萨拉托加斯普林市。它的经销网络从东海岸的华盛顿特区一路延伸到东北部的新英格兰地区**。A-B又投入了150万美元添置工厂设备和更新厂房，计划将其年产能提高到200万箱，并开启了对"萨拉托加天然优质矿泉水"的推广活动。1985年4月，奥古斯特又批准公司收购了加州圣罗莎的桑特矿泉公司（Sante Mineral Water），A-B饮品集团引进了其旗下的两款饮品，桑特（Sante，意大利语"健康"之意）和多夫苏打水（Zeltzer Seltzer）。此外，A-B还买下了爱尔兰矿泉水生产商波利哥文矿泉水公司（Ballygowan Spring Water Company）的控股权（公司名称来自其泉水产地——爱尔兰西南部利默里克郡的一处地下泉水），并希望将波利哥文矿泉水以"爱尔兰纯天然矿泉"的名号向全美市场推广。

　　奥古斯特三世不能再遇到更好的时机了。瓶装水瞬间成为一种流行饮品——1980—1987年期间，美国市场的瓶装水销售额增长了3倍，从4.43亿美元一路攀涨到15亿美元。而A-B在这个市场只有一个严格意义上的对手——法国毕雷矿泉水公司（Perrier），后者占据了75%的市场份额。虽然毕雷占据了瓶装水市场的大半壁江山，A-B管理层和饮料

---

* 即Champagne Cooler，一种调配果汁的香槟饮品。
** 新英格兰地区包括美国东北部的6个州，由北至南分别为：缅因州、新罕布什尔州、佛蒙特州、马萨诸塞州、罗德岛州和康涅狄格州。

行业的专家们却对其不以为然。他们认为，A-B令人生畏的市场能力和庞大的分销网络既然能击垮米勒啤酒，那么打败法国人也不是问题。曾参与同米勒对战的一位广告主管难抑骄傲地对《洛杉矶时报》说："以安海斯-布希这样庞大的分销能力，就算卖的是马尿都没有问题。"

然而，现实情况却并未像奥古斯特三世预料的那般顺利。A-B饮品集团彻底败北，在1984—1987年间除了财务赤字一无所得。在丹尼·朗看来，问题不是出在产品上，"红酒和瓶装水在理论上与我们的啤酒是完美组合，然而我们加入现有分销体系的产品种类太庞杂了，分销商需要负责的产品太多，所以应接不暇，乱了阵脚"。

A-B推出的面包品牌也没有在食品市场上站稳脚跟，鹰牌食品和坎贝尔-塔格特旗下的零食同样未能达到预期效果。当时有一位投行人士暗讽此事："顶着啤酒行业王牌生产商和顶级规划者的帽子，不代表安海斯-布希也能成为优秀的烘焙师。"

"拿我们多年来在烘焙酵母生产方面的成就来说，我们当然是优秀的烘焙师！"丹尼·朗对此愤愤不平地回复道，"我认为坎贝尔-塔格特的问题是厂房和生产设备老化破旧。"而其实整件事最大的问题在于奥古斯特三世伟大的"多元化创新"理念让A-B分销商承担的任务过于庞大繁重，他们中的一些人根本不愿面对这样的任务，另一些则根本没有能力去承担它。

丹尼·朗并不负责食品和饮料业务的运营工作，但他依然感到压力如乌云般袭来，因为啤酒业务收入需要拿来弥补上述业务的亏损。每年他必须销售几千万美元的啤酒，以填补多元化业务布局带来的损失，这让他在夜晚经常睡不安稳。

此后，奥古斯特又决定进一步扩张公司盈利尚可的主题公园和度假地生意，并创立一家游轮公司，但这也没能让丹尼·朗的日子好过起来。A-B买进了西雅图探索号游轮公司（Exploration Cruise Lines）的多数股权，这家公司运营着5辆小型游轮（可容纳500—600名乘客），专门针对巴拿马、塔希提岛、阿拉斯加和太平洋西北岸的冷门景点安排特殊航程。一些董事会成员和政策委员会成员对这场风险投资感到担忧。他们认为这些游轮价格过于高昂，利润空间却很狭窄，而发展此领域业务又需要投注大笔资金，无论在哪里建造一艘新游轮，都至少需要支出5000万—8000万美元。他们确实不是杞人忧天。在随后的两年里，探索号游轮公司亏损了4000万美元。

值得庆幸的是，在A-B准备应对上述损失之际，尽管美国人近年来对啤酒的消费量总体上下滑了，他们喝掉的百威和百威淡啤却比以往还多。仅1985年，他们就消耗了4650万桶百威啤酒，较1984年增长了近200万桶，占全美当年啤酒销售量的25%。当年百威淡啤的销售量也达到了540万桶，较上年增长了120万桶。A-B高达6400万桶的啤酒总产量使其占据了36%的市场份额。在随后的一年里，A-B的啤酒年度总产量又提高到7230万桶，市场占有率攀升到38%。如此看来，到1987年，公司的市场份额很可能逼近40%，比奥古斯特预言的时间提前了3年。如今，人们开始预测到1990年代中期，A-B的年产量会接近1亿桶，占据美国市场50%的份额。"在理论上有这种可能么？"一位记者向奥古斯特问道。对此他的答复是"当然可以！"

米勒依然排在亚军的位置，但却被A-B远远地甩在了身后。它的标志性品牌海雷夫在百威的蓬勃销量面前败下阵来，然而他的清啤品牌却依然占据50%的市场份额。1985年起，米勒清啤的销量创下1850万桶，使之成为美国销量排名第二的啤酒品牌，仅次于百威啤酒。不过，百威淡啤也成为了低卡啤酒市场的有力争夺者，年销售量在100万桶以上。

起初，百威淡啤的主要顾客群体是25—44岁的职业人士，即传统的淡啤消费人群。但从1987年年初开始，A-B开始大胆地向更为年轻的群体推广这款啤酒，那就是21—24岁的年轻人。在谈及群体消费的时候,啤酒行业高管们将这个年龄段的人群称作"当代成人"。不过这些年轻人却把自己视作酒精的"重度用户"。他们可不是那种在结束一天工作后,到酒馆里点一杯啤酒来犒赏自己的家伙。他们是那些酷爱参加派对的院校学生,经常喜欢在观看橄榄球赛前把自己灌倒,或者在春假时节到海滩上喝得酩酊大醉。麦克·罗阿蒂专门面向这些年轻孩子制作了一场广告宣传,推出时间定在了第二十一届超级碗橄榄球赛的第四赛季。这场广告宣传的主角是一只名叫土豆麦肯奇(Spuds McKenzie)的英国斗牛梗,它时髦地站在一张滑板上,身穿夏威夷衬衫,戴着太阳镜。三位比基尼美女围在它身旁轻歌曼舞,唱起赞美它的歌曲——"天生派对动物",此时土豆麦肯奇极具天赋地露出了嘚瑟的坏笑。

这支广告一播出便即刻引发了巨大轰动。请一只"代言狗"为啤酒公司做宣传,这种戏虐式的创意让媒体们为之疯狂,他们如同扑向骨头的狗一般挖掘起故事来。记者、专栏作家、电视制片人、脱口秀经纪人的电话如轰炸机一般向 A-B 打来,他们不断打听土豆狗先生的消息(现实中的土豆麦肯奇其实是一只母狗,有一个很怪异的名字——蜂蜜树邪恶之眼,简称凶眼)。费雷斯曼-希拉德公司不得不聘请狗狗担任了自己的形象代言人,并且对外把它称作"麦肯奇先生",以平复各种流言蜚语,因为有人说土豆麦肯奇在乘坐豪车出游时遭遇车祸死去了,还有人说它死于加州的一场热水澡意外事件。商业杂志《广告周刊》注意到了这则广告的潜在含义,撰文称百威这招实在过于聪明,请土豆狗诠释一种现实生活中的醉酒、享乐状态,如果土豆狗的角色由人来饰演,这则广告将违反联盟通信委员会(FCC)的规定。

土豆狗先生火速成为了流行文化偶像。它和三位土豆比基尼美女在公众场合频频出现。它和大卫·莱特曼一同出现在《深夜脱口秀》中,还出席了琼·里弗斯主持的《福克斯电视台深夜脱口秀》。它在马丁·马尔参演的一部影片中获得了一个角色,还被《人物》杂志列选进了"年度最佳着装"名单。它激发了200多种土豆麦肯奇系列商品的诞生，包括墙面海报、海滨服装、太阳镜、绸缎夹克、毛绒娃娃、塑料玩具……以至于梅西百货在其纽约分店里专门为土豆麦肯奇商品开了22家精品店。不过对A-B而言，最至关紧要的是，土豆麦肯奇让百威淡啤的销量一路飙升，在广告投放的第一年，百威淡啤销量上涨21个百分点，到达800万桶，这也令其成为啤酒行业排名第三的品牌，朝排在前面的米勒清啤奋起直追。

不过同他的诸多名流前辈一样，土豆麦肯奇最终却被自己的盛名所累。随着20多支电视广告在全美的播出，土豆麦肯奇让某一群体对穿着滑稽服装、模样憨蠢的小狗产生了过度热爱——那就是孩子们。土豆狗系列玩具的普及，也让许多母亲深感担忧，她们抱怨这只狗可能会导致自己的孩子将来发生酒驾。美国家长教师协会和美国酒精、烟草和火器管理局也开始指责A-B，说他们对未成年人进行了误导营销。参议员斯特罗姆·瑟蒙德在国会发表批判啤酒广告误导年轻群体的演说时，还特意带来一只毛绒土豆狗作为道具助兴。

A-B发言人回应称他们对此感到极其、极其震惊，因为竟然有人认为一家公司会"花费大笔资金和精力去向一个根本不符合法定饮酒年龄的人群推销啤酒"。（不过，事实上公司也发现那些"重度消费者"在读高中和大学期间就已经确定了自己的饮酒喜好，换言之，也就是在他们到达法定饮酒年龄——21岁前。）

"公司不会为创造土豆狗的形象而道歉。"A-B的一位发言人对《广告周刊》说。此后不久，《广告周刊》便把矛头指向了A-B在亚利桑那州东部白山阿帕奇保护区进行的一场促销宣传，指出这是一场极其不妥的推销活动。

在阿帕奇每年一度的劳动节竞技表演和部落集市期间，真人大小的啤酒人和土豆麦肯奇模型乘坐老式货运卡车沿着游行列队一路驶来。

《广告周刊》报道称："当孩子们看到熟悉的土豆麦肯奇乘车过来时，便兴高采烈地蜂拥到卡车前，此时车上撒下了包装成百威酒罐形状的糖果，孩子们喜笑颜开地伸手去接。"由于深知广大美国人民本来就是嗜好饮酒的民族，《广告周刊》认为A-B阿帕奇分销商的这种促销行为"是意图在儿童和青少年中灌输品牌概念，将这些易受伤害的消费者作为推销目标，并忽略了酒精滥用的问题"。

面对日益增长的质疑和恶化的公众影响力，A-B最终决定停用土豆麦肯奇的形象，不过他们是在凭借土豆狗吞噬了米勒清啤的市场份额后才那样做的。在A-B广告年鉴中，土豆麦肯奇依然是公司最有效的形象代言人（狗）。

在土豆狗热潮刚刚兴起的1987年春季，丹尼·朗从任何方面讲，都足以为自己在公司付出的35年心血感到自豪。在从办公室勤杂工一路拼搏成为公司总裁的历程中，他为公司做出了巨大贡献，在帮助A-B转型的过程中尤其起到了极为关键的作用，使A-B从一家市值为7亿美元的酿酒公司，或者用A-B企划部前副总裁罗伯特·温伯格的话说，"一家像杂货铺一样的公司"，成功转型成为一个市值高达70亿美元的巨型企业，《洛杉矶时报》称其地位堪比"软饮行业的可口可乐和百事可乐、烟草行业的菲利普·莫里斯和雷诺烟草"。在朗掌管酿酒部的8年间，啤酒的销售额增加了1倍，利润变成之前的4倍。

朗陪伴奥古斯特走过了前进的每一段征程[1]，两人一同在公司成长。奥古斯特十分信任他，因为是他带领公司赢得了同各大啤酒巨头交战的胜利，并公开送给他一个"朝米勒海雷夫酒罐凌空踢去"的铜制球鞋雕塑。不过朗心里清楚，奥古斯特和自己并不是真正意义上的朋友。尽管他们每天都长时间交谈，并一起在公司专机上度过了数千个小时的出差旅行，奥古斯特始终同他保持着一种老板与下属的距离。奥古斯特似乎从不交朋友，他没有那个时间。据朗所知，他仅有两三个真正的朋友，其中与他关系最好的是约翰·克雷，其家族经营着圣路易斯的一家肉类加工企业，后来在奥古斯特的帮助下，他成为了 A-B 在密苏里州圣查尔斯的分销商。克雷最近刚刚因癌症去世。在他生命的最后几个月里，奥古斯特派出了公司的一架专机，并在其中安置了医院病床，专门接克雷和他的妻子到欧洲。如今朗认为，除了维吉尼亚和孩子们，自己是同奥古斯特最亲近的人了。他深信无论发生什么，奥古斯特都会不遗余力地支持他。

然而他并未预料到接下来发生的事情。

几个月前，也就是在 1986 年 12 月，一位律师委托 A-B 法务部门担任圣路易斯一家广告公司的破产受托方，这家濒临倒闭的公司曾为 A-B 提供过许多服务。这位律师在浏览该公司的资产状况文件时，发现了一件明显的挪用公款事件，这件事或许牵扯到了 A-B 数位高管的暗收回扣行为。其中可以确定的是，零售业务副总裁迈克尔·奥尔洛夫和销售业务副总裁约瑟夫·马蒂诺，借由 A-B 的业务之便私自收取了现金和礼品。由于破产需要走诉讼程序，文件将会被公之于众，并且在卷宗中发现一些可疑的犯罪证据，法院会将其转交相关执法机构展开调查。

因此律师马上向奥古斯特报告了这件事，奥古斯特命令公司立即在内部展开调查。朗被告知了此次调查事件的情况，然而奥古斯特决定不让他介入此事，因为奥尔洛夫和马蒂诺都是他的手下，马蒂诺还被视作朗的心腹。得知奥古斯特要把自己排除在外，朗心中很不是滋味，他认为这意味着奥古斯特并不信任他。

此后几周的调查工作非常辛苦。董事会聘请来的审计师开始检视数千份涉及外部供应商的发票，关于此事的进展朗也未被告知。然而，奥古斯特却不时给他带来晴天霹雳般的消息，比如，公司曾向纽约的一个没有名气的摇滚乐队支付 20 万美元，但公司却没有收到对方的任何服务，除此之外，这个乐队的创立人还是马蒂诺的老朋友。朗简直不敢相信马蒂诺会参与这种卑鄙勾当,这不是他认识的那个马蒂诺能做出来的事。马蒂诺出生于纽约布朗克斯区一个贫寒的工薪阶层家庭,后来在沃顿商学院取得了 MBA 学位。时年 34 岁的他是 A-B 内部一颗冉冉升起的新星,与同龄人相比,他显得更加理性、智慧并安分守己。这也让奥古斯特把他和毒品扯在一起的说辞更令人难以信服。

自从处理完儿子在图森遇到的麻烦以来,奥古斯特便对毒品恨之入骨,尤其是可卡因,他将其完全归咎于社会的不良影响。如今他更坚信马蒂诺和其他一些人也是瘾君子,甚至还在公司内部传播毒品。"你知道么,贝沃装瓶车间里 65% 的雇员都在吸毒?"一天他向朗问道。"你是怎么知道的?"朗惊讶地回答。

奥古斯特只是简单地说,是调查人员将此事告知了 A-B 保安部负责人加里·普林德维尔。

和奥古斯特一样,朗也是个老派保守的啤酒男,对毒品一无所知。然而他坚信在没有详细调查工厂雇员前,不能随意地说出那样一个数字,何况据他所知,公司尚未对该工厂的雇员进行任何调查。朗认为 65% 这个数字过于夸张了,而猜疑马蒂诺也参与了毒品传播的想法,更是离谱。当然,他怎么看无关紧要,最重要的是奥古斯特相信此事。这场对话令他惴惴不安,他暗自思忖,奥古斯特那句"你知道吗……"并不仅仅是一句简单的话,他或许实际上是想说:"你怎么能让这一切发生?"

2 月 28 日,奥古斯特授意朗将内部调查事件告知马蒂诺。朗和马蒂诺当时都在芝加哥参加一场零售商会议,朗决定用公司派给他的林肯城市牌轿车载着这位年轻的副总裁出去兜风,在车上他将自己所了解到的情况告知了马蒂诺,并提及了摇滚乐队事件和针对他使用毒品的猜疑。马蒂诺听完一席话,气得面目发青,坚称上述情况绝不是事实。

接下来的一周里,两人回到了公司总部[2]。A-B 的一位安保人员仔细搜查了马蒂诺办公室外的储物柜,马蒂诺通常在那里存放一些市场宣传用品,包括印有百威啤酒或公司商标的高尔夫球、T恤衫、棒球帽等物品,因为市场管理人员经常需要对来访宾客赠送这些小礼物。A-B每位市场管理人员都有这样一个储物柜,职位级别越高,里面的东西越高档。比如,麦克·罗阿蒂的柜子就像阿里巴巴藏宝藏的山洞一样,里面尽是零售商和供应商送给他的高端电子产品,随后他又将这些礼物送给VIP客户和得力的下属,实现了它们在公司内部的生态循环。收取和赠送奢侈礼物的风俗自A-B公司创建之初起就成为公司的一种文化了,阿道弗斯·布希最先带头向客户及合作伙伴赠送礼物,当年他赠送的是印有公司商标的银制小折刀。他的儿子奥古斯特·A送的是枪支,奥古斯特·A的儿子格西送的则是载着美女和美酒的游艇。毕竟,结交朋友就是他们的生意。近年来,销售业务管理人员们开始用劳力士手表拉近与生意伙伴之间的关系,因此公司成批购进这种高端手表。公司新聘请的一位副总裁[3]曾在自己办公室的一个柜子后面发现好多盒劳力士表,显然办公室的前一位使用者把它们忘在这里很长时间了。

对马蒂诺储物柜的这次突然搜查并未发现任何可疑证据,但它却让内部调查事件在公司内部被揭开了神密面纱,使得员工们在走廊里窃窃私语、议论纷纷。人们开始纷纷议论公司正在调查是否有员工吸食毒品,以及马蒂诺可能牵连其中。马蒂诺当年的一位下属最近回忆此事时说:"就算谁把可卡因扔到他屁股上点着,马蒂诺都不会认出那是什么。"

在A-B律师团队对马蒂诺和奥尔洛夫进行盘问时,毒品的话题并未被提起。两个人都坚决否认自己曾收受不当礼品。然而,在3月9日,两个人却都因"行为不当"被开除了。关于两人被辞退的报道迅速在当地电视媒体的画面中出现,并占据了当地各大报刊的头条。不过多亏了弗雷斯曼-希拉德公司里一些业务娴熟的媒体公关部人员——也被称作"公司发言人",这些都成了昙花一现的故事。A-B对外宣称公司的中层管理人员中出现了几只蛀虫，目前已经被清理了，仅此而已。有关毒品的情况只字未提。

一周之后[4]，看到任何新报道都没有再出现，丹尼·朗以为一切都风平浪静了，自己可以继续像从前那样担任公司的掌门人，这件事对自己没有实质影响。然而，在3月16日，也就是圣帕特里克节前一天（朗永远记得那天），奥古斯特在从欧洲返回的航班上打电话给他，语气中充满不安，"马蒂诺这件事变得更复杂了"，奥古斯特说道，随后飞快说出了一系列变故——公司的内部调查将继续扩大，审计师们将与美国联邦检察官办公室合作，将两位前高管事件的调查结果递交联邦大陪审团。

"你这是想让我辞职吗？"朗问奥古斯特，并条件反射地说，"如果这样能减轻你的压力，那我就这么做。"当然，他并非真有此意。他只想做一名优秀的士兵，向他的将军表示忠心。当奥古斯特咆哮着对他说"不，该死！我不是要你辞职"时，他暗自松了一口气。与奥古斯特同行的一位高管后来告知朗，当天他发现奥古斯特因为某些事情"爆发了"，但他不知发生了什么事，只听见奥古斯特看似不祥地冒出一句："看来现在是火烧眉毛了！"

第二天，奥古斯特走进朗的办公室，面无表情地对他说："我需要跟你谈谈。"朗跟随他来到了旁边的会议室，奥古斯特坐在了离他很远的一把椅子上，那段距离让朗很不舒服，这其中包含着许多潜在深意，奥古斯特摆在桌上的文件卷宗、拍纸簿和钢笔也让他深感不安：朗心头一颤，脚下的地板似乎顷刻间晃动起来，让一切倾覆崩塌。他本以为奥古斯特会向他询问马蒂诺的事情，而奥古斯特竟问起了他把自己的两个女婿安排到公司工作的事，他们一个在销售部的下属部门工作，一个在市场统计部工作。"你是怎么让他们进公司的？"奥古斯特希望了解此事的所有来龙去脉。

朗不知所措地告诉奥古斯特，自己只是帮助他们获得了普通职员职位的面试机会，并且它们都属于公司公开招聘的职位。当公司询问两人的人格品德时，他为他们做了保证，但朗坚称他们最终是靠自己的能力赢得职位的，与他在公司的地位没有关系。

"所以你就把一个砖瓦匠弄进公司了？"奥古斯特冷笑着说，他指的是其中一个曾在大学期间兼职当过砖瓦匠的年轻人。

朗告诉他："是的，一个有硕士学位的砖瓦匠。一个人做过砖瓦匠有什么不对么？"

他这句顶撞立即点燃了奥古斯特心中的怒火，奥古斯特迅速呈现了他最可怕的状态，他用拳头猛砸着桌子，将一个又一个审讯问题向朗抛去，并眼冒怒火地盯着回答问题的朗。他这种状态，朗已经见识过无数次了，因此他心里清楚，这种时候自己最好还是保持冷静，镇定地回答问题，等待奥古斯特的愤怒平息。

奥古斯特向朗读起文件卷宗中的一段记录，他问朗，他的哥哥是否是沃特福德水晶在圣路易斯的经纪商。沃特福德水晶也是在A-B高管人员中颇受欢迎的热门礼品，每年圣诞节，他们都会对外送出数百份印有百威商标的沃特福德水晶礼品。奥古斯特还对朗说，自己"听说"他利用职务之便，让A-B只从他哥哥那里采购沃特福德水晶礼品，并可能私自从中牟利。朗告诉他这绝不是真的。他根本不负责管理向外赠送礼品的事务，此事是由公司推广部门负责的。何况他哥哥是沃特福德水晶在圣路易斯的唯一经纪商，并不存在他帮他获得礼品采购垄断权这种事，公司董事会下属的利益冲突审查委员会也是批准过这件事的。

随后奥古斯特又说，"有人告诉他"朗的叔叔曾同他一起搭乘公司专机飞往爱尔兰旅行。朗承认了此事，他说自己的叔叔是A-B在伊利诺伊州乔利埃特市的一名批发商，他在公司举办的一场销售竞赛中获得了这次旅行奖励。朗还补充说，他叔叔担任批发商这件事，奥古斯特本人和公司董事会当时也是批准过的。

看到奥古斯特眉头紧锁地在拍纸簿上不停地写写画画，朗的心中愈发阴云密布，他禁不住问了一句："你们是要指责我犯了聘用亲眷的错误么？"这个问题其实十分可笑，因为聘用亲眷基本上就是A-B公司建立的根基。布希兄弟的堂兄们是公司董事，并担任着产品分销商。奥古斯特同父异母的哥哥彼得如今也在公司任职，奥古斯特的大女儿苏珊亦然。陷入数次交通事故危机的奥古斯特四世最近还被提拔为公司的酿酒师助理。无人不知朗的几个女儿、他21岁的儿子和芝加哥的表兄都为A-B工作。聘用亲属在这家公司从来就不是违规行为，反而是一种光荣传统。

奥古斯特继续指责抱怨地控诉了半个多小时，提及的证据无非都是办公室里的风言风语，有些略显夸张，有些简直是天方夜谭。在此期间他还曾质问朗，他的家里人是否在阿森纳大街拥有一家临街商店，并销售从A-B库房里偷来的设备。这让朗感到心灰意冷，他只能摇了摇头说："绝对没有。"

奥古斯特的怒火逐渐平息，他终于开始向朗讲起自己为何把他叫来进行这场盘问——"因为如果你真的做错了什么，而我们并不知晓，或者没有质问你的话，会让我和董事会陷入一种十分艰难的处境。"这一次，朗再次提出了辞职，不过他感到自己现在确实产生了这种念头。这一次，奥古斯特再次让他打消那个念头，不过朗怀疑他说的不是真的。奥古斯特从拍纸簿上撕下自己所做的记录，整齐地将它们折好，放进了西装内衬口袋中。这场审讯算是到了尾声。起身出门时，奥古斯特说："我要把它们安全地保存好。"

如果奥古斯特这样做的目的就是恐吓朗，他的确成功了。朗感到自己深受打击，茫然无措。他们为什么要调查他？他们认为自己都做错了什么？这就像是有人故意在暗中朝他开枪，而他也无从得知那人是谁。

眼前这个人不是他熟悉的那个奥古斯特，那个永远给他撑腰的奥古斯特，他成了一个站在自己对立面、想要抓捕自己的人。这一切到底是为什么？

当天晚些时候，奥古斯特再次来到了朗的办公室，他轻轻地关上了门，语气轻柔地对他说："很抱歉，我感觉董事会现在将接受你的辞呈了，对此，我恐怕比你感觉还糟。"朗无法完全相信他所说的，然而他也没有表露什么。奥古斯特走到窗前，眼睛默默地注视着楼下的停车场。他的样子让朗回忆起数年前，格西命令奥古斯特提出辞职时，他也曾这样站在窗前向外凝望。一分钟后，奥古斯特从窗前转身，离开了房间，他没有再看朗一眼。

不久之后，奥古斯特又带着一份由弗雷斯曼-希拉德公司草拟的新闻发布稿来到了朗的办公室宣告朗的辞职。稿件中以朗的口吻称："身为安海斯-布希集团总裁，我必须对公司管理人员和雇员的行为负全责，因此，我认为现在选择辞职是对公司最为有益的举动。"这真是满篇荒唐的胡扯。朗绝不认为自己的辞职是对公司最有利的行为。他选择离开，是因为奥古斯特让他别无选择。奥古斯特已经明确地告诉他，如果他选择留下，那么今后A-B雇员的任何失当行为都必须由他负责。"你的意思是，如果装瓶车间的某个员工在开车期间吸毒，然后撞死了人，也是我的错？"朗问奥古斯特。"没错。"奥古斯特回答道。朗理解他的意思就是让自己要么现在走人，要么等待今后被裁，他于是同意了新闻稿中的说辞。

第二天，两人分别乘坐公司专机前往坦帕参加董事会。奥古斯特乘坐的是他的达索50商务飞机，朗乘坐一辆稍小的李尔飞机，那是公司为他配备的总裁专用飞机。朗可以选择不去参加会议，但他不愿就那样灰溜溜地离开。他要把辞呈放在董事会成员面前，盯着他们的眼睛，当场告诉他们这件事。考虑到如今的形势，他决定不像以往那样在这场会议上进行销售业绩汇报，他本以为奥古斯特将负责这件事。然而会议开始前5分钟，奥古斯特朝他走来，请求说："你知道我一直不懂怎么做这件事，能请你再汇报一次么？"

因此，朗进行了他的最后一次业绩汇报。值得庆幸的是，公司的各项销售指标都很棒：总销售额增长 9.6%；净收入增长 18.6%；总销量增长 7.7%；市场占有率增长 40.6%。当他的报告结束后，董事会全体成员起立为他鼓掌，每位董事都走过来向他握手致谢。在飞往圣路易斯的回程航班上，朗脑中一片空白，他的心已经麻木了。

朗辞职的消息如晴空惊雷一般震动了整个圣路易斯城。他是城中的著名人士，是深受A-B员工爱戴的领导，更是爱尔兰裔市民心目中的英雄人物。在他们看来，朗就是那个从贫穷的南区一路艰辛奋斗，最后加入圣高隆教堂唱诗班的神奇人物，他一步一个脚印地奋斗成为企业高管，领导着这家他们赖以维持生计的酿酒公司。当地孩子们的父母都认识他，因为他曾在担任教区小学橄榄球教练期间，牵头负责筹集了近150万美元，帮助青少年橄榄球联盟扩建了原面积仅34英亩的圣路易斯橄榄球场，随后又说服A-B买下这个球场，并将其发展成为美国设施最齐备精良的橄榄球场。没有谁比丹尼斯·帕特里克·朗更受圣路易斯人热爱，人们简直不敢相信，他居然因一场背后袭击的"莫须有"调查而被迫离开了A-B[5]。"丑闻侵蚀安海斯-布希"，《圣路易斯邮报》对此事的报道打出了这样的标题，随后又补充了两篇，即"朗的辞职宣示他与布希之间友谊的破裂"和"阴云笼罩布希家族"。

随后，关于此事的种种故事又出现在了《纽约时报》和《华尔街日报》上，甚至连远在都柏林的《爱尔兰时报》也报道了它。记者们蜂拥而至地聚拢在朗的家门前，他们站在他行车道旁的铁栏杆外，冲他喊道："请您谈一谈这件事吧，朗先生，我们希望听听您对此事的说法。"

朗当时根本无心同任何人交谈。他深感沮丧，心中惊惧不安，正在同一些律师商量如何获得合理的补偿，以维系他家人的生计。他那时 51 岁，他的孩子中有两人还在大学读书，妻子又患了不治之症。因此他对自己的失业深感恐慌。A-B 向他提供了一份为期 5 年的"外部顾问"合约，每年支付他 37.5 万美元薪酬，这绝对是一笔可观的收入，虽然比他的总裁薪水的 1/2 还低。公司对他的补偿条件还包括授权他监管 A-B 在爱尔兰的业务，在他家附近为他提供一间办公室，并配备一名秘书。

朗的内心已经支离破碎。奥古斯特亲手把他从贫穷的工人阶层一路提升到如今的地位，如果没有他，就没有自己的今天。对此，朗将永远心怀感激，因而他不愿去做任何会伤害到公司的事情。奥古斯特现在也在媒体面前说起朗的好处来，将他称作"过去 25 年来，我最亲密的合作伙伴和朋友……是我所熟识的人当中，最出色的高级管理者之一"。

然而，奥古斯特也让他做了这场丑闻事件的替罪羊，对外宣称："涉及此事的两位人员都是朗先生的直接下属，因此他必须为两人的行为承担全部责任。"这是在媒体面前玩的一场文字游戏，其中毫无真实可言。马蒂诺和奥尔洛夫所做的事情不应该由朗来承担责任，至于"他们直接受他管理"这种说法，更是过分夸大，听来似乎一切都是在他眼皮底下发生的，并且被他默许了。这两人都不是直接向他汇报的人员，他们只是他名义上管理的数十位销售主管之一。他不可能对他们所做的每件事都了如指掌。一个公司的总裁不可能去做亲自检查每张供应商发票，以便了解公司是否获得了所有相关服务之类的事情。

朗认为奥古斯特利用了自己的忠诚，随后的事情让他对此更加深信不疑。他在奥古斯特的胁迫下提出辞职不久，A-B 的律师们就冷冰冰地通知他，因主动提出离职，他持有的 10 万份 A-B 股票将自动作废，而这些股票原本可以兑换成数百万美元。

朗的家人希望他予以还击，将事件的真相告知媒体，如果可能的话，把 A-B 告上法庭，总之他应该做些什么，洗刷奥古斯特安在他头上的罪名，不要做一只无辜的替罪羊。

"那样做我们又会得到什么呢？"朗对家人说，"他们不会让我再回到公司了，也不会再付我任何薪水。你们没有我了解这些人，我见识过布希们发怒之后的所作所为，知道他们会干出什么来。何况奥古斯特这个人是没有底线的。"

他曾见过奥古斯特因为一位高管每次感到紧张就会口吃而开除了他，因为讨厌一个高管说法语时的法国口音而开除了他，因为一个高管没有按他的命令刮掉胡子而开除了他。除此以外，他还亲眼见识到奥古斯特如何把自己的父亲踢出了董事会，而格西在当年可是圣路易斯最有权势的人。"你觉得朗一家如何能打败布希家族？"他对儿子说，"我又何必拿家庭来冒险去做这种事？"

在与股东召开的一场会议上，奥古斯特称这场回扣丑闻是"公司光辉历史上不光彩的一页"。并告知众人，最糟糕的部分已经结束了，公司将不会被 FBI、联邦检察官办公室或联邦大陪审团审查。"我们的骄傲受到了挫伤，而我们的业绩却不会如此。你们的公司已经用完美而具有典范意义的方式从这场事件中复苏，它依然是全美最令人仰慕的荣誉企业之一。"

鉴于近来对于谁将接替朗的流言四起，奥古斯特还在这场会议上宣布："我将替代朗先生接任安海斯－布希集团总裁一职，至少在两年内，这个职位将一直由我担任。"

这场会议让朗终于清醒地明白了一切：亲眷雇员调查、办公室审问、让他承担过失、把他的辞职与两位部门副总裁的过错牵连在一起，这所有的事情不过是因为一个原因，那就是奥古斯特的多元化创新成了一场滑铁卢式的失败，让公司损失了数亿美元。在朗看来，奥古斯特已下定决心让公司的聚焦点重新回到啤酒业务上来，因此他认为回扣事件正是自己遇到的良机，可以借由此事让自己重新坐回公司总裁的交椅。他所需做的，不过就是牺牲自己最亲近的伙伴，一个实际上只是他下属的人，一个与他没有亲缘关系的人。毕竟，他是格西的儿子。

在此后的几个月里[6]，马蒂诺和奥尔洛夫因 12 项邮件欺诈指控和一项虚假报税指控被提起诉讼。马蒂诺虚假雇用摇滚乐队的事情也被提起了诉讼，但联邦政府驳回了最后一项指控。在所有指控中均未涉及毒品事件。

在法庭上[7]，马蒂诺为自己和奥尔洛夫做出了一场精彩的辩护，称他们两人所做的不过是公司里许多人经常做的事情，但只有他们被公司当作替罪羊抓了出来。他承认一位外部广告公司高层向他赠送了衣物、俱乐部会员卡、机票，并给他的父母也赠送过礼品，然而他坚称对方这样做完全是出于友好，绝无贿赂他的意思。他还举证称每年圣诞节，A-B 总部都会收到大量送给各位高层管理人员的礼品，大家的办公室里都放不下这些礼物，甚至需要把它们堆放在走廊里。马蒂诺还特意指出，在某年圣诞节，弗雷斯曼-希拉德公司曾向 A-B 高管每人赠送了一个价格超过 600 美元的倒酒机器人，他自己也收到了这份礼物。马蒂诺的律师还请朗作为辩方证人出席了庭审。朗亲口证实，自己为鼓励和回馈批发商、雇员，以及"任何与安海斯-布希业务有关的人士"，经常向他们赠送礼物。事实上，"赠送礼品的习惯是安海斯-布希企业文化的组成部分"。

最终，马蒂诺和奥尔洛夫只被确定犯有 12 项邮件欺诈指控中的一项罪名、一项针对美国国税局（IRS）的欺诈罪，以及一项虚假报税罪（即没有将自己收到的礼品进行报税）。两人被判处 3 年监禁。这一判决让 A-B 的数十位高层管理者胆战心惊，因为他们的家中和办公室里也有许多价值数千美元的类似礼品，并且同样从未报税。

在 1987 年剩余的日子里[8]，奥古斯特和弗雷斯曼-希拉德公司孜孜不倦地塑造出了奥古斯特如何再次成功接管 A-B 的故事。他们自然地又选择了向素来与布希家族交好的《财富》杂志求助，将杂志的一位记者请到了车叶草农场，并罕见地安排其与重新成为美国啤酒之王的奥古斯特亲密交流。这场努力的成果是，《财富》杂志撰写了一篇相当冗长并充满溢美之词的文字，高调地歌颂了奥古斯特的胜利。此文仅用了两句话提及了最近的不快事件，称奥古斯特"总是孜孜不倦地捍卫着公司的名誉"，并宣告众人，他将亲自接管公司的啤酒业务，并将至少在这一职位上工作两年，"以免任何妨碍 A-B 这个啤酒帝国继续发展的事情再次出现"。

在此之外，《财富》杂志和其他金融媒体则仅仅极少地提及，或完全没有注意到奥古斯特那些多元化创新业务商品——面包、红酒、矿泉水和游轮——在随后的 18 个月里如多米诺骨牌一般逐一灰飞烟灭了。

丹尼·朗签署了他的咨询顾问协议，然后搬进了公司在日落山为他安排的新办公室里，那里离格兰特农场不远。几个月后他才意识到，公司不会真的把什么工作交给他做了，用他自己的话说，自己担任的是"一个沉默的顾问"。一年以后，奥古斯特终于主动打电话给他，邀请他在一个星期六的清晨前往车叶草农场用早餐。已经被迫离开公司的朗非常憎恨这一邀请，他实在不愿意再次大清早驱车 30 英里赶往车叶草农场，不过他还是接受了邀请，心想奥古斯特或许会送给他一些好处。

两个人在奥古斯特的厨房里坐下来交谈，维吉尼亚在一旁准备着早餐。起初他们简单地聊起了公司近来的生意情况，随后，奥古斯特突然摊牌说出了这场会面的真正原因，"我一直在等待一个机会，为你对公司的忠诚和在媒体面前缄口不言表示感谢"，"我知道，这对你来说并不容易"。

"确实很不容易，"朗对他说，"尤其是当时一群记者围在我的门外，并且……"

奥古斯特突然恼怒地涨红了脸，粗暴地打断了朗："我只是想说你做得很棒,好吗?"似乎是想表示,这件事就应该到此为止了。维吉尼亚告诉他们早餐已经准备好了,所以两个人就开始用餐,继续说起公司里一些无关痛痒的小事,最后两个人握了握手,从此以后再未与对方说过一句话。

对于上述所有事情,朗守口如瓶地沉默了整整 23 年。

第十七章 "嘿,老兄,你有25美分么?"

1987年10月,格西见证了他的红雀队再次踏入世界大赛征程。

在与明尼阿波利斯市休伯特·汉弗莱大都会球场举行的揭幕战中,红雀队以1∶10惨败给明尼苏达双城队,在第二场比赛中,又以4∶8的比分不敌对手而再次失利。

随后红雀队在家乡圣路易斯的布希纪念球场迎来了第3场比赛,当格西投出那枚庆祝性的比赛纪念球时,全场近55347名观众起身为他鼓掌欢呼。88岁的"老鹰格西"如今看来比以往任何时候都要虚弱,但从现场雷鸣般的掌声判断,却也比以往任何时候更受圣路易斯人爱戴。

圣路易斯的人口仅占纽约和洛杉矶这种大都市人口的数分之一,然而1987年红雀队在圣路易斯却卖出了307万张球票,比任何其他大联盟球队售出的球票都要多。在过去23年中,他们在格西的"领导下",捧得6座大联盟奖杯,并3次夺得世界大赛冠军。在球队发展的历程中,许多伟大的球员——穆林、弗洛德、马利斯、卡尔顿、吉布森、布洛克——曾在此拼搏过,最后也离开了,然而格西始终坚守在这里。他现在依然穿着他那身红色牛仔套装,上面依旧镶嵌着百威和红雀队的图标,他幸福地朝人用力挥手:这个挽救了红雀队的男人再次在克莱兹代尔马的带领下出现在全世界面前。球迷们激动地起立向他欢呼致敬，他们心中意识到，这或许是自己最后一次向老人表达谢意了。

红雀队在家乡连赢了 3 次比赛，一举成为比分领先的队伍，然而在大都会球场举行的最后两场比赛中，他们都败北了。此后的 17 年里，他们的身影都没有再次出现在世界大赛中。

格西在红雀队第三场比赛中的出席果然成了他最后的几次露面之一。在随后的几个月里，他的健康状况严重恶化，只能靠轮椅出行，因此大部分时间待在格兰特农场，极少外出，只是偶尔去一次圣彼得斯堡的冬季别墅。尽管他已不再是昔日的啤酒之王，却依然是圣路易斯宅邸中的领主，大房子里有 7 名家仆和一组随时待命的护理人员供他差遣。他每天的早餐通常包括两块煎蛋和三片低盐培根[1]，最后再来两杯必富达牌金酒马丁尼，其中要放上三片洋葱和三个橄榄，由此开启他的一天。他总是会再要一杯马丁尼，护理人员通常就随了他的心意。不过对于摆弄枪支的要求却没人敢答应他，尽管他总是命令他们给他一支枪，这样他就可以干掉那些侵袭鸽子笼的麻雀——他为自己的鸽子建造了一个 15 英尺高的城堡型鸽笼。众人一想象起这个 90 岁高龄、整天酒不离身的老人抓起来复枪扫射"那些该死小鸟"的场面，就吓得浑身发抖。

格西把大部分时间消磨在了枪械室里，人们把那里的武器都上了锁。此外，他还经常待在厨房旁边的一个大食品储藏室里，坐在一张大桌子前，看着人们不停从大房子的这个非正式入口穿行来往。他在储藏室里安放了一个 25 美分老虎机，总是心满意足地把玩好几个小时，任由雇工们在他周围忙里忙外。每当有来访者或快递员经过此地，他都会冲他们喊："嘿，老兄，你有 25 美分么？"然后示意他们加入自己的小游戏中来。来访者们可以把钱放进机器里，却不能拿回去。如果他们中了头彩，也必须在离开前把奖品还给格西。对于这笔钱，每天还有另一桩滑稽的流程。每天早晨他的贴身男仆来服侍他穿衣时，格西都会问他，你把我的钱从梳妆台里取出来了吗？

"是的，布希先生。"男仆总是这样回答。

"你数过它们了吗？"

"是的，先生，数过了。"

"钱数对吧？"

"是的，先生。一共是15美元，和昨天一样。"

状态好的时候，格西会乘坐马车在宅邸四周巡游一番。每次动身前，他都会按响卧室中的一个按钮，让整座宅子里回荡起警报般的声响，以宣告领地上的所有人，他要出场了。他只能被人抬着坐到车夫的位置上，也已经没有了驾驭马车的力量，不过每次马儿一踏动脚步，他总是坚持去握住缰绳。宅子里的工人们每次见到他的马车从身旁经过，都会向他挥手致敬，鞠躬问好。他们知道，老人喜欢被这样关注。

格西最小的两个儿子[2]比利和安德鲁依然陪他住在大房子里，比利6岁的女儿斯嘉丽当时也住在这里。这个小女孩是当时备受瞩目的一场监护权之战的焦点人物，比利和他的前女友安吉拉·惠特森为争夺她的抚养权闹得不可开交。安吉拉是一位深陷毒品的年轻女子，还曾因卖淫行为和不顾她7岁儿子安危的行为被捕并记录在案。1983年斯嘉丽出生后，比利为安吉拉提供了一套价值8万美元的住宅、一辆汽车和每月3500美元的安养费——并把女儿接到了格兰特农场，为她安排了自己的房间，送给她一匹马，并从她两岁开始，为她安排了骑术课程。但是1987年9月，当时已沉溺吸食冰毒的安吉拉突然带着两个孩子去了加利福尼亚南部。在那里的8个月中，她换了5次住所，其中一处还是一家汽车旅馆，并与一个名叫基诺的著名毒品贩子混在了一起。

1988年7月[3]的一天，比利突然接到安吉拉伯祖母打来的电话，告知她两个孩子现在无人照料，并且遭受了身体虐待。比利当即飞往加利福尼亚，把两个孩子救出了火坑，并安排他们住进格兰特农场。青少年法庭授予他临时监护权。然而，安吉拉随后开始了监护权的争夺，她把比利告上法庭，事情最后闹上了密苏里州高等法院，在此期间，安吉拉那一系列骇人听闻的放浪行为也被公之于众。比利的律师告知法庭："安吉拉曾在与3个男人发生关系后6次怀孕，并且她与3人都没有婚姻关系。"其中包括基诺，在1989年4月的闭门庭审期间，她还带着与基诺生的孩子来到了法庭。安吉拉还承认自己曾与一名从印第安纳州监狱出逃的罪犯发生过关系。

安吉拉的律师也拿比利无数个性伴侣的事情让他如坐针毡，其中包括一个名叫金吉的女子：

"你还记得金吉姓什么吗？"[4]律师问比利。

"不。"

"你和金吉只发生过一次关系，还是多次？"

"不止一次。"

"大概有多少次？"

"15次。"

法庭认为安吉利"完全不适合成为这个孩子的监护人"[5]（这里指的仅是斯嘉丽，令人难以理解的是，郡检察官已经命令比利把安吉利的儿子还给她，比利于是照办了），然而首席法官却也丝毫没有掩饰自己对比利和其生活方式的厌恶。"我无法完全站在布希先生一边，"在宣判期间他说道，"他是一名典型的花花公子……他生活在格兰特农场，也在那里'工作'，他每天做的事情就是训练大象和狗，让他们在游客面前表演，还有照管庄稼和花园……他是家族基金的受益人，每当缺钱时，就从那里支取……我怀疑他能否把寻欢作乐的热情放下，一心一意去照顾他的女儿。"

虽然比利后来证明了法官的判断是错的*，在当时，法官对他的看法也折射了公众对他的评价，这种观点主要是因为1981年的一场风波引发的，那年他22岁。

那年他在一家酒吧与人玩掰手腕比赛，此后他也是在那里遇见了安吉拉。当时他的对手向他挑衅，两个人扭打起来，在混战中，或者说在人群的起哄中，比利咬掉了对手的上半只耳朵。当时比利没有被指控，因为打架不是由他发起的，他向伤者赔偿了2.5万美元。然而媒体记者却一直乐此不疲地提起此事，即使在今天也是如此。尽管20多年来，比利一直是模范市民和称职的父亲，他却一直没有甩掉把他和兄弟们区别开的那个标签——"咬掉别人耳朵的人"。

因此，媒体毫不令人吃惊地将这场监护权之战的主要关注点投注在了风流韵事和布希家族的财富上面，而没有看到一个年轻的父亲为保护自己的非婚生女儿所付出的努力。

人们并不清楚格西如何看待他人生中遇到的最后这场家庭丑闻，因为在监护权案件发生的1989年4月，他的健康状况已经严重恶化，大部分时间只能卧床休息。不过他很可能并不会指责比利。在他的5个儿子中，比利的相貌和爱好跟他最为相似，他也深深热爱格兰特农场，喜欢照顾动物们，尤其是大象。（后来比利实际上成为了布希家族最后一个搬离格兰特农场的人。）

随着自己余日无多，格西与奥古斯特三世的关系也渐渐缓和起来。没有什么能比奥古斯特的直升机停在宅邸前方草坪上的声音更能点亮他的心情。在格西最后的日子里，奥古斯特每周都会来格兰特农场，陪伴父亲一小时左右。不过他每次到访，都会亲自查看存放百威啤酒的那个

---

* 比利将斯嘉丽与他的其他6个孩子一起抚养成人，他与妻子克里斯蒂娜一直稳定地生活在一起。——作者注

镶嵌大理石的古老木制酒柜。"如果他发现哪瓶啤酒的日期超过了新鲜时限要求，我们就要遭殃了。"在宅邸里工作过的一位人员说道。

两人已经冰释前嫌，如今只有父子间的血脉亲情，过去30多年里那些造成他们产生嫌隙和憎恨的事情已经在他们心中烟消云散。不过对于格西而言，对儿子态度的逆转与其说来自心底的宽宏大量，莫不如说是因为他已经衰退的记事能力。他只是再也想不起那些不愉快的过往细节了，反而沉浸在奥古斯特对他的赞美之词中："我们今天获得的一切都是因为您，爸爸；如果没有您，这一切都不可能实现。"

奥古斯特甚至一反寻常地在抓住一切机会表达起对父亲的赞美之词来。"是我的父亲打造出了 A-B 今天这支无往不胜的管理团队[6]，"1987年当地一家非营利机构将奥古斯特评为"年度人物"时，他对《圣路易斯邮报》的记者说道，"是他为公司筑造了有力的地基，并设立了各项标准。我们只是在他的根基之上将这座大厦建造得更为广阔。"随后他又补充了一句，"父亲是我致力效仿的偶像。"

据布希家族成员和友人们所说，奥古斯特如今突然对曾经看低自己、与自己对立的父亲突然产生了崇敬之情，一部分原因是他内心的负罪感。尽管时间和后来的种种事情都证明当年他弹劾父亲的举动是正确的，甚至如今连他同父异母的兄妹们也认同了他的做法，他本人却一直深感愧疚。"尽管他总是喜欢让自己显得信誓旦旦、无坚不摧，"阿道弗斯四世说道，"在内心深处他却一直被这件事折磨着，言谈间会不时流露出这种心情。"

当然，在本质上，奥古斯特依然是那个火眼金睛、每走一步都要精打细算的公司执掌者，一些人认为，他如此这般在公开场合歌颂自己的父亲，也有为自己谋好处的意图。比如，在《圣路易斯邮报》为他获得"年度人物"撰写的文章中，虽然提到了他如何赞美格西，却也同样引述了格西对他进行的表扬，说他认为自己的长子是个出色的接班人。

"他是个优秀的孩子,更重要的是,他完美地沿袭了家族和公司的传统。如果我祖父阿道弗斯今天还在世,他也一定会为奥古斯特感到骄傲的。如今我就是这样。"熟悉 A-B 公关团队的人会清楚,这篇文稿其实应该是出自弗雷斯曼-希拉德公司之手,并经奥古斯特批准,随后抛给了报社,并授意他们按自己的意思发表。对于这一切,格西或许都一无所知,全然被蒙在鼓里。

1989 年 9 月的最后一周,布希家族的成员们从各处聚集到格兰特农场里。格西被肺炎和心力衰竭折磨着,一直卧床不起,只能靠吸氧气维持生命,大家知道,老人所剩的时间不多了。据比利回忆,9 月 28 日格西曾打电话给特鲁迪,请求她原谅自己。第二天,也就是 9 月 29 日,在 9 个在世子女的陪伴下(阿道弗斯四世也驱车从休斯顿赶回了圣路易斯),格西永远地闭上了眼睛,他去世时所在的那间卧室,正是 55 年前他父亲开枪自杀的房间。据《圣路易斯邮报》所述,在格西去世前几分钟,一只红雀突然停落在他卧室窗外的喂鸟器上[7],从那里可以俯瞰整座鹿苑。

在第二天上午刊登的讣闻中,《纽约时报》将格西称为"卓越的商业大师、无可替代的顶级销售天才,他将一家小型家族企业发展成世界上最大的酒业集团"。《圣路易斯邮报》尊称他为"圣路易斯先生"。

除 10 个子女外[8],格西还有 27 个孙辈和 9 个重孙。因此,在葬礼期间大房子里挤满了家族成员。葬礼的第一项仪式是在大起居室举行的天主教弥撒,随后一组克莱兹代尔马牵引亮红色的百威马车缓缓走来,车上有两位车夫和一只达尔马提亚犬,马车从大房子门前悠长的车道行进到农场的铁门前,一组载着布希家族成员的豪华轿车队列在那里等待着它,随后车队跟随马车行进 1 英里,到达日落山墓地,那里也是格西父亲安眠的地方。格西被葬在女儿克里斯蒂娜和他第四任妻子玛格丽特的墓地之间,一位身着红衣的男傧相吹响一枚银制号角,此时一组格西心爱的骑师马队围绕葬礼队伍缓步绕行一周，格西最喜欢的跳跃马"圣诞礼物"在一旁静默站立着。他的墓地与另外10个墓地一同环绕成半圆形，共同朝向一座他父亲在1904年圣路易斯世界博览会上购置的艺术品——一个小男孩喂养幼鹿的雕像。

两天后[9]，圣路易斯人民得以向格西做最后的告别，一场公共追悼会在林德尔大街的圣路易斯天主教堂中举行，那里距离格西在1933年4月，也就是禁酒令解除前夕，发表全国演讲的地点仅有几个街区。1700人前往天主教堂大礼堂参加大弥撒，出席仪式的还有密苏里州州长约翰·阿什克罗夫特、《今夜秀》常客艾德·麦克马洪、纽约洋基队传奇球星乔·狄马乔、5车酒厂工人（百威当地酒厂从当天下午2:00起关停一天）及24名天主教牧师，其中有约翰·梅主教和格西的老友——圣路易斯大学校长保罗赖纳特神父。在布道中，赖纳特神父称他亲眼见证了格西近年来在心灵上的成长，他从一个"以自我为中心的人"蜕变为"一个关注社会的市民领袖，并逐渐发现了施与的快乐和意义"。

"他的葬礼办得非常美好，"赖纳特说道，"我能看出他对死亡已经泰然处之，并做了精心准备。"

格西去世时的身家可谓富可敌国，远远超越祖父阿道弗斯当年的财富。作为公司最大的股东，他持有35,452,142份股票，或者说A-B公司12.5%的股份，其市值高达13亿美元。他死后，上述财产自然地被布希家族成员和相关亲属继承，其中包括奥特维家族、冯·康塔德家族、赫尔曼家族、佛罗伦庭家族，以及赖辛格家族。

根据格西1987年签署的遗嘱，他的10个子女——包括他曾扬言剥夺其继承权的奥古斯特三世都将获得40万份信托股票，这支信托基金是在1932年设立的。当时每支股票约合37美元，因此他的每个子女所获得的股票总价接近1500万美元。

除此之外，格西与特鲁迪生养的6个孩子还额外获得了337,464支股票（除已去世的克里斯蒂娜外），它们来自 1936 年设立的一支信托基金。不过对于这支信托的收入提取却有严格的规定。其中半数股票——即 1,012,392 支股票，也就是每个子女的 168,723 股，只能由他们的下一代继承。不过，这 6 个子女依然可以持续收到信托支出的津贴。因此，在格兰特农场里生养的孩子们每人可获得价值超过 2100 万美元的股票，以及每年 10 万美元的收入，此外，他们的子女还将得到价值 600 万美元的股票。

格西的大部分私人财产[10]也留给了格兰特农场的孩子们。阿道弗斯四世和比利继承了贝洛农庄，彼得和安德鲁获得了格兰特农场四周的 140 英亩土地。两个女孩比阿特丽斯和特鲁迪每人得到 25 万美元现金。令人最匪夷所思的是，格西把格兰特农场留给了 6 个子女共同持有，并严格规定他们不得将其出售给布希家族成员以外的任何人，或者将房产分割。他盘算着 4 个男孩会收买两个姐妹，让她们放弃农场继承权，最终令农场仅归他们所有。（不过事情并未按照他预想的那样发展。）

格西与前两位妻子所生的另外 4 位稍年长的子女，却没有他们像同父异母的小兄妹们那样所获颇丰。他们只获得了格兰特农场里的一部分艺术收藏品。其中，莉莉、洛塔和伊丽莎白得到了一幅圣路易斯画家奥斯卡·E. 伯宁豪斯绘制的西部风格水彩画。奥古斯特三世得到了一个金电报机，那是在当年曾祖父阿道弗斯的 50 周年结婚纪念典礼上，公司员工们送给他的礼物。

在这场盛大的财产分配中，唯一受损的就是奥古斯特的 4 个子女——苏珊、维吉尼亚、斯蒂芬，还有奥古斯特四世。他们从祖父这庞大的财富中一无所获。看来，格西是把他们父亲所犯的错误算在了他们头上。

第十八章　王子登场

1990年春，在精心策划和宣传下，安海斯－布希同时推出了两款新产品。

其中之一是百威干啤（Bud Dry），它的品牌名称源于日本盛行的一种酿酒工艺。干啤的酿造原料包括麦芽、谷物、水和被称为发酵液的酵母混合物，整个发酵过程较长，且较彻底，以便酵母消耗掉残余的糖分。经由这种酿酒工艺酿成的低稠度啤酒热量较普通啤酒稍低，但酒精浓度更高（5%），口感干醇，麦芽味道较淡，并鲜有余味。据著名的伦敦啤酒专家（"啤酒猎头"）彼得·杰克逊所言，"干啤的最大特质是口感淡爽，不留余味"。

干啤本身并不是什么新鲜事物。它的酿法衍生自一种名为 Diät Pils 的德国拉格，但进行了一些更改。最初这种啤酒是专门为糖尿病人酿制的，因为含糖量较低。美国一些地区的酿酒公司在过去几年间曾生产过干啤，但是对这种啤酒美国人并未产生兴趣。1987年，日本的朝日啤酒（Asahi Brewery）在国内推出了一款干啤产品，原本计划在推出市场的第一年销售100万桶，结果朝日干啤当年的销量创下1350万桶。朝日啤酒的三个主要竞争对手——麒麟（Kirin）、三得利（Suntory）和札幌啤酒（Sapporo）也马上推出了自己的干啤品牌，一年之内，在日本市场销售的啤酒中，干啤的市场占有率已达 39%，同时，上述 4 家日本啤酒公司均开始向美国市场出口自己的新啤酒。

奥古斯特三世可不愿再次在一款新啤酒面前错失良机，不管它的口味有多平淡，或听起来有多另类。他立即着手启动了干啤的酿制和生产。1988 年 9 月，米狮龙干啤（Michelob Dry）被投入 5 个市场进行测验。到 1990 年 4 月，A-B 已完全确信，一款美国本土生产的干啤将获得巨大市场空间，随后便将百威干啤推向了全美市场，并为其市场推广和广告宣传制定了达 7000 万美元的预算，据 A-B 所言，还没有其他啤酒公司为推出一个新品牌投入如此高额的巨资。

在 1990 年 4 月，A-B 还打造了另一个产品[1]，那就是浪子回头的奥古斯特四世。曾因袭击警官被告上法庭的他当时已经 25 岁，在公众面前已被塑造成同他父亲一样精明强干的商人形象。在弗雷斯曼－希拉德公司对外公开的照片中，他剪了短发，梳得油光锃亮，白色的牛津布衬衫所有纽扣被一丝不苟地扣紧，这形象与奥古斯特三世简直相似得骇人。伴随这张照片的是一份告示，对外界宣告他已经在公司获得了第一份管理岗位工作，将全面负责百威干啤的首秀及那预算惊人的市场推广和广告宣传工作。

在过去 3 年间，奥古斯特四世经历了一场全面的形象修复工程，并完成了一系列由他父亲分配的任务，从任务清单看来，那更像是"那些你必须逐一完成以挽回自我和一步一步跟随我脚印的事情"。他已从圣路易斯大学毕业，在酒厂度过了学徒生涯，并加入了酿酒商和麦芽制造商 6 号工会。他在柏林 VLB 酿酒研究教育学院学习，并获得了酿酒师资格证。他在公司担任了一年酿酒业务副总裁格哈特·克雷默的助理，又花了一年时间担任市场业务副总裁麦克·罗阿蒂的助手。在个人生活方面，他与当地一位名叫朱迪·布赫米勒的模特感情稳定，据《圣路易斯邮报》花边新闻首席记者杰里·伯杰记载：

本周六晚，在"山顶多米尼克餐厅"里，奥古斯特四世和他的未婚妻举行了订婚仪式，餐厅里摆满了百威干啤，人们举杯恭祝他们定于11月17日举办的婚礼顺利进行，据悉婚礼将在洛德斯圣母堂举行。这场仪式后，布希家族还将在圣路易斯乡村俱乐部欢庆。

两个月后，伯杰又撰文称："四世和朱迪突然前往佛罗里达群岛，和奥古斯特三世一起参加追逐布希小姐号游艇的海上游艇竞赛。"他还不太地道地爆出了自己的另一个发现，那就是两人的婚礼已经延期了。"我们依然很有希望会结婚。"四世说道，不过似乎更像是在安慰他那频频逼婚的父亲。"我们彼此深爱，我想娶那个女孩。"然而这件事到底没有发生。

如今有关四世的一切外界报道都被弗雷斯曼－希拉德公司严格把关，他们仅将关于他的消息发布给可靠的新闻机构和记者们，以免其他人对他的过往故事不停挖掘。总的来看，媒体放了四世一马，把主要关注点放在了他如今的表现上。不过，弗雷斯曼－希拉德毕竟不可能时时时刻控制住所有记者的笔杆[2]。比如，在四世最早接受的一批采访中，有人向他问道，百威干啤这场高达7000万美元的宣传计划是否旨在将老板的儿子推向成功时，他的回答是"不、不、不，不，这个品牌在市场测验过程中的表现非常优异"。随后又脱口而出一句话，确认了自己是受到特殊对待才承担了品牌宣传的工作，"我只会负责管理百威干啤团队2—3个月时间"。

最初四世在员工中赢得好感全因他比他父亲的性格要好。"他非常有亲和力[3]。"A-B的一位前中层经理回忆道，当年他在负责百威干啤的工作时第一次见到了四世。"他在酒厂里四处走动查看，与员工们握手交流，向大家提出问题，并认真聆听。我感觉他确实在悉心学习，并且他和他父亲做事的风格完全不同。他不会四处查找过了新鲜期的啤酒，在工作和为人处世方面，他其实更像格西。"

不过四世人格的另一面也依然存在，它通常在夜晚出现，在与他的朋友们混迹于圣路易斯中央西区，或因工作出差而逃开他父亲及公司高层监视时显露无疑。1989年春，在前往加州棕榈泉市举办A-B春假推广活动时，一群市场人员领略了他的那一面。

当时10多位市场人员在这一沙漠度假胜地度过了两周时间，向数千名休春假的高校"当代成年人群"推广百威品牌并发放免费啤酒。随后他们被告知，公司未来接班人将飞往此地，检查春季推广工作。"当时他正在接受培训[4]，"一位市场人员回忆说，"众所周知，老三（奥古斯特三世）在悉心培育他，他必须小心谨慎，不能有任何差池。"

春假推广向来是A-B极为重视的活动，因为A-B 17%的销售额来自21—30岁的消费群体，即所谓的"X一代"*。从历史数据看，21—30岁的消费者饮用的啤酒最多，年人均消费量达45加仑，而30—40岁的消费群体的年人均消费量为36加仑，40—60岁的消费群体的年人均消费量则只有20加仑。

筹备期达半年的春假推广活动当时已在棕榈泉和美国其他学生度假圣地全面铺开。而得知老板儿子将前来棕榈泉度过周末，并希望"参加同主要客户的交流晚宴"后，市场团队和当地经销商感到自己面临的压力更大了，因为如今除推广活动外，他们还得准备迎接四世的驾临。经销商们还不得不从洛杉矶招来一群长腿、大胸、肤色、发色各异的模特，让这些百威小姐在四世来访期间贴身陪他。市场团队发现这已经成为了对经销商们的一项不成文要求：无论四世到哪里，他们的责任就是

---

* 即Generation X，又被称为"被遗忘的一代"，指20世纪60—80年代早期出生的美国人。

"确保他能度过一段愉快的时光"。

四世抵达后住进了绿洲别墅,那里也是 A-B 市场团队居住的地点。但是没多久大家就发现,他的房间距离其他人相当之远,竟然在宅邸的另一端。星期六晚上,市场团队来到当地规模最大的俱乐部——庞贝俱乐部。他们在人群拥挤的场馆里忙碌了几个小时,为人们买酒,分发促销礼品,与众人握手,寒暄交友。对于俱乐部里那些醉醺醺的顾客而言,这是一场盛大阔绰的派对;对于市场团队而言,这只是工作,或许比其他工作更令人享受些,然而依旧是劳神费力的。

正当一行人为本周最重要的这场工作忙碌时,"突然间被告知一个消息,四世突然要求我们全部离开,"市场团队的一位员工回忆说,"一位经销商找到我们,通知说:'收拾好自己的东西马上走。他希望你们全都离开这里。'其实就是因为他自己想开派对,而又不希望我们看到他都做了什么。"

后来,四世显然确实于当天晚上在别墅里举办了派对。第二天,整个房子里一片狼藉,四世和模特们早已不见踪影,留下 A-B 经销商与绿洲酒店管理层处理这个烂摊子。

不过,百威干啤却出人意料地大获全胜,在投放市场的前 9 个月里就获得了 320 万桶销量。A-B 盛赞这一占据公司总销售额 3.4% 的新产品,说它是自 1982 年百威淡啤入市以来市场首秀最出色的品牌。

弗雷斯曼-希拉德大举宣传了四世在百威干啤入市期间所做的贡献,对媒体宣称他"帮助公司发展了酿造干啤的方法",并以开创性的方式成功推广了这一品牌:他策划出一个宣传方案,让人们驾驶印有百威干啤商标的 40 英尺长双体皮划艇在 6 个海滨展开竞赛,比赛时划船的"速度高达 140 英里/时",不过考虑到这场活动的危险性,它最终被他父亲叫停。随后弗雷斯曼公司又爆出一些消息,使得媒体将四世定位为一个"勇敢并富有冒险精神的人"。弗雷斯曼公司还透露,四世喜欢驾驶飞机和直升机，每天清晨 5 点起床长跑，每隔两天进行一次体育锻炼。他是日式合气道、跆拳道和韩式合气道黑带高手，"出于安全考虑"，他学习了上述技能。他驾驶哈雷摩托车，养着两条雄壮威武的狗——一只德国牧羊犬和一只罗威纳犬，他还穿着牛仔靴去上班。似乎公司对四世的这场角色设计，也是宣传自己品牌的一种策略，因为他们向世人展示了：一位史上最有奇特兴趣的当代成年人。

然而在起步阶段的突飞猛进之后，百威干啤在 1991 年却出现了销量下滑，这个品牌和其他干啤品牌一样，最终都令人颇为失望。不过这种状况并未影响四世在公司里平步青云。1991 年 7 月，他被任命为百威品牌总监，《财富》杂志随即撰文赞誉"啤酒帝国王子即将登上王位"。伴随四世这场大步职位跃进的是百威 15 年来的首次销量下跌，而且下跌幅度不容小觑，接近 6%。公司将这一切归咎于联邦政府，因为自 1991 年 1 月起，政府将啤酒的联邦货物税翻倍增加到 18 美元／桶；此外，当时的经济衰退也令销量雪上加霜，这两个因素使得消费者开始选择售价更低的啤酒。不过经过一番调研，A-B 发现造成销量下降的原因不只这些：其实本质原因与百威自身有关，这个销售额占总产品销售额将近 40%，营业利润占总营业额（17 亿美元）50% 的旗舰品牌，已经失去了当代成年消费人群的喜爱。四世的同龄人如今更崇尚新兴的美国小众啤酒品牌，比如塞缪尔·亚当斯（Samuel Adams），以及诸如科罗娜特级啤酒（Corona Extra）这样的进口品牌。科罗娜特级啤酒在美国的销量已经增长了 10 倍，其广告宣传对此功不可没。在科罗娜的电视广告画面中，展现的是在热带海滩逍遥度假的年轻性感情侣，这自然更能引起年轻人的共鸣。

这场研究吓坏了 A-B 那群年事已高的管理层人士，54 岁的奥古斯特三世坦承："我现在已经无法去解读 21—30 岁的消费者了，我的年龄使我失去了了解他们的能力。"由此一来，四世的"优势"似乎更加明显。"他是年轻人,因此他们觉得他可以更好地理解年轻群体,"百威的一位前市场人员说道,"他就是他们当中的一员,他们以为他能更好地感知年轻人的脉搏。"不过在公司内外,人们对四世的质疑却依旧存在:这个年仅26岁、只有不到两年管理经验、个人生活"事故不断"的年轻人能担当如此重任吗? 一些事实证明,他显然不能。

在他最早接受的关于品牌推广的媒体采访中,四世表现得充满防备心,还有一些自我怜悯的伤感。 在《芝加哥论坛报》的采访中,他说:"每个人都认为'做奥古斯特四世多轻松啊'[5],而我却认为,那简直是世上最难的事,没有什么比承受这个角色所赋予的那些压力更加艰难。在做任何事情时,你必须付出比旁人多3倍的努力,才能得到人们的认可。"

在接受《财富》杂志专访期间,他再次搬出了"做我好难"的话题,"你们不会明白以这个身份生活有多么难[6],现实真的不是像人们想象的那样。人们以为,这个家伙生来就拥有一切,布希这个姓氏让他无所不能,他所做的工作就是世界上最好的工作。然而实际情况和他们所想的完全不同"。

此后他又向《商业周刊》抱怨起同他父亲一起工作的痛苦来,"每一周他没有哪天不向我发问[7],或者不让我难堪"。

《商业周刊》本打算突出一下父子间的亲密感情,然而最终发表的报道却没能掩饰住两人之间的剑拔弩张。当记者问起"图森事件"时,父亲攥紧了拳头,朝桌子轻轻砸了几下。儿子则说:"那时我确实经历了一段很艰难的日子……我只想说这些了。"四世还坦承,希望在未来的某一天,自己可以接替父亲的位置。然而他的父亲却说,那一天的到来将会很久。"现在在你面前的是一个54岁的男人,我还要继续奋斗很长一段时间。"随后又把格西当年的一句话照本宣科地搬了出来,"我从未向任何人保证过奥古斯特四世一定能继任公司总裁的职务。"

布希家族历代继承人的成长故事有着惊人的相似性，甚至连细节都如出一辙。四世的童年经历仿佛就是他父亲幼年人生的翻版。他的父母也在他 5 岁时就分居了，从那时起，他主要同母亲生活在一起，只是偶尔在周末去探望父亲，并且必须要在父亲不出差的时候。他与奥古斯特三世共处的时光主要围绕在猎鸭和去公司访问这两件事上。在公司里，"小奥古斯特"当时也可以去参加高管会议。在他十几岁时，父亲再婚成立了新的家庭，随后又有了一个儿子斯蒂芬，他与这个儿子生活在一起，两人的感情也更为亲密，就像格西和阿道弗斯四世那样。

在布希家族中，长子似乎就是一个为家族企业牺牲的角色。自懂事起，四世就明白自己将来的工作只能是做一名 CEO，他别无选择。他也清楚，只有当他父亲认为他的能力已经水到渠成的时候，他才能坐上 CEO 的位置。在每一天的工作中，他总有失误之处。他所承受的评审是严苛而令人无法承受的，他总是不断受到父亲的指责。

在公司里，四世和父亲的关系也复制了当年奥古斯特三世与格西的相处模式，儿子都拼尽全力在父亲面前证明自己，然而无论做出怎样的业绩，都只能得到父亲的勉强认可。这样一来的结果就是，四世对董事长奥古斯特既像英雄一般崇敬，又像敌人一般憎恨。他在办公室和家中挂满了与父亲的欢笑合影，然而却对人们说："我感觉自己从没体会过父子之情，一切都是商业关系。"此话难免不令人想起奥古斯特三世当年谈论自己和格西时所说的那句："我从没有过爸爸。"

四世一直苦心孤诣地希望获得父亲的认可[8]，然而现实却一直令他备受打击。就连他模仿父亲穿上牛仔靴的尝试也以失败告终。某天下午，他前往洛杉矶酒厂参加 A-B 加州分销商会议，当他出现在那里时，穿着一双尖头蜥蜴皮牛仔靴，这让他父亲火冒三丈，当着一位下属的面将他一顿痛骂。"你他妈的到底什么时候才能学会穿得像正经生意人那样！"奥古斯特三世咆哮着说道。四世指着父亲的脚问他："好，那我问你，你管你脚上现在穿的东西叫什么？"奥古斯特低头看了一眼自己那双手工制造的精致圆头卢凯塞皮靴，告诉四世，我这双是贵族皮靴，随后指着儿子的鞋说道："你脚上那双是掏粪工穿的烂鞋。"

类似的场景其实并不少见。然而，尽管奥古斯特三世把 X 射线一般的精密注视、口不择言和暴脾气全都投在了儿子身上，却也在公司里不断把他提到重要的位置，虽然很少有人认为四世配得上那些职务。1993年，在担任百威品牌总监不到两年之后，四世被提拔为百威家族全系品牌的总监——全面负责百威、百威淡啤、百威干啤和百威冰啤（一种面向当代成年人群推出的酒精浓度比较高的啤酒）。1994 年 2 月，他被任命为公司副总裁和 A-B 全品牌总监（包括米狮龙、布希和进口品牌），并加入了父亲手下的"战略委员会"—— 一个由十几位高管组成的内部组织。

上述升职并不是因为四世做出了什么业绩，因为那些年公司的总体表现也乏善可陈（1993 年啤酒销量仅增长了 20 万桶），并且百威的市场份额一直在缩减（1993 年其市场占有率再次下跌 0.5%）。不过四世在工作期间却出人意料地表现出了管理天赋。他上任之后，面对手下这群头脑精明、经验丰富的品牌经理和销售主管，竟娴熟而游刃有余地做起了他们的领导，从一开始他就告诉这些人，他们的主要工作就是为他在父亲和董事会面前塑造良好形象。如果他们的工作做得好，就可以与他一起在公司获得晋升。"我们同在一条船上，要么一起远航，要么一起沉入海底[9]。"他对下属们说。他的父亲应该也会支持这种策略，并且事实已经证明，它是奏效的。

1994 年夏末，奥古斯特手下的新任百威品牌总监麦克·布鲁克斯，将一份备忘录寄给了达西广告的两位顶级创意主管吉姆·帕伦博和马克·乔特，并告知他们，A-B 计划为百威设计一场全新的广告宣传，希望通过它塑造出百威品牌的现代感，令其更好地迎合 21—30 岁消费群体的喜好。布鲁克斯还特意要求两人将创意工作同时分派给达西广告在圣路易斯以外地区的分部——包括纽约、底特律和洛杉矶办事处，并希望对方在一个月内交出最令人满意的作品。30 天后，吉姆·帕伦博和马克·乔特带着达西广告的一组创意人员和数十份创意提案来到了布鲁克斯面前。他们花了好几个小时介绍这些创意，其中有一个方案让布鲁克斯印象极为深刻，那是达西圣路易斯公司两位年轻创意人员戴夫·斯温和迈克尔·史密斯的作品。两人将他们的作品印在了一张铜版纸上，并贴在了一张 12×16 英寸的白色泡沫板上。方案图片是一幅四格漫画，每格漫画中都有一只坐在睡莲上的青蛙，画面背景中还有一张百威的商标板。两人还为图画配上了一段青蛙叫的音频——"百……威，百……威，百……威，百……威"。

这个方案既简洁精美，又荒诞滑稽，令布鲁克斯忍不住捧腹大笑，在所有呈现给他的创意中，"青蛙方案"最终胜出。

第二天，布鲁克斯、乔特和帕伦博带着"青蛙方案"以及其他两三个创意提案前去会见布鲁克斯的老板——百威高级品牌总监鲍勃·兰奇，以及兰奇的老板——奥古斯特四世。两位领导也都认同"青蛙方案"无比有趣，是所有方案中最出众的一个。两人授意布鲁克斯将方案拿给酿酒业务总裁帕特里克·斯托克斯过目。斯托克斯是奥古斯特三世 MBA 团队中的老成员，此前曾负责管理 A-B 旗下的坎贝尔-塔格特烘焙公司，随后又在 1990 年被奥古斯特任命为丹尼·朗的继任者。在人们眼中，他还算是在奥古斯特四世成为公司总裁之前一个合格的临时摄政者，尽管在作为上业绩平平。公司里的人背地里偷偷管他叫"啤酒业里的汤米·纽森"，后者是《今夜秀》节目中的乐队领班，永远穿着一成不变的棕色套装，所有纽扣都被一丝不苟地严格扣紧。主持人约翰尼·卡森总是满怀激情地向观众们介绍一下这位"不愠不火的先生"、"激动人心的先生"。令布鲁克斯惊讶的是，看到"青蛙方案"之后，纽森竟然也放声大笑起来，并当即表示自己同意将这个方案用在百威新的推广活动中。

现在只要等奥古斯特三世最终定夺了，不过一想到如何让他接受这支"青蛙广告"一定能打动25岁上下的消费者，几个人都抓耳挠腮，备感压力重重。这绝对是一个独一无二的创意，并且它给人一种全新的感受。这份创意方案中既不是某人的老父亲的主意，也没有乘坐红色啤酒马车的达尔马提亚狗；既没有在雪中飞奔的克莱兹代尔马，也没有结束一天疲惫劳作之后，啜饮一杯冰爽啤酒的蓝领工人；既没有在海滩上慢摇轻舞的百威女郎，也没有任何有关啤酒的画面，或者介绍其口感和品质的旁白，而上述所有恰恰是奥古斯特三世钟情的广告元素。不过几个人都坚信，如果方案得到完好的执行，那么人们不仅会对它留下深刻印象，更会对它永难忘怀。

布鲁克斯需要在9月为期一周的公司年会上向奥古斯特三世汇报这一方案，在每年的年会上，每位品牌总监都需要汇报下一年度的广告宣传和市场计划。会议在足球广场酒店的大会议厅中举行，届时40多位管理层人员，包括战略委员会全体成员和达西广告的创意团队都将参会，他们沿着U形会议桌围坐，奥古斯特三世坐在会议桌中部的主位，每位演讲人要站在场地中央，面朝他进行汇报。

布鲁克斯的汇报为时4个小时，在汇报进行一半时，他向奥古斯特三世介绍起了"青蛙方案"，他对奥古斯特三世说，自己计划用这一方案制作一支30秒的广告，请他判断是否可行。布鲁克斯把画板拿放到自己胸前，并按下了录音机的播放键。

录音播放完毕后，会场所有人的目光都投向了奥古斯特三世，他毫无反应。他看了看画板，又看了看布鲁克斯，最后又把目光投在了画板上。他脸上没有笑容，斯托克斯、兰奇、奥古斯特四世，以及战略委员会的人也是如此。所有人就这样静默地坐着，会场里的空气近乎凝滞了。

最后，奥古斯特三世终于开口了："我不太明白，布鲁克斯。"

"先生，我能再播放一次磁带么？"布鲁克斯说道。

"好吧。"

布鲁克斯再次把画板拿到胸前，按下了录音机的播放键，心想："我这下遇上大麻烦了，这个方案是我选出来的。"

不过录音播放到一半时，奥古斯特三世脸上突然浮现了一丝微笑，录音播放结束时，他终于大笑起来，会场里的其他人也都如释重负地笑了。

"这个方案想传达的是什么呢？布鲁克斯。"奥古斯特三世问道。

"先生，它的意思是百威太有吸引力了，以至于青蛙都忍不住注意到了它。"

"真有趣，那么推广它需要多少资金呢？"

"230万美元，先生。"

"什么？"

"230万美元。"布鲁克斯又重复了一遍，随后详细介绍了一遍制作"青蛙说话广告"需要的动画计划、机器人技术和水力学技术。奥古斯特三世认真地听着，并在笔记本上记下了相关内容。布鲁克斯还提到，制作成本中有120万美元要用于广告的首次发布。

"你们打算在什么时间推出？"奥古斯特三世问道。

在本届超级碗比赛的首场比赛中推出，布鲁克斯回答说，它将在超级碗第一场比赛的中场休息时播放30秒，是本赛季观众们见到的第一支广告。

"你确信它能成功吗？"奥古斯特问道。

"是的，先生。"

"你敢用自己的职位担保么？"

"是的，先生。"

奥古斯特开心地大笑着说："好吧，那就着手去做吧，亲爱的布鲁克斯。"

可达西广告最后却错失了将自己创意执行的机会。1994 年 11 月 13 日，在奥古斯特三世、斯托克斯、兰奇和布鲁克斯前往 A-B 纽约鲍德温斯维尔工厂出差期间，达西广告的吉姆·帕伦博突然打电话给兰奇，告知他达西纽约分部突然与米勒啤酒达成了合作，将为米勒啤酒负责媒体采购事务（印刷广告和电视广告投放权）。帕伦博向兰奇表示抱歉，说此前没有任何人向自己咨询过这件事是否妥当。

在回圣路易斯的航班上，奥古斯特神情镇定地对一行人说道："先生们，我要给诸位讲一个商业教训[10]。在过去 79 年里，我们投给达西广告的资金高达千百万美元，的确，他们为我们做出过巨大的贡献。然而，自从他们被收购后（1986 年，达西广告被纽约的本顿－鲍尔斯 [Benton & Bowles] 公司收购），我们对他们而言就不再举足轻重了。如今他们竟开始为我们最大的对手服务，并且事先对我们只字未提，这实在是极其不敬的行为。

"既然他们已经做出了他们的选择，我们也要做出自己的选择。我们将停止与这家公司合作。飞机落地后，我希望你们马上与公关部门负责人联络，请他准备一份声明，并让达西的执行总裁查理·拉盖特明天早上 8∶00 到我们的机场停机棚来开会。我会亲自告诉他我们与他们的关系结束了，并让他知道为什么，就这样。各位对此有什么问题吗？"

三名高管心中的问题密如浓云，然而他们在奥古斯特面前还是战战兢兢地只字未提。在他们看来，这样做的最大问题就是如何打发达西圣路易斯总部，那里 80% 的业务收入（每年近 1.5 亿美元）来自 A-B。失去 A-B 对他们而言意味着 100 名员工失去工作，包括三人的好友帕伦博和乔特。如此一来，这么多人的生计和职业前景都将风雨飘摇，他们的家庭也会因此受到牵连。对在圣路易斯工作的人来说，这简直就是一场灾难。

其实，奥古斯特三世对达西的憎恶已经酝酿许久了。1983年，达西把他的表兄詹姆斯·奥特维赶下了董事会主席的位置，强迫他在59岁的年纪退休，这在奥古斯特看来，是大不敬之举。奥特维后来成了新英格兰爱国者橄榄球队的主席，他也是A-B最大的股东之一，手中握有价值一百多万的股票，所以离开达西对他而言不是天大的损失。不过奥古斯特三世却从未忘记达西是如何对待自己家族成员的，如今，还击的时刻到了。

"把吉米·奥特维接到电话上来。"奥古斯特打电话到驾驶室说。几分钟后，飞行员告诉他："奥特维先生已经在线上了。"奥古斯特拿起电话时，像小男孩般露出了满意的坏笑："吉米，我要告诉你一个好消息，你的仇终于能报了。我的直升机能停在你院子里么？太好了，我们下午见。"

1995年1月29日，在第二十九届超级碗橄榄球赛开局赛中，旧金山49人队四分卫斯蒂夫·扬获得了6分的触地得分，帮助球队以49∶26击败圣地亚哥电光队。然而当天真正的赢家却是"百威青蛙"，负责测试广告效果和受众覆盖度的《今日美国》每周广告民调显示，它们的风头甚至超越了一代传奇土豆麦肯奇。在每周广告民调的排行榜上，"百威青蛙"盘踞了长达3个月的冠军席位，超过50%的被访者表示，这支广告令自己印象极为深刻，自己"特别"喜欢它。《广告时代》报道称"青蛙广告"帮助百威在目标群体——21—30岁人群——中的印象度提升了3倍。这支广告的制作公司芝加哥恒美DDB公司在广告业斩获各项大奖，包括克里奥广告奖（广告界的奥斯卡奖），以及戛纳国际创意节颁发的银狮奖。

"百威青蛙"的成功又促成了"蜥蜴路易"的诞生，在一支时长30

秒的广告中，满怀嫉妒之心的蜥蜴路易对自己的伙伴弗兰克说："我不明白青蛙为什么能出名。我们蜥蜴的听力更棒，我们长得比它们好看，我们比它们会说话，我们哪点不比它们强。"

"路易，"蜥蜴弗兰克打断他说道，"青蛙能卖啤酒，这就是原因，伙计，也是市场第一法则。"

"百威蜥蜴，"路易用他那充满地道布鲁克林腔的口语说道，"我们也会火起来的，青蛙们走着瞧吧。"

在第二支同样时长 30 秒钟的广告里，路易雇用了一只雪貂去偷袭青蛙，结果以失败告终。这支广告还留下两句后来流传极广的名言："最终，每只青蛙都是呱呱叫"和"永远别让雪貂去做黄鼠狼的工作"。

"蜥蜴路易"随后登上了《今日美国》每周广告民调的榜首，并拿下 6 座克里奥奖和 1 座银狮奖。青蛙和蜥蜴广告让百威走出颓势，在当时的成年消费者中打响了名号。这些年轻人极为喜爱百威广告的黑色幽默和巧妙暗讽商业本质、黑手党和啤酒广告业的做法。转瞬间，安海斯-布希公司不再仅仅是世界最大的啤酒公司，更是最具嬉皮精神的企业。公司上下群情振奋。

"当代成年群体的那些年轻人都在谈论我们的广告，"A-B 的一位前销售主管回忆说，"这使得我们的销售人员更容易打入克罗格、拉尔夫、艾伯森的市场。他们甚至在打电话交流时也会拿出录像机和磁带播放广告，零售商们都觉得这群年轻人疯了，不过在他们自己的高层管理会议上，零售商们也播放了这些广告。我们的这几支品牌广告所带来的影响力是巨大的。"

大获全胜的不仅是百威。1994 年 12 月，百威淡啤最终在销量上击败了米勒淡啤，成为世界上销量排名第二的啤酒品牌，由此全球销量前两名的啤酒全部出自 A-B 麾下。

在"蜥蜴路易"成功风潮的推动下，奥古斯特四世又被提升为市场业务副总裁，这个职位自 1990 年麦克·罗阿蒂退休以来一直空缺。

善于制造传说的弗雷斯曼－希拉德公司立即使出浑身解数，促使公众认为奥古斯特的升职是基于公司对他能力的认可。在公布升职消息的报道中，这家公司写道："在管理品牌部门期间，布希先生在广告宣传和市场推广方面彰显出了卓越的创造才能。他最近的成就包括广受好评的'青蛙广告'。"

在对外宣传方面，弗雷斯曼－希拉德找到了值得信赖的《财富》杂志记者帕特里夏·塞勒斯，在 1987 年丹尼·朗被动离职丑闻事件中，就是这位记者前来车叶草农场访问并撰写了相关报道，发表了一篇长篇报道赞美奥古斯特。

奥古斯特三世从不打无准备之仗[11]。采访安排在上午 7∶00 举行，地点就在圣路易斯机场的百威专机停机棚里，此前他心中早已想好数条希望通过媒体传达给商界的消息。塞勒斯将其中一条恰到好处地放在了文章篇首——"A-B 董事会主席认为如今到了该向公众宣布此事的时候了，这是一个重大的消息。'我准备在 65 岁退休。从那时起，这里将是年轻人施展才能的舞台。'"

他本人只字未提四世将接替他的事情。这句话他安排大女儿苏珊帮他说了出来。塞勒斯在文章中引述了苏珊的说法："如果我哥哥表现得像现在这么好，可以确定，他 100% 可以接替父亲。"在四世"充满单身汉风格"的办公室里，塞勒斯单独对他进行了采访，他近乎感恩戴德地表达了对父亲的感谢，并透露说自己的公文包内层口袋中保存着 5 封信。"这是我在公司工作 10 年来收到的 5 份来自主席的表扬信，"他说道，"尽管这些年来我只收到过这几封信，但我十分珍视它们。虽然他要求严苛，一丝不苟，但当我取得成绩并得到他认可时，我由衷感到欣喜，这对我来说非常重要。"当记者问起他父亲是否知道他把这些信放在公文包中时，他说没有。"不过现在他就知道了。"看起来父子两人这是在通过媒体传话，或许当面表达这些对他们而言都不太自在。

《财富》杂志最后发表的报道令奥古斯特三世满意得喜不自禁，这篇文章将他的儿子描述为"才能出众的市场业务副总裁"，并称他"如今已经收敛了自己当年的野性，为安海斯-布希重新注入活力，令啤酒销量再创新高"。塞勒斯还写道，四世的同事和客户们"赞扬他是一个重视团队合作的人，一个营造和谐氛围的人，并且是一个颇有创造力的人"（报道却没有引述任何人的任何具体言语），并称是"四世极力主张让百威脱下老旧保守的品牌外衣，穿上新时代的嬉皮服装"（对此亦没有详述）。

"两年前当儿子把青蛙呱呱叫'百……威、百……威'的广告概念告知奥古斯特三世先生时，他认为这简直是胡闹，"塞勒斯在文中写道，"然而四世跟他父亲一样坚决，一直强调说这个'青蛙广告'方案一定能让百威重振雄威，此后又拿出诸多研究报告进行佐证，最终令他父亲妥协了。"

塞勒斯这篇对于奥古斯特四世创意才能的报道像圣经一样传遍了媒体界，影响力长达15年之久。在2011年出版的《废黜国王》一书中，也提及了四世如何劝说父亲采用这支广告，此书描述四世和父亲关起门来单独商讨此事，两个人争执了很久，最终四世获胜了。"那故事纯属虚构，"麦克·布鲁克斯最近说道，"奥古斯特四世只是广告宣传管理团队中的一员，是达西广告想到了这个创意，我们买下了它。四世从未参与创造或广告方案演示。"

《财富》杂志对于四世10年前那场法律纠纷事件只是稍作提及，对此奥古斯特三世或许颇感欣慰。塞勒斯在文中称"图森悲剧的阴云依然盘踞在他心头"，在这场事件中，"他的乘客，一名在某个酒吧工作的女招待，从敞篷车顶被甩出车外身亡"。

"他们无法证明奥古斯特对此事故应付法律责任"，塞勒斯随后引述了四世的原话——"我的头部当时受了重伤，对于这段经历的细节我真的全忘记了"。

他父亲也希望其他人，尤其是啤酒行业人士也都把这件事永远忘在脑后，这篇文章就是专门供他们阅读的。在他最后对塞勒斯所说的那句话中，他是真的想向行业同人传达自己的心声："奥古斯特四世的所有过去已经彻底成为历史。"

对此，他显然大错特错了。

第十九章 "远远超越老虎伍兹"[1]

在维持了43年既充满令人振奋的胜利，又饱含争执与失望的合作关系后，圣路易斯最为人所爱的一对，圣路易斯红雀队和"啤酒公司"居然分手了。1996年春，安海斯－布希公司卖掉了红雀队。

从某种意义上讲，这一结局并不令人吃惊。奥古斯特三世在心底从未真正看重过这段合作关系，此前他也曾无数次扬言要与红雀队分道扬镳。其根本缘由依然来自一个词——金钱。即使在最鼎盛的日子里，在获得冠军或较其他球队出售更多球票时，红雀队所带来的盈收与啤酒业务利润相比也是九牛一毛。1994年，公司抱怨球队损失了1200万美元，1995年，他们又成为本区排名第四的球队，失球率达0.434。对奥古斯特来说，球队已没有了继续存在的意义。公司的一位发言人表示："我们与红雀队之间的关系已经无法再维持下去了。"

不过，奥古斯特依然优雅巧妙地处理了这件棘手之事。他不仅找到了出价最高的买主，而且亲自挑选合适的买家，以确保红雀队依然能留在圣路易斯（他估计自己的做法会让格西在坟墓里气得打滚，但还不想冒险让老伙计从棺材里出来找自己算账）。他挑选出一些圣路易斯当地的生意人，为球队、布希体育场和停车场开出1.5亿美元的售价。这场出售成了当地一个备受关注的话题，并且维持了数周，但公司并未因此遭遇民众的指责。因为市民们认为即使红雀队被转卖他人，一切也将维持原状，布希体育场、克莱兹代尔马、啤酒车、印有 A&Eagle 的计分板，以及 A-B 对红雀队赛事的电视及广播转播赞助权都不会改变；还有，他们熟悉的播音员杰克·巴克和红雀队前右外场手麦克·莎伦依然会继续解说比赛，依然会不时谈论几句百威和百威淡啤。实际上他们被告知，爸爸和妈妈依然深爱彼此，只是今后不再一起生活了。

媒体对红雀队被卖事件铺天盖地的报道遮掩了奥古斯特当时甩掉另外两个残喘业务的消息。在经历了 14 年的亏损之后，坎贝尔-塔格特烘焙食品公司被 A-B 单独推向了股票市场，以与股东换股交易的形式公开上市。然而奥古斯特始终未能给鹰牌食品找到合适的买主，所以最终他关停了这家公司，并遣散了它的 150 名雇员。（菲多利公司最终买下了鹰牌食品 5 间工厂中的 4 间，而宝洁买下了鹰牌的商标和品牌名称。）

奥古斯特曾计划将 A-B 打造成宝洁那样的零售食品巨头，祖父在禁酒时期成功的多元化业务布局启发了他，但他的计划最终沦为一场彻底失败的尝试。不过他本人却不是一个容易被失败击倒的人，尤其当失败的原因是来自他自己时。他总是向人们传授这样一个理念——失败是最好的老师。他随即又策划出一个计划，十之八九是受 90 年前曾祖父阿道弗斯写给奥古斯特祖父的那些信所鼓舞，使他又意识到家族的福祉全都"靠啤酒生意来维系"。奥古斯特把这句话精简了一下，让它变成了"啤酒是我们存在的原因"，并在 1996 年春向股东们宣布，他的目标是到 2005 年时，让公司获得美国本土市场 60% 的份额。随后，他像一个年龄只有自己岁数一半的年轻人那样，为此投注了大量精力和决心。

那时他无论到哪都带着一个录音电话机，随时记下自己的无数问题、指责和抱怨，随后由他的秘书将上述录音整理成文字，以电邮或内部记录的形式发给各个管理人员，这些标明"来自 AAB3 的执行文件"

的问题通常需要立即得到答复。他随时都会给公司管理层人员打电话，无论是在周末还是假期。"一个圣诞节的早晨，当我正在与孩子们一起拆礼物时，我的BB机响了，"一位工作很长时间的执行经理说，"我知道他很可能同时呼叫了另外6位经理，你绝对不想当最后一个回复他的人。"

啤酒生意的任何一个角落都逃不过他的法眼。他每年夏天都要前往爱达荷州那偏远的特顿山谷，亲自检查公司酿酒所需的啤酒花和大麦的生长状况，乘坐直升机在各个农场间穿梭探看。他也用同样的方式去检查阿肯色州和密西西比州稻米供应商的庄稼。每年当运送啤酒花的货船从欧洲抵达佩斯特拉齐大街时，他都会从深处挖一些啤酒花出来，在手上翻滚一下，并用鼻子使劲嗅它们，辨识香味的浓度。"他非常了解酿酒原料和酿酒工艺之间的关系，"A-B一位前雇员说道，"甚至连他父亲也做不到。"

麦克·布鲁克斯回忆起一次自己陪同奥古斯特前往"印第安纳波利斯500英里汽车赛"现场考察公司的市场表现，在检查完现场的广告标牌，并与百威赛队老板及司机们交流后，奥古斯特向自己的直升机走去，准备离开现场，但在路途中，他突然注意到了一个上面堆满空啤酒瓶的大垃圾箱。布鲁克斯吃惊地看到自己老板掏出录话机，并开始在垃圾堆里翻检百威和百威淡啤的空酒瓶，他仔细检查每个瓶子上的日期标签，并大声读出上面的日期，以便电话那端的某人可以了解这些在印第安纳出售的啤酒是否过了新鲜期。"他就是如此关注啤酒的品质。"布鲁克斯说。

"他当时就那样东翻西找着，想想看，一个大公司的董事长，身穿500美元的休闲裤，脚蹬1000美元的牛仔靴，在垃圾箱里翻东西。"多年以后，这件事带给布鲁克斯的惊讶依然没有消失，"当时有一个满身酒气、身上遍布文身的自行车赛车手经过那个地方，他像看见外星人一样盯着奥古斯特，然后冒出一句：'嘿，我说老兄，你要是那么想来一杯啤酒，我给你买一杯吧！'奥古斯特笑得差点倒在地上"。

对于公司的领奖和广告宣传事务，虽说名义上是由四世统领全局，然而在奥古斯特三世没有批准之前，任何广告都不得投放市场。"他总是事无巨细地检查所有事情，并且非常强势、不近人情，让人感到可怕。"曾陪同奥古斯特三世参与多次广告制作的一位老员工说道，"不过，他也会聆听人们的意见。他真诚地希望知晓你的想法。我记得一次在与他一同参加市场会议时，他曾说：'我没看懂这个广告方案，不过我也不是当代年轻人。在场年龄低于30岁的诸位，请站起来，然后告诉我你们对这支广告的看法。'他会综合各种想法，调动人们的积极性，且对工作的确非常专注。"

一位高管还回忆说，奥古斯特曾在一个极为不合时宜的时刻向他征询关于广告方案的意见。"我们当时刚开完一场会，我走进了高管洗手间，找了一个隔间关起门。奥古斯特随后也走了进来，站在隔间门外说道：'谁在里面？嘿，跟我谈谈你对那广告的看法，那是不是你这辈子见过的最差劲广告？'他完全不拘礼节，他的脑中在不断思考着什么，根本不顾我当时是在大便，"随后这位高管大笑着说，"从那时起每次走进那间洗手间我就感到不自在。"

奥古斯特三世也继续展开了同毒品的斗争。很少有其他公司像A-B这样制定如此严格和全面的反毒品政策。公司的全体工会雇员每年都被要求接受一次毒品检测，非工会雇员和管理层人员则随时都有可能接受抽查。其他公司只要求员工进行尿液和血液测试，而A-B则要求员工提供头发样本，因为如果受检者在3个月内吸食过毒品，那么在其头发中都可以检测到。公司的官方政策明确表示，一旦雇员在毒品检测中呈现阳性结果，会被立即要求离开岗位，并且不能获得遣散金，在进行过一段时间的员工戒毒治疗并被证明彻底康复后，他们可以回来工作。但现实情况则是，很少有人重新开始。"公司会出钱帮你治疗，可一旦你完成疗程，他们就会让你走人。吸毒在公司里是'一旦发生就绝对不能挽回'的事情。"

尽管自己的家族成员有经年的酗酒史（奥古斯特三世的曾祖父、叔父、父母），但他却不认为对毒品和酒精的依赖是一种家族遗传病。"在他看来，那是人格弱点，不是疾病，"一位员工回忆说，"我曾听他说过许多次，他认为那是意志力的问题。"

1995年夏，奥古斯特突然要求对洛杉矶酒厂进行一次"突击毒品搜查"，负责执行这项任务的是A-B的安保人员和人力资源团队，此外还有一家私人调查机构、富美银行的安保部门和一队缉毒犬进行支援。整支突击检查组在酒厂下午4点半换班期间突然驾临工厂，他们将员工停车场大门紧锁，不让任何员工离开，并让缉毒犬在每辆车外仔细辨别车里是否有毒品的气味。如果缉毒犬发现一辆可疑的车，那么车主就会被通知此事，随后被带到行政办公楼的一间办公室里，公司会要求这位员工签署一份同意书，授权公司对其车辆进行详细搜查，如果对方不同意，那么就将面临被辞退的风险。

一位工作多年的老员工因不愿签署授权书而被开除，另一位虽同意接受搜查，但当搜查队在他车里的储物格中发现大麻烟蒂后，也被要求立即走人。在停车场里，几位须进行车辆搜查的员工还被要求脱下鞋袜，坐到地上。

这场关门搜查最后的终结，是由于员工们纷纷打电话到家里，告知配偶自己今天不能按时回去吃晚餐，因为公司把自己"扣押"了。家属们把事情告知了记者，记者们随即向弗雷斯曼-希拉德公司打电话求证。弗雷斯曼公司的一位前主管在回忆这一事件时说："我认为A-B是想搜到一大堆该死的毒品，没想到却让自己陷入了一大堆该死的麻烦中。"

20多名员工以非法拘禁、非法逮捕、人身攻击、侵犯隐私和诽谤罪等罪名控告了 A-B。"这件事几乎堪与二战期间德国纳粹的所作所为相提并论。"员工们的辩护律师安德鲁·M. 怀亚特在案件起诉的新闻发布会上讲道，这场起诉的控告对象是奥古斯特三世和 A-B 安保总监盖里·普林德维尔。

在起诉书中，怀亚特引用参与搜查的那家私人调查公司一位主管所说的话，称对方被 A-B 一位高管告知："公司的法务部门已经批准这场搜查，并且奥古斯特三世要求你们必须去做这件事，不然就等着脑袋搬家吧。"

尽管上述新闻令奥古斯特三世处境尴尬，但搜查的结果或许令他颇感欣慰，因为在员工车辆中均未找到毒品实体，只在其中一辆车的座椅下方找到了大麻的烟迹，这一切意味着洛杉矶酒厂不存在严峻的毒品问题。要知道在美国的这个城市，其实在任何一家企业的员工停车场里找到大堆毒品都不算新闻。

与媒体的广泛宣传不同，奥古斯特四世其实并未彻底"收敛起他的野性"，他只是变得稍许谨慎了一些。随着他在公司的星途愈发坦荡，他也开始集结自己的人马。他找来的这些心腹比自己接手的下属整体年轻 5 岁左右，他挑选人的原则主要是"忠诚大于能力"。他的心腹之一便是吉姆·斯普瑞克，当年百万小子俱乐部的成员之一。"斯普瑞克被任命为副总裁，搬到了九层去办公。谁也没看出他到底有什么能力，认为这不过是因为他和四世关系很好。"一位年长些的高管回忆说。不过，他或许没有想到，在 1986 年四世被警察追逐的案件中，正是斯普瑞克出庭为他作证使得评审团动摇，从而立下汗马功劳。

斯普瑞克组织其他几位年轻高管，成立了四世的"贴身侍卫队"。无论四世是外出用餐，在家中看橄榄球赛，还是因公出差，他们都无时不在地陪护着他。在四世口中，他们被称为"我的伙计们"；在公司其他人口中，他们被称为"随从"；在四世的一些朋友口中，他们又被称为"贴身小狗"。在四世出差时，这些人负责为他开车，负责掌管他的钱包和信用卡，负责叫出租车，并且一定要负责保证年轻美女是晚宴内容中的一部分。对于最后一项任务，他们一般交给当地经销商去办，他们会告知对方四世对女人的喜好，并要求对方挑选同款女孩来找他。大多数经销商不愿做这件事，尤其是那些年长已婚的人。虽说没人要求他们去当皮条客，只是让他们找几个愿意和啤酒帝国王子厮混的女孩来，但这种工作着实令人很不舒服，再怎样说也难以摆脱拉皮条的性质。但经销商们也清楚，自己不能对四世这个年轻小子说不，因为几年后他将成为自己的老板，他们当然也不敢把事情报告给他父亲。如果他们在公司的时间较长，就一定知晓奥古斯特三世和格西在年轻时也是如此德行，只是没有四世这般投入而已。

事实上，性是四世和他父亲少有的共同话题之一。两人经常公开谈论它，让在场的人十分尴尬，有时一些高管感到实在难以入耳，不得不找借口说自己要去洗手间才得以脱身。"那简直是像在听魔鬼的对话。"A-B的一位前高管说道。另一位高管回忆起自己陪同父子二人前往欧洲出差的经历，两人在吃早饭时便聊起来，"奥古斯特四世前一晚去酒吧厮混了一夜，他说自己遇到了一位漂亮姑娘，她英语很棒，他拿出100美元到这姑娘面前，问她能否陪自己睡一晚，然而这女孩把钱撕成了两半，然后塞给了他。听到这里，我说：'她做得好'，结果两人都把目光投向了我，问道：'你这是什么意思？'"

四世对女色的炙热迷恋成为了公司内部社交圈的热议话题，他的同事及其妻子们经常看到他带着年轻漂亮的尤物出入各种场合。这群被人们统称为"漂亮姑娘"的女孩，都天真地满心以为自己通过和啤酒王国的继承人约会，将来或许就能在其中占据一席之地。这些姑娘大多是一心想成名的模特、演员和选美小姐。"他特别喜欢跟那些参加选美的小姐约会。"一位朋友说道。A-B员工的家属们也一直注意不与她们过多接触，因为在他身边的这些姑娘总是走马灯一般不停更换。曾经有一个女孩从圣路易斯飞到新奥尔良，准备陪他参加公司在超级碗举办的庆典，结果不到24小时后，这姑娘发现自己已经在飞往圣路易斯的回程航班上了。在第二天的晚宴上，坐在四世身旁的是另一位女孩。

四世还曾在达拉斯的夜店里遇到一位女孩，他带她乘坐公司专机回到了圣路易斯。几天后，他特意让专机飞回达拉斯，就是为了带回这姑娘的两条贵宾犬。不过同样过了几天后，这女孩和她的狗又被送回了达拉斯。"奥古斯特四世只要和女人在一起，就会陷入爱河。"和他做了15年好友的一位人士说道。

与未婚妻朱迪分手后，四世开始与一位野心勃勃的女演员塞奇·林维尔约会。塞奇还从加州南部搬到圣路易斯与他一起生活。"我非常爱这个女孩，她就是我希望能共度一生的人，"四世曾对记者这样说，随后又打趣地补充说，"塞奇·布希是一个很有趣的名字，不是么？不过，我也不敢说这一切100%能够实现。"还有一位漂亮的金发女孩尚迪·芬尼斯也是他的约会对象，尚迪是密西西比小姐，在选美比赛中一举夺得"美国小姐"桂冠，此后又参与了唐纳德·特朗普举办的世界小姐选美比赛。

四世还曾有过一段维持时间稍长的恋爱关系，不过最终却以一起事故告终，因为他的罗威纳犬在他的年轻女友的脸部咬了一口。这起事故发生在他在森林公园对面的林德尔大街公寓里，出事之后，四世赶忙把女孩送进了急诊室，并发疯似的给一位随从打电话，告诉对方立即到他的公寓，帮他"处理这个烂摊子"。

"你在说什么啊？"电话那端的人问道。

"到了你就明白了，快点过来吧。"四世回答说。

此人后来对公司的一位高管说，自己到达那里后，发现房子里有毒品，并且看出两人之间发生过一些另类的性行为，他认为狗去袭击这个姑娘是因为它认为她在伤害自己的主人。而四世则对人们说，这姑娘半夜起床去喝水，可能狗误以为她是闯入者，因此袭击了她。这姑娘此后就在四世的生活里消失了，不难料想或许她在财务方面得到了妥善安置。而狗依然和四世生活在一起。

媒体许久以来都把四世这些风流韵事视为他那"花花公子"人生的必然组成部分，总是不遗余力地花些老笔墨提及它们，而且字里行间流露出一种钦慕的情绪，仿佛是说，我们要是都能像他这般幸运该有多好！他的一些同事在背地里给他取了个诨名，打趣地嘲笑他这种寻花问柳的天性。"伍兹*最近怎么样？"他们会这样说，或者说，"伍兹也参与了么？"不过在认识他多年的人看来，四世这种迷恋女色的行为其实是一种可悲的强迫症，来自他心底某些无法抚平的创伤。一位女性朋友认为他对漂亮女人那持久不断的征服欲是由于在青少年时期，他脸上曾长过可怕的痘疮，导致他对自己容貌产生了长久的不自信。另一位男性好友则说："这一切都是因为他一直没能得到父爱。"

我们无法知晓到底是怎样的原因导致了四世这样的生活习惯：他身边永远有姑娘或随从陪伴，奥古斯特四世很少独自一人，这似乎是因为他其实很怕孤独。

幸运的是，他完全负担得起繁华喧闹的生活。1990年代末，他开始在公司奢华的奥扎克湖畔别墅里频繁举办周末派对，奥扎克湖是一个面积达5.5万英亩的人造湖，地处奥扎克山，乘直升机从圣路易斯飞到这里需要45分钟左右。奥古斯特三世在1982年建起了湖畔的这座"伍兹"别墅，这里有四栋独立住宅、一个网球场、一个直升机停机坪、一个设备精良的驳船码头，其中还配备有人员齐备的厨房，码头里停放着五六艘游艇，其中包括一艘大型住宿汽艇、一艘快艇，以及两座船屋。每逢夏季为整座别墅服务的雇员达21人，这里最多可接待近100位宾客。

---

* 暗讽老虎伍兹，著名高尔夫球手，2009年因与多名女性发生关系而爆出性丑闻事件。

这座湖畔别墅不是用来招待A-B普通员工和中层管理者的,奥古斯特最初是希望将它作为一个会议中心,接待公司高管中的战略委员会成员,有时这些人会乘公司专机飞抵这里,偶尔还会带上自己的妻子,前来参加为期数天的会议,并度过几天休假时光。他也同样在这里举办布希家族的聚会、家族成员生日派对和节日聚会,活动未必都重大,但格调势必极尽奢华。奥古斯特三世在的时候,不会举办那种狂野派对,他通常居住在别墅中最大的一处住宅——4号公寓里。公司高管、重要的经销商、布希家族友人,甚至连红雀队的一些球员也可以预订房间,带自己的家人前来度假。

不过,自从四世担任市场业务副总裁之后,这里的氛围就截然不同了。他那时几乎每个周末都会带他那些"小伙子们"混迹于此。在别墅工作过的一位前员工主管回忆说:"自从他出现后,我们的工作时间变得很长,因为他总是通宵达旦地开派对,在他的活动结束前,谁也别想走。"

四世和他父亲大不相同,他父亲只喜欢外出吃吃牛排,而他却热衷于光顾当地所有的热门场所,从一杯解百纳干红要价1200美元的蓝鹭酒店,到公路旁粗粝简陋的角蜥酒馆,在此处,人们买到可卡因和氧可酮(俗称"乡巴佬海洛因")就像在酒吧里买到百威那么容易。据当地人传言,四世曾付给角蜥酒馆一位女招待1000美元,让她赤裸上身为他们送酒。

在酒吧消磨完深夜时光后,四世和随从们一般会带回一些老顾客回到别墅里,到湖畔的驳船码头开枪玩耍和放烟花。"有一次,他们让这地方着火了。"一位别墅前雇员回忆说。到了周末,一行人会跳上公司的游艇,前往"派对湾"寻欢作乐,《纽约时报》将那里称为"美国最古老而恒久的水上狂欢圣地"。派对在安德森山谷海湾举行,一千多艘船只在岸边停靠,它们紧挨彼此,人们完全可以从一艘船上轻松迈到另一艘船上。这场派对里尽是性感漂亮女人，人们当着他人的面集体寻欢，行为狂欢无度。

四世有时乘坐他那 50 英尺长的游艇来到这里，有时也会驾驶印有百威赫赫大名的汽船过来，他在那里是人群关注的焦点，是绝对显赫的大人物，他非常享受自己的盛名。穿着比基尼的女孩向海鸥扑向食物一样成群结队地聚集在他游艇的四周，这些姑娘与他在圣路易斯中央西区遇到的那些不同，也与他带到公司派对上的那些女人不一样。"她们完全是另一类人，来自另一个阶层，"四世的一位朋友说，"她们是那种拿着烫手、弃之可惜的姑娘，层次不高，而且豪放不羁。在她们眼里，他简直就像天神一样。"

在接受当地一家媒体采访时，四世从另一个角度诠释了他的湖畔周末："我们在此地可以用一种超越传统的自然的方式去工作。这里最大的优势在于我们可以径直走进任何餐厅和酒吧与人们交流，与正在饮用我们啤酒的消费者攀谈，了解他们的想法。这真是获知人们对特定产品看法的绝妙机会。"

奥扎克湖区成了四世的避难所，在这个地方，他身边全是一些可以照顾他、保护他的人，就连当地治安官的副手都被派来为他保驾护航，既要担任他的贴身保镖，又要在周末维护别墅的安全。"他父亲都没有保镖，"一位别墅前雇员回忆说，"但四世对自己的安全特别在意，尤其是每晚 9:00—11:00 之后。"他这种显赫人物的到来自然令密苏里奥扎克这样的小地方备感荣幸，当地法务部门自然愿效犬马之劳。四世的一位朋友说："四世喜欢奥扎克，是因为他感到自己在那里可以掌控周围环境，而且没有人可以居高临下地监管他、评判他。"

几年之后，四世实际上成了湖区别墅真正的主人。他的父亲不再频繁光顾这里，其他 A-B 高管也难以忍受这里愈发喧闹的氛围。最后，别墅的管理权落到了 A-B 的殷勤的副总裁吉姆·斯普瑞克手里。据一位公司前雇员描述说，从那以后，"四世把那地方变成了一座小型的派对宫殿"。

随着四世在公司里一步一步走向CEO的宝座，圣路易斯总部的氛围也开始与以往不同。在"为A-B广告宣传做出卓越贡献"的光环掩饰下，他也完全变了面目，成为了一个"颐指气使、咄咄逼人、高傲无礼的家伙"，一位当时与他共事的高管说道，"如果周日晚上他同他父亲一起用晚餐，第二天就会说：'我和我爸谈过这件事了，就这样办。'他父亲总是不经意间授予他一些小权限。人们都知晓他有朝一日会接管公司，所以自然不会挡他的路，总是对他唯命是从，尽管他目前的职权还覆盖不到那么多方面。"

此外，公司的老辈管理层和四世带来的那些年轻人之间也不可避免地产生了嫌隙。

"管理层中如今出现了老年派和青年派两个阵营。"百威帝国当年的一位部下这样评价道。老一辈的管理层人员大多对奥古斯特三世非常忠诚，他们认为帮助四世成功也是自己效忠董事长的职责之一。然而年轻一辈的管理者则认为自己只需要忠诚于四世，在他们眼里，他的父亲更像是一位要继续逗留在王位上很久的老国王。这仿佛是当年境况的昨日重现，30年前，奥古斯特三世培养的那些企划部小伙子，与格西的忠诚臣子——即在办公楼三层的那些老臣们，也是这般针锋相对。

老臣们认为四世过分看重那些花哨的业务：时尚的电视广告、赛事赞助，以及挥霍无度的超级碗盛会，而对公司的销售业务和分销业务，也就是那些将公司产品从工厂搬运到美国各地冰库的辛劳工作不管不顾。他们看不惯与四世愈发交好的那个罗恩·伯克，此人曾是加州的一位超市大亨，后来成了身家数十亿的投资人，他拈花惹草的名声几乎盖过了自己的职业成就。在他自己的贝弗利山庄别墅举办的派对中，伯克邀请来的客人绝对跟四世在角蜥旅馆遇到的那群人不在同一层次，他的客人名单中有希拉里·克林顿、备受尊敬的杰西·杰克逊牧师[*]及其子尤瑟夫和乔纳森。四世也曾邀请伯克来到奥扎克湖别墅，房中的雇员都不知道这人是谁，他们在背地里把他称为"那个有钱的家伙"。

老臣们埋怨四世情愿与伯克这样的人混在一起，也不愿与对公司更为重要的人们多结交，而且还总是有意避开这样的机会。"他不尊重我们的经销商，"一位公司人士说道，"他只把他们看成为我们打杂的人，而忽视了这些人对我们业务的巨大支撑作用。"

"他很难把注意力聚焦在生意上，总是像跳鼠一样四处乱窜。"另一位人士说道，"他很难和重要客户或零售商吃完一顿晚餐或者完整打完一场高尔夫球赛。每逢这些场合，他永远都会中途冒出一句'我得走了'。"

比如，在公司达拉斯分部进行的一场同 7-11 公司的谈判中，"四世在众人讨论时居然径直从座位上起身，离开了房间，因为会议进行的时间超出了他预料的长度，"当时在场的一位高管回忆说，"在场的每个人都瞠目结舌，因为他们想与我们分享销售策略。会议在他缺席的情况下又进行了一个小时，当我们赶到机场准备回程时，他已经在飞机上面了。我们问他：'你怎么能在与公司最大的客户谈判期间离场呢？'他的回答居然是'对不起，但我实在待不下去了'。"

（与之相反的是，奥古斯特三世曾经花了数个小时等待迟来的 7-11 的 CEO。当时两人相约在丽兹卡尔顿酒店用晚餐，但是 7-11 CEO 是乘坐私人飞机前来，因为一些情况出现了耽搁。据一位前高管回忆，"奥古斯特三世在等了 1 小时后向我问道：'我们每年从 7-11 那里获得多少销量？'我告诉他，是 2400 箱。'老天啊！如果一个家伙从我们这买走

---

[*] Jesse Jackson，美国著名黑人运动领袖，他是继马丁·路德·金之后又一位具有超凡魅力的黑人民权领袖和演说家。

这么多啤酒，让我再等一个晚上也无所谓！'"）

有时，四世根本不参加会议。曾有一次，他父亲和其他主要高管前往棕榈泉酒店，参加为款待 A-B 最大的几位客户举办的周末高尔夫球赛，这场活动已被计划了很久。而在活动马上开始之际，市场业务副总裁突然接到四世助手打来的电话，非常抱歉地告知人们他无法参加了。"奥古斯特呢？他应该已经在这里了。"在开球酒会上，他父亲向一位下属问道。而四世早在 45 分钟前就乘坐公司专机飞走了，此刻已经到达了洛杉矶，他随后与自己的好友罗恩·伯克在那里度过了整个周末。对老辈管理层而言，这又是四世缺乏职业素养的一个典型案例。

然而，在青年派管理层眼中，他们的老板却是另外一种形象。在他们看来，或者说在他们的夸大其词下，四世是公司延续下去所需的唯一一股清新空气，他可以驱散古老的克莱兹代尔马马厩那无处不在的陈旧气息。他们总是搬出百威淡啤"我爱你，伙计"和"真正的天才"这两个成功的广告宣传来证实四世是一位市场领域的天才，如果他父亲不这样事无巨细地指手画脚，他一定会将公司发展到前所未有的高度。在后一句评价的鼓舞下，四世还把他父亲当年写给他的评价字条贴在了家中的墙壁上，让所有访客都能看到。据一位频繁访问他住所的人士回忆，"那些信读起来真令人痛苦，字里行间全是尖刻语气和生意腔调"。

四世最忠诚的年轻部下们把他视为有眼界的人，甚至可以说，是一位伟大的人。然而，他们心底也刻意忽略或者有心帮他遮掩了那些有悖上述评价的言行。比如，他们很清楚，四世对派对的执迷和热爱已经影响到了他的工作表现。"你知道他为什么只参加下午的会议么？那是因为他总在晚上喝得烂醉，第二天上午根本无法起床。还有，你知道他取消过多少场会议吗？"几年后，在 A-B 被收购之后，一位青年管理者对一位老辈管理人员说道。

年长一些的已婚高管们自然不了解上述事情，因为他们不是陪四世度过夜晚荒唐时光的人，自然见不到他举止改变、松松垮垮并迷幻不堪的样子，在这种状态下，他总是站得离人很近，脸几乎都要贴在对方身上，看上去对他起作用的不只是酒精。老辈领导层把他的疏于职守归咎于懒惰；青年领导层自然不敢说出实情，因为担心这些事传到家长（奥古斯特三世）的耳朵里去。

四世的母亲苏珊显然当时已经感到情况不妙，她给几位年长的高管打电话，请求他们为儿子安排戒酒治疗。这些人感到她这是反应过度了，此外，据他们观察，四世饮酒之后不会像一些酗酒者那样自我伤害，因此没有大碍。所以他们礼貌地回绝了苏珊，同时也心中思忖，如果他们真让四世接受戒酒治疗，没准很快自己就得准备找一份新工作了。

2001年，四世带着几位青年高管前往佛罗里达州的基韦斯特度过工作假期。他们在那里又发现一处可以秘密胡来的场所。他们租下了希尔顿酒店一侧副楼中的某层安全住所，将那艘172英尺长的老鹰（Big Eagle）游艇和一艘小鹰（Small Eagle）游艇停在附近，随后开启了长达两周的可以载入史册的派对活动，令当地人至今难忘。没多久，他们就成了当地最大的夜店里克酒吧中的知名团体。里克酒吧旗下还有五六间独立运营的酒吧，其中包括一间名叫红色吊带袜的裸胸酒吧。

当地人开始管他们叫"百威那些家伙"，他们通常会在四世最喜欢的两家餐厅，即海滩旁的舒拉餐馆和红花餐厅的私人包间里用餐，一个晚上就花掉5000—6000美元。他们还开始在老鹰游艇上举办派对，那些派对的花销"接近20万美元"，据当地一位曾为派对提供服务的商人所述，"他们会派人去买许多箱水晶香槟（Cristal Champagne）和一号葡萄酒（Opus One Wine），尽是价格不菲的酒水。有时还差人去迈阿密，几乎把当地所有的大瓶装水晶香槟都买走。他们所到之处，从海滩旁到劳德代尔堡，所有水晶香槟都会销售一空。"

他们还曾派人乘坐直升机前往迈阿密的石蟹餐厅，紧急买来一些螃蟹，因为四世发现，为举办某场大型派对准备的蟹钳太小了。当大螃蟹到场后，四世告诉服务人员，"这些只能给我的人"，不要给其他客人。"他是真心关照他那些小伙子；他为他们带来了一段美好的时光。"

四世对基韦斯特的首次到访，堪与他祖父格西当年那些美酒—美女的巡航之旅相提并论。然而，数月之后，百威家伙们再次来到此地，随后这里成为了他们每年固定造访两次的狂欢圣地，他们在夜晚从事的那些活动就连格西老人都会瞠目结舌。A-B 雇员不再需要亲自从当地酒吧里为他们挑拣姑娘，并瞒着公司高层了，如今有专门的社交服务机构为他们负责这项工作。据这条供应链上的一位当地服务商所述，A-B 圣路易斯总部的一位中层经理安排当地的一位经销商准备了一张金额高达两万美元的支票，作为全部服务的开销。这位经销商随后把支票付给了一位中间人，后者将支票兑现，并直接付给招来的姑娘们。最终分销商将在"模特搜寻"工作中花掉的两万美元账单寄给 A-B 公司。

女孩们得到的报酬取决于她们是"好女孩"还是"坏女孩"。当年的一位参与者解释说："所谓好女孩是指那些甜美漂亮、头脑灵活的姑娘。"她们负责"早班"工作，包括参加晚宴，陪宾朋及商业客户交流，她们总体而言都是有魅力的姑娘，工作结束后，她们每人可以拿到400—500美元。而"坏女孩们"则负责"晚班工作"。A-B 管理人员戏虐地把她们称为"收尾者"。这是一些提供性服务的姑娘，每人每个晚上可以领到 1500—2000 美元的报酬。"所有姑娘都是一流的，包括坏女孩在内，这正是他们看中的方面。"一般他们每晚会找来 6—8 个姑娘。"有时候他们一个晚上就能把那两万美元预支费花光。"

有一年，杰西·杰克逊的儿子尤瑟夫·杰克逊也参与了这些寻欢作乐。在罗恩·伯克的绿野庄园聚会上，尤瑟夫和他的哥哥乔纳森结识了四世，此后 A-B 将其在芝加哥的分销公司卖给了兄弟二人，芝加哥既是 NBA 公牛队的故乡，也是黑鹰冰球队的老家，A-B 在此地的分销业务相当成功。此事发生在1998年，当时在芝加哥引起了不小的轰动，因为杰克逊兄弟两人一个是32岁，另一个只有28岁，不仅没有啤酒从业经验，更未涉足过任何商业领域，而且两人为收购分销公司所支付的资金远远低于公司的实际市值。兄弟二人的父亲杰克逊先生早年间曾扬言要在全国发起抵制安海斯-布希的运动，称该公司的雇员政策存在种族歧视问题，如今面对媒体对自己两个儿子与A-B合作一事的质问，他却又愤怒地回应，说人们这是戴着"种族歧视"的有色眼镜去品评他的两个儿子！

那时，四世又如以往一般迅速"陷入了滚热的爱河"，他爱上了基韦斯特的一位应召女郎。"她长得像奥黛丽·赫本，他甚至希望带她去见自己的家人。他对那姑娘说：'别做你的工作了，跟我回圣路易斯吧。'他就像找到了稀世珍宝一样，对这姑娘爱不释手。"

据当年的社交中介所述，来自不同机构的应召女郎并不知道四世对她们每个人"都说了同样的话"。"他的心理似乎有一些深层次的问题，他对性的依赖和迷恋远远超越老虎伍兹。"

虽然A-B这群年轻的高管在基韦斯特挥金如土，却没能和当地的服务人员培养出友好关系。"他们就像一群来套牛的牛仔一样，"当地一间酒吧的前雇员说道，"人们一见到他们出现，就会说：'哦，看啊，百威那群家伙又出现了。'人们会对他们翻白眼，这群人是一群最差劲的杂种。他们从不付小费，他们认为自己没必要那么做。没人愿意等他们出现。"

希尔顿酒店的服务生都憎恶他们的到来。"'四世'从来不会为任何服务支付小费。他手下那群人总是说：'交给我吧，交给我吧。'放他走后，给我们塞一堆小费。"

"我们讨厌百威那些人，他们觉得自己一来，镇上的其他活动就该终止了。我们也是做工作谋生的正派人，但在他们眼里，我们连狗都不如。"

不过酒店当年的一些雇员回忆，四世和他手下那群年轻人在言行举止上倒是有显著差异。"他们是一群傲慢无礼的混蛋，认为谁都应该对他们俯首帖耳。然而他却不是那样的人。他脸上总是带着微笑，会询问你最近怎么样。但他那群随从从来不把我们放在眼里。"

"他为人随和友好，处事成熟，并且令人愉快，从来不要东要西。他整天外出工作，晚上办派对到凌晨3:00，然而早上5:00又出现在健身房里。我从没见他喝得烂醉或亢奋不已的模样，而其他那些人总是酒气熏天，东摇西晃得不成样子。"

在这些纵酒狂欢的活动中，四世显然还有所收敛和自我控制。他尽力保证没人把毒品带上"老鹰号"，据一位了解情况的人士回忆说："他对这事看得很重，他不许人们沾染毒品或把它们带到这里来。"有一次他得知一位应召女郎打电话叫某位出租车司机帮她去取可卡因，结果"他把她赶下了船"。这次驱逐也是受到了当地为四世业余保驾护航的那些警察的影响。其中一位警官专门负责管理那些应召女郎。他必须保障女孩们"到达她们该去的地点，或者让百威家伙们不喜欢的女孩走人"。这位警官还得确保姑娘们没有携带任何录影设备和照相机，曾有一位女孩记录下了四世那"见不得光的行为"，此后，她被迫离开了基韦斯特。

四世颁出"禁止携带毒品上游艇"的禁令，或许与一个事实有关，那就是这两艘游艇都属于小伯尼，他是A-B在佛罗里达州中北部地区最大的分销商，也是他父亲最亲密的好友之一。此外，还有一个原因，那就是他在父亲开展的公司内部毒品大检测中没有合格通过。据他对一位亲信所讲，他在可卡因测验中出现了阳性结果，这一消息从人力资源部门、帕特·斯托克斯办公室，一路传到了他父亲和董事会成员的耳朵里。不过他狡黠地避开了本该有的结果：公司授命咨询委员会展开调查，随后开出解聘通知。"他坚称自己绝对是在不知情的情况下被动吸取了可卡因，说应该是在开派对时，某些人在他的饮料里做了手脚。他没有提前报告此事,是因为自己的确完全不知道自己摄入了毒品!"

这个故事若是被熟悉可卡因及其对人体的影响之人听到,一定不会相信。然而,奥古斯特三世和董事会却买了四世的账。"在一段协商之后,大家达成了一致意见,那就是让四世签署一份宣誓书,澄清自己是在浑然不知的情况下被动摄入了毒品,并表明自己从未有过吸毒史。他说这件事纯属意外,并且他绝不会让此种情况再发生在自己身上。"

1997年《财富》杂志撰文写道,奥古斯特三世对自己的用人哲学进行了这样的阐述:"要确保你制定的是高标准的选拔准绳",以及"如果某人无法达到你的标准,那就让他们走人,无论他们是家族成员,还是其他人"。

2002年,在毒品测试风波尚未被人遗忘之际,他将奥古斯特四世任命为安海斯-布希集团总裁,丹尼·朗当年所承担的重任如今落在了四世的肩上。

第二十章 "顶层的坏苹果"

2002年6月16日，奥古斯特三世迎来了自己的65岁生日。他曾在1997年对《财富》杂志表示自己将在这个年纪退休，"从那时起，这里将是年轻人的舞台"。由于自己曾深刻领教过父亲的过长任期对公司造成的负面影响，他一直坚称自己绝不会将公司和继任者置于同样的境地。

然而，当这个时刻最终到来时，他还是食言了。他并未选择全身而退，只是卸任了CEO一职，不再负责公司的日程运营管理，但依然担任董事会主席。令众人大跌眼镜的是，帕特里克·斯托克斯居然被任命为公司CEO，在A-B长达126年的历史中，这个职位首次由非家族成员担任。而奥古斯特四世被提拔为安海斯－布希有限公司总裁，全权管理A-B的酿酒业务。

《商业周刊》将上述任命称为"堪比英国皇室继承制的精妙安排"[1]，因为5年后，斯托克斯即年满65岁，届时他将退休，那么四世便可顺理成章地接替他担任CEO。与此同时，四世25岁的同父异母弟弟斯蒂芬，跟在他们的父亲身旁工作和学习，这样一来，一旦5年之后四世依然难当大任，斯蒂芬便可以作为后备人选取代他。

四世时年 38 岁，刚好与他父亲策划弹劾格西并掌管公司时的年纪相同。然而除了他本人和他的团队外，恐怕没人认为他已经具备接管公司的能力了。《商业周刊》赞誉他"在制作吸引年轻群体的广告方面，拥有卓越的直觉和领悟能力"，不过也表明，"除此之外，他在任何其他方面都毫无作为"，"他从未经营过公司旗下那数十间酒厂，更未维护过同独立经销商们的复杂关系，并且没有涉足过国际业务和主题公园的管理"。

2002 年 11 月，《商业周刊》就此事安排了对 A-B 的采访，奥古斯特三世并未出面，而是让四世和斯托克斯接受了访问，经由他们向商界转告，自己的啤酒帝国一切安好。《商业周刊》的采访记者显然毫不关注斯托克斯，而是把所有注意力都集中在四世身上，向他重重施压，并且特意提及他那"派对王子"的名声，称这或许是对公司未来发展的"一种阻碍"，而且有损公司形象，因为人们认为 A-B 这样的企业应该更谨慎合理地使用自己的产品。此后，记者还问起了他出差期间经常出现的那些"女性同伴"的情况。

这或许是四世有生以来第一次被一位记者如此挑衅地问及自己的私生活，而且这显然令他失去了冷静。他特意澄清，对于每一位陪同他出差的客人，他都悉数支付了差旅费用，而且"自己一直都是非常负责、合理地消费公司的产品"，随即又愤然地冒出一句："我可不是丝毫努力都没付出就得到了今天的一切！"

除此之外，他还辩解说，自己频繁召开的那些派对其实是一种有价值的调研方式。"我认为我从自己的生活方式中获得了很多，我因此得以更切实和活跃地接触各地市场，更为深入地了解我们的客户，此外，我也希望通过这种方式创造更加亲民的产品和品牌形象。"

四世总是很惧怕媒体问起图森事故和米歇尔·弗雷德里克的死，然而这一问题却永远从无例外地出现。"人们为什么总揪住这件事不放？"

他经常对他的同事们抱怨。"可你又为什么总去接受采访？"有时他们这样回复他。然而在这次采访中，四世也对这一问题进行了坚决还击，不难料想，这也是弗雷斯曼-希拉德公司的手笔。

"我生命中的那一页是永远无法改写了，我也会永远将其铭记于心。"他对记者说，显然他忘记了自己此前多次声称自己在事故中受伤失忆，对此事的记忆毫无遗存。"然而，诚实地讲，尽管这件事带给我的回忆极其痛苦，但我也从中领悟到对于公司的产品，应该持有更加负责的态度。"他此话的另一层含义看起来是，这场悲剧至少还衍生出些许有利结果，米歇尔·弗雷德里克并没有白死。

《商业周刊》还在四世的伤口上加倍撒了一把盐，刻意提起他同父异母的弟弟斯蒂芬，称他父亲显然与斯蒂芬更为亲密，并且他的继母维吉利亚"从未掩饰过希望自己儿子接管公司的野心"。

"斯蒂芬的确与父亲相处的时间更长，"四世坦承，"他是一个聪明人，而且在为父亲工作时，他的表现也非常出色。但除此之外，我不想再就其他事情发表任何观点。"当记者问起斯蒂芬在公司里的下一个职位会是什么时，他只是简短地回答了一句："我不知道！"对于自己的未来，他也只是说："我不会把自己在公司中得到的一切视为理所当然。而且我也并非确凿无疑地一定可以走得更远。"

"我爱我的父亲，"他说道，"如果你们到我的房子里去看一看，就会发现那简直是一座父亲博物馆。墙壁上的每幅照片都与我父亲有关，有些是他的个人照片，有些是我同他的合影——以至于我妈妈过来看我时都会抱怨：'为什么没有我的照片？'"（一次在过父亲节时，他送给父亲一个 DV，其中有一段 20 分钟的视频片段，里面全是两人在过去多年里一同相处的画面。他告诉朋友们，当父亲看到这段视频时，留下了泪水。）"不过爸爸对我也极其严苛，"他对《商业周刊》说，"或许你可以把它称作严酷的爱。"

或许也可称之为溺爱。毕竟他的父亲曾挥掷数百万美元，还有大量时间与精力为他摆平种种是非。如今，在图森事故、圣路易斯警察追逐战和毒品检验亮红灯这三场风波之后，四世却在公司更上一层楼，并且获得高达 200 万美元的年薪（包括薪资、奖金和股票分红），此外，他的零花钱数目惊人，既可以随意调用公司直升机，还拥有私人飞机。他父亲甚至还帮助他在亨特莱村一片 10 英亩的森林地带购置了一幢价值 300 万美元的别墅。那里也是当年他祖父格西和曾祖父奥古斯特·A 在猎狐俱乐部活动中驰骋疆场的地方。

四世买下的这幢别墅面积达 6500 平方英尺 [2]，共有 6 间卧室。它的原主人是著名冰球球星布雷特·赫尔，四世买下宅邸后，将其改造成了一座高墙耸立的堡垒，并在别墅和宅院空地四周配置了高级别的安保摄像头，并像棒球场那样在宅邸四围安放了照明灯，每到夜晚，这里四周灯火通明，任何接近这里的人都会被一览无余，经由摄像机记录下来，而且很可能被四世的狗攻击。所以这里是他打造的另一个自由空间，让自己可以在其中为所欲为，不受任何监视管控，仿如一座现代版的中世纪安全城堡，只是缺少一条护城河。

奥古斯特父子之间的关系不仅是媒体的热门语料 [3]，也是公司雇员和布希家族成员的主要话题，在后两者看来，奥古斯特三世在有意忽视儿子那派对动物的天性。1984 年，阿道弗斯四世曾特意为有关四世与可卡因的话题找奥古斯特三世谈话。"我必须和你谈谈，因为我听说奥古斯特四世对毒品有很严重的依赖，"他说道，"我不是劝你做什么，也不是要你把这孩子赶出公司，让我取代他。我只是认为，如果这事都传到我的耳朵里了，那么整座城市的人也许都在谈论它。"然而奥古斯特三世极力维护自己的儿子，坚持说有关四世的流言蜚语全是子虚乌有。

到了 2002 年，奥古斯特三世很可能已经知晓，或者说不可能再对儿子的放纵行为一无所知了。然而，无论心知肚明，还是略有怀疑，都没能阻止他将 A-B 的酿酒业务交到儿子手里，在 A-B 那 129 亿美元的销售额中，这部分业务收入占据了 77%，在公司净营收中占比 94%。

他到底是怎么想的？他并不是一个粗率的人，至少在商业领域，他总是悉心规划每一步行动，可谓滴水不漏。然而，他又为何坚决地将公司经营这样的大任交到四世手上，授予他如此庞大的责任、权力，或者说诱惑。"这就是这个人最矛盾的地方，"阿道弗斯四世说，"他总是严格管理每一个人，让每个人都处在最合适的位置，然而在公司管理这样的大事上，他却不管不顾地坚决信任自己的儿子，尽管 27 年来，他对儿子到底是怎样的人心知肚明。"

最合理的解释就是，尽管四世为他带来过无数的心痛和困扰，尽管四世始终令他失望、焦虑、火冒三丈，他却依然相信自己的儿子。是血缘亲情让他做出了这一抉择，他从内心深处深信，自己的第一个儿子最终会收敛野性，稳定下来，成家立业，像布希家族前四代长辈那样，引领公司在商海乘风破浪。为了不输掉自己的赌注，他决定在董事会主席的位置上再多待一段时间。媒体怀疑其实他是因为不想放下权力，不过，或许从现实角度讲，他的确也无从选择。

在四世被提拔为公司总裁之前的 5 年，公司形势十分良好。虽然整个啤酒行业状态低迷，年增长率只有 2%，但 A-B 净收入的年增长率却高达 12%。"是我们在带动整个行业的增长，"一位管理者说道，"如果没有我们，这个行业势必会走向衰退。"在当时标准普尔 500 指数整体平淡的情况下，A-B 的股价却上涨了 61%，每股收益翻了不止一倍。而且当时 A-B 的啤酒销量也首次创下 1 亿桶的纪录。2002 年，公司总销量达 1.018 亿桶，超出第二名的米勒啤酒 6300 多万桶，在美国市场的总占有率高达 49.2%。

A-B 在行业中长久的霸主地位令米勒啤酒母公司菲利普·莫里斯最终心灰意冷，在啤酒领域探索 21 年之后，2002 年 5 月，这家烟草巨头企业将米勒啤酒卖给了总部位于伦敦的南非啤酒公司（South African Breweries Ltd，SAB），这场收购的总价为56亿美元，交易形式包括股票、现金和债务承担。收购结束后，南非啤酒公司更名为SAB米勒（SAB Miller）。

毋庸置疑，消灭菲利普·莫里斯这样的劲敌，一定让奥古斯特三世深感骄傲。此外，《福布斯》杂志还将他列为食品、饮料及烟草行业中收入最高的CEO（他的年收入高达1350万美元，其中包括薪资、津贴和股票分红），这让他对自己的个人成就感到非常满意。然而，新组建的SAB米勒从此之后却成为了A-B的心头大患，直逼A-B的软肋。

在并购之前，南非啤酒公司在世界上排名第四位，而米勒啤酒排名第六位，两者联姻后却成为了世界第二大啤酒集团，紧随A-B之后。实际上A-B的王者地位主要来自其啤酒销量，而不是全球业务布局和范围覆盖，并且公司90%的啤酒是在美国本土市场消化的，虽在国内所向披靡，但在全球市场上却呈现出一定的弱势。而美国市场的人均啤酒消费量也在下滑，行业专家对A-B那占据市场60%份额的目标嗤之以鼻，他们认为，A-B在达到50%的市场占有率后，便会迎来市场饱和状态。为保持继续增长，A-B必须在国际市场进行扩张，但SAB米勒让A-B的这一步棋走得更为艰辛。

自1980年代末期起，奥古斯特三世就开始审慎拓展国际市场。他一般通过股权收购的方式，获得目标市场同行企业的控股权，在当地以合资企业的形式开展经营，酿造百威啤酒，并在当地分销，这样A-B公司面临的风险较低。这是一种保守策略，使A-B既能保障当地产品的质量，又避免了直接收购造成的负债风险。通过这一策略，到了1990年代，A-B在世界上发展潜力最大的三大啤酒市场均占据了一席之地。公司分别收购了中国最大啤酒公司青岛啤酒10%的股份、墨西哥最大啤酒公司莫德洛集团（Grupo Modelo）37%的股份，以及巴西第二大啤酒企业南极洲啤酒公司（Antarctica）10%的股份。

与此同时，奥古斯特三世却忽视了收购南非啤酒集团的一次机会，而后者在随后几年陆续收购了中欧地区的小型酿酒公司——包括比尔森啤酒公司（Pilsner Urquell），并成长为一家国际啤酒巨头，从而可以豪掷数十亿美金收购米勒啤酒。他也本可以赶在英国食品饮料巨头大不列颠都市集团之前拿下吉尼斯啤酒公司（Guinness），然而他同样错失了这一良机。此外，他也没有关注到加拿大排名第一的啤酒公司，以及作为A-B多年经销伙伴的拉巴特啤酒公司（Labatt），结果拉巴特在1995年被野心勃勃的比利时啤酒企业英博SA（Interbrew SA）以20亿美元收入麾下。

奥古斯特对于大举拓展国际业务的畏缩，让战略委员会的一些成员颇为沮丧，甚至相当恼火。他们开始忧虑，并认为奥古斯特三世或许只有小聪明，没有大智慧，因此未能踏上啤酒行业全球扩展的浪潮。而对手们却并未静默，比如，在收购拉巴特后，英博又买下了英国最大的两家饮料公司惠特贝瑞（Whitbread，收购价6亿美元）和贝斯啤酒（Bass，收购价34.7亿美元），以及德国的贝克啤酒公司（Beck's，收购价15.8亿美元）。SAB米勒也获得了意大利佩罗尼啤酒（Peroni）和荷兰高胜啤酒（Grolsch）的控股权，购买价分别为2.56亿美元和12亿美元。2005年，SAB米勒又在老家附近的哥伦比亚，以78亿美元高价收购了该国最大啤酒公司（也是南美第二大啤酒企业）巴伐利亚集团（Grupo Bavaria）。同年，美国排名第三的库尔斯啤酒公司以换股交易价60亿美元的形式并购了加拿大最大的啤酒企业莫尔森啤酒。此前，莫尔森和库尔斯均被各自的品牌创始家族管理（两家企业的创立年份分别是1786年和1873年）。

而在这场世界啤酒兼并热潮中，奥古斯特三世似乎踏上了父亲格西当年走过的老路，极力避免花大价钱收购其他公司，而且当战略委员会把交易合同拿到桌面上时,他总是想方设法进行阻断。

据战略委员会的一位前成员回忆,"在合约规定签署日期的前一天,他总会说:'我们不能以那个价格成交了,我们应该给出这个价格。'我们告诉他:'但那样你会毁掉这场交易的。'而他则说:'那也无所谓,反正我绝不会付那么多钱。'"

就连奥古斯特三世的战略导师和多年来的顾问罗伯特·温伯格也委婉地表示,他在国际业务战略方面有些太保守了。

"奥古斯特是一个冰雪聪明的人,也是商界中罕有的那种不自以为是的人。"84岁的温伯格最近说道,"如果某人告诉他,你该移走一座山,这样才能实现某一目的,他会毫不犹豫地搬走那座山。但我不认为他在大的机遇面前敢于冒险。当机会来临时,他显然有些过于保守。如果一个人过于保守,他就会错失许多机遇。"

在1990年代期间,奥古斯特三世在巴西所进行的探险就是一个例证。A-B是第一家在巴西开展投资的美国酒业公司,当时巴西是世界上增长最迅猛的啤酒市场,年增长率达15%。最初他本想与巴西最大的酿酒公司布哈马啤酒(Brahma)达成交易,这家公司由三位银行家控股——马塞尔·泰莱斯、卡洛斯·斯库皮拉,以及佐治·雷曼。三人的净控股资产达106亿美元,此外,他们还掌控着巴西零售业巨头,被称为"巴西沃尔玛"的美洲商业连锁集团。奥古斯特三世安排泰莱斯和雷曼游览了弗吉尼亚威廉斯堡的A-B主题公园,并带他们参观了A-B在当地的酒厂。不过,最终他只是向美洲商业连锁集团投资了1.05亿美元,因为如以往一样,他又认为布哈马啤酒的出价太高了。

若干年后,泰莱斯、雷曼和斯库皮拉再次找到奥古斯特三世,他们向他提出一个大胆的想法,将A-B、布哈马和美洲商业连锁集团合并,成立一家西半球最大的酒业公司,堪称为"啤酒界的可口可乐"[4]。奥古斯特三世拒绝了这一计划。两年后,也就是1999年,3个疯狂的巴西人从他手中买回了美洲商业连锁集团,并将其与布哈马啤酒合并,成立了安贝夫集团(AmBev),这家企业一跃成为世界第三大啤酒公司。奥古斯特当时也应该参与这场合并,由于A-B公司与美洲商业连锁集团的交易能够使A-B的股权增加至30%,并且在海外市场占据强有力的位置。但是,再一次,奥古斯特觉得价格太高,他选择将A-B持有的少量股权卖回给了美洲商业连锁集团。

"他从公司战略分析师和顾问那里得到的评估结论是,如果他当时将A-B并入安贝夫,会造成公司股价下跌10%—20%,"一位前高管说道,"那将对公司收益带来负面影响,所以股票分析师当然会阻拦事情的发展。"

错失与安贝夫合作的机会是奥古斯特三世在职业生涯中所犯的两大错误之一。5年之后,巴西人又促成安贝夫与比利时的英博公司(InterBrew)合并,这家新集团一举夺下了A-B盘踞多年的世界啤酒之王宝座,成为世界上体量最大的啤酒集团——"一个崭新的啤酒之王"。《金钱》杂志报道了整个事件,并宣布了并购声明。如果奥古斯特三世在1999年同意巴西人的并购邀请,他只需拿出2.1亿美元,就可以杜绝这一后患。

当然,除此之外,他还犯下了另一件大错,那就是继续提拔他的儿子。

2002年,当四世被任命为酿酒业务总裁时,A-B的运势已经发生了变化。那些获奖无数的电视广告虽然有效阻止了百威销量的持续下滑,但却也未能令其继续增长。在将近50年里,格西最心爱的老品牌百威第一次跌到了第二名的位置,最开始无人看好的百威淡啤却跃居首位。虽然公司依然可以对外炫耀自己的两大品牌仍然占据冠亚军名额,但如今忧虑情绪也渐渐滋生,因为公司在国际市场上的主推产品正是百威,而不是百威淡啤。正如四世被任命为市场业务副总裁时所讲,"问题并不是'百威能否再次增长',而是'我们必须让百威重生'。百威是我们进入国际市场的王牌,是我们的可口可乐"。

在四世担任酿酒业务总裁的第一年,A-B 的销量和股价却开始乏善可陈,而且百威销量又再次出现了下跌。他立即投入大笔资金进行品牌市场推广、广告宣传和新产品的研发工作。由于销量持续增长的红酒和烈酒大幅挤占了啤酒的市场份额,四世批准了一项预算达 6000 万美元的推广方案,为一个新产品——百加得银标(Bacardi Silver)做入市宣传,这是一款以麦芽为主要酿造原料的柑橘味朗姆酒,由 A-B 与全球领先的朗姆酒生产商合作研制而成。在四世的亲自管控下,活动预算自然再次主要花在了花费惊人的由百加得银标冠名的高速机动船竞赛上。

酿酒行业分析师们认为,A-B 推出百加得银标其实有些为时已晚,麦芽烈酒或甜酒类饮品,比如司木露(Smirnoff Ice)、摩根船长金朗姆(Captain Morgan Gold)、索查龙舌兰酒(Sauza Diablo)、天蓝(Sky Blue)等品牌在百加得银标杀入市场之际其实已经到达了销量的顶峰。《纽约时报》认为:"这类酒与其说是一种趋势,莫若说只是一阵风潮。"

A-B 的销售经理们暗中抱怨,公司推出这样一款有浓郁烈酒色彩的酒,岂不是搬起石头砸自己的脚,造成内部产品竞争?美国的啤酒商难道不是从禁酒时期之前就开始与烈酒生产商争夺消费者么?如今公司又鼓励人们去买一款百加得烈酒,而不是百威或百威淡啤,这听上去不像是明智的商业策略。

四世则显然不认同这种看法。2005 年 9 月,A-B 专门成立了一家全资控股子公司,借以生产和推广烈酒品牌。这家企业被取名为长尾酒业公司(Long Tail Libations, Inc.),其灵感来自著名的畅销书《长尾理论:关于文化和商业的新经济学论点》,本书将长尾定义为"快速下滑的经济总需求曲线中那较长的尾端部分",并提出这样一个理论,在关联市场和网络销售中,偶尔注入某些小众商品可以带来如深水炸弹般的整体激励效果。

"这对我们来说是一个充满挑战的时刻[5],使我们可以用不同的视角去看问题。"四世对《财富》杂志说道。

长尾酒业推出的第一个产品,是一种叫作化身博士(Jekyll & Hyde)的另类品牌。它的定位消费群体是 21—27 岁的年轻消费者。在包装方面,它以"两瓶嵌套组合"的形式出现,其中一瓶是 60 度的红色莓果味酒(Jekyll),另一瓶(Hyde)则是漆黑色的酒水,度数为 80,糅杂了香草、草药和欧亚甘草的味道。在饮用时,两瓶酒须被倒进一只小酒杯中,随后酒会自然分层,Jekyll 在底层,Hyde 在上层。化身博士主要被推销给酒吧和夜店,作为每晚的"压轴酒"登场,它也在零售店销售,售价高达 24 美元。在啤酒行业驰骋多年的任何一位老将都不会把这种酒送到自己的唇边,然而对一位 41 岁、长年在酒吧和夜店中"研究" 21—27 岁的女性饮酒喜好的啤酒公司总裁来说,这自然是顺理成章的事情。

同时四世还挥掷数百万美元用以研发和推广"创新"饮品,此外,他还大幅削减了传统啤酒销售的预算,令他手下的销售老将大为受挫。他还下令将客户餐单计划的开销砍掉一半。客户餐单计划是指 A-B 对各大餐厅支付餐单制作费用的资助工作,这些餐厅都是星期五餐厅、班尼根和猫头鹰餐厅这样的全美连锁餐厅,通过这项资助,A-B 可以让自己的产品在这些餐厅的餐单上更为频繁地出现,提醒消费者在炎热的夏季来一瓶百威或百威淡啤。四世的削减要求颁布后,这些大型餐饮连锁店也很快找到了新的餐单赞助者,其结果是,A-B 的啤酒在这些餐厅的销量也大幅降低了。

一位前销售主管回忆说:"四世对销售的基本方法缺乏最基本的认同和尊重[6]。任何事物只要不是光彩夺目的,他就完全不去关注。他从不错过飞往格莱美颁奖典礼和 MTV 大奖现场的机会,在洛杉矶一待就是

3天，他喜欢那些场合。可是MTV大奖没法帮我们卖出啤酒，餐单计划却可以。"

现实印证了这段评价。2005年，A-B的酒水总销量下跌200多万桶，导致公司净利润暴跌将近18%，这是10年来公司第一次出现如此严峻的衰退。

2005年年底，A-B又开启了对另一种长尾产品的市场测验，新产品定名为斯普凯斯（Spykes），它是一种含咖啡因的麦芽饮料，酒精含量为12%，A-B希望令其与红牛和摇滚明星（Rock Star）等甜味功能饮料抗衡。A-B在宣传中，将其称为一种双重饮品，既可以被视作混合酒，也可以被视为饮料："它既像啤酒，又像饮料，是一种完美的组合体。"可问题是，斯普凯斯分为芒果、西瓜、桃子、覆盆子和热巧克力等多种口味，而且装在只有两盎司容量的糖果色小瓶子里，看起来非常像那种能放在最小型号钱包里的指甲油。它的每瓶售价不到1美元，正如当时的一句评论所挖苦的[7]，"实际上，斯普凯斯更像是一种完美的儿童饮品"。

斯普凯斯的市场首发较为低调，主要在自主网站spykeme.com上进行销售。在长尾理论的指引下，A-B管理层期望这个新产品也能带来传导效应，事实上它的确做到了，不过是以南辕北辙的形式。

"这是用无耻的形式向幼年儿童兜售麦芽酒精饮料。"一位作家这样写道。"它会引诱幼年人群提前饮酒。"约瑟夫·卡利法诺说道，此人是卡特政府的卫生及公共服务部秘书长，后来还创建了全美成瘾与药物滥用研究中心。

"没有哪个年纪在30—40岁的成年人会迷恋含有巧克力和水果味的啤酒[8]，然而，孩子们却喜欢它们，一旦孩子们发现斯普凯斯的存在，他们还将一举双得地既喝到饮料，又喝到酒。"卡利法诺评述道。

"安海斯－布希这是在有意引起调查、围剿、起诉或叫停，直到国会委员会对此事给出一个说法。"公共利益科学中心（CSPI）酒类政策主管乔治·哈克说道。

密歇根州警署甚至特意提醒它的警员们："很明显，这种新酒有向未成年人销售的倾向，而且它非常容易逃过巡警们的眼睛，大家尤其要关注女士们的钱包。"

美国酒精、烟草税务及贸易管理局致信 A-B，称斯普凯斯酒瓶上那微小、几乎难以阅读的酒精提醒标签，违反了联邦法律。

美国 29 个州的总检察长还联名致信奥古斯特四世："在我等看来，斯普凯斯酒的标签是极其不合时宜的，而且贵产品的广告缺乏责任意识，完全没有顾及消费者的安危和福祉[9]。"

信中还称："斯普凯斯酒显然有引诱青少年提前饮酒的嫌疑，此外，将酒精饮品和功能饮料混为一谈也是一种危险行为。"检察长们还指出，A-B 在斯普凯斯酒的销售网站上免费提供手机铃声和壁纸下载，"在一个完全不去规避青少年浏览的网站中，这些图片会对孩子们产生巨大的吸引力"。

在 MSNBC 网站发布的一篇题为《引诱青少年酗酒的魔法小瓶》的文章中，人们可以看到浏览者对这款饮料的评论：

LAURA：它真可爱！它放在一个精致的小瓶子里，走到哪里你都可以带着它……这简直太棒了！

MURMUR6：我想知道，如果把它加热，它的味道还会不会是甜的。

ELNINA2000：我同意 Laura 说的……这小瓶子真是太可爱了。

MYTY：我准备把它放进微波炉……看看会发生什么！

STEVIE 7：实际上它也是我女朋友最喜欢的饮料……她把它放在钱包里，到处带着它。

无论上述言论是来自公司雇用的宣传写手，还是消费者的真实心声，至少它们看起来都不像是 21—27 岁女子所说的话。

然而，在斯普凯斯风波中最令人吃惊的或许是 A-B 对此事的回应。A-B 的对外沟通和消费者事务副总裁弗朗辛·卡茨只是发表声明称，对于 A-B 的所有指责"都来自过于小心谨慎的禁酒部门里那些散布虚假信息的成员"。

卡茨是 A-B 职务最高的女性高管，也是战略委员会中的首位女性成员，她同时也是四世管理团队中的一员*。她的上述评论，是针对各州检察长的来信做出的答复，不过从语气和言辞上看，显然她此前并未向弗雷斯曼-希拉德公司寻求咨询。

卡茨在声明中写道："斯普凯斯的目标消费者是当代成年群体中那些希望选择一种创新饮料来为自己的青春生活增添光彩的人。那些指责斯普凯斯的人完全不了解未成年饮酒人群的心理，其实他们只是在偶然的冲动下去饮酒。而斯普凯斯装在只有两盎司容量的小瓶中出售，酒精含量只占常规酒水的 1/3，与那些同样五彩缤纷和同样口味丰富、度数在 70—80 度的烈酒相比，它实在不太可能吸引那些想喝酒的未成年人。

"那些把关注点聚焦在小型瓶身上的人士，也应该关注一下市场上那些体积相仿（比如航空迷你装），但酒精含量是斯普凯斯 3—4 倍的烈酒。"这篇声明还再接再厉地说道："如果检察长们认为 50 ml 的酒瓶容易被隐藏，因此是种隐患，那么您就不应该只关注麦芽饮料了，因为在烈酒领域同样存在这一问题。

"如果真的存在双重标准，按照常理，人们也应该倾向于低酒精饮料，而不是 Beam 等烈酒生产商酿造的那些高度酒。"

---

* 卡茨后来还以性别歧视为由，将 A-B 告上法庭，提起一项索赔金额高达百万美元的诉讼。她坚称 A-B 管理层是男权的天下，像"男子更衣室"和"兄弟会"一样。此案至今悬而未决。——作者注

人们更应该期望一家有着 129 年历史的酒业公司能够向诸位法务高层人员提供一份更为成熟、合理的回复，而不是这种毫无理论依据且毫无重点的强词夺理。这份声明的署名人是卡茨，然而四世此前也已过目数遍。他显然没有理解指责他的那些人是多么担心那些还未读大学的女孩子们，多么担心他们那些十二三岁的女儿们，他们不知道她们是否把指甲油大小的小瓶子装进了自己的钱包，或摆在了梳妆台上。如果他已经结婚生子，或许他会更好地体会他们的心绪。

无论如何，外界骂声群起，A-B 是无法打赢这场战争了。在收到检察长来信一周之后，A-B 发表声明，宣布奥古斯特四世已经决定将斯普凯斯撤出市场。然而，负责出面对此做出解释的是他管理团队中的另一位成员。"斯普凯斯的市场表现较为不尽如人意，"A-B 市场业务副总裁迈克尔·欧文说道，"由于这一产品的市场前景有限，并遭遇到未曾预料的指责，我们决定停止它的生产。"他同时坚称，斯普凯斯本身和它的营销方式并无过失，并同样表示，"这个产品遭到了常年号令禁酒的那些机构的过分攻击。"

评论界赞赏停产的做法，但却对 A-B 毫无好评。"真正的问题是这一产品造成的影响该如何消除，此外，我们不知道斯普凯斯是否是这家公司的底线，以及在这场闹剧之后，他们是否还会推出其他对孩童群体造成不良影响的产品。"公共利益科学中心的乔治·哈克说道。

的确，A-B 管理层对此事的强硬回复和毫无抱歉，以及奥古斯特四世那不负责的决策态度，都令人开始质疑，A-B 如今离格西当年治理的那家公司到底已经有多远。要知道，格西当年的经营理念是"大众的福利才是公司收益的最大源泉"。显然，安海斯-布希此时失去的不仅是啤酒领域的世界霸主地位，还有自己的商业信誉和公众形象。

2006 年 7 月，圣路易斯人获知一个消息：圣路易斯最著名的单身汉、中央西区最具传奇色彩的花花公子再次订婚了。当地报刊的忠实读者几乎可以梳理出一部四世多年的感情传记来，女主角包括他的第一个未婚妻朱迪·布赫米勒、加州姑娘塞奇·林维尔、选美皇后尚迪·芬尼斯（"佛罗里达人的骄傲"），以及圣路易斯东部的脱衣舞女郎卡拉·斯特拉普。这一次，据《圣路易斯邮报》报道，这位有可能成为布希夫人的女子是 25 岁的凯瑟琳·（"凯特"）撒切尔，她毕业于波士顿大学，主修市场学。这姑娘来自佛蒙特州一个人口只有 967 人的小镇费尔利，她爸爸是当地一所高中的体育主任兼男子篮球队教练。

凯特绝对是奥古斯特三世心中绝佳的儿媳人选。她身材高挑，金发飘逸，容貌秀美，年轻的脸上总是散发着一种甜美清新的光彩，同他一生中娶过的两个女人——四世母亲苏珊和继母维吉利亚——一样，都是典型的美国美人。

"四世是在观看红雀队与红袜队的比赛时，在公司的 VIP 包厢中首次见到了凯特。"据奥古斯特四世的一位朋友所述，"我认为她是波士顿小姐，或者拥有其他什么头衔。而他当时正处在必须马上结婚的阶段。"

这位友人也确认了当年在公司中盛传的说法，那就是四世是在父亲催促下选择结婚的，因为这是他获得公司接管权的先决条件，跟格西当年给奥古斯特三世开出的条件如出一辙。

"在他准备去举办婚礼的那个周末，他对我说：'我根本不想做这件事。'他说这完全是他父亲的要求，是合约中'他必须履行的那部分'。"

婚礼日期定在 2006 年 8 月 5 日，但在举行仪式前，四世在迈向 CEO 宝座的路上又遇到一个阻力，公司管理层中突然出现了一段有关他的流言。

一位前高管说："我听说他两次未能通过毒品检验[10]，一次被众人所知，另一次则被掩盖了过去。我听说只有战略委员会的人了解此事的详情，但我不是那里的成员。这件事属于公司高管们关起门来偷偷讨论的事情之一……"

这些流言并不完全属实。[11] 四世并非没有通过另一场毒品检测，只不过他的过关靠的是与随从们联合篡改检测结果。"四世的名字被频频提及，他也很清楚自己的检测结果会再次呈现阳性。"公司的一位前高管说道，他是从当年参与此事的一位人士那里了解到事件的内幕。"毒品检测总是在公司聘请的独立检测机构所指定的地点举行，在进行检测前，你需要预约。所以四世手下的人一直设法拖延，帮他避开检测，并对检测机构说他一直在外出差。最后，检测机构只能派专人赶往A-B波士顿经销商办公室，让四世在那里接受检查。当然，波士顿也是四世他们的地盘，他们完全可以用当地雇员的样本掉包四世的样本。"所以四世就这样瞒天过海地通过了检测，显然奥古斯特三世和董事会其他成员对此都一无所知。

奥古斯特四世和凯特·撒切尔的婚礼在佛蒙特州的布瑞普莱市举行，随后布希家在该市附近的汉诺威市举行了招待酒会，该城也是达特茅斯学院的所在地。酒会被选在风景如画的汉诺威酒店中举行。安海斯-布希公司为给婚礼助阵，特意派来8匹克莱兹代尔马和经典的百威啤酒车，车上有两位身着制服的马夫，以及一只昂头仰视的达尔马提亚狗。车身两旁系着白色的蝴蝶结缎带，背后还挂着一张写有"甜蜜新婚"的告示牌。克莱兹代尔马队本应该沿途行进到市中心的达特茅斯绿地去，但车队在温特沃斯街和缅因街交汇处停了下来，吸引无数民众前来瞻仰这几匹著名的高头大马。A-B人员特意要求绿地附近的莫利餐厅、独木舟俱乐部、墨菲餐厅和其他消费场所在婚礼酒会举办这几天，将A-B酒水摆在更为显著的位置，并且要求他们必须服从，有些餐厅甚至用百威换下了当地更流行的酒类品牌。在与自己的新娘摆好姿势，站在啤酒车前拍照时，四世很小心地端起一杯斟得恰到好处的百威啤酒。当地报刊将这一切悉数记录下来："优雅的克莱兹代尔马车婚礼在绿地举行"。

婚礼结束后，新婚夫妇回到故乡密苏里州，在亨特莱村别墅中定居下来。当时四世对宅邸又进行了一次改造，以便它能更好地满足自己对枪支和汽车那逐渐增长的收藏嗜好。随后，他们在奥扎克湖区度过了许多个热闹的周末，夫妻两人在当地几乎被视为皇亲国戚，当地杂志《L.O.Profile》甚至用了两人的微笑照片作为某期的封面，并发表封面文章《奥古斯特四世夫妇：新婚燕尔返回故乡》。从内容上看这显然是一篇为安海斯-布希公司歌功颂德的奉承之文，不过文章或许也无意间透露了一个事实，那就是凯特似乎对两人的生活流露出些许悲观情绪。

"当奥古斯特第一次跟我提起奥扎克湖的时候，我以为我们将去那里度过漫长、浪漫而平静的周末，"她说道，"可我没想到除我们两人之外，还有几个安海斯-布希高管同行。"随后她的表情突然明快了一些，补充说，"虽然最初有些惊讶，但没多久我就习惯了和大家一起度过周末，总是有许多人陪着我们。"

"他当时的确想一心一意去爱凯特，"四世的一位男性好友说道，"但那种心意只维持了3个月。"

因为3个月后，他终于坐上了CEO的宝座。

第二十一章　最后一瞥

2006年9月29日，奥古斯特四世终于迎来了自己在安海斯－布希王朝中的王位加冕仪式，公司董事会宣布了对他的任命：

> 经过审慎斟酌，我们认为奥古斯特·布希四世是担任总裁的最佳人选。我们相信，他在任期间，会为我们的公司、雇员，以及股东交出一份满意的答卷。

此时68岁的奥古斯特三世已经卸任了自己在公司的全部管理职位，谈起儿子，他说道："奥古斯特四世已经领导这家美国企业成功度过了变革最为激烈且最充满挑战的阶段，在此期间，他充分证明了自己的能力。他为我们带来了年轻一代的思维方式，同时又对公司的传统和价值理念深怀敬意。"

就虚假程度而言，这两份声明可谓登峰造极。每位董事会成员都深知，四世的领导历程其实漏洞百出。在他担任酿酒业务总裁的5年里，啤酒销量平淡无奇，股票业绩乏善可陈，虽然创造了一系列颇为火爆且砸注重金的电视广告，但却未能吸引到太多顾客。他在任期间，至少有两位资历老的核心销售主管提出辞职。在他们的离职谈话中（其中一人是直接与奥古斯特三世交谈），均明确表示自己离职的原因是对四世在业务管理方面的能力深感质疑。此外，董事会推选帕特里克·斯托克斯担任主席，并且为奥古斯特三世保留了董事成员席位，即便他已经退休，这一切都表明他们其实同样无法信任四世的才能和判断力。称他是"担任总裁的最佳人选"，不仅颇显虚假，而且像是在讲天方夜谭的故事。

当然，这两份声明只是模式化的商业文件，出自某些公关顾问之手，其用途是向投资界表明公司一切安好，风平浪静。然而在奥古斯特三世的声明中，却出现了这样一段情感丰沛的话语，显然没人胆敢为他去写这些，而且这席话是他45年职业生涯中罕见的一段感性言论。

"这家公司对我来说意义非凡，"他说道，"对我而言，它从来就不仅仅只是一个工作地点，而是我生命的热情。与这些充满个性、创造力和奉献精神的人一同工作，令我获得了巨大的快乐，他们已经成为了我的另外一群家人。在所有其他事物之上，我最怀念的是曾在此与我一同奋斗过的那些男人和女人。"

奥古斯特四世在自己的声明中流露出了对于前辈领导者的"必要"感激与尊重——"接受这一挑战令我深感自豪，这对我个人来说意义十分重大……我父亲和帕克（·斯托克斯）创写了一段无法超越的传奇"。然而私下里他对整件事的安排却深感失望。因为当他在12月份第一次作为总裁去参加董事会时，他此前的两位上级将依然在房间里坐阵，依然可以继续品评他的表现。两人的退休津贴都相当丰厚——斯托克斯拿到3460万美元，而奥古斯特三世拿到了6400万美元——并且在接下来的6年里，他还将担任公司顾问，在此期间，公司会继续为他支付安保和差旅费用，为他提供私人专机和直升机，并为他保留布希园1号的办公室。所以，实际上他父亲连公司办公楼都没有离开。虽然在名义上奥古斯特三世此后的头衔只是董事会成员，但这是荒唐的，因为只要奥古斯特三世在董事会，凭借他以往的地位和性格，人们还是会对他俯首帖耳，那里依然是他的军队。

因此当选 CEO 对四世的人生并没有太多改观，除了一点，正如他对《福布斯》杂志抒发的那句悲伤感慨所言，"我将是对一切承担最终责任的那个人"[1]。

他将要面对的问题也是可怕的。当时美国啤酒商都在逐步失去年轻消费群体，因为后者开始偏好进口品牌、自酿啤酒、红酒和烈酒。自 1996 年以来，百威在整个酒业市场中已经失去了 16% 的份额。作为总裁，四世的还击策略就是加入他们的阵营。在推出化身博士、斯普凯斯和百加得银标后，他又在百威的产品花名册中增加了 14 个自酿风格的啤酒，如今已衍生出 40 多个品牌，包括很像异想天开的调酒的查拉德啤酒（Chelada Bud）、米狮龙酸橙啤酒（Michelob Ultra Lime Cactus）和米狮龙特级柑橘西柚啤酒（Michelob Ultra Tuscan Orange Grapefruit）。如今这家公司显然已不再是他祖父格西当年经营的那家啤酒公司了。

四世担任 CEO 后施展的第一件大手笔，就是同比利时的英博集团达成合作，令 A-B 成为英博旗下几款著名欧洲啤酒品牌的美国独家代理商，其中包括贝克啤酒（Beck's）、贝斯艾尔（Bass Ale）和时代啤酒（Stella Artois）。当他在 2006 年第一次提到合作想法时，他父亲表示自己坚决不同意，因为他曾与英博的巴西老板们打过交道，他并不信任他们。况且英博如今是 A-B 在世界上的最强劲敌，当时甚至流言四起，称英博很可能将 A-B 视为下一个收购对象。奥古斯特三世认为如果与对方达成合作，就无异于给英博打开了一个窥探 A-B 运营方式的窗口。但是四世坚决要将这件事推动下去，最后，他的父亲罕见地克制住了自己，并没有说服董事会给他阻力，他也任由它发生了。随后英博的人搬进了佩斯特拉齐街对面的一间小办公室，与 A-B 管理层所在的布希园 1 号办公楼隔街相望。

关于收购的传言其实深有道理。多年来，A-B 一直被自己的规模和股价所保护：对于想吞食它的竞争对手来说，它的确过于庞大、过于昂贵了。然而，如今形势已大为不同，A-B 已不再是世界最大的啤酒商，它的股票也已经贬值。它虽然有长达 150 年的经营历史，但这在啤酒行业如今的世界霸主——刚刚问世四年的英博——面前，也显得不再可观。与其说英博是一家啤酒公司，莫如说它是一家啤酒投资公司，它已经将 200 多家啤酒企业揽入怀中，此外，英博可以聚敛这么多家啤酒企业是因为他们可以像吃早餐一样轻松地吞掉多家具有 600 多年历史的欧洲啤酒企业。所以当奥古斯特四世终于获得自己觊觎已久的王位后，他发现自己被四周如潮水般涌来的警告包围了——无数人提醒他，英博可能要对 A-B 下手了。

第 41 届超级碗大赛为他在那些杞人忧天的人面前赢得了一丝喘息。同以往一样，A-B 将比赛期间的商业广告机会全面覆盖，一共播出 9 支广告，每 30 秒钟的广告费用高达 260 万美元，所以 A-B 为本届超级碗支出的广告总投资高达 2400 万美元。此外，考虑到广告制作成本，以及公司在迈阿密举办的大赛预热宴会等活动，A-B 在广告项目花销上又增加了几百万美元。A-B 与 NFL（美国国家橄榄球联盟）签署的排他协议将其他酒业公司排除在了广告机会之外，因此它也轻而易举地成为了这一收看人数最多的大赛中最核心的广告投放商。相比之下，可口可乐在大赛期间投放了 4 支广告，通用汽车投放了 3 支广告，而百事多力多滋（Doritos）和本田汽车只有两支广告。

首次在大雨中举行的超级碗比赛中，印第安纳小马队以 29：17 击败了芝加哥熊队，不过 A-B 最关心的分数不在于此。几天之后，《今日美国》公布了它的每周广告民调结果，通过对 238 名成人志愿者的瞬时电子反应监测，得出这样一个结果：A-B 广告突破性地在最受欢迎的十大播出广告中占据了 7 个席位，而且其中的前两名都是百威广告。位列首位的是百威那支迄今依然非常有名的"螃蟹之王"广告，在这支广告中，人们看到许多只红色（电子）螃蟹从一个热带岛屿的海水中爬上岸边，趋之若鹜地爬到一只装满百威啤酒的红色冰柜旁，像膜拜螃蟹之王一样仰慕着它。这项广告民调结果令四世和他的管理团队欣喜若狂，虽然广告民调的调查对象不过是休斯顿和弗吉尼亚州麦卡林市的数百人而已。A-B 的管理层们知道在电视广告播出一周之后，对于前十名广告的网络浏览量将迎来一个爆发期。据公司估算，在超级碗首场大赛举行后的 3 天内，A-B 2006 年度广告的网络浏览量将超过 2100 万次，而且网络观众远比电视观众年轻。

超级碗系列广告播出的几天之后[2]，A-B 又发布了一个已经筹备近一年的产品——在线娱乐网站 Bud.TV，其定位观众群体是那些年龄在 21—27 岁，并且对传统电视广告不感兴趣的年轻人。Bud.TV 向观众承诺奉送的主要内容是 1—3 分钟的视频短片，它们全都具备 A-B 那些举世闻名的广告中所蕴含的嬉皮幽默风格，其中包括《周六夜现场》和《霍华德·斯特恩秀》编剧所创造的喜剧段子，影星凯文·史派西的特里格大街影业公司（Trigger Street Films）所制作的电影短片，以及系列纪实短片《完成我的电影》，后者将由马特·达蒙和本·阿弗莱特的影业公司生命星球（Live Planet）进行制作。《完成我的电影》的创意理念是，生命星球公司拍摄一部影片的开篇和结尾部分，而中间的所有故事情节将由观众负责编写。获得最佳编剧方案的人将被邀请前往洛杉矶，并在那里完成自己剧本的拍摄。

对于一家圣路易斯啤酒公司而言，A-B 能产生创建 Bud.TV 这样的想法，可谓野心勃勃，或者说"过分狂妄自大"（《纽约时报》）。然而，这似乎正是奥古斯特三世和董事会任命四世担任 CEO 的一个初衷——用年轻一代的方式抹去老啤酒车的旧路痕。A-B 在 Bud.TV 创立的第一年为其开出了 3000 万美元的预算，与公司市场业务那每年高达 10 亿美元的预算相比，这个数字可谓杯水车薪。不过公司对 Bud.TV 投入了巨大希望，满心以为一两年内，它可以被列入美国前 100 名网站的名单，月访客量达到 200 万—300 万人。

然而 Bud.TV 的实际成就却与他们的设想相去甚远[3]。网站的浏览受到一种繁杂的年龄监测系统所限，影响了访客的感受。这个系统要求访客提供自己的真实姓名，并将其与各州的真实人员姓名数据库相配比，这令四世抱怨不已，说自己登陆都很吃力。Bud.TV 在自己诞生的第一个月里迎来 25.3 万名访客，到了第二个月，这个数字便下滑到 15.2 万。它推出的某系列短片中的一部名为《被黑猩猩代替》的片段，在 YouTube 上的浏览量只有 384 次。2007 年 4 月，《广告时代》将 Bud.TV 列为全美排名第 49303 位最繁忙的网站，它的前面是色情网站 www.jstfu.com，后面是 www.rubber-cal.com，一家定位为"橡皮板大全"的网站。

在接下来的一个月，形势更加严峻，据《广告时代》报道，Bud.TV 的访问量如此之少，以至于流量测评机构康姆斯科都无法读取浏览数据了。当 A-B 最后终于决定放弃 Bud.TV 这块烫手山芋之时，据说市场业务副总裁这样悲叹道："如果连一家电视台都不能持续产生'内容'，那么一家啤酒公司又怎么可能做到呢？"此言听上去未免为时已晚。

在斯普凯斯和百威啤酒的失利之后，视频网站的失败似乎令人更加尴尬。然而，令奥古斯特四世寝食难安的事情不只这些。他父亲是董事会管理委员会的主席，有监管他任命高管的职责。尽管奥古斯特三世不是每天都来公司，但他的声音从未在四世耳边消失，每天都会给他打来许多电话。他看不惯四世管理团队中的两位成员，命令儿子让他们走人[4]。四世顽强抵抗了一阵，最终劝说父亲显露慈悲，将其中一位降了职；而另一位，据称与四世当年在毒品检验中的瞒天过海行为有关，所以最后被要求离开了公司,并拿到了一笔数目相当可观的遣散金。

在《被废黜的国王》一书中[5],作者描述了这样一件事。当奥古斯特三世得知,四世竟邀请了许多华尔街的投资银行家前往A-B在墨西哥坎昆市的丽兹卡尔顿酒店举办的高层会议,并请教他们如何令A-B在啤酒行业的全球竞争中立于不败之地时,他勃然大怒,在奥古斯特三世看来,这是一个可怕的战略性失误。

"你把投行的人带到那里去,就无异于向英博宣布你已经做好被收购的准备了!"在一次前往佛罗里达州的猎鹌鹑之旅中,据说奥古斯特三世当着许多高管的面,这样大声训斥了儿子,"你这就相当于亮出了'预约待售'的标牌,你向外界传递的信息太多了。现在好了,全世界那些对我们垂涎已久的狼都要伸出它们的爪子了。"

果然被他言中,在接下来的几周里,商业和酒业期刊都将四世邀请投资人参会一事解读为A-B已经开始主动寻求买主。《饮料世界》杂志称行业分析师们认为A-B有70%的可能会被英博收购。杂志还引述一位分析师的言论称:"他们别无选择。尽管他们可以推出新产品,并且已经制订了一系列(削减成本的)计划,但在实际实施方面,他们还将面临重重风险。要知道,啤酒行业最终会是一个全球整合行业。"一家巴西商业报刊还文不符实的报道称,英博已同A-B就收购事项展开初步会谈。在所有捕风捉影的报道中,A-B都被描述成一个脆弱的防守一方,已经没有回旋的余地了。

据一位曾在四世刚担任CEO数月之后与他打过交道的记者回忆,他给人的印象是一个聪明和蔼的人。"他身上有些孩子气[6],没有CEO们常见的那种严肃架子。他就像你在高中球场上能够遇见的那种家伙,你可以和他轻松交谈,然后去喝杯啤酒。他看上去比他的年龄要小,更像是一个永远被困在青春期烦恼中的人。"

"他显然极其聪明,"这位记者说道,"他有着惊人的记忆力,能够背出这个行业的很多统计数据，并完整无缺地回忆起他父亲多年来遇到的每项挑战。但是他讲话的主题很不连贯，像野兔一样从一个话题突然跳到另一个话题。他也并未规避谈及关于收购的流言，以及公司的真实现状，只是言谈间会突然把话题转移到啤酒行业那些无关紧要的历史故事上来。"

2007 年，关于两家企业合并的流言终于销声匿迹了，人们预料的事情完全没有发生。不过当年 10 月，这个话题再次火热起来，因为 SAB 米勒和摩森康胜，这两家美国排名第二位和第三位的啤酒公司，突然宣布他们要将自己的国内业务合并，以共同与 A-B 展开角逐。新成立的米勒康胜将控制美国市场约 30% 的份额，严重削弱 A-B 的比较优势。

米勒康胜成立的消息发布几天后[7]，奥古斯特四世在纽约会见了乔治·保罗·雷曼——英博的三位巴西投资者中最有影响力的那位。哈佛大学毕业、终生只喝矿泉水的雷曼当时 68 岁，在福布斯富豪榜上位列第 165 名，他的个人总资产预估达 49 亿美元。四世原本以为这场会见只是非正式的平常交流，因此当雷曼提及米勒康胜，并建议 A-B 考虑与英博合作时，四世显然没有视之为正式的提议。他委婉地拒绝了这项提议，还以为雷曼只是随口说说而已，并且告诉对方，自己还是有其他办法重振公司的。可是雷曼对于自己的提议是极其认真的，而四世却没有将这个重要的警讯告知董事会，这表明他在这场大战中，显然没有做好充分准备。看到自己的友好建议一直未能被接受，先是在 1997 年被奥古斯特三世拒绝，如今又被他的儿子拒绝——雷曼和他的合伙人们如今准备用不那样友好的方式发起收购了。

此外，四世显然低估了雷曼为英博挑选的 CEO、48 岁的巴西人卡洛斯·布里托，他从巴西里约热内卢联邦大学获得了机械工程学位，后来在雷曼的资助下，又在斯坦福大学获得 MBA 学位，从很多方面讲，他刚好与四世相反。布里托已婚，并且已有 4 个孩子，他为人作风极为低调，从不显摆高管架子，既不乘坐头等舱，也不入住豪华时尚的酒店，并且没有私人助理、私人用车，甚至连私人办公桌也没有。"我们不配备公司专机。"2008年2月，他在斯坦福大学发表毕业演讲时说道，当时英博已在秘密筹集资金准备收购A-B。"我连办公桌都没有，我和我的副总裁们在同一张桌子上办公。市场业务负责人坐在我左边，销售负责人坐在我右边，融资部门的人就坐在我对面。""私密性办公室是培养庸人的地方，"他说道，"游手好闲的人喜欢关起门玩游戏，或做其他打发时间的闲事。英博也从不提供免费啤酒。我们不需要公司为我的啤酒买单，我自己付得起这份钱。"

在美洲饮料集团工作的15年里，布里托为自己赢得了一个铁公鸡的名声，他严格控制公司的各项成本，并且是雷曼"零成本预算"原则的忠实拥护者。通过命令每一部门严格审核自己每年度的成本，而不是简单地给出预算基数，他帮助公司创下了50%的惊人利润率。正如他对自己的校友们所言，"我们认为成本越精简，最终获得的收益越多"。

然而四世居然邀请布里托前来参加A-B的年度经销商销售大会，这是一场最明显的过度花销展示大会，而且还自认为这是一个好主意[8]。

关于兼并/收购的流言在2008年春天又滋生开来，《华尔街日报》那充满流言蜚语，但通常还算可靠的专栏"街头巷议"加剧了人们对流言的信任度，其报道称，据"了解两家企业理念的行业人士所讲"，A-B和英博"已经开始就此事开展洽谈了"。专栏注意到"有关两者合并的消息在一年前已经浮出水面"，并且称"不过如今双方对此更加认真了，据业内人士说，今年这场交易或许就会尘埃落定"。

而事实上，自奥古斯特四世与乔治·雷曼在10月进行的那次简要交流后，两家公司从未开展过真正的"会谈"。然而，这件事还是对A-B产生了影响，造成它的股价上升了3个百分点。《华尔街日报》紧盯此事，在4月11日又报道说，几天前，在本年度A-B于芝加哥举行的分销商销售大会上，奥古斯特四世斩钉截铁地向众人宣布，安海斯-布希公司将不会被出售，他的原话是"这一切绝不会在我眼前发生"。

《华尔街日报》将自己的报道称为"内幕消息"，但 A-B 却对四世的言论不置可否。市场业务副总裁大卫·皮科克只是说："我们与我们的批发商就如何刺激公司产品的销量召开了会议"，"以坚定他们对我们分销系统的信念，并专注于自己的工作，为我们的业务提供支持"。不过对于后一句话，他没有做出详述。

四世显然又疏忽地犯了一个大错，他天真地以为自己在 500 多人面前的所言所语能够成为内部秘密，或者长期不为人知。此外，公然否定一场尚且悬而未决的收购也让他显得有些傲慢自大，或者说幼稚无知。如果是一位经验丰富的 500 强上市企业 CEO，在自己公司即将被收购的流言四起之时，绝对不会做出这种行为。然而四世没有这种见识，而且他的做法完全没有顾及股东的利益。

或许重重的压力也的确令他难以喘息。2007 年，A-B 在国内市场的占有率仅仅上涨了微不足道的 0.1 个百分点。百威和米狮龙的销量持续下滑，公司股价在并购流言兴起之际出现了短暂的上涨，此后就一直卡停在 48 美元的水平上，而且 5 年来一直如此，用一句行业分析师的话来讲，"比两年的陈啤都索然乏味"。公司还被 11 个州的州检察长联名指责和调查[9]，其中包括纽约州检察长安德鲁·科莫，他们认为 A-B 用不合法的市场宣传手段向未到法定饮酒年龄的人群兜售了两款含酒精的咖啡饮料——蒂尔特（Tilt）和百威特级啤酒（Bud Extra）*。A-B 各部门主管还得费尽全力集体压缩 4 亿美元成本，与此同时公司也在为新推出的高端定位产品百威柠檬啤酒（Bud Light Lime）做资金准备。与此同时，英博虎视眈眈的阴影也已经覆盖到所有地方了。

---

* 最终 A-B 同意将两个产品全部撤出市场。——作者注

在当时的形势下，奥古斯特四世在公司的频繁缺席可不是什么明智之举，然而从2008年1月起，他就很少在公司露面，而是经常在公司设在圣路易斯机场近旁足球公园中的写字楼里办公，那里离他的住所很近。一个巨大的建设项目正在西圣路易斯郡和主城之间的64号州际公路旁进行，因此轻而易举地成为了四世不去公司正式办公的合理借口，虽说从他在林德伯格街上的寓所到公司，也还有几条便捷路线。他的新公司有配备齐全的健身设施，用以帮他将那走火入魔般的健身热情付诸实践，他每天还要与他那堪称武林高手的韩裔私人保镖申奉素一同切磋，此人总是无时不在地陪在他身旁，四世尊称他为"申先生"，就好像他是一个詹姆士·邦德里的电影角色一样。

所以四世又一次为自己找寻到一处安全的堡垒，旁人都不允许随意进出此地，只有他那些忠心耿耿、可以推心置腹的随从们除外。新办公室是一处掩人耳目的场所，使得公司的人无从获知CEO的每个工作日要从下午开始，到翌日凌晨才能收场。他最后几个小时的工作时间通常在酒吧、餐厅度过，后来又渐渐固定在他的家中，几乎每天晚上，他的人马都会到他家去消遣。

"他的人总是过来看电视[10]，这是他们工作的一部分，不过对他来说，他们真的就像家人一样。"四世的一位心腹好友说道，他还称自己当时每周甚至要在他那里度过五六个夜晚。"他最喜欢的电影是《疤面煞星》，所以像履行宗教仪式一样去看这部电影。夜渐深的时候，他喝得更多，他一般喜欢喝啤酒和红酒。他家里有一位厨师，一位管家，还有两名A-B的安保人员。"

自那时开始，四世在出差期间，或者妻子凯特不在家里时便又恢复了自己以往的花花公子作风。凯特每次回家前，他都会留心删除房中监视器里的录像，以免她回来后发现自己的所作所为。据四世的另一位密友说，"凯特曾以为自己能够改变他，但她完全错了"。

由于四世的私生活日趋靡乱放纵，他的心腹好友们自然不会对他在"美国啤酒批发商协会暨酿造商立法大会"上那低迷昏沉的状态感到惊讶。然而在 2008 年 5 月 13 日这天，在华盛顿凯悦酒店的大会议厅中，在场近 500 位 A-B 分销商又如何不被他的举止所震惊呢？

据当时在场的一位 A-B 分销商回忆，"当时所有啤酒品牌的分销商都在会场里[11]，至少有 1000 人，SAB 米勒、摩森康胜、英博这几家大企业的人也在场。奥古斯特四世当时是主旨演讲人，然而他的讲话没有进行多久。他言语磕绊，就像是在照着某个提词器讲某种外国语言。他的整个演讲时断时续，含混不清，而且极其生硬刻意。显然，他当时无法集中注意力。从他的状态来看，他应该不是受到某种'适度酒精饮品'的影响，不是酗酒的问题影响了他，一定有其他原因在作祟。我们眼见自己公司的代表在公开场合颜面扫地，真是一件令人极其痛苦的事情"。

"一切都完了，所有人都在谈论这件事，从那天晚上到此后的许多天里都是如此。"另一位见识到这场灾难事件的分销商说道，"难以置信他手下的人会任由他在那种状态下去做演讲，显然他们已经陷入一团乱麻。"

"这不是在过家家，我们是在美国的首都举办严肃会议。何况啤酒行业本来就没有任何所谓的秘密，无论你经营的是什么品牌，这里就像一个大型兄弟会一样，所以这件事很快就在业内变得无人不知。我想这件事与英博后来的举动有关，他们会认为：'如果那家公司的 CEO 是那副德行，那么它一定会出大问题。'"

其实布里托和英博很可能已经对四世的一切了如指掌了。毕竟他们不是门外的野蛮人，而是对 A-B 调查一年多了。在任何一场大型收购中，买方对卖方进行背景调查都是常规程序，其中包括对 CEO 和其管理团队的详细调查，以便了解在收购结束之后他们是否仍然可以继续担任公司的管理者。这些背景调查一般由大型律所或如克罗尔这样的私人调查公司开展，后者会雇用前调查记者和已退休的立法机构公职人员，请他们负责搜寻相关情报。根据被调查企业的规模和所涉风险，这些背景调查可能会工程相当浩大且花费惊人，有些调查的费用甚至高达 50 万美元，甚至更多。由于最终的调查报告会以保密形式交付客户，在其中的经营综合报告中，通常包含大量未被证实的流言蜚语。不过说起这些，奥古斯特四世堪称一本敞开的百科全书，并且内容还会实时更新。

5 月 22 日，也就是四世在华盛顿发表的尴尬演讲结束 9 天之后，英博召开董事会，详细讨论了他们对 A-B 的收购方案。第二天，《金融时报》撰文称英博准备以每股 65 美元、总价 460 亿美元的条件收购安海斯－布希全部发行股票。据称，英博预料自己会收到奥古斯特四世和 A-B 董事会的冰冷回绝，不过他们打算在此之后直接向 A-B 股东们抛出诱饵。

文章称所涉信息全部来自"内幕消息"，不过从细节的翔实度来看，一切似乎相当属实。文中还罗列了一系列涉及收购财务计划的投资银行家，并称"去年 10 月，英博曾与奥古斯特四世进行过非正式会晤，但是他坚决地表示自己会不遗余力保护安海斯－布希，并一定要在自己刚刚获得的这个职位上有所作为"。

这篇报道在周五上午发出，并在周末期间的三天阵亡将士纪念日中被传得火热，当天收市之际，A-B 的股价暴涨 8 个百分点，到达创纪录的 56.61 美元。A-B 管理团队没有就这篇报道发表任何官方意见，不过当天奥古斯特四世向全体雇员发送了一封简信，敦促他们要专注于自己的工作。他在信中说道："我们无法控制别人的流言或揣度，但我们可以掌控自己的增长战略和经营业务的方式。我们的本职工作就是保持业务的强劲增长，令公司获得利润，持续成长。"

这段慷慨激昂的辩词很像他父亲奥古斯特三世的风格，四世还补充

说：''我们的一些对手会非常希望看到安海斯－布希在节日期间被流言蜚语搅得人心涣散，但他们低估我们了。''

此时在密苏里州圣彼得斯的贝洛农场里[12]，四世的叔叔阿道弗斯四世也刚刚读完《金融时报》的这篇文章，他对英博的提议既感兴趣，又有诸多疑虑。作为手持可观数量股票的 A-B 大股东，以及 A-B 在休斯顿的一家大型分销公司的金融合伙人，他对公司股票长期以来的平淡表现感到失望。如今，A-B 董事们显然可以在现有股价基础上，获得 34% 的红利，不过他的侄子已经对英博说了''不''，他怎能那么做呢？

阿道弗斯深知在英博发起的这场深谋远虑的收购大战中，A-B 胜算的几率很小。布希家族持有的公司股票不到 4%，即使全体家族成员都投票否决，他们也没有决定权，何况家族内部对此事的意见尚未可知。在过去几年里，公司抛出了金融领域所谓的''毒丸计划''，即为了规避收购风险，令股东有权利以折扣价买进新发股票；依此令，不被接纳的买方必须筹备更高昂的收购资金。为了缓解股东的压力，董事会还实施了阶梯选举制，以致全体成员中每年仅有 1/3 可被再次选举。所以，如今一个不受欢迎的买方完全可以任命一组新董事候选人，在一场董事会上就撤掉全部的现有股东。

阿道弗斯认为每股 65 美元的收购价可谓颇为丰厚。他认为当前股东都很难拒绝这一条件，而且如果公司不同意，他们极可能在接下来的 5 年里到法庭上为自己的股东权益申诉。所以四世那句''我在的时候就绝不会让它发生''该如何处理呢？在阵亡将士纪念日的那个周末，他曾给奥古斯特三世和四世打去许多电话，希望了解事件的实际情况。奥古斯特三世没有接电话，当四世最后回应他时，他所讲的那些所谓计划似乎与火烧眉毛的现实形势风马牛不相及。他说自己坚信自己的管理团队会为股东带来比英博承诺的好处更大的收益。他们打算通过一项取名为蓝海方案的成本削减计划来提升利润率和股票业绩，这项计划将在未来的两年里，为公司节省 5 亿美元以上的成本。

"在我听来这简直是一派胡言，"阿道弗斯最近说道，"这只能证明他们根本没有任何应对计划。"到了星期一，也就是 5 月 26 日时，他与报道此事的《华尔街日报》记者大卫·凯斯莫德取得了联系，并告知对方，与他侄子表达的意见相反，布希家族的一些成员对收购事件保持开放态度，并愿意同英博展开商谈。"家族中的确有一些人希望维持公司的现状，"他对记者说道，"但也有一些人视其为一个增强股东收益的机会。"

第二天上午，人们发现四世又犯了一个重大的无心之失。几周前他曾接受过《华尔街日报》的电话采访，期间他似乎过于畅所欲言了。如今文章见报[13]，看起来英博的收购故事似乎全部与他有关。"安海斯-布希总裁竭力捍卫自己的地位。"文章标题这样写道。"在对手抛出收购请求之时，布希家族继承人依旧执着于如何获得父亲的认可。"在这篇近似于公司对收购事件做出首次公开回应的文章中，四世所说的每一句话似乎都与他父亲，以及两人的紧张关系有关：

"我从未享受过父子之情，"他说道，"一切都是纯粹的商业关系。"而对于担任 CEO 一职后的情形，他表示"一切都非常艰辛，非常多变"。他说这是由于自己和父亲在许多事情上意见相左，从自己管理团队的任命人选到他准备以 70 亿美元收购果汁制造商汉森天然饮品集团的计划。"如果我连自己的手下都不能自主选拔，你还能让我负责什么呢？"另外，"对于我们扩展啤酒业务之外领域的计划，他总是重重设障。"

"他能把冰块卖给爱斯基摩人，"他在评价自己的父亲时说，"他极其聪明，总有很多绝佳的见解。只有当他提供他的见解时，它是作为建议，而不是命令。建议跟命令还是有区别的。"

他还坦承奥古斯特三世和格西在彼此毫无交谈 10 年之后，才修复了关系。随后又满怀信心地表示，如果"我最终做出成绩来"，就一定会赢得父亲的"爱与尊重"。不过又辛酸地补充了一句,坦白说:"我认为如果自己在事业上一无所成,最终连他的尊重都很难获得。"

无论此番话有多感人,它们都不是啤酒行业、圣路易斯市民,以及商界人士希望从一位管理190亿市值的上市企业的CEO口中听到的答复。这些话语让他看上去多愁善感、脆弱不堪。对此,他的父亲自然大为恼火。人们不知到底是这件事本身,还是长久以来的诸多其他因素影响了两人的关系,总之他们之间的关系迅速紧张起来,以至于两人只要同在一个房间,气氛就会令人窒息。从此之后,四世对外的所有交涉都被迫谨慎起来。

董事会要求四世向乔治·雷曼发送邮件[14],澄清新闻报道中的一些言语。几天之后,雷曼才回复邮件,他说自己此前在出差。双方商定于6月2日在坦帕举行会谈。一些董事担心四世独自前往那里,因此还对四世进行了几次教练式辅导,以确保四世届时知道什么该说、什么不该说。

然而所有人的准备都是徒劳的,因为A-B一行人与雷曼,以及他多年的投资合伙人马赛尔·特莱斯的会谈只持续了十几分钟,在此期间,两人都未对英博的收购提请做出任何明确的肯定或否定。回到圣路易斯后,董事会得出结论,如今自己能做的就是等待——也许会收到一份收购提请书,也许收不到。

9天之后,即6月11日,提请书终于到来了。它被用传真的形式传送到了四世足球公园的办公室里,并抄送至全体董事,信的署名人是卡洛斯·布里托。

亲爱的奥古斯特:

在过去几年中,我们曾在很多地方见过你,并就如何使我们这两家伟大的企业展开深入合作进行交流。乔治·保罗·雷曼和马赛尔·特莱斯非常感谢你在 6 月 2 日亲自到坦帕会见他们。在那次会面中，你曾问起，英博是否准备向你和 A-B 董事会递交正式收购提请，当时我们并未对此给予正式答复，不过，现在我亲自写信，正式向你陈述收购条款。

与《金融时报》此前的报道一致，英博的出价的确是每股 65 美元，总价 463.5 亿美元，交易形式是现金。布里托表示："我们深怀对安海斯－布希公司、其雇员和管理团队的崇高敬意，我们同样非常敬重创立并投资公司品牌，尤其是百威啤酒的这一伟大家族的历代成员。"此后，他在心中又做出了一系列承诺：

> 我们会将百威定位为我们的全球旗舰品牌……我们准备将公司的北美总部设在圣路易斯，并将其打造为百威品牌的全球总部……我们将会在为合并后的公司定名时，尊重并沿袭贵公司的品牌名称……我们将会保留贵公司全部的现存酒厂……我们会遵守贵公司对当地社区所做的各项承诺……我们会邀请贵公司现任的几位董事加入新公司的董事会……我们也希望保留安海斯－布希的核心管理团队，无论他们的年龄和资历如何。

正如一位作家撰文时所述，布里托"除了亲自去送巧克力和鲜花外，把其他事情都做了"。

不过这也于事无补。A-B 将布里托的信件刚一公布，四面八方的反对呼声便群起而来，反对者包括政治人士、评论家，以及普通民众。"我强烈反对英博收购安海斯－布希，而且如今他们开出的条件令我十分忧虑。"密苏里州州长马修·布伦特说道。密苏里州民主党参议员克莱尔·麦卡斯基尔则称自己将不遗余力地阻止英博，她还致信 A-B 董事会，要求董事们拒绝英博的邀请，并请他们顾及"这家伟大的盈利企业对圣路易斯、密苏里州，以及美国的代表意义"。而她的对手，密苏里共和党参议员克里斯托弗·"基特"·邦德还难忍自豪地声称，自己曾当面告诉卡洛斯·布里托，"这杯百威不是给你的"。

就连当时的民主党总统候选人贝拉克·奥巴马也摆出政治立场来抵制这场收购——他本人偶尔也喝几杯百威淡啤。在举办参选演说期间，他的飞机因为出现机械故障在圣路易斯经停，在当地回答记者提问时，这位伊利诺伊州参议员表示如果安海斯-布希公司被出售给一家外国企业，那么"这无异于一种耻辱"。"我认为我们至少可以设法找到一家愿意收购安海斯-布希的美国企业，如果他们的确希望被收购的话。"

"自己的民族啤酒品牌如今要流入外人之手，还有什么比这件事更能表明美国在失去经济霸主地位呢？"总部位于伦敦的《经济学人》撰文称，文中后来还辛辣地调侃说："至少迄今为止，百威已经成为美国推向世界各地的标志品牌，尽管对一些习惯饮用传统啤酒的外国民众而言，它喝起来更像是一杯废水。"

当时美国还出现了一个叫作拯救百威的网站（Savebudweiser.com），人们要求"乔"和"简"*们跳上时尚炫酷的乐队彩车，号召百威粉丝们"凝聚成一种声音，我们要拯救的不只是啤酒。我们不希望又有一个美国品牌被外国公司收购"。另一家网站 SaveAB.com 号召说，这家网站的创办者是密苏里州州长布伦特的前任幕僚长艾德·马丁，后者曾发誓说自己要在布希体育场集结人群发动反对英博的游行。"把公司卖给比利时人是得不偿失的举动，因为这里涉及的不只是啤酒，还有我们的工作，我们的国家。"马丁说道。

---

* 指普通收入的美国民众，通常是蓝领工人，英文名为 Joe Sixpack and Jane Sixpack，意指在结束一天辛劳工作后，买 6 罐啤酒犒赏自己的普通人。

反对呼声最高的是圣路易斯的市民们，他们惊愕地发现安海斯－布希公司并非真的为布希家族所有，这个家族甚至连公司的管控权都没有。可是平日里布希一家表现得却不是如此，如若不然，那个充满案底的年轻人又为何能够成为 CEO 呢？

圣路易斯人无法相信英博那"收购之后一切都不会变"的承诺，这套言辞他们此前已经领教过了。他们记忆犹新的是，2001 年，瑞士雀巢公司收购了圣路易斯的普瑞纳宠物食品公司，2005 年辛辛那提的联合百货买走了五月公司，后者旗下运营着圣城最受欢迎的巴尔百货。在这两场收购结束后，两家企业在圣路易斯的总部很快被取缔了，随之终结的是他们为当地人数十年来提供的就业岗位。

"圣路易斯如今只剩下百威和克莱兹代尔马了[15]。" A-B 公司对面一家餐馆的老板抱怨说。"这是一座啤酒之城，而 A-B 就是我们王冠上那仅存的一枚珍珠。"在一家南部风格的小酒馆柯莱比酒吧里，一位政府公职人员这样说道，"如果这场收购最终达成，我再也不会买这家公司的啤酒了。"

《堪萨斯星报》的一位约稿作家为圣路易斯人们的全部抵抗做出了总结："他们维护的是家乡的骄傲，是存在的目的，是身份和尊严——在冰冷无情的全球经济面前。"

在阿道弗斯·布希生活的时代，圣路易斯曾是美国第四大城市，位列纽约、芝加哥和费城之后。《时代》杂志曾称其为"一座格调优雅的中西部城市，这里的人们尊重音乐，热爱哲学，这里拥有伟大的院校（华盛顿大学），这里孕育了卓越的诗人（T.S. 艾略特、马娅·安杰卢），在它的巅峰之年，还曾主办过世博会和夏季奥运会"。悲哀的是，《时代》杂志所指的巅峰之年是 1904 年。此后，在禁酒令的严重打击下，这座"第四名城市"和美国曾经的酿酒之都再未彻底复苏。尽管直到 1960 年代，该市的人口一直在持续增长，但搬到市郊的那些白人开始影响税收的根基。自那时起，似乎每次圣路易斯见诸国家报刊，都与城市的衰落、市内的暴力犯罪和种族动荡事件有关。如《时代》杂志所述，"还没有哪个美国城市衰落得如此之快，或者说衰落得如此没有尊严"。

然而在种种乱象之中，安海斯－布希却维持了稳定的发展，它是这座城市最光鲜的名片，每年为家乡所赠予的捐款也相当可观——据报道，2007年公司共捐赠1000万美元，而且在市政建设和文化活动方面，A-B也做出诸多贡献。"安海斯－布希是我们生活中无法分割的一部分，只要你走进一栋公共建筑，就很难不发现那里有'安海斯－布希大厅'，或'安海斯－布希会议室'。"丹·科普曼说道，他是圣路易斯酒厂的联合创始人，这家酒厂生产了当地著名的啤酒品牌施拉夫利啤酒。即使那些更喜欢喜力啤酒，或者讨厌啤酒的圣路易斯人，在听到百威或百威淡啤电视广告结尾那句"密苏里州，圣路易斯市，安海斯－布希公司"时，心中也难免会洋溢出一丝骄傲。

6月26日，在收到卡洛斯·布里托来信的15天后，A-B董事会一致否决了英博的收购请求，大家认为："英博做出的提请在资金方面并不合理，而且没有维护安海斯－布希股东们的最佳利益。"

A-B的回绝信既言辞友好，又充满敬意，但语气坚决。"从贵方的角度讲，我们也认同如今是贵公司发起收购的有利时机，因为当前美元贬值，美国股票市场也较为疲软。然而，站在安海斯－布希公司股东们的立场上，我们则认为公司被英博收购，会令他们失去从公司长远增长中获利的全部机会。"在信件末尾，出现了一句很像四世口吻的话语："如贵方所言，你们有巨大的梦想。然而，你们的梦想不应该用折损我方股东利益的形式实现。"

A-B的回绝令双方之间的关系顿时紧张起来，各自都立即开始为"维护安海斯－布希股东的最大利益"而努力起来，就像美国政府为"维护美国人民的最大利益"那样。英博马上开始对A-B董事施展了离间计，并将支持自己的董事推上战场，比如阿道弗斯四世。他对《华尔街日报》所讲的那句"持开放态度"被媒体广泛解读为布希家族成员意见不统一的信号。不久之后，阿道弗斯接受了英博那460亿美元的出价，并称自己认为布里托的承诺解除了他对公司股东权益的担忧。"这场合并其实与家族无关，"他说道，"它仅涉及股东利益的实现。"

而他最小的弟弟安德鲁也马上发表声明，表示自己坚决支持奥古斯特三世和四世。"我和他们一样坚信，当前的A-B董事会成员才是会真正维护公司股东权益的人，"他说道，"没有什么理由能令我相信，英博所建议的董事会成员能够对股东利益如此专注。"

阿道弗斯和安德鲁之间的紧张关系，起源于他们在佛罗里达共同经营的一家A-B分销公司，合伙人中还有彼得和比利，这家公司后来被卖掉了，兄弟四人也因此产生了嫌隙，但阿道弗斯和安德鲁之间的矛盾最严重，近几年来，两人都很少彼此交谈。布希家族的其他成员对收购一事充满了矛盾情绪，随着事态的发展，他们的心绪更加纷乱。

"当我最初听到卡洛斯·布里托的收购提请时[16]，我是反对它的。"比利·布希最近说道，"公司对我个人和我们家族而言都意义非凡，它既传承着我们的荣耀，也凝聚了我们家族的历史，我不愿意看到这一切化为泡影。我曾以为奥古斯特四世会振作起来，把公司运转得井井有条。然而，当我真正开始思量这件事后，不管我多么讨厌放弃公司，我的商业直觉告诉我，或许我们真的应该放手了。"

比利手中持有公司的大量股票，事实上，他的股票比其他兄妹的数量都要多，这或许也影响了他的态度。"我是唯一一个从未卖出股票的人，"他说道，"我想这或许是由于我还记得父亲在一生之中从未出售过自己的股票。"鉴于格兰特农场的孩子们每人继承40万股，后来股数又翻倍过，如果公司被英博收购，那么比利如今可以拿到1亿美元。

当时人们普遍认为，A-B董事会的最后一根救命稻草，就是收购墨西哥莫德洛（Grupo Modelo）公司那另一半尚未到手的股份，如果交易达成，那么A-B的整体市值会上涨100亿—150亿美元，这会令英博不堪重负。英博声称自己已融资400亿美元，大部分来自欧洲银行。但2008年的世界经济颓势已经迫在眉睫，融资只会愈发艰难。

然而，莫德洛这盘棋也并不好下。自1993年以来，A-B对这家企业的总投资超过16亿美元，逐步获得了52%的非控股股权。然而双方的合作却并不愉快，掌控这家墨西哥最大啤酒公司的5家墨西哥人，与奥古斯特三世从未融洽相处过。由于四世与41岁的莫德洛CEO卡洛斯·费尔南德斯关系不错，他和他的战略委员会便被委以说服对方接受并购的重任。四世将这项任务看作挽回自己的最后一个机会，据他的朋友们讲，他十分珍视这次机会，满心希望自己可以为圣路易斯人挽救安海斯－布希、股东，还有他的家族，就像祖父格西当年拯救圣路易斯红雀队那样。如果他成功了，那么他将成为这个故事中的英雄，而且不用担负王朝在他脚下崩塌的罪责，或许，还能赢回父亲那最后的尊重。

此后的几周里，四世和他的团队制定出一份合约，其中指出A-B将用150亿美元收购莫德洛其余48.5%的股份，而且卡洛斯·费尔南德斯将担任新公司——安海斯－布希－莫德洛的CEO。但A-B董事会对这个方案却充满争论，尽管众人都认为卡洛斯比四世更适合担任CEO，但他们不愿意在出钱买下这家公司之后，到头来还是由墨西哥人说了算。并且董事会认为这样一定会遭到股东们的诉讼，正如奥古斯特三世所言，"我可不想在和别人打官司中度过自己剩下的人生"。

"一天晚上，他们告诉他公司不准备与莫德洛合并了，而且有可能接受英博的收购，当时我在他家里。"四世的一位好友回忆说，"他听到这个消息后，彻底崩溃了。"

这场交易最终板上钉钉的原因，是布里托为避免A-B收购莫德洛之后，自己的算盘落空，将出价提高到每股70美元，因此总收购价上涨到520亿美元，如果交易完成，这将是美国商业历史上最大的一笔现金交易。总之，它令这场收购成为了难以抗拒的美餐。

11月8日，也就是在贝拉克·奥巴马当选总统的4天之后，安海斯-布希集团股东集体投票同意了英博的收购请求，公司放弃了自己的经营权和一半独立权，新公司定名为百威英博（ABI）。两天后，百威英博宣布解聘1400名雇员，其中1000名来自圣路易斯。两周之后，公司通知供应商们，按照英博的管理制度，他们所获报酬的支付期限延长到120天，而不再是A-B惯有的30天期限。

在此后的几个月中，百威英博摒弃了70多亿美元的资产，其中包括旗下运营的主题公园、布希花园和海底世界的布希娱乐公司。格西为满足自己的热情以及对异国鸟类的热爱而开拓的上述领地，最终以27亿美元的价格流入他人之手。巴西人还大幅削减了体育赛事赞助费用，比如在弗吉尼亚威廉斯堡举办的美国女子职业高尔夫锦标赛。他们还降低了对当地社区、组织的捐款金额，其中包括格西·布希最珍视的美国退伍军人协会。A-B的退休雇员组织原本多年来都可以到公司饮用免费啤酒和聚会，如今要自掏腰包获得这两项福利了。A-B的17位核心高管中，有14人离职，但他们中的大多数人囊获了极其庞大的财富。四世所获的报酬上涨到1亿美元，其中包括每月12万美元的咨询费，以及两名保镖的日常服务，为期3年。

与此同时，新任管理团队在公司内部宣布，从此之后员工的薪资将较市场水平降低20%；受薪雇员的养老金补偿计划将被冻结；办公室的垃圾箱将只在周一、周三和周五被清空；员工们的私人花草不再享受免费浇水；员工在出差期间不得再乘坐头等舱；黑莓手机的配给将会受到严格管控。管理层甚至还揪出一些员工作为负面典型，理由是他们支付的小费最多、出差期间居住了最昂贵的酒店，或者在乘坐出租车方面花销最高。

这种大范围压缩经营成本的方式严重挫伤了公司老员工的士气，他们曾经为自己能在圣路易斯最著名的企业工作而自豪。"如今我们就像在为一堆会计工作，还是那种最擅长精打细算的会计。"一位在此工作多年的老员工说道。对员工自豪感挫伤最严重的一件事，是"改装工作组"来到公司九层的高管办公室那天，这层楼的装饰风格非常优雅奢华，彰显出华贵和繁荣的氛围，告诉人们，在这里办公的都绝非等闲之辈。这栋办公楼是奥古斯特三世打造的，并按照自己的品味设计了装修风格。格西曾表扬他："这是一座很棒的建筑，儿子，你应该为自己感到骄傲。"可对于执着于压缩成本的卡洛斯·布里托来说，私人办公室听上去像是与时代错位的设施，过于奢侈，而且还会带来造成工作低效的风险。他的工作组很快拆毁了这里的一切，将其改造成一个敞开的工作间，办公桌鳞次栉比地排放着，让这里看上去更像一家刚获得首轮融资的初创企业，而不是创立于南北战争时期的百年老店。如果格西在世的时候看到这一切，他有可能被眼前的场景气死。《圣路易邮报》这样引述一名在公司任职 21 年的老员工对这场改装的评价："英博想要传达的意思是，如果你们不明白我们对成本削减有多认真，我们就让你们看看我们都能毁掉什么。"

然而，还有最后一记毁灭之锤在等待着他们。

第二十二章 "他们不只跌落云端"

2009年11月[1]，时隔近一年之后，奥古斯特四世才再次出现在佩斯特拉奇街酒厂里。他前来这里参加一场董事会议，然而，他在这桩庞大建筑的另一个入口进入，还请求安保人员让他走进祖父格西的老办公室。

这是一个奇怪的要求，不过保安其实认识他，所以也没有质疑他。在A-B被英博收购之前，格西在酒厂三层的办公室一切如故，一直完好地保存着。四世从未与祖父产生过亲密的感情，基本上源于自己父亲与格西十余年的嫌隙令他很少能够在家族中露面。从1975年到1989年格西去世，他很少见到祖父，甚至一次都没有去过格兰特农场。但在A-B工作的最后几年里，他却经常向家人表示自己对这位老人非常崇敬，曾有几次，他还得到格兰特农场的委托管理人——叔父阿道弗斯四世——的准许，在大房子里举办晚宴招待A-B高管和分销商。他父亲从未做过这些事情。

当保安指引他来到格西的办公室时，四世懊恼地发现房门没有上锁，而且里面已经空无一物。酒厂的新主人移走了格西的全部物件、家具和箱笼，把它们悉数运到了格兰特农场，如今这些物品都存放在大房子三层宴会厅的地板上，装在打包好的各种箱子和纸盒里。

四世让保安离开房间，他要自己一个人静一静。保安在门外等了15分钟，他越发感到不安，所以希望进去看看。但四世倚靠在房门上，不让他进来。"给我离开这里！"他喊道，"我很好，我在打电话！"当保安最后走进房间时，他发现这位前任CEO躺在地板上，看上去是一种情绪崩溃的状态（四世的一位好友称之为"恐慌症"）。四世挣扎着站起来，开始朝董事会会议室走去，边走边冲保安喊道："你不用跟着我，我知道怎么走！"这位曾担任过警官的保安后来回忆说，四世当时看上去形容憔悴，眼眶深陷，"就像一个瘾君子"。

四世的世界当时已经一片黑暗，他与凯特的婚姻早已走到终点。2008年11月，在A-B股东同意英博的收购请求后不久，他便发起了离婚诉讼，在文本陈词中他写道："我们已无法找到任何使这段婚姻继续维系的理由，因此它已无可挽回地彻底破裂。"法庭文件表明凯特曾签署过一份婚前协议，后来被一份财产协议书取代。"我们原本的相处就问题重重[2]，后来，并购的事情出现了，让一切变得彻底可怕。"凯特后来说道，"他拼尽全力想去阻止公司被收购，这件事令他非常焦虑痛苦，他认为自己让所有人都失望了。"

除继续担任董事会成员外，四世每月还有12万美元的咨询收入，百威英博希望他在新产品开发、市场方案、啤酒质量，以及公司与慈善机构的关系方面为新管理团队提供建议。但我们无从知晓他究竟是否履行了上述职责，他只参加过一次董事会。他从公众眼前彻底消失了，大部分时间待在自己的亨特莱别墅，或者他在奥扎克湖畔花费280万美元购置的新宅邸里。

据他的朋友们讲[3]，他当时出现了抑郁的症状，正在接受心理医生治疗，后者还让他服用了一些抗抑郁药物。他还通过一系列疯狂的挥霍为自己疗伤。他花费125万美元买来一架贝尔直升机，又拿出250万美元购置了一艘 55 英尺长的巡洋舰，并用自己的宠物獒犬 Waymo（"比你强很多——way more better than you"的缩写）的名字命名了它。他买下近 20 辆高端豪车，包括若干辆兰博基尼、克尔维特、法拉利、保时捷，一辆劳斯莱斯，以及一辆 50 万美元、600 马力的梅赛德斯 SLR，这辆车的车身由轻材质的碳纤维制成，时速可达 230 英里。他还花费数十万美元购买了各种枪支，大部分是半自动化的重型军事机枪，而不是狩猎用的来复枪，其中还包括几挺 50mm 口径的机关枪，其射程可达 1 英里以上。他甚至在亨特莱宅邸中专门建造了一间小房子，用来安放自己收藏的全部武器。据在《圣路易斯邮报》工作多年的八卦专栏记者杰里·伯杰所言，枪械屋中有一间设施齐全的浴室，以及一间 30 平方英尺的保险箱。

无论是在亨特莱别墅中，还是在奥扎克湖畔，四世都永远会集结一大群人马，与他的"伙计们"频频相聚，有时也会邀请他们的妻子和女朋友一同参加。然而狂欢宴饮和慷慨购物都没有填平他内心深处那个因失去公司所造成的空洞。在每次聚会上，他总会提起未能成功收购莫德洛公司的事情，总会提起他原本可以拯救公司，如果他父亲不是只考虑自己的利益，非要把公司卖掉的话。

当时曾经常参加聚会的一位常客辛辣地说道："他为自己感到非常难过，尽管他的账户上多了 1 亿美元。"

每当他必须在公开场合出现时，他总是穿着睡裤、T 恤，戴着深色墨镜和棒球帽，脚上穿着一双橙色的卡骆驰球鞋。"那是他经典的花花公子行头，"一位朋友说道，"他认为这样人们就无法认出他了。"不过，当某天下午，他穿着这身衣服去买一辆新保时捷时，还是被人认了出来。某天清晨，他以这副模样出现在一家西部小郡赌场时，也没有逃过人们的眼睛。

到了 2009 年秋天，朋友和家人们都发现了他外表和行为方面的异样。"家族中的每个人都知道那是怎么回事，"四世的一位朋友说道，"当他们家的某个成员出现有辱名声的行为时，他们只想忽视它，刻意否认它，或者干脆不谈论它。但史蒂夫·巴格韦尔站了出来，召集大家跟他谈谈。"

巴格韦尔是 A-B 的国际业务副总裁，他和四世自高中时期起就是好友。他对自己的老板非常忠诚，但他并不是"常年陪他狂欢滥饮的那群人之一"，公司雇员们说道。在巴格韦尔的帮助下，四世的母亲苏珊和他的妹妹苏珊·布希·桑索，试着为他在奥扎克湖别墅安排了一次劝诫谈话。参与者还有罗恩·巴克尔，以及四世的另一位富可敌国的好友、佛罗里达酒店业老板、名模艾拉·麦克弗森的男友杰弗里·索夫。两人都是乘自己的私人直升机来到了密苏里州。当一行人在四世家中与他当面交谈时，他坦承自己最近确实非常依赖酒精、可卡因、氧可酮和抗抑郁药物。他向他们承诺，自己一回到圣路易斯，整理好自己的生活后就会接受相关治疗，然而后来他却并未履行诺言。

2009 年圣诞节之际，四世开始与一位名叫艾德丽安·马丁的女子交往，他在市中心臭名昭著的卢尔舞蹈俱乐部结识了这位 26 岁的离异女性，她在那里做服务生。艾德丽安的容貌颇有异域风情，有着榛棕色的眼睛和一头黑发，特别喜欢穿紧身束腿裤。她自己在密苏里州的圣查尔斯市有一间公寓，但她当时大部分时间生活在四世的亨特莱别墅中，她 8 岁的儿子也和两人生活在一起。

据四世的朋友、雇员和宅邸的那些常客们所述，马丁很快和四世一样沉浸在毒品中，两人的举止令宅邸的雇员们非常害怕。四世自那时起就不仅仅在武器屋里摆弄枪支了，主宅里也到处都是他那些收藏品。"他的房子里到处都能看到枪，每张桌子上都有。"经常出入他房子的一个人说道，"在一张咖啡桌上，放着无数把枪，以至于你都没法看到桌面了。单是他的卧室中就有 100 支枪。"

四世的收藏武器中还有一支泰瑟枪*，它还造成了一次紧急的急诊室治疗事件，因为艾德丽安无意间被射伤，飞镖刺穿了她的右手的食指。四世对朋友们说她无意中射伤了自己，但他们无法确定究竟是谁扣动了扳机。因为他本人经常在房中开火，据见证过这次事故并与他就此交流的三个人，以及他宅邸的雇员们回忆说。"他至少在房子里开过5次枪。"一位朋友说道。一次，他朝书架开了枪；另一次，他朝自己卧室的墙壁连射了三四枪。"他曾在厨房扣动一挺重型猎枪的扳机，子弹直接射穿了墙壁。"据房子的一位常客回忆说。还有一次，"他以为有人在跟踪自己，把整支手枪里的子弹都射光了"。

在湖边别墅里，情形也大同小异。他在宅邸近旁的树林中安置了数个"游戏"摄像机，就像在亨特莱别墅周围安置的那些摄像机一样，这样一来他就可以在宅中的监视器上看到任何靠近房子的人。朋友们说他越发偏执，而且出现了明显的妄想症状。据一位友人说，"他经常坐在那里，眼睛直直地盯着监视屏，并发誓说树林中有人在监视他。"还有一位则说："他说他看见自己周围有蓝色的头颅在漂浮着。"在厨房的工作台下方，他还放置了一支霰弹猎枪，他喜欢在藏枪的位置前坐着。这支枪的枪口朝向厨房房门，那里也是主要的送货入口。

有一天，他似乎被社区里某处吹叶机的声音惹得很烦，他披上一件防弹背心，戴上头盔，抓起几支武器，卷起它们踏上了自己的摩托车，朝发出噪音的地点驶去。值得庆幸的是，那个"肇事者"在他抵达那里前就已经离开了。

除四世的疯狂举动和满屋的枪支之外，人们更担心的是艾德丽安年幼的儿子布莱克。"我曾给A-B的安保部门打电话，提醒他们应该做些

---

* 一种能够发射带电"飞镖"的枪械，被击中者会因"电休克"而导致其神经系统暂时受损并暂时失去行动能力。

什么，不能让这么小的孩子在一间存放着数百支枪械的房子里出现，"四世的一位友人说道，"而他们则说，他们对基本情况已经有所了解，很快就会前来处理。"

最后是四世的管家对此事付诸了行动。2010年2月的一天清晨，她来到宅邸后发现这个小男孩无人看管地自行在满是武器的房中玩耍，而她的老板和艾德丽安此时正在他那堡垒一样的卧室中睡觉。她立即给四世身在佛罗里达的妹妹苏珊·布希·桑索打了电话，把情况全部告知了她。苏珊和她的母亲很快做出了应对，他们给密苏里州社会服务部的儿童中心打了电话，后者迅速派出一位社会工作者前往亨特莱别墅，同行的还有一位当地警官。在这位工作者与四世交谈之后，四世承诺将武器全部存放在安全的位置，但社会服务部却并未采取进一步措施保护那个孩子。

在随后的几天里，据别墅雇员们反映，四世的狂躁症和偏执症愈发严重了，他总是大汗淋漓地四处走动，身上带着好几支武器，并威胁说自己一定要找出是谁给社会部门打了电话。他的家人立即向圣路易斯郡巡回法庭提请对他进行强制监禁，并接受治疗。在几位证人对他"每天24小时行为"的笔述陈词中，法庭获知了他非法吸食毒品的情况，了解到他的妄想和偏执症状，以及房中武器的那些事情。法庭判定，他的行为很可能对自己和他人构成严重威胁，因此向警署颁发逮捕令，对四世进行监禁，并送他到相关医疗机构进行强制治疗。

执行命令的任务落在了弗兰特纳克区警署的头上，后者保卫着亨特莱135户普通家庭，以及334户富有家庭的安危。警员们获知四世很可能有吸食毒品的问题，经常随身携带武器，并且患有妄想症。而且他通过房中的监视器能够看到任何按响他门铃的人。因此他们只能用迂回的方式进入他的房子，避免直接令他警觉。警员们还特意查看了四世别墅的平面图，并且得到提醒，一旦他冲回自己那壁垒森严的卧室，他们就得准备进行长期围攻了。

因此，警官们想出一个擒拿他的策略。他们打算派几天前与四世交谈过的那位社会工作者和警官到林德伯格大街他的房门前按响门铃，说他们只是过来进行一下后续走访。此时十几位警官和一组医疗人员将会特意待在摄像头覆盖不到的地方。当四世与社会工作人员和那位警官开始交谈后，其他人将偷偷跟上来，将他逮捕。

2010年2月11日，星期四，中午时分，一组黑色的SUV驶达了林德伯格大街，并看上去很随意地停在了街边。那位社会工作者前去按响了四世宅邸的门铃。圣路易斯警务部门派来的一支战术小组和一位人质谈判专家在1英里外的弗兰特纳克广场购物中心里等待着，以防这场突袭逮捕出现意外。

不过，计划执行得非常完美。穿着浴袍，身揣5件武器的四世并没有进行任何抵抗。他被手铐铐起，随后被带进了圣约翰医院。在那里，他们为他安排的登记姓名是山姆·斯通，那是约翰·普莱恩一首老歌中的主角，一位从越南战场归来的士兵，后来深陷毒品之中，并因吸食过量而身亡。

在把四世抓去戒毒之后，他的家人开始来到他的房子里，清理他的烂摊子。他们让艾德丽安·马丁收拾好自己的行李。"当天他们就让她离开了房子。"四世的一位朋友说道。布希一家雇用了一队人员前往房中搜找全部武器，并将其分类。据参与此事的一个人回忆，他们找到了将近900支武器，以及大量的弹药，它们装满了抽屉和木桶。四世的床底下，放置着30—40支上膛的冲锋枪，几支半自动手枪还被吸铁石固定在他的床头板上。他们还找到一支催泪瓦斯枪，枪上有一些橙色的残渣，这证明有人在房子里使用过它。

据四世的朋友们说，在圣约翰医院度过9天之后，四世被用私人专机送往了凤凰城一家康复治疗中心。在媒体方面，这出轰轰烈烈的大戏仅在杰里·伯杰的在线八卦专栏上有所提及，3月8日，他发表了一段极其简略的消息——《布希接受康复治疗》，正文仅有一句话："据布希家族某成员透露，奥古斯特·布希四世目前已离开密苏里州进行康复疗养。"

朋友们还说四世在康复中心居住了21天，此后他的妹妹和妈妈前来探望他，他对她们表示，自己已经"完全康复"了，然后就离开了那里。回到圣路易斯后，他与那些曾经试图挽救他的人——他的母亲和妹妹、史蒂夫·巴格韦尔、罗恩·巴克尔和杰弗里·索夫都断了联系，又开始重蹈覆辙地过起了自己从前的生活。艾德丽安·马丁和她的儿子又搬回了亨特莱别墅，从前的各种派对活动又全部恢复了。四世甚至把自己那些枪也搬回了房子里，事实上它们的存在竟然是合法的。看上去，过去数天来的一切似乎都没有发生，一切依然如故。

8个月后，也就是2010年11月18日深夜，四世多年来的好友及他在A-B的下属吉姆·斯普瑞克，与他的妻子米歇尔之间发生了严重的家庭纠纷，导致警察前往两人家中进行调节。警察们到达那里后，发现屋内有大量毒品，包括大麻、甲基苯丙胺，以及两大板伪装成我可舒适牌消食片的可卡因，其包装上的品牌名称和商标都如出一辙。警署的案件文件显示，米歇尔承认所有毒品都是她的，随后她被带到了警署。在那里，她说自己和丈夫，经常随同安海斯－布希的前任高管、现任高管，以及他们的妻子前往四世家中参加派对。事实上，当天晚上他们还去过他家。当警官们问她，那些伪装成消食片的可卡因是从哪里来的时，她回答说是奥古斯特四世把它们给了她。她还说四世的一位朋友、圣路易斯著名的商业人士制作了这些药片，以便他的朋友们被警察质询时，能够蒙混过关。米歇尔因私藏毒品被记录在案。四世那位制作消食片可卡因的友人，也被通报给了美国缉毒局（DEA）。

30天后[4]，即12月19日下午1:12，圣路易斯郡911中心接到亨特莱别墅打来的一个报警电话。

第二十二章 "他们不只跌落云端" | 309

"我们需要一辆救护车,地址是南林德伯格大街2832号。"报警人说道。

"好的,请问您那里是商业住宅,还是私人住宅?"

"私人住宅。"

"好的,请问发生了什么事情?"

"这个女孩昏迷了,而且我们无法让她醒过来。"

"她还有呼吸么?"

"我们不清楚,现在太黑了。我马上找一个手电看一看。"

"好的,我会派救护车马上过去。"

"好的,谢谢,再见。"

打电话的人名叫麦克·荣格,他是四世家中的一位雇员。那位不省人事的女孩就是艾德丽安·马丁,她当时已经死亡。

14分钟后,一组救护人员抵达了现场。他们发现艾德丽安仰身躺在四世的床上,她浑身衣装整齐(还穿着一件夹克衫),躺在床单上面。不久后,5位弗兰特纳克区警官和一位郡法医部门的调查员也赶到了现场,他们收集证物、询问问题,并进行相关记录。当时赶到现场的,还有一位律师阿瑟·马古利斯,他是圣路易斯最杰出的刑事案件辩护律师,同时也是奥古斯特四世的代理人。值得庆幸的是,艾德丽安的儿子布莱克不在那里,他当时正住在密苏里州斯普林菲尔德市的亲戚家里。

起初调查人员们认为艾德丽安的死因是吸食过量毒品[5],因为27岁的年轻女人很少在睡眠中自然死亡。但当艾德丽安的尸体被送往太平间,并接受法医检查时,他们的推断似乎成立了。法医在她夹克衫的右前口袋中发现了一根塑料吸管,"其上有一些残留的白色粉末"。警官们在四世床褥和弹簧床垫的缝隙中,也找到了一根类似的塑料吸管,上面同样有"残留的白色粉末"。然而,人们在房间中却没有发现可卡因的痕迹,只在梳妆台上发现了两个空药瓶,其中也有一些白色粉末。

警官们发现艾德丽安身上并无任何外伤，也没有任何迹象表明她在死前进行过挣扎。不过他们在报告中写道："整个房间极其混乱不堪。各种物品毫无规制地散落在四处……电子设备、电源线、电视机、远程遥控器、加德乐空瓶、两杯棕色液体、武器、子弹、收音机、扬声器、鞋子、一只手表、各种工具、手电筒的电池。"主卧的浴室中也四处堆放着类似的物件，在"洗手间"里，警官们还发现"门后有一支上膛的鸟枪，卷筒纸旁的挂钩上还悬挂着一支配有加大弹匣的格洛克手枪"。

詹姆斯·福特警官希望与奥古斯特四世当面谈谈，四世的律师马古利斯告诉他，自己同意自己的当事人发表一份声明，但他能够回答的问题非常有限。根据福特警官的报告，四世在与他交谈期间只是简要地回顾了一下事件发生前18个小时的事情：在别墅中与艾德丽安一同用过晚餐后，他在晚上6点就上床睡觉了，不过她却没有。凌晨两点左右，他醒了一次，当时她依然没有睡觉。他让她快点回到卧室睡觉，然后自己又回去休息了。当他在周日中午12:30醒来时，发现她在床上躺着，看上去正在沉睡。他到厨房为两人做了一份蛋白奶昔，大约在下午1点钟回到了卧室，他试着叫醒她，但她始终没有醒来。他于是叫麦克·荣格到卧室中来，两个人一起试着叫醒她，他们摇晃她，拍打她的脸部，最后，两人决定给911打电话。福特警官问四世，他是否知道艾德丽安在吸毒时，他回答说没有。

尽管种种迹象都暗示艾德丽安的死亡与吸食毒品有关，但弗兰特纳克区警署却并未获得搜查令，无法对房间的其他部分进行详细检查，或者采集四世的血液和尿液样本，以便了解他在前一晚是否吸食毒品。通过他们在2月获准执行的搜查，他们没有理由相信他有。

第二天，即12月20日，福特警官和马特·布龙警官观看了圣路易斯郡助理验尸官迈克尔·格雷厄姆博士进行的尸检。格雷厄姆很快发现，艾德丽安鼻孔的膈膜处有一个小孔。他将一件手术工具插入艾德丽安的鼻孔,这件工具穿过鼻膈膜处的小孔,伸到了另一只鼻孔里。"长期吸食麻醉药剂"就会造成这样的现象,格雷厄姆博士说道。在这次尸检中,这是唯一的发现,却也与死因无关。最终只能由毒理学报告来说明真相了,但这还需要4—6周的时间。

直到艾德丽安死去4天后,即12月23日[6],弗兰特纳克区警署才向公众公布了此事,而他们也仅仅是因为有一位《圣路易斯邮报》的记者打电话前来询问后才公布的。当记者问起,警署为何时隔这么久才公开消息时,警长汤姆·贝克就事论事地说,警署是在获得地方检察官批准,并受到媒体的询问后,第一时间公布消息。这话暗含的意思就是,如果不是这里有一位过于野心勃勃的记者,一位年轻女子死在本市最声名远扬的"花花公子"床上这件事,可能永远都不会被公之于众。

使情形更糟的是,警署在首份新闻发布稿中,居然把艾德丽安尸体的发现时间写成了周六,这令事发日期和消息公开日期之间的间隔进一步扩大了。警署很快改正了这个错误,然而此事还是令人们感到,警方在刻意维护布希家族。可想而知,将此事隐匿于世的最大受益者是谁呢? 的确,警署最初并没有说明艾德丽安死亡时奥古斯特四世是否在房中。圣诞前夕,《圣路易斯邮报》在报道中指出了更多疑点,比如,从艾德丽安被发现不省人事到通报911寻求救助,时隔竟有42分钟,这份报道所述的情况[7],是基于法医办公室的报告,其中内容与福特警官的报告有所差异,法医报告指出艾德丽安的死亡时间应该是下午1点,不过这一点并未公之于众。

"我们可以明确地告诉大家,艾德丽安的死因毫无可疑之处,"四世的律师阿瑟·马古利斯说道,"这是一场悲剧,一位年轻人过早地离开了我们。顺便说一句,她是一个很好的人。"

这篇报道一发表,便造成了满城风雨,使得满世界都在谈论此事。只要在百威所售之处,人们难免不会想起四世的故事,他们纷纷谈论着这位英俊潇洒、酷爱派对、总与年轻女子死亡牵扯不清的啤酒家族长子。

在所有报道中，艾德丽安都被描述为[8]：她是密苏里一个小镇上的姑娘，在高中毕业当年就匆匆结婚，而且在那一年有了孩子。作为一个单身母亲，她通过在猫头鹰餐厅担任服务员养家。她是一个充满大胆梦想的人，曾参加过泳装竞赛、选美比赛，而且在某模特网站上发布过自己那充满魅力的性感照片。据称，她正在学习成为一名"艺术治疗师"，并且"希望自己能够帮助孩子们"。

"我真的希望有一天自己可以做啤酒广告！"她还说道，"尽管我才刚刚起步，但我已经在迫不及待地憧憬着未来的辉煌了。"

"我从未见过艾德丽安如照片上的样子，"四世的一位友人惊讶地表示，"她平时看起来就像一个瘾君子的石像，总是坐在沙发上，几乎无法说话。"

在另一篇悲伤的补充报道中，艾德丽安的死也让米歇尔·弗雷德里克的名字重新出现在了媒体的聚光灯下。27年前，米歇尔的死在数千篇新闻报道中，总是被冷嘲热讽，她短暂的一生被迫浓缩进一个词里——"女招待"。

这个故事此后还出现了出人意料的转折点[9]，艾德丽安的前夫通告媒体和法医办公室称，她的死因或许与一种罕见的心脏病有关，而且只有他了解她的病情。这位名叫凯文·马丁的男士是一位45岁的整骨理疗师，居住在密苏里州开普吉拉多市。据他所述，他和艾德丽安尚未离婚时，曾经有一次她到他的办公室来，待了数小时后，她注意到了房间里的心电图仪器，并让他给她做一下测试，因为自己想看看"它是怎样工作的"。马丁说心电图结果显示，艾德丽安可能患有一种叫作"QT间期延长综合征"的先天性心脏病，这种疾病会影响她的心电规律，并可能导致昏厥、急性发作，甚至是瞬间死亡。马丁医生说自己曾建议艾德丽安找心脏病专家接受治疗,但他不认为她此后接受了他的建议,同时,他也没有保留那份心电图的副本。他还说,自己的前妻最近感到非常疲惫,无法入睡。她跟我打电话说的最后事情之一,就是"我已经三天没有睡觉了;我真的快要累死了"。

法医办公室否定了马丁的心脏病说法,因为他无法提供任何证据说明这一点。但媒体却没有放过这件事,有关它的报道也开始见诸报刊,比如《死在布希家中的女子患有心脏病》。而马丁医生又是一位特别喜欢与媒体聊天的人,他对他们说,他和艾德丽安都"特别喜欢奥古斯特,他是一个好人"。在与福特警官和布龙警官进行记录谈话时,马丁医生还表示,自己和奥古斯特四世"关系非常友好,就像亲兄弟一样"。他还说自己昨天晚上曾带着儿子去亨特莱别墅探望过他,四世当时看上去极其沮丧,他说"发生在这个亚利桑那姑娘身上的悲剧,是上帝对他的一种惩罚"。

马丁医生还说艾德丽安死后不久,四世就用她的手机给自己打了电话。他认为自己的前妻最近作息时间很怪,而且在她死前的几周里,自己很难联系上她。不过如果最终官方证实艾德丽安确实曾吸食毒品,他会感到"无比震惊"。

马丁的突然出现还引发了当地媒体后续发表的数篇报道[10],它们看上去更像是为四世洗白所发表的刻意文章。《据女友的母亲所述,奥古斯特·布希四世与她的死因无关》,这是一篇来自《圣路易斯邮报》的文章,不过文中并没有引述该名女子的话。这篇文章取材自圣路易斯电视台 KSDK 对艾德丽安母亲克里斯蒂娜·特兰普勒的访问,这位女士来自密苏里州奥扎克湖区,报社深知,这次访谈将是她"唯一的采访记录"。

特兰普勒夫人坦承,自己的女儿一直在服用曲唑酮,一种主要用于治疗抑郁症和焦虑症的处方药,但有时也用于失眠和戒毒治疗。"她睡不着觉的时候就会服用曲唑酮,直到她死后,我才得知最近她的医生为她加大了剂量，这是我能想到的造成她死亡的唯一原因了。"她还说在艾德丽安生命中的最后一天，奥古斯特四世曾带她乘坐了直升机，那是艾德里安有生以来第一次坐直升机，还向她发送了他们在机舱里的照片。

这位悲痛的母亲显然只想说自己女儿最后一个男友的好话，尽管她也承认自己从未见过他。"我们现在每天都要打电话交谈，因为我认为只有他能够理解我所承受的痛苦。"看上去，她从这些谈话中收获了许多，"奥古斯特的优点正是艾德丽安的缺点，而艾德丽安的优点也刚好是奥古斯特的缺点，所以他们是完美互补的一对。"

在美联社圣路易斯分社一位通讯员所撰写的传播极广的文章中[11]，人们惊讶地发现与四世有关的另外三个女人竟然依旧对他持有很高的评价，她们是他的前妻、前岳母和前未婚妻。

美联社在撰文中写道："通过对几位同意谈论奥古斯特四世的人士进行采访，我们发现，他其实是一个很有追求和斗志的人，只是在每次命运的转折点，他都遭遇了严重的挫伤。他生活的隐秘属性，以及总是伴随着他的那些流言蜚语，令人以为他就是一个派对公子，这一切掩盖了他的本性，其实他远比人们以为的要勤奋、谦卑和努力——据他的前岳母南希·撒切尔女士所述。"然而这篇报道中却没有直接引述南希夫人的任何话语，文中倒是出现了她女儿、曾经的布希夫人凯特的话语，她说，A-B就是"他的生命，他在世上所熟知的一切都与它有关……我认为他一直在想办法证明自己。他希望这一切能够融入他的生命，然而一夜之间，一切都成为了泡影"。作为一篇奉承之文，报道同样引述了曾在1991年与四世订婚的朱迪·布希米勒的评论："我不希望任何糟糕的事情发生在他身上，他是一个很好的人，人们真的误解了他。"

这场充满怜惜之情的情感大剧最终的收场来自《圣路易斯邮报》八卦专栏记者德布·彼得斯对四世进行的一次采访。在访谈中，布希先生说:"我深爱着这个姑娘[12],心里的每个角落都有她的影子……这是我所经历过的最悲伤的一件事……过去两年里,我经历了一些极其令人痛苦难挨的事情,而她一直陪在我身边……她是我这几年里唯一交往的女孩,和她在一起时,我不愿再与其他女人暗中来往。你知道,像我这样名声不好的单身汉总是希望跟很多女人在一起,但我没有这样对艾德丽安。"(这最后一句如此怪异,如此不适于在众人面前抒发的忏悔,还使得当地的一家电视台在播放采访中的这部分时,将画面刻意暂停了几秒钟。)

彼得斯报道称,四世说他自己还"爱上了"艾德丽安的儿子。"我在人生之前的岁月里,从未和孩子们长期相处过。"他说道,"孩子们不在乎你是谁或者你拥有什么,他们只会接受真实的你。"

四世还说自己与艾德丽安的母亲每天都要通几个小时的电话。"这是唯一一件让我感觉好一些的事情。"他还坦承,自己和父亲又开始交谈了。

"'我爱您,'我这样对父亲说,'我从心底里深爱着您。'"他说自己的父亲和蔼地跟他交流了一段时间,并建议他去接受创伤恢复咨询。"我不清楚私人咨询师是否能解决我的问题,还是需要寻求其他帮助。但我一定会想办法振作起来,不让这件事将我击垮。"

这显然是一场缺乏尖锐问题的访问。彼得斯有没有向四世询问起他与艾德丽安是否一同吸食毒品,我们无从知晓。报道文章中最接近这个问题的一段话,仅仅提到四世承认自己在2010年接受过抑郁症治疗,以及"其他问题的康复治疗",对于后者,"他不愿详细阐述",彼得斯在自己的文章中写道。

在另一篇作为独家新闻的报道中,报社将四世比作"一个仅打了几轮比赛,就被迫早早离开棒球场的人,如今还在思考'如若不然'会是怎样"[13]。文章在结尾处引述了四世对孩子们的那句评价——"只会接受真实的你"，并补充了一句，"似乎布希四世在他的人生中除此之外别无他求"。

这次采访也成为了四世针对事件的最后一次发言。一周后，阿瑟·马古利斯律师主动联系詹姆斯·福特警官，告知对方自己已经建议自己的当事人不要再就艾德丽安的死公开发表任何言论。

案件的毒理学报告终于在2月9日被公布了：艾德丽安·马丁死于过量摄入氧可酮。在翌日的新闻发布会上，弗兰特纳克区警长汤姆·贝克和圣路易斯郡检察官罗伯特·麦卡洛克还宣布，从她的尸体中还检查出剂量足以致人死命的可卡因。事实上，化验报告显示她在死亡前1小时服食过可卡因，6小时前服食过氧可酮。警方在四世卧室梳妆台的空药瓶中检测出了毒品的残余剂量，并在卧室床垫下的塑料吸管里发现了可卡因的粉末。这表明，或者是艾德丽安吸食了最后一部分可卡因，然后躺下睡觉并死去；或者，是其他人在医护人员抵达现场前清理了所有剩余的毒品。

麦卡洛克检察官发现自己显然是遇到了棘手的难题，因为他发现案件中发现的"氧可酮和可卡因都没有处方，这些药物又不会自己从天而降"。但由于艾德丽安很明显是"死于过量摄入药物"，从而使案件与谋杀动因无关，而且奥古斯特四世还拒绝配合调查，因此，"这些东西到底来自何方就成了永恒的谜团"。麦卡洛克检察官说道。所以最终，四世也没有受到任何指控。

四世的律师阿瑟·马古利斯在记者面前洋洋得意地进行了总结发言："如果诸位回想一下去年12月的事情，那么你们或许还记得我们曾发表声明称这是一场真正的悲剧。现在看来它的确如此。在那份声明中，我们同样表示过，在这一案件中，死者的死亡原因是毫无疑点的。如今，我认为一切已经更加明晰了，在我看来，这个案子至此已经画上了句号。"

然而在圣路易斯和其他地方，人们普遍认为奥古斯特四世又一次成功地逃脱了法律责任，得益于他的姓氏和他的财富，他令自己免除了应受的追责，如果换作势力和财富没有他这般显赫的人，那么案件的结局显然不会如此。对于检察官放弃继续追查案件的行为，在所有不满和焦虑的人中，艾德丽安的父亲，这位居住在密苏里州斯普林菲尔德市的乔治·"拉里"·伊比·马丁显然情绪最为激动。他对《纽约时报》说自己"绝不会停止"寻找女儿真正的死因。"布希先生还不认识我，但当我办完这件事那天，他会的。"

3月29日，百威英博发布了一份并不令人意外的声明，称奥古斯特四世已拒绝参加4月的董事会选举，并因为"个人事务和自身健康的原因"，决定从此离开公司。

两天后，凯文·马丁医生代表自己的儿子布莱克向奥古斯特四世发起了疏忽致死的指控，称四世因自己的粗心和疏忽，间接造成了艾德丽安的死亡，不过对于具体情形如何，他在指控中没有说明。奇怪的是，四世在两天后就给予了回应，他否认了对于自己粗心和疏忽大意的指责，但同意将此案的审理从圣路易斯转移到开普吉拉多市，也就是马丁和布莱克生活的地方。法律专家从两人的行为上嗅出了这对"兄弟情谊"之间的交易行为。根据密苏里州法律规定，每个家庭在每次案件中仅能提出一次起诉。马丁这急匆匆跑向法庭的行为无异于是在为四世救火，由此一来，他们就阻止了艾德丽安的父母单独进行起诉。四世很快便同意用150万美元补偿原告，但并未承认自己对案件应付任何责任，而凯文·马丁也迅速同意了这种解决方式。但在法官做出裁决前，艾德丽安的父母也采取了行动。在杰出的纽约诉讼律师约翰·Q. 凯利的帮助下，艾德丽安的母亲发起诉讼，称鉴于马丁和奥古斯特四世的私人关系，不应该由他代表自己的外孙发起指控。她还对马丁是否胜任监护人的职责提出了质疑，并且称四世在"艾德丽安毫不知情，或并未同意的情况下"，给她提供了非法药品。凯利这样大名鼎鼎的律师居然愿为密苏里奥扎克这种小地方的当事人进行辩护，这令人感到因为四世背后有着庞大的资源，所以150万美元对于一个在圣诞节前夕失去母亲的男孩来说，确实不算是充足的补偿。法庭未能同意这种解决方式，因此艾德丽安的前男友、前夫和离异的父母依然在就她年幼的儿子究竟应该获得多少赔偿金、究竟应该由谁来监护而争论不休。

2012年春天的一个工作日下午，奥古斯特四世与一位男性友人出现在了圣路易斯西郡的山姆俱乐部里。在结账时，他引起了其他几位购物者的瞩目。如今他穿着松垮的牛仔裤、腰腹臃肿，上身是一件白色T恤，脚下依然穿着卡洛驰运动鞋，和以往的那位风度翩翩、英俊潇洒的安海斯-布希总裁相去甚远，如今人们已经很难认出他了。他的体重明显增加了许多，头发也是染过的，看上去他像是受到了某些东西的影响。收银员嬉笑着对他说："嘿，我们听说过你的事。""但我敢肯定那些全不是好事。"他回答了一句。随后他让好友结了账，他采购的东西都是日用品，数量简直能装下一辆马车。当他的朋友也离开商店后，收银员对队列中的下一位顾客说："你知道他是谁么？"对方肯定地点了点头。收银员又说了一句："他每次到这里来时都是那个样子，这世界对他来说一定是个模糊的地方。"

据几位依然同他保持来往的人所讲，奥古斯特四世如今的生活已不是很多人会憧憬的那种了。自从艾德丽安·马丁死后，他的"伙计们"都不再去他家里了。他的私人保安服务也已经终结。房中的雇员如今只剩下一两个人，其他人不是被赶走，就是被辞退。无论他对外人如何描述过自己的父子关系，实际上他和他的父亲早已不再交谈。他依然常常提起奥古斯特三世，但是他也清楚，自己或许是父亲人生中最大的失望。正如A-B的一位前高管所言，"奥古斯特三世对四世唯一的期望就是成就，然而他从未实现过自己的愿望"。

在公司被英博收购后，奥古斯特三世从公众面前消失了一段时间，不过最近，他开始频繁活跃于一些慈善和政治活动，包括 2012 年的总统大选。此外，他还准备在车叶草农场建起一栋造价高达 1000 万美元的新住宅。据家人和朋友们说，他同自己的另外三个子女——苏珊、史蒂夫和维吉利亚——依然保持着很好的关系，但他很少提起奥古斯特四世，而且没有人会期待从他那里获得有关这个故事的只言片语。

至于四世，据他如今仅有的几位朋友说，他的"情形"更加恶化了。

据他的一位老友所言，"时至今日，奥古斯特对他的家族、他的雇员已经没有任何敬意，他对自己也毫无半点尊重了。我感觉他可能会死。事实上，他无异于已经死去了。他不在乎这些，他其实拥有整个世界，但自己却不以为然"。

另一位陪他饱受折磨的朋友说道："我经常在深夜陪在他身边，以防他被自己的呕吐物噎死。他是否会死，我已经不在意了，那样对他来说也是种解脱。我只是不想再听到任何其他人的死讯。"

后记

一个美国梦

  1975年8月的一天，格西·布希坐在格兰特农场大房子的枪械室里，与三位《圣路易斯邮报》记者聊起了种种往事。那天的天气非常酷热，然而这个房间却如石屋般凉爽舒适。格西向三位记者兴致勃勃地讲起了过去数十年里，这个"美国最富于活力、最为多姿多彩的伟大家族"（《生活》杂志）所发生的种种有趣故事。

  几位记者正在筹划撰写一系列关于老人精彩人生以及他生活时代的报道，其主题是"冬日之狮"。阿尔·弗雷斯曼也在场，帮助格西捡拾记忆，并且帮他把好口风，以免老人口无遮拦，或把最近奥古斯特三世在公司策反的事情泄露出来。特鲁迪不时走进房间，看看每个人是否都舒适，并在她认为有必要时加入谈话。

  这个房间本身就是一座美国历史博物馆。房中陈列着蒂芙尼台灯和雷明顿的雕塑；杜鲁门总统、约翰逊总统，以及肯尼迪总统与格西的签名合影；红雀队的世界冠军奖杯；几只雕刻花纹的古典来复枪，其中包括一支温彻斯特30 mm口径手动来复枪，它的历史可以追溯到美国先民在北美大草原上捕猎野牛的时代；这里甚至还有一对精美的北美候鸽标本，装在一只玻璃箱里，这种鸟类如今已经灭绝了。

在这些充满回忆的物件包围下，格西讲起了自己"亲爱的爷爷"阿道弗斯，说他很小的时候，爷爷就让他抽烟和喝威士忌了。还有自己"亲爱的爸爸"奥古斯特·A，他在禁酒时期和大萧条的年月里，过度操劳，耗损了自己的健康。他谈论起格兰特农场、布希花园、克莱兹代尔马和红雀队，谈论起柯特·弗洛德和史蒂夫·卡尔顿，以及他在特鲁迪父亲的瑞士餐馆中第一次遇见她时的情景。但他还是无法谈论克里斯蒂娜的事情。当这场悲剧事故的话题被提及时，他陷入了沉默，他的面容充满痛苦，眼神呆滞地注视着房间的一角。"这个悲剧是命中注定的，"特鲁迪说道，随后将自己的手放在了格西手上，他此时正在挣扎着平复情绪。"如果事情早一秒或晚一秒发生，她都不会死，所以这是上天安排的悲剧，但这件事也让我们更加坚强了。"

当他恢复平静后，格西又讲到自己如今的净资产约有两亿美元，对于自己这76年来的人生，他如此总结道："该死，我还想重新这样活一回！"

采访过程中间被打断，21岁的阿道弗斯四世为几人搬来几瓶12盎司的百威瓶装啤酒。格西平日里特别喜欢向外人讲解自己的啤酒法典：比如，倒啤酒时，酒瓶要朝向杯子的中心，而不是杯壁。他还常常像阅读《圣经》一样为人们朗读百威商标上的那句："据我们所知，没有哪家酿酒公司同我们一样，在酿造啤酒的过程中投入了这样多的成本和时间。我们独创的山毛榉木发酵工艺会为您带来与众不同的醇厚、润滑口感。"

然而这一次，他没有像往常那样耍起那些老把戏，他举起自己那盛有半杯啤酒的酒杯，轻吻了它一下，然后说道："先生们，这就是美国梦。"

2012年3月，关注百威英博年报的记者们发现，CEO卡洛斯·布里托和其他约40位高管当年将获得高达15.7亿美元的股权分红。布里托个人的分红就超过1.8亿美元——他共持有320万份股票，每股股价为10.52美元。

这些数字是惊人的。当英博在2008年收购安海斯-布希时，17位A-B高管因所持股票获得了超过10亿美元的收益，不过，他们中的大部分人，是在多年来为公司奋斗的历程中，逐步累积了相应的股份，而且这笔金额中2/3的部分都被三个在这里工作几十年的人揽走了，他们是奥古斯特三世（工作48年，收益4.273亿美元）、帕特里克·斯托克斯（工作39年，收益1.609亿美元）、奥古斯特四世（工作21年，收益9130万美元）。然而在百威英博如今获得股权收益的高管中，只有少数人曾在收购前任职于A-B。

更令人惊讶的是，上述股份红利居然并非来自攀升的产品销量或市场份额，而是来源于被公司称为"去杠杆化"的资产清理工程，或者说为收购A-B所借的贷款还债的工作。自2008年来，公司为自己偿付了200多亿美元的债务，将总预算由566亿美元降低到347亿美元——这是通过卖掉中欧、韩国和中国的非核心业务（例如A-B主题公园），以及大幅削减圣路易斯分部那庞大的预算基数实现的。

但是在百威英博的比利时总部里，普通员工却纷纷抱怨公司为节约预算，连设备的维修和预防性保养都省去了，员工发言人更是对高管们那天价的股票分红表示出强烈的愤慨。"百威英博的普通工人要等4500年才能拿到布里托的分红。"一位工会官员抱怨说。"没人应该受此待遇，"一位左翼政治家说道，随后加了一句，"提供最多股票分红的公司未必是最好的公司。"令人匪夷所思的是，公司的圣路易斯分部里居然无人对分红一事义愤填膺，而圣路易斯分部此前因公司的人力成本压缩计划损失惨重，失去了近2000个工作岗位。

在执掌全球最大的啤酒集团近4年之后，布里托和他的管理团队向世人证明了：他们最擅长的事情就是收购企业和砍削预算，而不是卖啤酒，至少在美国市场确实如此。2011年，公司在美国市场的总生产量下跌超过3个百分点。十几年来，公司在美国市场的销量首次低于1亿桶，而且百威英博在美国的市场占有率也下滑到了47%。继2008年下跌10个百分点和2010年下跌7个百分点之后，百威啤酒的销量在2011年又下滑了4.6个百分点。

2012年7月，公司向外界宣布，他们正着手以201亿美元的价格收购墨西哥莫德洛酿酒公司剩余的那48%的控股权，或者以比2008年奥古斯特及其团队与莫德洛洽谈的收购价格高出近50亿美元的金额收购。收购完成后，新组建的公司预期年销售额可达470亿美元，并将在24个国家内雇佣15万名员工，公司旗下将运营近300个啤酒品牌，啤酒总年产量高达3.5亿桶。在就本次收购进行的某次采访中，卡洛斯·布里托将这个新公司称为"集成多种品牌的企业"。

在当年7月，百威英博透露自己将成为在圣路易斯筹建多时的棒球主题商业公园的首批承租者之一，那里毗邻布希体育场。公司已用百威的品牌冠名了一所计划建设的工业规模餐厅，这家餐厅主推"地道纯正的德式菜肴"，其中还设有屋顶啤酒屋，可提供100种品牌的啤酒供顾客畅饮。（但基于可靠调查，《滨河时报》（*Riverfront Times*）则毫不留情地指出，公司实际上是用格西的名字、而不是"百威"命名了餐厅，而且他们还让女服务生身着紧身超短皮短裤套装）。

百威英博曾信誓旦旦地宣称，自己要将百威打造成为"第一个真正意义上的全球啤酒品牌"，但在布里托先生的执掌下，公司的这个旗舰品牌却在美国市场跌到了第三名的位置，并被库尔斯淡啤超越。百威淡啤依然是美国市场销量第一的啤酒品牌，因此也依然维持了世界啤酒之王的地位。不过，很明显新公司的管理层不像A-B管理层那样，能够体察美国消费者的喜好和心绪。2012年，公司为超级碗赛事投放了5支商业广告，花费达 3000 万美元，但只有一支被列入了《今日美国》的前十位广告榜单，这一广告的主题是"我们出发！"，但其内容含糊不清，也没有精妙智慧的噱头。在广告画面中，人们只能看到一只名叫"我们出发"的狗，无论跑到那里，都会为人们叼来一瓶百威淡啤。此时公司还推出了另一个新产品——百威淡啤 Platinum，这是一个面向当代成年人群的产品，酒精含量稍高（6%），在超级碗系列广告中，公司为其制作的两支广告在赛事播出的 56 支广告中出现在了倒数十名的榜单中。

在收购刚刚完成的那些天里，有传言说热衷削减预算的巴西人可能也会对克莱兹代尔马下手。这听上去倒也合乎逻辑，这些重量达 2000 磅、只用来做表演的高头大马似乎与公司极尽简朴的风格过于格格不入。不过，最终克莱兹代尔马还是作为公司的宣传角色得以保留，只是它们的存在形式发生了一些改变。2008 年，百威英博将拥有 250 匹克莱兹代尔马的饲养场从圣路易斯搬到了密苏里布恩维尔市的一个农场里，这里距酒厂的圆形马厩近 140 英里，而且仅有几匹克莱兹代尔马被保留下来，用作观光表演。2010 年，公司取消了长达 76 年的免费克莱兹代尔马展示服务，此后，克莱兹代尔马在所有公众活动中的出场，都要收取 2000 美元 / 天的服务费。在 2012 年新年第一天，克莱兹代尔马 58 年来第一次没有在加州帕萨迪纳市的"玫瑰花车游行"中露面。在活动举行的 1 个月前，百威英博通知主办方："公司更希望投资其他赞助形式和相关活动，以增加消费者对啤酒本身的关注度……创造真正能够直接谈论百威品牌的空间。"

这个决定却让圣路易斯人坐立难安，因为过去那些年来，克莱兹代尔马在这场全国直播的花车游行中的露面，是圣路易斯人的一种骄傲。如今人们纷纷抱怨百威英博又给他们增添了一项损失，再次辱没了圣路易斯城的荣光。

在 2011 年的棒球世界大赛中，红雀队捧起了他们的第 11 座世界冠军奖杯,而克莱兹代尔马也再次出现在了人们面前。在第二场比赛开球前,它们沿市内的一条街道缓缓走进了新落成的布希体育场(2006年开放),围绕球场的警戒线,沿球场环形一圈,迎接现场观众的欢呼和呐喊。然而如今观众们的热情却不似以往那般高涨了,在这家俱乐部和这座酒厂属于私人家族的那些日子里,在这样的场景下,格西会射响霰弹枪,向人群挥手致意,而观众们会热血沸腾地起身回应他。参加2011年这场比赛的一些观众,或许还能回想起1980年代早期的时候,曾有一次,马车在球场转弯时车速过快,前两个车轮俯冲向空中,差点把格西老人甩出座椅。也就是在那天,奥古斯特三世下令取消了近一个世纪以来对工会工人在工作期间提供的免费啤酒。因为人们发现当天的马夫,一位卡车司机工会成员,在爬上红色啤酒车前显然喝了太多杯啤酒。

这样饶有趣味的故事如今在公司里销声匿迹了。《圣路易斯邮报》最近发表的一篇文章将公司如今的企业文化概括为:那群精明的"金融工程师"把赚钱和酿啤酒看得一样重,而高层领导在公司业绩方面的参照对象是宝洁和联合利华那些"卖肥皂和牙刷的零售企业"。报道中引用一位A-B前高管的话,将如今新的领导层描述为"强行在削减成本和为消费者兴趣和品牌文化投资之间做出了选择"。

与最近那"去杠杆化"带来的股息红利相比,2010年公司取消的一项成本开支就略显无情了。百威英博将面向当地一家慈善机构提供的捐款削减了80%,从15万美元降低到3万美元,这笔钱是用来帮助那些有精神和生理障碍的儿童。为了让自己的行为看上去美好一些,公司还发表声明表示,这样只是遵循公司的一种社会责任理念,即"向更少机构提供更多的捐赠,所以会造成一些机构获得的捐款数额减少"。这份传播极广的声明也仿佛是公司治理准则的集中展现,它完全取代了曾经那句"结交朋友就是我们的生意"。

这一切都是我们梦想的一部分——我们的愿景就是"在更好的世界上做最好的啤酒公司"。

无论百威英博做出怎样巧舌如簧的解说，公司的这些举动都着实不会令在其中工作的人感到自豪。诚如一位 A-B 前高管所说，这正是安海斯－布希成为百威英博后，彻底失去的东西。

"安海斯－布希就是有这样的独特之处，" 83 岁的安德鲁·斯坦霍布，这位曾为世界销量最广的啤酒——百威淡啤——设计并改良啤酒配方的老先生说道，"一旦你到那里工作，有一种情结就再也挥之不去。我记得自己刚刚退休时，离开 A-B 去管理米勒的杰克·麦克多诺打电话给我，请我去为他工作，担任酿酒部门的负责人。但我拒绝了，因为那样令我感到自己是个叛徒。"

"那里似乎有一种魔力，我们每个人都能感应得到，而且永远难以忘怀。" 75 岁的丹尼·朗，坐在阿尔牛排店的办公室里说道。他是这家餐厅的主人，这个房间四周是深色的木质墙壁，整个餐厅的风格非常优雅而古典，位于圣路易斯南部的格威斯大街上。"在我离开公司后的许多年里，我早上从家里出门去上班时，常常对我的妻子说：'我要去酒厂了'，接着才反应过来，我已经不在那里工作了。如今我离开公司有 25 年了，但我依然非常怀念在那里的时光。"

朗的餐厅刚好位于格兰特农场对面的街道上，从如今的格兰特农场里，我们依然可以领略到布希啤酒王朝的魔力。最近一个春日的下午，在旅游季开始前几天，我们来到了这里，日光轻盈地洒落在格兰特农场 281 英亩的土地上，在这里，人们可以寻访到奥古斯特·A 和格西作为农场主人时的那 70 余年岁月的痕迹。在大房子二层两人去世的那间卧室里，阿道弗斯·布希闪亮的理发椅依然放在大理石浴室的中央，格西那火红色、印有红雀队和百威图徽的运动衣整齐地挂在衣橱里，下面是他收藏的那些款式奇异古怪的牛仔靴。Bauernhof 农庄空无一人，走在庭院中，你可以听到自己脚步的回声，眼前的一切使现代的美国人不禁会感叹，这样小的谷仓城堡居然能够容纳 1000 位客人前来参加晚宴？

格兰特农场如今依然被 6 个在这里长大的布希家族成员共同拥有，他们是阿道弗斯四世、比阿特丽斯、彼得、特鲁迪、比利和安德鲁。在公司被卖掉后，这里是唯一使他们联结在一起的纽带了，尽管这其实并不容易。百威英博如今负责农场对外开放部分的运营，基于公司与布希一家签署的租赁合约，但按照家族成员的要求，这份合约中并不包含运营成本的偿付。2013 年，合约将到期，6 个人在是否与公司续签合约的问题上并未达成统一意见。同时，Bauernhof 农庄、鹿苑和动物园林的对外接待活动依然保留，一小部分曾常年在布希家族工作的雇员负责着宅邸和农庄的日常工作，就像格西和特鲁迪依然在此生活一样。

2010 年 7 月，格兰特农场大房子又成了家庭聚会的中心。比利·布希在这里向全体家族成员召开了一场品酒会，为他创立的威廉·K. 布希酿酒公司（William K. Busch Brewing Company）所生产的首批啤酒做出品评。他用公司被收购后自己从英博那里获得的数百万美元创办了这家公司，英博以每股 70 美元的价格收购了他父亲留给他的那部分股份。他的母亲特鲁迪当天也来到了这里，这是她自 1978 年以来，第一次来访这里。他最年长的哥哥阿道弗斯四世、冯·康塔德和安海斯家族的亲戚们也悉数到场。

2011 年 11 月 6 日晚，圣路易斯最新成立的一家啤酒公司正式进入公众视野。公司成立的新闻发布会及庆祝酒会在圣路易斯世博会展馆中举行，地点位于森林公园——这里凝聚了圣路易斯城 107 年前那些最辉煌的成就。身穿运动衫和短裤的比利生平第一次在公开场合发表了自己的演讲。他告知在场的近 500 位啤酒分销商、零售商、当地媒体记者和市民领袖，他的公司所生产的两款啤酒——Kräftig（德语意为"力量"）和 Kräftig 淡啤，有别于美国市场上的其他拉格，因为它们的生产过程完全遵从历史悠久的德国啤酒纯净度法令，或称 *Reinheitsgebot*。这项法令于1516年在德国的巴伐利亚州颁布，规定德国境内所酿造的啤酒只能使用4种天然原料：麦芽、啤酒花、酵母和水。

比利还向众人承诺，他的公司也将继续传承自己先辈始终秉持的公益理念来运作。

"我们家族在啤酒领域整整耕耘了150年，在此期间，我们是圣路易斯城非常重要的雇主，并在诸多方面为城市居民的生活做出了贡献。如今我们不再履行上述职责了，在我看来，这是不对的。"比利说道。

"我很幸运地从家族的啤酒生意中获得了大笔财富，并且我现在愿意冒风险用它们来创办一家公司，继续为圣路易斯市民提供工作岗位，并让我们的利润留在圣路易斯，而不是归到某些外国人手里。"

2011年10月，比利公司推出的首批啤酒——Kräftig 拉格（德语：意为"力量"）和 Kräftig 淡啤——开始在圣路易斯发售，它们很快在当地市场占据了可观的份额，而且成功地成为布希体育场中销售的啤酒品牌——在那里，除百威英博的啤酒之外，只有其他少数几种品牌啤酒得以售卖。

比利的公司为何能获得上述成功？发生在圣路易斯西郡大型百货商店里的一件事或许会给我们些许答案。一天，51岁的比利整个下午都待在这家商店货架中间的通道里，像他父亲春秋鼎盛时那样，满含激情与能量地工作着。一位女士听人唤起他的名字，因此注意到了他，他主动向她介绍起自己，并询问她喜欢喝哪个品牌的啤酒。

"噢，很抱歉，我真的从不喝啤酒。"她尴尬地回答说。

"那您的丈夫呢？他喜欢哪个品牌？"

或许突然遇到一位布希家族成员，并能够如此亲切地与其交谈，令这位女士过于激动，使得她怎样都想不起自己丈夫喜欢的啤酒品牌了。"我们为什么不打电话问问他呢？"比利建议说。女士于是拨起了电话，接通后，比利接过了电话。

"您好，我是比利·布希，我在百货商店遇到了您的妻子，她无法想起您最喜欢的啤酒是哪种了，因此我们打电话询问您。"

"百威特酿（Budweiser Select）。"电话那端的男士回答说。听到这个答案，比利微笑了一下。

几分钟后，这位女士带着一个有趣的故事离开了商店，她手中还提着6罐由某位布希家族成员酿造的新品牌啤酒。

看来，格西的美国梦并没有彻底破灭。

注　释

　　本书是在作者对大量布希家族成员、其友人和雇员、安海斯－布希前高管人员、啤酒行业专家，以及前地区和联邦立法机构官员进行数百小时采访的基础上撰写而成的。书中所涉相关历史素材，主要出自《圣路易斯邮报》和《圣路易斯环球民主报》的归档报道，这两份报刊多年来对安海斯－布希公司和布希家族进行了大量报道，此外，本书资料还来源于密苏里州圣路易斯大学西方史料中心收藏的《亨利·托比亚斯－酒商及麦芽制造商档案》。作者在撰文时还参考了相关庭审文件，以及《纽约时报》、《洛杉矶时报》、《华尔街日报》、《芝加哥论坛报》、《商业周刊》、《财富》杂志、《福布斯》杂志的相关文章，另外，以下书目内容也是本书的参考资料来源：《结交朋友就是我们的生意》（*Making Friends Is Our Business*），作者是罗兰·克雷布斯与珀西·J.奥特维；《权势之下》（*Under the Influence*），作者是《圣路易斯邮报》前记者彼得·赫农与特里·甘尼；《1964年10月》（*October 1964*），作者是大卫·哈伯斯塔姆；《废黜国王》（*Dethroning the King*），作者是《金融时报》前记者朱莉·麦金托什。

前言 "奥古斯特有些不适"

[1] 来源于作者对相关人士进行的涉密采访。

第一章 "啤酒回来了！"

[1] 来源于《圣路易斯环球民主报》文章《啤酒回归的那天》（"The Day the Beer Flowed Again"），1983.4.2。
[2] 来源于《圣路易斯邮报星期日杂志》第 9 页，1983.4.3。
[3] 来源于罗兰·克雷布斯与珀西·J. 奥特维的著作《结交朋友就是我们的生意：安海斯-布希公司的百年历史》（*Making Friends Is Our Business: 100 Years of Anheuser-Busch*）（圣路易斯：安海斯-布希，1953）。
[4] 来源于《圣路易斯邮报》文章《外部增援》（"Reinforcements from Abroad"），1969.12.27。
[5] 来源于《圣路易斯邮报星期日杂志》，1983.4.3。
[6] 来源于安海斯-布希公司档案记录。
[7] 来源于《圣路易斯环球民主报》文章《啤酒重新流淌的一天》（"The Day the Beer Flowed Again"），1983.4.2。
[8] 来源于《圣路易斯邮报星期日杂志》，1983.4.3。
[9] 来源于《财富》杂志文章《瓶装啤酒之王》（"King of Bottled Beer"），第 44 页，1932.7。
[10] 来源于罗兰·克雷布斯与珀西·J. 奥特维的著作《结交朋友就是我们的生意》，第 172—175 页。
[11] 来源于独立厅协会文章《爱尔兰和德国移民》（"Irish and German Immigration"），ushistory.org/us/25f.asp。

[12] 来源于《酿酒商、麦芽制造商及普通劳工部门 6 号工会》（"Local Union #6：Brewing, Malting and General Labor Department"），玛丽·简·奎恩，密苏里州立大学硕士学位论文，1947。

[13] 来源同上。

[14] 来源于《瓶装啤酒之王》（"King of Bottled Beer"），第 48 页。

[15] 来源于彼得·赫农与特里·甘尼的著作《权势之下：安海斯－布希王朝不为人知的故事》（Under the Influence: The Unauthorized Story of the Anheuser-Busch Dynasty）（纽约：西蒙与舒斯特出版公司，1991），第 26 页。

[16] 来源于杰尔拉德·罗兰德的文章《啤酒之王》（"The King of Beer"），（《美国信使周报》，1929.10）第 171 页。

[17] 来源于彼得·赫农与特里·甘尼的著作《权势之下》，第 33—34 页。

[18] 来源于《爱尔兰和德国移民》。

[19] 来源于马丁·H. 斯塔克的文章《美国酿酒行业简史》（"A Concise History of America's Brewing Industry"），eh.net/encyclopedia/article/stack.brewing.history.us。

[20] 来源同上。

[21] 来源于彼得·赫农与特里·甘尼的著作《权势之下》，第 120 页。

[22] 来源同上，第 78 页。

[23] 来源于《印第安纳波利斯星报》文章《死亡通知》（Death Notice），1921.5.9。

[24] 来源于彼得·赫农与特里·甘尼的著作《权势之下》，第 69 页。

[25] 来源于理查德·巴斯霍特的著作《从驾驶舱到国会：回忆与反思》（From Steerage to Congress: Reminiscences and Reflection）（费城：多兰斯出版社，1930），第 206—207 页。

[26] 来源于《圣路易斯环球民主报》文章《75 年前》（"75 Years

Ago"），1985.6.10。

[27] 来源于彼得·赫农与特里·甘尼的著作《权势之下》，第 84—87 页。

[28] 来源于《瓶装啤酒之王》，第 48 页。

[29] 来源同上。

[30] 来源同上，第 98 页。

[31] 来源于彼得·赫农与特里·甘尼的著作《权势之下》，第 100 页。

[32] 来源于罗兰·克雷布斯与珀西·J.奥特维的著作《结交朋友就是我们的生意》，第 160 页。

[33] 来源于密苏里圣路易斯大学西方史料中心《亨利·托比亚斯－酒商及麦芽制造商档案》里的《安海斯－布希公司记录簿》。

[34] 来源于《亨利·托比亚斯－酒商及麦芽制造商档案》里的美国酿酒商协会信息部门资料。

[35] 来源于《圣路易斯邮报》文章《格西·布希：啤酒王族的首领》（"Gussie Busch：Beer Dynasty Dynamo"），1970.4.19。

[36] 来源于彼得·赫农与特里·甘尼的著作《权势之下》。

[37] 来源于美国内政部国家主题公园服务中心研究报告《格兰特农场：边界校正评估研究》（*Grant's Farm: Preliminary Boundary Adjustment Evaluation*）。

[38] 来源同上，第 6—8 页。

[39] 来源于彼得·赫农与特里·甘尼的著作《权势之下》。

[40] 来源于《瓶装啤酒之王》，第 102 页。

[41] 来源于彼得·赫农与特里·甘尼的著作《权势之下》。

[42] 来源于罗兰·克雷布斯与珀西·J.奥特维的著作《结交朋友就是我们的生意》，第 131—134 页。

[43] 来源同上，第 135 页。

[44] 来源于彼得·赫农与特里·甘尼的著作《权势之下》，第 149 页。

[45] 来源同上，第 163 页。

[46] 来源同上，第 161 页。

[47] 来源同上，第 165 页。

[48] 来源同上，第 166 页。

第二章　家族领军者

[1] 来源于《圣路易斯环球民主报》文章《300 位来宾莅临切奇小姐与奥古斯特·A. 布希先生的婚礼》（"300 Guests See Miss Church and A.A. Busch Jr.Wed"），1918.4.28。

[2] 来源于彼得·赫农与特里·甘尼的著作《权势之下》，第 126 页。

[3] 来源同上，第 171 页。

[4] 来源于美联社文章《小奥古斯特·A. 布希迎娶最近刚刚离异的伊丽莎白·奥弗顿·多兹尔女士》（"August A. Busch Jr. Weds Mrs. E. O. Dozier，Recently Divorced"），1933.9.23。

[5] 来源于作者于 2011 年对相关人士进行的采访。

[6] 来源于罗兰·克雷布斯与珀西·J. 奥特维的著作《结交朋友就是我们的生意》。

[7] 来源于《圣路易斯邮报》文章《对圣路易斯上流社会而言过于炫目的布希先生们》（"Busches：'Too Flamboyant for St. Louis High Society.'"）1975.8.26。

[8] 来源于《圣路易斯邮报》，1973.8.25。

第三章　"第二名算什么东西！"

[1] 来源于罗兰·克雷布斯与珀西·J. 奥特维的著作《结交朋友就是我

们的生意》，第 225—226 页。

[2] 来源于马丁·H. 斯塔克的文章《美国酿酒行业简史》。

[3] 来源于 Webster 采访。

[4] 来源于《圣路易斯环球民主报》文章《布希上校将不会参与本市市长竞选》("Col. Busch Won't Run for Mayor")，1945.2.9。

[5] 来源于彼得·赫农与特里·甘尼的著作《权势之下》，第 51 页。

[6] 来源于《圣路易斯邮报》，1975.8.27。

[7] 来源于《圣路易斯人》杂志文章《举世瞩目的啤酒大亨的最后》("The Very Last of the Marvelous Beer Barons")，第 40—47 页，1976.1。

[8] 来源于作者在 2011 年对特鲁迪·布希女士进行的采访。

[9] 来源于 Webster 采访。

[10] 来源于《圣路易斯环球民主报》文章《布希一家为杜鲁门总统举办隆重的接风宴会》("Busch Party Receiving Line Ruled out to Humor Truman")，1950.6.8。

[11] 来源于《圣路易斯环球民主报》，1948.12.7。

[12] 来源于《圣路易斯环球民主报》，1951.8.8。

[13] 来源同上，1951.12.8。

[14] 来源同上，1952.1.15。

[15] 来源于《圣路易斯环球民主报》文章《小奥古斯特·A. 布希夫人获得百万美元离婚赔偿金》("Mrs. August A. Busch Jr. Gets Divorce and a Million")，1942.2.21。

[16] 来源于《圣路易斯环球民主报》文章《因在万圣节滋事，奥古斯特·A. 布希三世被警官盘问》("August A. Busch III Questioned by police in Halloween Fracas")，1949.11.1。

[17] 来源于作者对相关人士进行的涉密采访。

第四章 "拯救红雀队的男人"

[1] 来源于《圣路易斯环球民主报》文章《布希与他的瑞士新娘前往佛罗里达州度蜜月》("Busch and His Swiss Bride to Honeymoon in Florida"),1952.3.23。

[2] 来源于《圣路易斯环球民主报》,1952.3.22。

[3] 来源同上,1953.4.11。

[4] 来源于《圣路易斯环球民主报》文章《布希成功收购红雀队,开始建规立制》("Busch Sweeps In, Sets Up Regime")1953.3.11。

[5] 来源同上。

[6] 来源于《圣路易斯邮报》文章《格西前去为圣路易斯拯救红雀队》,1970.4.20。

[7] 来源同上。

[8] 来源于大卫·哈伯斯坦的相关著作,(纽约:巴兰坦出版社),第57页,1964.10。

[9] 来源同上,第57页。

[10] 来源于《圣路易斯邮报》,1970.4.20。

[11] 来源于《圣路易斯环球民主报》,1954.2.23。

[12] 来源于《圣路易斯环球民主报》文章《抵制布希公司一事的听证会要闻》("Hearing Today on Anti-Busch Bill"),1954.3.18。

[13] 来源于《圣路易斯环球民主报》文章《市政官员反对向布希提出的指控》("Civic Leaders Protest Charges against Busch"),1954.2.25。

[14] 来源于美联社文章《反对棒球运动与商业企业联结的呼声四起》("Move Started to Scrap Baseball-Business Ties"),1954.3.19。

[15] 来源于美联社文章《布希告知参议员他在何等条件下才会放弃红雀队》("Busch Tells Senator Terms on Which He'd Sell Cardinals"),

1954.5.26。

[16] 来源于《圣路易斯环球民主报》，1954.2.25。

[17] 来源于《圣路易斯邮报》文章《参议员放弃抵制商业企业掌控棒球俱乐部》（"Senator Gives Up Fight to Bar Brewery from Owning Team"），1954.5.26。

[18] 来源于美联社文章《瑞格里认为：如若红雀队失利，A-B 的啤酒生意也会陷入困境》（"Beer Won't Sell If Cards Lose，Wrigley Advises"），1954.3.9。

[19] 来源于《圣路易斯商业期刊》文章《我与格西的那些谈话》（"Conversations with Gussie"），作者阿尔·弗雷斯曼，1982.9.27—10.3。

[20] 来源于《圣路易斯邮报》，1970.4.19。

[21] 来源于彼得·赫农与特里·甘尼的著作《权势之下》，第 169 页。

第五章　神话般的啤酒帝国

[1] 来源于格兰特农场官方信息。
[2] 来源于 Webster 采访。
[3] 来源于作者对特鲁迪·布希女士进行的采访。
[4] 来源同上。
[5] 来源同上。
[6] 来源于格西·布希个人言论。
[7] 来源于 Webster 采访。
[8] 来源于作者对特鲁迪·布希和阿道弗斯·布希四世进行的采访。
[9] 来源于作者对阿道弗斯·布希四世进行的采访，2011。
[10] 来源于《圣路易斯邮报》，1975.8.27。

[11] 来源同上。

[12] 来源于作者对阿道弗斯·布希四世进行的采访。

[13] 来源于托马斯·F. 伊格尔顿的文章《格西·布希逸事》（"Recollections of Gusch Busch"），《圣路易斯邮报》，1989.10.3。

[14] 来源于《圣路易斯人》杂志，1976.1。

第六章　普鲁士中尉

[1] 来源于 Webster 采访。

[2] 来源于《圣路易环球民主报》文章《奥古斯特·A. 布希三世驾车误撞电线杆，两名乘客受伤》，1954.11.22。

[3] 来源于作者对相关人士进行的涉密采访。

[4] 来源于作者对相关人士进行的涉密采访。

[5] 来源于作者在 2011 年对丹尼·朗进行的采访。

[6] 来源于 Webster 采访。

第七章　老人与孩子

[1] 来源于 Webster 采访。

[2] 来源同上。

[3] 来源于 Suite101.com 网站文章《最佳投手鲍勃·吉布森：帮助红雀队夺得 1968 年冠军的右垒手》（"Bob Gibson in The Year of the Pitcher：The Cardinals Right-Hander Dominated 1968"）。

[4] 来源于《圣路易斯邮报》，1970.4.19。

[5] 来源于作者对相关人士进行的涉密采访。

[6] 来源于作者在 2011 年对罗伯特·S. 温伯格进行的采访。

[7]　来源于罗伯特·S. 温伯格与合作者的联合撰文《发展公司战略的量化措施》("Quantitative Methods for Developing Corporate Strategy")。

[8]　来源于《圣路易斯环球民主报》文章《安海斯－布希所有工厂因罢工陷入停产》("All Anheuser-Busch Plants Idled in Strike"), 1969.5.28。

[9]　来源于彼得·赫农与特里·甘尼的著作《权势之下》, 第23页。

[10]　来源于《圣路易斯邮报》文章《淡啤酒》("Near Beer"), 1996.6.13。

[11]　来源于作者对相关人士进行的涉密采访。

[12]　来源于《圣路易斯环球民主报》文章《布希夫人遇车祸受伤》("Mrs. Busch Injured in Crash"), 1968.5.10。

[13]　来源于作者的第一手资料。

[14]　来源于《圣路易斯邮报》, 1995.6.13。

[15]　来源于《圣路易斯环球民主报》文章《苏珊·布希夫人已办理离婚手续》("Mrs. Susan Busch Granted a Divorce"), 1969.11.15。

[16]　来源于哈伯斯坦相关著作, 第361—362页, 1964.10。

[17]　来源于《圣路易斯环球民主报》文章《红雀队队员得到了老板的口训》("Birds' Players Get the Message, Applaud Busch"), 1969.3.24。

[18]　来源于格西·布希个人信件。

[19]　来源于哈伯斯坦相关著作, 第361—362页, 1964.10。

[20]　来源于作者对阿道弗斯·布希四世进行的采访。

第八章　格西的最后一搏

[1]　来源于《美国酿酒行业简史》。

[2]　来源于《福布斯》杂志文章《谁是啤酒行业领军者》("Who Rules the Foam?"), 第39页, 1972.12.15。

[3] 来源同上，第 40 页。

[4] 来源于作者对阿道弗斯·布希四世进行的采访。

[5] 来源于作者对丹尼·朗进行的采访。

[6] 来源于《福布斯》杂志文章《孕育新生命的大象》("A Pregnant Elephant")，1971.5.15。

[7] 来源于《商业周刊》文章《A-B 竭力挣扎保持啤酒行业王者地位》("A Struggle to Stay First in Brewing")，第 43 页，1973.3.24。

[8] 来源于 Budcaster 报道文章《休斯顿布希花园开业迎宾》("Busch Gardens, Houston Open for Business")，1971。

[9] 来源于作者对阿道弗斯·布希四世进行的采访。

[10] 来源于《新闻周刊》文章《格西 vs. 红雀队》("Gussie vs. the Cards")，第 61 页，1972.6.19。

[11] 来源于《商业周刊》相关报道，第 43 页，1973.3.24。

[12] 来源同上。

[13] 来源于《福布斯》杂志文章《格西·布希的苦酒》("Gussie Busch's Bitter Brew")，1974.7.1。

[14] 来源于《商业周刊》相关报道，1973.3.24。

[15] 来源于作者对相关人士进行的涉密采访。

[16] 来源同上。

[17] 来源于《圣路易斯环球民主报》文章《一人死亡，布希的女儿在车祸中受重伤》("Man Is Killed, Busch Daughter Critically Injured in Crash")，1974.12.7。

第九章 战队的选择

[1] 来源于《圣路易斯环球民主报》文章《酿酒行业的老将军辞去 CEO

职务》("Grand Old Man of Brewing Steps Aside as Chief Executive"),1975.5.9。

[2] 来源于作者对阿道弗斯·布希四世进行的采访。

[3] 来源于《圣路易斯邮报》文章《喜立滋回应对于自己啤酒"味道很奇怪"的评价》("Schlitz Recalls Beer Said to 'Taste Funny'"),1975.9.7。

[4] 来源于《广告时代》杂志文章《出了什么问题》("What Went Wrong"),第61—64页,1981.4.13。

第十章　卡米洛特城堡的倒塌

[1] 来源于彼得·赫农与特里·甘尼的著作《权势之下》,第395页。

[2] 来源于《圣路易斯邮报》文章《布希宅邸死亡事件经证实为意外事故》("Killing at Busch Estate Is Found an Accident"),1976.6.9。

[3] 来源于彼得·赫农与特里·甘尼的著作《权势之下》。

[4] 来源于《圣路易斯邮报》文章《人们怎能有这样疯狂的举动:布希对克莱兹代马被杀事件深表愤慨》("Crazy To do Anything Like This, Busch Says of Clydesdale Shooting"),1976.10.10。

[5] 来源于《圣路易斯邮报》文章《布希夫人请求接受公开庭审》("Mrs. Busch Requests an Open Hearing"),1978.1.12。

[6] 来源于《圣路易斯环球民主报》文章《格兰特农场将布希夫人的兄长拒之门外》("Grant's Farm Bars Brother of Mrs. Busch"),1976.2.9。

[7] 来源于《圣路易斯环球民主报》文章《布希与妻子结束25年的婚姻》("Busch, Wife Granted Divorce after 25 Years"),1978.2.28。

第十一章　"我们的战火已经点燃"

[1]　来源于《圣路易斯邮报》文章《啤酒行业罢工或将对劳工政策产生影响》("Beer Strike May Have Broad Labort Impact"), 1976.5.18。

[2]　来源于《圣路易斯邮报》文章《卡车司机兄弟会管理层对布希公司的罢工事件表示愤怒》("Dissident Teamster Leader Hopping Mad at Busch Strike"), 1976.3.28。

[3]　来源于《圣路易斯环球民主报》文章《100年前》("100 Years Ago"), 1981.6.2。

[4]　来源于《圣路易斯邮报》文章《布希酒厂恢复生产》("Busch Resuming Beer Production"), 1976.3.23。

[5]　来源于《圣路易斯邮报》文章《罢工示威者企图阻止布希啤酒厂向外运送啤酒》("Pickets Plan to Block Movement of Busch Beer"), 1976.3.24。

[6]　来源于《圣路易斯邮报》文章《19位罢工示威者因劫阻布希公司酵母卡车被捕》("19 Busch Pickets Seized in Blocking of Yeast Trucks"), 1976.4.28。

[7]　来源于《圣路易斯环球民主报》文章《布希声称自己将解雇所有违法滋事者》("Busch Says He'll Fire Lawbreakers"), 1976.4.29。

[8]　来源于《圣路易斯邮报》文章《在罢工95天后,布希酒厂工人重返工作岗位》("Busch Workers Back after 95-Day Strike"), 1976.6.4。

[9]　来源于《圣路易斯邮报》文章《布希公司筹建政治竞选支持组织》("Busch Firm Forms Political Arm"), 1976.7.27。

[10]　来源于《福布斯》杂志文章《我们愚蠢地错过了最佳时机》("We Miss the Boat"), 1978.8.7。

[11]　来源于作者对相关人士进行的涉密采访。

[12] 来源于《圣路易斯邮报》文章《米勒－布希纷争的内幕》("Facts of Light Shed on Miller-Busch Feud"), 1979.3.23。

[13] 来源于作者对相关人士进行的涉密采访。

[14] 来源于《圣路易斯邮报》, 1979.3.23。

[15] 来源于《圣路易斯环球民主报》文章《两大啤酒巨头之战烽火正旺》("Whap! Bam! Zap! The Battle of the Beers Goes On"), 1979.2.2。

[16] 来源于《圣路易斯邮报》文章《布希对米勒的最后一击予以回应》("Busch Foaming over Latest Miller Attack"), 1970.8.15。

[17] 来源于《福布斯》杂志, 1988.8.7。

[18] 来源于作者对相关人士进行的涉密采访。

[19] 来源于《新闻周刊》文章《啤酒之战》("The Battle of the Beers"), 1978.9.4。

第十二章　老树新芽

[1] 来源于作者对相关人士进行的涉密采访。

[2] 来源于《圣路易斯环球民主报》文章《布希发表声明》("Busch's Statement"), 1978.6.24。

[3] 来源于《圣路易斯环球民主报》文章《老鹰格西的凶狠评论》("Cheap Shot by Big Eagle"), 1978.6.27。

第十三章　"告诉我，我是一个蠢货"

[1] 来源于作者在2011年对安迪·斯坦霍布进行的采访。

[2] 来源于《商业周刊》文章《啤酒之王依然盘踞在他的宝座上》("The King of Beers Still Rules"), 第50页, 1982.7.12。

第十四章　危险警示

[1]　来源于作者对相关人士进行的涉密采访。

[2]　来源于作者在 2011 年对罗恩·本森进行的采访。

[3]　来源于《圣路易斯环球民主报》文章《布希家族继承人或将因驾车致死事件被起诉》("Busch Heir May Be Charged in Fatal Car Crash"), 1983.11.15。

[4]　来源于作者在 2011 年对罗恩·本森进行的采访。

[5]　来源于《圣路易斯环球民主报》文章《布希的体征样本被严重毁坏》("Busch Evidence Sought in Crash"), 1984.3.7。

[6]　《圣路易斯邮报》文章《啤酒王国一窥》("Neer Beer"), 1995.6.13。

第十五章　"你知道我是谁？"

[1]　来源于作者对相关人士进行的涉密采访。

[2]　来源于作者在 2011 年对尼克·弗雷德里克森进行的采访。

[3]　来源于《圣路易斯环球民主报》文章《布希家族继承人因超速驾车被警方追踪逮捕》("Busch Heir Is Arrested after High-Speed Chase"), 1985.3.31。

[4]　来源于《圣路易斯环球民主报》文章《布希继承人被逮捕事件的复杂内幕》("Mix-up Tied to Arrest of Busch Heir"), 1985.6.4。

[5]　来源于《圣路易斯邮报》, 1985.6.1。

[6]　来源同上, 1985.6.9。

[7]　来源于作者对相关人士进行的涉密采访。

[8]　来源于《圣路易斯环球民主报》文章《法官判定奥古斯特·布希（21 岁）的袭警罪名不成立》("Jury Acquits August Busch, 21, of

Assault Charges"），1986.4.17。

[9] 来源于《圣路易斯环球民主报》文章《据官方表示，布希未提起上诉》（"Busch Has Not Filed Police Complaint, Authorities Say"），1986.5.19。

[10] 来源于作者对相关人士进行的涉密采访。

第十六章 "对此，我恐怕比你感觉还糟"

[1] 来源于作者对丹尼·朗进行的采访。

[2] 来源于作者对相关人士进行的涉密采访。

[3] 来源同上。

[4] 来源于作者对丹尼·朗进行的采访。

[5] 来源于《圣路易斯邮报》文章《朗的辞职宣示他与布希之间友谊的破裂》（"Long's Quitting Is Sign of Split in His Friendship with Busch"），1987.3.26。

[6] 来源于《圣路易斯邮报》文章，《庭审判定A-B相关人员犯有受贿罪》（"Indictments Allege Bribes at Brewery"），1988.4.14。

[7] 来源于《圣路易斯邮报》文章《马蒂诺讲述A-B员工收取礼物的详情》（"Martino Tells of Gifts to Brewery Employees"），1988.10.18。

[8] 来源于《福布斯》杂志文章《在艰辛的一年中布希收获几何》（"How Busch Wins in a Doggy Market"），1987.6.22。

第十七章 "嘿，老兄，你有25美分么？"

[1] 来源于作者在2011年对盖里·索格拉斯进行的采访。

[2] 来源于彼得·赫农与特里·甘尼的著作《权势之下》，第269页。

[3] 来源同上，第 372 页。

[4] 来源同上，第 374 页。

[5] 来源同上，第 375 页。

[6] 来源于《圣路易斯邮报》文章《1987 年圣路易斯年度人物：奥古斯特·A. 布希三世》（"1987 St. Louis Man of the Year：August A. Busch III"）1987.12.27。

[7] 来源于彼得·赫农与特里·甘尼的著作《权势之下》，第 402 页。

[8] 来源于《圣路易斯邮报》文章《格西·布希的私人葬礼于今日举行》（"Gussie Busch Buried in Private Service"），1989.10.2。

[9] 来源于《圣路易斯邮报》文章《布希：被赞誉为慈善领袖的啤酒企业家》（"Busch：Brewer Eulogized as Benevolent Leader"），1989.10.4。

[10] 来源于《圣路易斯邮报》文章《最后的心愿：布希希望继承人继续照管格兰特农场》（"Final Wish：Busch Urges Heirs to Use Grant's Farm"），1989.10.6。

第十八章　王子登场

[1] 来源于《圣路易斯邮报》文章《布希之子牵头百威干啤的首次市场发布》（"Busch Son Leading Bud Dry Rollout"），1990.2.5。

[2] 来源于《圣路易斯邮报》文章《盛开的酒花：百威新品牌以 7000 万美元的高价开启市场推广》（"Bud Blooms：New Beer Gets $70 Million Launch"），1990.3.15。

[3] 来源于作者对相关人士进行的涉密采访。

[4] 来源于作者对相关人士进行的涉密采访。

[5] 来源于《芝加哥论坛报》文章《百威男人：啤酒王子奥古斯特·布希四世为家族生意带来一些麻烦》（"Bud Man：Prince of

Beer August Busch IV Pours a Little Dash in the Family Business"），1991.6.14。

[6] 来源于《福布斯》杂志文章《性格叛逆、酷爱冒险的百威王子奥古斯特·布希四世已做好准备接管世界上最大的啤酒公司》（"Bud-Weis-Heir August Busch IV Is Rebellious, Risk-Taking—and (Nearly) Ready to Rule the World's Largest Brewery"），1997.1.13。

[7] 来源于《商业周刊》文章《对啤酒王子的严苛要求》（"A Tall Order for the Prince of Beer"），1992.3.23。

[8] 来源于作者对相关人士进行的涉密采访。

[9] 来源于作者对相关人士进行的涉密采访。

[10] 来源于作者对麦克·布鲁克斯进行的采访。

[11] 来源于《福布斯》杂志，1997.1.13。

第十九章 远远超越老虎伍兹

[1] 本章内容来源于作者对相关人士进行的采访。

第二十章 "顶层的坏苹果"

[1] 来源于《商业周刊》文章《这杯百威是你的么，奥古斯特四世？》（"Is This Bud for You, August IV?"），2002.11.11。

[2] 来源于作者对相关人士进行的涉密采访。

[3] 来源于作者对阿道弗斯·布希四世进行的采访。

[4] 来源于朱莉·麦金托什的著作《废黜国王：美国荣耀企业安海斯-布希跌宕起伏的收购案》（*Dethroning the King : The Hostile Takeover of Anheuser-Busch, an American Icon*），霍博肯、纽约：

约翰·怀特父子出版社，第 119 页，2010。

[5]　来源于《福布斯》杂志文章《儿子终于崛起了》（"The Son Finally Rises"），2007.3.12。

[6]　来源于作者对相关人士进行的涉密采访。

[7]　来源于 MSNBC.com 网站报道《颓废少年的宴饮：安海斯－布希的新产品如此可爱，使得儿童少年们对其趋之若鹜》（"A Booze Buzz for Teenyboppers? Anheuser-Busch Product So Adorable It Draws Fire from Alcohol Abuse Camp"），2007.4.3。

[8]　来源于全美成瘾与药物滥用研究中心创始人约瑟夫·卡利法诺针对 A-B 斯普凯斯产品发表的声明，2007.4.4。

[9]　来源于《彭博新闻》社文章《安海斯－布希因推出含咖啡因的酒精饮品遭到指责》（"Anheuser Criticized for Alcohol-Caffeine Drinks"），2007.5.11。

[10]　来源于作者对相关人士进行的涉密采访。

[11]　来源同上。

第二十一章　最后一瞥

[1]　来源于《福布斯》杂志，2007.3.12。

[2]　来源于《纽约时报》文章《啤酒公司的电视台》（Brew Tube），2007.2.4。

[3]　来源于《广告时代》杂志文章《安海斯－布希关闭 Bud TV》（"Anheuser-Busch Pulls Plug on Bud TV"），2009.2.18。

[4]　来源于作者对相关人士进行的涉密采访。

[5]　来源于朱莉·麦金托什的著作《废黜国王》，第 3 页。

[6]　来源于作者对相关人士进行的涉密采访。

[7] 来源于朱莉·麦金托什的著作《废黜国王》，第 140 页。

[8] 来源同上，第 166 页。

[9] 来源于 Tribune News Service 报道《安海斯－布希公司为躲避争议将含咖啡因的蒂尔特和百威特级啤酒撤出市场》（"Anheuser-Busch to Drop Stimulants from Tilt，Bud Extra to Settle Probe"），2008.6.27。

[10] 来源于作者对相关人士进行的采访。

[11] 来源于作者对相关人士进行的涉密采访。

[12] 来源于作者对阿道弗斯·布希四世进行的采访。

[13] 来源于《华尔街日报》文章《安海斯－布希总裁竭力捍卫自己的继承权》（"Anheuser CEO Fights for His Legacy"），2008.5.27。

[14] 来源于朱莉·麦金托什的著作《废黜国王》，第 157 页。

[15] 来源于《芝加哥论坛报》文章《危机潜伏圣路易斯》（"Trouble Is Brewing in St. Louis"），2008.6.27。

[16] 来源于作者对比利·布希进行的采访。

第二十二章 "他们不只跌落云端"

[1] 来源于作者对相关人士进行的涉密采访。

[2] 来源于美联社文章《布希继承人往昔风光无限的生活如今出现悲剧性转折》（"Busch Heir's Once-Charmed Life Takes a Tragic Turn"），2011.1.8。

[3] 来源于作者对相关人士进行的涉密采访。

[4] 来源于 911 中心电话记录，2010.12.19。

[5] 来源于弗兰特纳克警署公开案件报告，2011.2。

[6] 来源于《圣路易斯邮报》文章《年轻女子死于奥古斯特·布希四世家中》（"Woman Found Dead in Home of August Busch IV"），2010.12.23。

[7]　来源同上。

[8]　来源于《圣路易斯邮报》文章《警方对布希家中死亡事件开启调查》("Death at Busch Home Investigated"),2010.12.24。

[9]　来源于圣路易斯郡法医办公室报告,2010.12.24。

[10]　来源于圣路易斯KSDK电视台的广播采访《艾德丽安·马丁母亲谈论女儿死于布希家中一事》("Mother of Adrienne Martin Speaks Out About Death in Busch home"),2011.1.5。

[11]　来源于美联社,2011.1.8。

[12]　来源于《圣路易斯邮报》文章,《布希四世沉痛谈论女友的死去》("Busch IV Talks about Death of Girlfriend, Depression"),2011.1.4。

[13]　来源于《圣路易斯邮报》文章《布希四世访谈:曾经的啤酒王子如今陷入孤寂凄凉》("In Busch IV's Words, Confirmation of the Lonely Life of a Former Beer Baron"),2011.1.4。

致　谢

谨向以下给予我帮助和鼓励的人士致以衷心的感谢：

- 爱丽丝·马特尔，我终身的经纪人和好友，在过去的近30年里，她一直支持着我；
- 霍利斯·海姆鲍奇，她是我在哈珀·柯林斯（HarperCollins）出版社遇到的最优秀的编辑，她也应该开一家以自己名字命名的酒厂；
- 阿道弗斯四世、比利、特鲁迪·布希、洛塔·布希·韦伯斯特，以及洛塔·赫尔曼·霍尔特，感谢这几位美国伟大家族的成员公布了他们的故事；
- 前安海斯－布希公司高管丹尼·朗、安迪·斯坦胡波，以及我的妹夫麦克·布鲁克斯，感谢他们为打造一家伟大的美国公司所付出的努力；
- 前皮马郡副警长罗恩·本森和前圣路易斯警探尼克·弗雷德里克森，感谢他们所做的工作；
- 其他多位希望匿名的陈述者，感谢他们为这本传记所做的贡献；

- 最优秀的公关顾问格伦·杰布瑞茨，感谢他每次都不厌其烦地帮助我（甚至在我未主动提出的情况下）；
- 帕特·克莱恩、南希·卡森、乔·克罗蒂，以及苏珊娜·奥托，感谢这几位同样对本书做出贡献的圣路易斯老友；
- 感谢迈克尔·伦敦、乔·赛尔斯、芭芭拉·沃尔、凯文·贝格斯，以及狮门电视台（Lionsgate Television）的诸位好心人，在本书尚未完成前他们就对我有信心；
- 感谢乔·梅特勒、黛博拉·雷波克、杰夫·克维南兹、比利·卡森、南希·卡森、丹尼斯·麦克杜格尔——我"财务委员会"的这几位成员，他们使得我在创作本书期间衣食无忧；
- 感谢乔·莱彻顿神父、唐·克林克劳神父，以及必须特别致谢的厄文·莱托夫斯凯神父，几年前，是他们引导我走上了写作之路，并在精神上支撑我走到今天；
- 丹尼斯·麦克杜格尔，感谢这位同路人每天早上都屈尊与我交谈；
- 感谢马修、科林，以及哈莉·克诺德斯德，我的三个优秀、富有创造力的孩子，他们让我在心态上始终保持年轻，并对未来充满信心。